渋沢栄一を知る事典

公益財団法人 渋沢栄一記念財団 編

東京堂出版

はしがき —— 渋沢栄一の再発見

三〇年前に渋沢史料館が開館した頃、渋沢栄一は日本の資本主義の父などと呼ばれ、明治の近代化を先導した功労者として高く評価されていました。しかし戦前戦後の動乱のなかで、没後すでに六〇年を経て、そろそろ歴史上の人物というカテゴリーに移行しようとしていたことも事実でした。ところが九〇年代に入って、「バブル崩壊」という形で日本経済が深刻な不況に見舞われるに及んで、状況はにわかに一変し、栄一の人生が改めて現代的で積極的な関心を呼ぶようになりました。栄一の業績のなかから、「失われた一〇年」から脱却するための示唆を求めるという文脈で、各種メディアはもちろん研究者の間でも多彩な議論が展開されました。

そしてさらに二〇〇八年にリーマンショックが起こると、その傾向はさらにエスカレートし、生前の栄一の活動のなかには、たんに日本だけでなく、産業革命以来長い間世界の経済を支えてきた資本主義体制の欠陥を補うような知恵や戦略が隠されていたのではないかという観測や期待が浮上するようになりました。

渋沢栄一記念財団では二〇一一年より、ハーバード・ビジネススクール、ロンドン大学、フランス社会科学高等研究院、そして一橋大学における一流の専門家集団に呼びかけて、当面三年という期限を設けて、明治時代に渋沢栄一が提唱した「合本主義」についての共同研究を進めております。二〇一三年春には各人の研究成果を糾合して日本で合同シンポジウムを開催し、その成果を踏まえた上で同年秋にはパリで全員合同の最終討論を行い、世界に向けてその結果を発信することを予定しております。

さらにその後は中国、インドをはじめ新興諸国からも研究者の参加を求め、かつてこの国の近代化の一翼を担った渋沢栄一の業績をレファレンスの一つとして、混迷を深めつつある世界経済の将来に向かって、なんらかの提案を行いたいと考えております。

このような形で、過去の偉人という枠組みを逸脱し、現代の世界にも積極的に関与しようとしている渋沢栄一の「再発見」が進行しております。そうしたなかで、このほど栄一の業績をコンパクトでしかも使い勝手の良い形で提示しようという主旨で本書を刊行することとなり、財団としても栄一研究の知を結集して編集にあたりました。その成果が今後の社会経済の研究の進展に貢献することを心から祈念したいと思っております。

二〇一二年八月二六日

公益財団法人渋沢栄一記念財団

理事長　渋沢雅英

本事典の特徴と使い方

近年、渋沢栄一に対する注目度が増し、評伝や栄一の思想に関する著作が数多く出版されている。これは、栄一に関する客観的で実証的な研究の蓄積が進み、栄一に対してより正しい理解がなされるようになったこと、それと同時にこれら多くの情報が書物等を通じて得られるようになったことが大きな要因と思われる。また、昨今、世界的な経済・金融危機に接し、内在する問題の解決にむけて、栄一の事績・思想に何かしらのヒントを求めて注目されているようでもある。栄一の事績・思想は、ただ単に過去のものとして理解するのではなく、今の世においても決して色あせることのない有効な教訓として受け入れられているのである。ただ一方で、渋沢栄一という人物像についてはまだまた広く一般に知られていないという実態もある。渋沢史料館には、住まい、家族について、かつて起業に関わった会社と現在の会社との関係についての質問が寄せられている。疑問に思う方に簡単に手に取って調べていただけるようなハンドブック・情報事典なるものがあれば便利だろうということになり、実現したのが本書である。

渋沢栄一は、満九一歳までの生涯のなかで、エピソードも数多くある。その上、生涯関係した企業の数が約五〇〇、社会事業の数が約六〇〇というように、関わった事業をあげるだけでも一〇〇〇を超える。それらについて項目を立てて、栄一をよりわかりやすく知ってもらうために、まずは項目を一〇〇に絞り込み、第一部「渋沢栄一を知るための一〇〇項目」とした。さらに第二部「資料からみた渋沢栄一」を設け、栄一をより深く知るための資料・情報をまとめて掲げた。

第一部の最初は、「Ⅰ生涯」として、栄一の生い立ち（幼少期から青年期）、人間・栄一について（日常生活や趣味・余暇、邸宅）、渋沢家、渋沢栄一没後の情報、その他（竜門社、表彰・叙勲、銅像、栄一を伝える施設）を掲げ、人間形成の部分から個人としての栄一に関する基本事項を紹介した。

次に「Ⅱ活動・実績」として、二〇代から八〇代以降と栄一の事績を一〇年の年代ごとに区切って紹介した。本書が依拠している『渋沢栄一伝記資料』において、栄一の事績については、事業別、分野別に分類されていて、多くの紹介文献でも同様に紹介されることが多い。この構成だと、それぞれの分野でどのような活動をしたかはよく理解できる。ただ、栄一の場合、生涯を便宜上時期区分すると、緩やかにその時期に関わった事業を分類できるところがある。細かく見ていくと、明治の初年に実業界との関わりができたと同時期に、福祉事業や教育事業への関わりもみられるのである。社会貢献に尽力した実業家の多くは、前半生の事業成功で得られた利益・財産をもって、後半生で社会事業等を通して社会還元するパターンが多い。ところが、栄一の場合は、当初から世の中全体に渡る分野に関わっていた。編年で紹介することにより、栄一の活動・事績の大きな特徴を捉えられると同時に、実態を理解していただけると思うところから、事業開始の時期を目安として項目を配列した。

第一部の最後は「Ⅲ思想・知的人的ネットワーク」として、思想面、知的人的ネットワークの部分を紹介した。栄一の残した事績の基底に流れる思想、また、多くの事績に関わる中で芽生えた思想はどのようなものかを知る手がかりとしていただきたい。当然のことではあるが、多くの事績は、一個人で成し遂げられたものではない。事業等を実現に至らしめた背景には、協力した人・支えた人、支えとなった情報があった。栄一はそれらをうまく結び付けて活かす人物でもあった。栄一が形づくったネットワークは事業ごとで違う。形成されたネットワークは当時の社会を映し出すものであった。そして、最後の項目で、渋沢栄一自身が現在に至るまでどのように見られてきたのか、その評価を紹介して第一部の締めくくりとした。

続く第二部の参考資料・情報として、渋沢家系図、栄一略年譜、栄一文献案内（『渋沢栄一伝記資料』ほか、渋沢栄一に関する主な伝記、評伝、研究書等のうち、事績を理解する上で参考となる文献二一書を紹介）、栄一の活動の幅広さを感じとれる渋沢栄一伝記資料総目次、渋沢栄一関連会社社名変遷図（事業分野別一〇〇図）を掲載した。これらは、栄一を知るための基本資料・情報で、表や図によって、記述では伝わりにくい情報をわかりやすく伝えようとした。第一部の各事項の理解をより深めるためにも並行して活用していただければと思う。

本書を、第一部の最初から読み通して栄一の全体像を把握していただくのもよし、興味を持たれた分野について理解を深めていただくのもよし、また、本書を起点として、栄一をさらに知るための情報本として活用していただくのもよし、というふうに、利用者によって色々な角度から活用していただけるように編んでいる。より多くの方に、渋沢栄一を知っていただけることを願っている。

井上　潤

渋沢栄一を知る事典◆目次

はしがき　1
本辞典の特徴と使い方　3

第一部　渋沢栄一を知るための一〇〇項目

I　生涯

(1) 渋沢栄一の生い立ち
1　生誕地の風景……12
2　栄一と生家「中の家《なかんち》」……14
3　少年時代……15
4　青年時代……17

(2) 人間・渋沢栄一をひもとく
5　渋沢栄一について ― プロフィール……18
6　渋沢栄一の日常生活……20
7　趣味・余暇……23
8　渋沢栄一の住所と邸宅の変遷……24
9　飛鳥山邸……26
10　飛鳥山邸の来客……28

(3) 渋沢家
11　家族……30
12　渋沢家の家法、家訓、同族会……33
13　渋沢敬三……34

(4) 渋沢栄一没
14　葬儀・墓所・遺言……36

(5) その他
15　竜門社……38
16　表彰、叙勲……40
17　銅像……43
18　渋沢栄一を知ることのできる施設……45

II　活動・実績

(1) 二〇代
19　一橋時代……47
20　渋沢栄一とパリ万国博覧会……48
21　静岡商法会所……50
22　改正掛と実業界入り……51

(2) 三〇代

23 富岡製糸場……53

24 王子製紙……54

25 第一国立銀行……56

26 東京高等商業学校……57

27 東京養育院……58

28 清水組（清水建設）……60

29 東京株式取引所・東京手形交換所・東京興信所……61

30 択善会（東京銀行集会所）……62

31 東京商法会議所（東京商工会、東京商業会議所、東京商工会議所）……63

32 銀行の全国への普及……64

33 東京海上保険……65

(3) 四〇代

34 帝国ホテルと喜賓会、ジャパンツーリストビューロー……66

35 澁澤倉庫株式会社……67

36 磐城炭礦、北越石油……69

37 大阪紡績 ― 東洋紡績……70

38 日本鉄道と鉄道国有化……71

39 日本郵船……72

40 東京瓦斯《ガス》、東京電灯、水道……73

41 東京女学館、日本女子大学校……74

(4) 五〇代

42 東京石川島造船所……75

43 日本勧業銀行、日本興業銀行、北海道拓殖銀行……77

44 十勝開墾合資会社……78

45 商業会議所聯合会……80

46 埼玉学生誘掖《ゆうえき》会……81

(5) 六〇代

47 渡米実業団……82

48 海外移民……84

49 聖路加病院、済生会……85

50 帝国劇場……86

51 日糖事件と実業界からの引退……87

(6) 七〇代

52 中日実業株式会社、日華実業協会……88

53 明治神宮と日光東照宮……89

54 『徳川慶喜公伝』、『楽翁公伝』……91

55 協調会……92

56 日米関係委員会……93

57 理化学研究所……94

(7) 八〇代

58 関東大震災……95

59 日仏会館……97

60 太平洋問題調査会、国際聯盟協会……98

61 親善人形（青い目の人形）……100
62 外遊 中国、韓国……101
63 外遊 欧米……103
64 国内回遊 関東、甲信越、東北……104
65 国内回遊 静岡、関西など……105
66 慈善 ― 寄付と奉加帳方式……106
67 栄一がかかわった企業五〇〇……107

Ⅲ 思想・知的人的ネットワーク

(1) 思想

68 道徳経済合一《ごういつ》説（論語と算盤）……110
69 官尊民卑の打破……111
70 合本《がっぽん》法と合本組織……113

(2) 知的人的ネットワーク

71 尾高惇忠、渋沢喜作……114
72 一橋（徳川）慶喜……115
73 旧幕府人脈……116
74 フリュリ・エラール、アラン・シャンド……117
75 明治天皇、昭和天皇……118
76 西郷隆盛、大久保利通、木戸孝允《たかよし》……118
77 児玉源太郎、山県有朋《やまがたありとも》……119
78 三島中洲と二松学舎……120
79 福沢諭吉、大隈重信……121
80 井上馨、伊藤博文、原敬……123
81 大倉喜八郎、浅野総一郎……124
82 大川平三郎、植村澄三郎……125
83 三菱財閥（岩崎家）……125
84 三井財閥（益田孝、中上川彦次郎）……126
85 安田善次郎、古河市兵衛……127
86 中野武営、和田豊治……128
87 高橋是清、井上準之助……129
88 高峰譲吉、新渡戸稲造……130
89 海外人脈 米国……131
90 海外人脈 アジア……132
91 秘書と通訳……133

(3) 日本と世界

92 『東京経済雑誌』、『実業之日本』……134
93 国際通信社と外国人特派員……135
94 政治と栄一……136
95 東京市行政と開発……138
96 貿易論……139
97 日清・日露戦後経営への提言……139
98 戦争への対応……140
99 平和論 ― ノーベル賞候補……142
100 千手観音・渋沢栄一の評価……143

第二部　資料からみた渋沢栄一

渋沢家系図……146
渋沢栄一略年譜……148
渋沢栄一文献案内……160
渋沢栄一伝記資料総目次……185
関連会社社名変遷図……211

索引　315

【凡例】

・本書の記述は『渋沢栄一伝記資料』を基準としている。『渋沢栄一伝記資料』は、渋沢青淵記念財団竜門社編。本編全五八巻は渋沢栄一伝記資料刊行会刊（一九五五年～一九六五年）、別巻全一〇巻は渋沢青淵記念財団竜門社刊（一九六六年～一九七一年）。本書では『伝記資料』と略記した。

・全体としては西暦年を用い、和暦年は便宜的に付与した。一八七二年［明治五］一二月三日までは旧暦を使用した。

・文中の年齢は、その年の誕生日を迎えた後の齢を記載した。

・漢字は原則として新字体を用いた。ただし、「澁澤倉庫」、および新字体のない「聯」、「礦」はそのまま使用した。

・掲載図版について、所蔵の記載がないものは渋沢栄一記念財団渋沢史料館所蔵、それ以外は明記してある。

【執筆担当者一覧】（五〇音順）

第一部　渋沢栄一を知る一〇〇項目

井上潤、門倉百合子、川上恵、木村昌人、桑原功一、関根仁、永井美穂、山田仁美（各項末尾に執筆者名を記載。記名のないものは木村が執筆した。）

第二部　資料からみる渋沢栄一

［渋沢家系図］川上恵
［渋沢栄一略年譜］小出いずみ
［文献案内］石坂正男、井上潤、門倉百合子、川上恵、桑原功一、茂原暢、関根仁、永井美穂、山下大輔、山田仁美
［渋沢栄一伝記資料総目次］山田仁美
［関連会社社名変遷図］門倉百合子

飛鳥山の渋沢邸内　晩香廬（上）と青淵文庫（下）
（現在はともに国指定重要文化財）

第一部　渋沢栄一を知るための一〇〇項目

Ⅰ　生涯

(1) 渋沢栄一の生い立ち

1　生誕地の風景

栄一は、一八四〇年〔天保一一〕二月一三日、武蔵国榛沢郡《はんざわぐん》血《ち》洗島村《あらいじまむら》（現・埼玉県深谷市血洗島）の農民、父・市郎右衛門、母・えいの間に生まれた。

『新編武蔵風土記稿』[1]によれば、同村は、天正年間（一五七三〜九二年）に開かれ、当初、五軒であったという[2]。江戸時代後期には五〇軒ほどとなり、石高三四六石余の村であった。北方には利根川が流れ、昔からよく氾濫し、河道の変遷も激しかった。栄一の生家は小高い場所にある。当時、後ろには清水川が流れ、その下に深い淵[3]があったことから、栄一の生家を村人は「淵の上」と呼んでいた。少年の頃、栄一は家業の手伝いの合間に、この家の欅の大樹の木陰からその淵の水を眺めていたという。

同村は水田がわずかでほとんどが畑であった。そのため同村周辺地域では藍作、藍玉製造が盛んで、武州秩父郡や上州、信州などに販路をもつ家が多かっ

(1)　幕府が編纂した武蔵国の地誌で二六六巻からなる。一八一〇年〔文化七〕に起稿し、一八二八年〔文政一一〕に脱稿された。

(2)　血洗島村は、吉岡和泉が開墾して開いたとも、また栄一の先祖で渋沢隼人というものが移住し、村を開いたとも伝えられる。

(3)　この淵に因んで、一八歳の頃、尾高惇忠によりつけてもらった栄一の雅号が「青淵」である。

た。

近隣には船客の乗継場であり、船荷の積替所となっていた利根川中瀬河岸があった。水運を利用した物資の積み込み、荷揚げも盛んで、旅人の乗り降りも多く、廻船問屋や旅籠などが建ちならんでいた。通行する船の検査を行う場所でもあり、いつも多くの船が停泊していた。

また、中瀬河岸は、中山道深谷宿から分岐する脇往還北越街道と結ばれ、そばに渡船場もあり、上州を経て越後へ通じる交通の要衝地であった。

同村南方の中山道深谷宿は、江戸まで一九里（約七五キロメートル）余で、一八四三年［天保一四］の宿場人口が一九二八人、五二四軒(4)で、旅人が往来し、人馬による物資輸送も盛んであった。

また一里（約四キロメートル）程のところに同村を支配する岡部藩(5)の本拠・岡部陣屋（武蔵国大里郡岡部村内）があった。大手門は中山道に接し、周辺街道沿いは深谷宿と本庄宿の間にある「間《あい》の宿」となって賑わっていた。

栄一の生まれたころの同村周辺は、そうした中瀬河岸と深谷宿や岡部の中ほどに位置し、旅人の往来や物資流通が盛んとなっており、政治や経済、文化などの新しい情報も入りやすい環境にあった。

（桑原功一）

(4)「中山道宿村大概帳」『近世交通史料集五』吉川弘文館、一九七一年、一〇一頁。

(5) 一五九〇年［天正一八］、徳川家康が関東に入部した際、徳川家譜代の家臣・安部《あんべ》信勝《のぶかつ》が岡部周辺などに五二五〇石余を給わったことに始まる。所領は、三河国、摂津国、丹波国など各地に分散していた。明治維新後、第十四代安部信発《のぶおき》のとき三河国半原に本拠を移した。

2　栄一と生家「中の家《なかんち》」

渋沢家は、血洗島村開村当初からの家とされる。栄一が幼少の頃、血洗島村には、渋沢を氏とする家が一〇数軒となっていた。栄一の生家は「中の家」といい、渋沢の宗家ともいわれる。この家のえい（栄一の母）のもとに婿養子に入ったのが、親戚の渋沢宗助家（「東の家」）の元助（栄一の父）で、「中の家」を継ぎ、「市郎右衛門」と名を改めた。

父市郎右衛門は、家業については非常に厳格で、物惜しみをすることはなく、親戚や近郷近在で困っている人がいれば、世話や支援をし、誠実に実務を進める人だった。学問を好み、俳諧連歌を嗜むなど教養も兼ね備えていた。家業として麦作や養蚕をやる他に、他家から藍葉を買入れ、自家でも作り、それを藍玉に製造して、信州や上州、武州秩父郡あたりの紺屋に販売することもはじめた。大きい紺屋では、年に数百両の藍玉を使う。一駄（三六貫［一三五キログラム］）について二〇両位の値段で、三〜五両の利益がでたという。栄一の親戚の家々も藍作・藍玉製造、販売を行っていたが、それぞれ得意先は違っていた。「中の家」は主に信州が得意先で、上州伊勢崎や近隣の本庄などへも販路を開げていったという。質もとり金融も行っていた。そうして市郎右衛門は血洗島村において、実家である渋沢宗助家（「東の家」）に次ぐ資産を築き、それまで衰退していた「中の家」渋沢家の家勢を挽回し、領主である岡部藩主安部家より苗字帯刀を許され、名主見習役にもなった。

栄一の生家「中の家」（写真は、一八九二年［明治二五］再建のもの）

母えいは、栄一をいつくしみ、寒い日に栄一が羽織を着ずに遊びに行くと、羽織を持って追いかけ着せて、栄一がそれをいやがり、脱ぎ捨てるとまた追いかけたという。また、困った人に物をよく施すなど慈悲深い人だった。近くにハンセン病[1]を患っていた女性がいた。村の人々はその女性とのつきあいを避けていたが、えいは着物や食事の世話をしたり、いっしょに入浴することもあった。そんなえいに幼い栄一は、病気がうつると注意したが、えいは「お医者に聞いたらうつらぬとの事だった」と言って世話をつづけたという。そうしたえいの影響を受けて、後年、栄一は、社会福祉・医療事業にも取り組むことになる。

（桑原功一）

(1)　ハンセン病は、癩《らい》菌による感染症で、当時は「癩病」といった。伝染力は非常に弱いが、感染すると皮膚や顔貌が変わることもあるため、偏見や差別を受けていた。後年、栄一は財団法人癩予防協会の設立に尽力するなどハンセン病問題に取り組んだ。現在では化学療法を中心とした治療により確実に治癒する病気である。

3　少年時代

栄一が書物を読みはじめたのは六、七歳の時という。最初、父市郎右衛門に漢文の素読を学び、『大学』から『中庸』、『論語』巻二まで習った。その後、隣村手計《てばか》村の尾高惇忠《じゅんちゅう》[1]のもとへ通い、『論語』をはじめ四書五経などを学ぶ。一一～一二歳の頃には『通俗三国史』『南総里見八犬伝』などを好んで読んだ。一七～二〇歳頃、世の中の矛盾を感じはじめていた頃、『日本外史』、『十八史略』などを読み、それら書物に登場する英雄豪傑を自分の友のように思い、天下国家のために何かをしたいという志を強くしていった。

(1)　一八三〇年〔天保元〕～一九〇一年〔明治三四〕。栄一の従兄にあたり、父・市郎右衛門の姉・やえの三男。栄一の妻・千代の兄でもある。学者として近郷近在で知られ、子弟の教育にあたった。後に彰義隊に入る。そこから分かれ、渋沢喜作（成一郎）と振武軍を創設。一八六

また、幼いころから従兄・渋沢新三郎[2]に神道無念流の剣術を学んだ。正式に入門したのは一八五一年［嘉永四］三月二三日である。新三郎の師・大川平兵衛[3]が、血洗島村に出稽古にやってくるときなどには、栄一はじめ、尾高惇忠、渋沢喜作など門弟が集まり剣術試合も行っていた。栄一は、従兄・尾高長七郎らと家業の合間に、剣術修行のため上野国、下野国を廻るなど、剣術稽古も熱心に行っていた。

一四～一五歳までは、読書・剣術・習字等の稽古で毎日を過ごしていたが、この頃から、家業の手伝いもするようになる。近隣村々を廻り藍葉の買い付けも一人でおこなうようになった。藍葉を藍玉にすると、取引先の紺屋に値段を決めずに先に送ってしまう。そして紺屋が使用した分だけの代金をもらいにいったり、後の注文を聞きにいったりした。春と秋は様子をみに、正月と盆（八月）は集金にと年に四度は得意先をまわらねばならなかった。信州・上州・武州秩父にある得意先廻りは、一七歳頃から、たいてい栄一が引き受けて廻った。また家業に対する熱意もわき、当時特産地であった阿波の藍に負けないものを作りたいと、近隣村々から藍葉を買い集め、作った人々を招待して番付を作成した。そして藍の出来に応じて席順を定め、一番よい藍を作った人を上席に据えて饗応し、競争意識を高め、一層良い藍を作るよう奨励なども行った。

（桑原功一）

八年［慶応四］、飯能戦争で新政府軍に敗れる。後、富岡製糸場初代場長となった。

(2)　栄一の従兄にあたり、父・市郎右衛門の兄・宗助の子息。

(3)　大川平兵衛　一八〇一年［享和元］～一八七一年［明治四］。武蔵国埼玉郡上之（現・埼玉県熊谷市上之）出身。武蔵国入間郡横沼（現・埼玉県坂戸市横沼）の大川家の婿養子。神道無念流秋山要助の弟子。川越藩剣術師範役。門弟の渋沢新三郎が免許皆伝を受けていない時期には、栄一は表向きは、大川平兵衛の弟子となっていた。大川は、栄一をつれて、近隣村々を廻り、出稽古に行くこともあった。

4　青年時代

栄一が一七歳のとき、岡部藩(1)より、血洗島村は御用金を出すように言いつけられ、生家「中の家」は五〇〇両を引き受けることになった。このとき、父の名代として岡部陣屋に出頭した栄一は、代官・若森権六に、自分は御用の内容を聞いてくるように言いつけられただけなので、一旦、父に報告の上、改めて来ると述べた。それに対し若森代官は、栄一を侮辱しながらすぐにこの場で承知するように強要する。栄一はこのような代官の態度に憤り、その原因を幕府の政治に求め、社会の矛盾を感じ始めた。

水戸学に傾倒し、尊王攘夷思想をもつようになっていた師匠・尾高惇忠の影響も受け、栄一は幼ない頃から交流していた尾高長七郎、渋沢喜作らと天下国家を憂え、論じあうようになる。血洗島村周辺には、尊王攘夷の志士で長州藩の多賀屋勇（坂下門外の変で捕縛）、宇都宮藩の広田精一（禁門の変で自刃）なども来訪した。詩を作ったり、時勢を論じあい、幕府批判を行うなど、栄一は彼らと交流をするなかで、尊王攘夷思想に深く共鳴していった。一八六一年［文久元］、一八六三年［文久三］に江戸に出て、下谷練塀小路の儒者・海保漁村塾やお玉が池の北辰一刀流・千葉道場「玄武館(2)」に出入りし、来たるべきときのために、天下の有志と交流して、自分の味方に引き入れた。

栄一は、幕府が保てないような大騒動を起こし、幕政の腐敗を洗濯し、国力を回復しようと一八六三年［文久三］八月頃、惇忠、喜作と三人で攘夷実行計

(1) 当時の藩主は安部《あんべ》信宝《のぶたか》（一八三九［天保一〇］～一八六三年［文久三］）。

(2) 北辰一刀流の創始者・千葉周作（一七九四年［寛政六］～一八五五年［安政二］）が開いた道場。一八六一年［文久元］、栄一が出入りしていたときは周作の次男・栄次郎が、一八六三年［文久三］のときは三男道三郎が玄武館を継いでいた。

(3) 高崎藩の拠城。一八六三年［文久三］当時の藩主は、徳川家譜代、八万二〇〇〇石の大名、大河内（松平）輝声《てるな》。

画の密議を行った。そして、高崎城[3]を乗っ取り、兵備を整え、横浜外国人居留地を襲撃、焼き打ちして、外国人を片っ端から切り殺すという計画をたてた。同年一一月冬至の日、総勢六九名ほどで決行することを決めた。その日がせまった一〇月二九日夜、下手計村の惇忠宅の二階で、京都情勢探索から帰って来た長七郎も参加し、惇忠、栄一、喜作、中村三平の五人で評議を行った。この席で長七郎は計画の中止を主張、栄一は、決行を主張するなど、計画の実行如何について大激論がかわされた末に中止とした。幕府に捕縛される危険もあったため、栄一は喜作とともに一一月八日、伊勢参拝を兼ね京都見物にいくと吹聴し、京都へ旅立った。

（桑原功一）

尾高惇忠宅二階

(2) 人間・渋沢栄一をひもとく

5　渋沢栄一について ― プロフィール

渋沢栄一は、天保一一年二月一三日（西暦では一八四〇年三月一六日）に武蔵国榛沢郡血洗島村（現在の埼玉県深谷市血洗島）で生まれた。父市郎右衛門は、非常に勤勉家で厳格。そして母えいは、慈悲に富んだ人であった。兄弟姉妹もいたが多くが早世し、成人したのは五歳上の姉なかと一二歳下の妹ていの二人

(1)『伝記資料』第一巻、一頁。
(2)『伝記資料』別巻第五、六九一頁。

であった。

幼名は「市三郎」、後に「栄治郎」、一二歳頃には実名を「美雄《よしお》」とし、その後は伯父渋沢誠室《せいしつ》の命名で「栄二」と改め、通称は「栄一郎」とした(1)。一橋家仕官後は「篤太夫」、政府出仕時代に一時「篤太郎」と名乗った後、「栄一」に至る。号は「青淵《せいえん》」。従兄で学問の師匠でもある尾高惇忠が名付けたという(2)。

身長は五尺（約一五一・五センチメートル）、血液型はA型、干支は子《ね》。食事は好き嫌いなく何でも食べ、「旨《うま》い不味《まず》いは分かるし、料理のことも多少は知っている」(3)という。晩年は芋や茄子を好み、オートミールは毎日食べていた。また甘いものは好きで、飴をよく食べる。煙草は若いときに「日本煙草」をたしなんだが病気を患ってやめた。酒は一橋家仕官時代やフランスから帰国後に少し飲んだが、元々あまり好きではなく、以後は全く飲まなくなった。

趣味は特にないが、読書は好きであり、また「書」を書くことは非常に多い(4)。猟・釣りはほとんどせず、「撃剣」は若いときに少したしなんだ。碁と将棋は好きだったが、仕事が忙しく時間の無駄になるために我慢をして明治二〇年頃にやめたという(5)。

性格は温和で「怒といふことを忘れられたのでは無いか」と評されることもある(6)。また没後に、尾崎行雄が栄一の特徴を次のように挙げている(7)。

一、頭が鋭い。
一、勇気があった。度胸の据《すわ》った人である。

(3)　『伝記資料』別巻第五、六七九頁。
(4)　小林弥生「渋沢栄一と読書」『青淵』第六〇六号（一九九九年九月）所収「渋沢史料館だより」№一九七。
『伝記資料』別巻第五、七一一～七一二頁。また小林弥生「渋沢栄一と書」『青淵』第六〇〇号（一九九九年三月）所収「渋沢史料館だより」№一九一。
(5)　『伝記資料』別巻第五、六八一～六八四頁。
(6)　犬丸鉄太郎「怒を決して遷さぬ人」高橋重治・小貫修一郎編『青淵回顧録』下、青淵回顧録刊行会、一九二七年。
(7)　『伝記資料』別巻第八、三三九頁。

一、親切に物を考へると同時に、勇断可決、果断決行、よく謀りよく断ずる、即ち善謀善断。
一、執着力が強い。
一、事業の遂行力が非常にあった。よくもあんな沢山の仕事が出来たと思ふ。
一、親切心に富んでいる。

栄一は、生涯現役で様々な事業等に尽力し、一九三一年［昭和六］一一月一一日、多くの人々に惜しまれつつ、九一歳でこの世を去った。

（関根仁）

6　渋沢栄一の日常生活

栄一は生涯、数多くの企業・団体の事業や活動に関わり、日々の生活は非常に多忙を極めていた。古希で多くの企業・団体の役員を辞し、社会事業を活動の中心に据え、そして喜寿で、すべての役員等を辞した後も変わらず、忙しい毎日を送っていた。

ここでは大正期を例に、栄一の日常を垣間見てみよう(1)。

大正期の栄一の日記を見ると、栄一の起床は、午前七時から八時頃である。入浴、朝食を済ませ、日記を書き、書類を点検。新聞や書籍に目を通すことも ある。その後は朝から来客の対応をする日もある。午前一〇時には兜町の渋沢事務所に行き、事務処理や来客対応、というのが主な午前中の生活パターンで

(1)『伝記資料』別巻第一、同別巻第二。
(2)『伝記資料』別巻第二、六七二頁。
(3)『伝記資料』第五七巻、一二二～一二三頁。また、塚田孝雄「栄一の健康法」『青淵』第四六七号（一九八八年二月）所収「渋沢史料館だより」No.六〇。

ある。

その後も栄一は来客の応接、各種事業の打合せや会議、委員会への出席など忙しく動くが、ここでは渋沢事務所が栄一の予定を記した「集会日時通知表」から、一九二六年［大正一五］五月二六日（栄一・八六歳）の動きを見てみることにしよう[2]。この日、予定では午前一〇時に「ゴルドン、今村正一両氏来約（飛鳥山邸）」となっており、栄一は飛鳥山の青淵文庫内でゴルドンなる人物と面会する（写真1）。その後、栄一は飛鳥山邸を出発し、午前一一時、予定に記された「日米関係委員会（工業倶楽部）」に出席。次に予定表には、午後二時「事務所御出勤」とある（写真2）。そして時刻は不明だが、一日の仕事を終えて飛鳥山へ帰宅、というスケジュールであった。

さて帰宅してからも、栄一は食事の後に書類や書状の点検、自身の原稿校正などを行ない、不意の来客に対応をしたりすることもあった。また、新聞、雑誌、本を読んだり、孫たちと遊んで過ごすこともある。そして就寝するのは一〇時から一二時である。

このように、八〇歳を超えても、なお忙しい毎日を送る栄一に「健康の秘訣」はあったのだろうか。一九一六年［大正五］、栄一はある雑誌社から健康と食事についての質問を受けて、次のように回答している[3]。日常の健康法で特別なものはないが、「事物に屈托せざるを予の保健法」であり、「時に、家内に意の如くならざることあり、或は事業の損失等あるも、斯くの如き不如意を人

小林弥生「渋沢栄一の日常と健康」『青淵』第六一二号（二〇〇〇年三月）所収「渋沢史料館だより」No.二〇三を参照。

ある日の栄一1（写真1）

生なりと達観し、如何なる不幸に際会するも決して屈托せず」ということが、健康を保つことであるという。食事については、「甘味及び脂肪分多き食物」を好み、晩餐では「天麩羅・鰻・ケンチン汁を好んで食するも、又芋・茄子等の野菜をも好む」。そして「昨今は肉類よりも野菜類を嗜好する」と回答している。

さらに栄一の回答に拠って食事を細かく見ていくと、朝食は、スープ皿に三分の一位のオート・ミールにクリームと砂糖を加えたものと、スープ約一合、半熟玉子二個、焼麺麭を二つ、紅茶、果物等。昼食は第一銀行で行員と共にとる場合が多く、洋食で鳥、獣肉、魚、麺麭など。夕食は会合等でとる場合が多く、「日本食は常盤・新喜楽・瓢家等、洋食は帝国ホテル、築地及び上野の精養軒、中央亭等」で会食するという。また日本食の時には「米飯三碗を摂取するを例とし、外に汁を喫」り、酒類は一切飲まない。

栄一は「生涯現役」で忙しい毎日を送った。もちろん、九一年の生涯のなかでは大きな病気をすることもあり、また年齢によって生活パターンも異なってはいるが（例えば、晩年に栄一は昼食をとらなくなり、一日二食となる）、栄一の健康的な日常の背景には、ほぼ毎日の規則正しい生活ときちんとした食事、「事物に屈託」しないことなどがあったのではないだろうか。

（関根仁）

ある日の栄一2（写真2）

7 趣味・余暇

晩年、趣味について尋ねられた栄一は、「趣味はあまり多くない」と答えている。(1) 同時代の実業家の中には茶道具や美術品を愛でる数寄者が多くいたが、栄一は数寄者でも蒐集家でもなかった。忙しい日々を過ごす栄一ではあるが、碁、将棋、義太夫、芝居見物などを嗜むことがあった。しかし、栄一にとっての生涯の趣味は、書と漢詩であった。

〈書〉

栄一は、書をよくした。一一、二歳で父から、その後一八歳まで伯父の誠室から習った。書くのは好きであり、齢を重ねてから、ますます励むようになった。手本として好んだのは趙子昂《ちょうすごう》であり、一九二九年〔昭和四〕、八九歳で筆をとった「大学」「前赤壁賦《ぜんせきへきのふ》」も趙子昂の臨書であった。(2) 書くときの気持ちについて、栄一は「外の事は何にも頭に浮かばなくて無心になるのが大変愉快である」と語っている。(3)

〈詩作〉

現在残っている栄一の書の多くは、自作の漢詩と、論語など中国の古典の一節を揮毫《きごう》したものである。漢詩は、尾高惇忠から学んだ。節目に、旅先で、折にふれて思いを託して詩作し、その数は少なくない。毎年元旦に詩をつくり、

(1) 「趣味は余りたんとない。字を書くことも趣味の一つだ。本を読む事は趣味と言へまいが、その外にヘボ乍ら詩を作るョ」『伝記資料』別巻第五、六八一頁。

(2) 臨書とは、手本を見て、その通りに書くこと。または、そうして書いた書をさす。

(3) 『伝記資料』別巻第五、七一二頁。

それを揮毫して披露した。栄一の三三回忌を記念して嫡孫の敬三が『青淵詩歌集』を出版した。同書には、和歌も収録されており、栄一の詩作を概観するのに便利である。

〈余暇の過ごし方 ― 避暑・避寒〉

栄一は郊外に別荘を持たなかったため、避暑や避寒など静養の滞在にはもっぱら旅館を使った。滞在先は、大磯、湯河原、箱根小涌谷、伊香保である。

栄一の日記からは、旅先でも、栄一が忙しく過ごしていた様子が垣間見られる。滞在先に実業家が訪ねてくるのはよくあること、栄一に相談するために東京からやってくる人もいる。車内で会談することもある。宿で時間があれば、頼まれていた数多くの揮毫を仕上げている。筆を手にするひとときが栄一にとっての静養であったことは、書が好きだと語る栄一の気持ちから察することができる。

（永井美穂）

揮毫中の栄一（一九二九年［昭和四］一月二六日）

8　渋沢栄一の住所と邸宅の変遷

血洗島村に生まれ育った栄一は、青年期以後は、自身の活動とともに住まいを転々と変えている。栄一の住まいの変遷は以下の通りである。

栄一は、パリ万博幕府使節の随行員として約一年半の渡欧をし、帰国後は静

(1)『伝記資料』第二巻三〇五頁。

(2)『伝記資料』第二九巻六一六頁。

岡で家族と共に生活をする。一八六九年［明治二］、栄一は民部省租税正に任じられ東京へ出てきて、湯島天神下で家を求め、静岡の家族を呼び迎えて共に新生活をスタートした。一八七一年［明治四］に渋沢一家は裏神保町へ住まいを移した。湯島については誰が住まいを世話したのかは不明であるが、神保町の屋敷は、静岡で荒物屋を営んでいた鈴木善助が協力してくれたという(1)。

その後、栄一は一八七三年［明治六］から一八七六年［明治九］まで、第一国立銀行（一八七三年創立）のある兜町に移り住む。当時、栄一は第一国立銀行総監役として忙しい日々を送っていた。そして、近代的な銀行制度を定着させるために奔走していた栄一にとって、自宅と職場が近いことは仕事に没頭するためにも重要だったと思われる。

一八七六年［明治九］、栄一は第一国立銀行を設計した清水店《だな》（現・清水建設株式会社）の二代目・喜助に設計施工を依頼して、深川福住町に住まいを新築する。家屋に使用する木材の選択、建物の様式等は、栄一夫人の趣味が取り入れられていたという(2)。この住まいは一九〇〇年［明治三三］に客間や居間等を増築し、その後栄一の長男・篤二の住まいとなり、一部が三田綱町に移築されている。

また、栄一は一八七七年［明治一〇］に飛鳥山に約四、〇〇〇坪の土地を求め、清水店に敷地造成および母屋や附属家を新築させ、一八七九年［明治一二］に飛鳥山邸を完成させた。この飛鳥山邸は、当初は別荘・接待接客の場と

深川福住町邸

(3)　渋沢史料館企画展図録『王子・滝野川と渋沢栄一―住まい、公の場、地域―』二〇〇八年。

して活用し、国内外の賓客を招きながら、さらに土地を増し、附属家等が建設されていった(3)。

一八八八年［明治二一］、栄一は再び兜町に戻る。その住まいは、辰野金吾の設計によるもので煉瓦造二階建て、イタリアの「ベニス」をイメージして建設された。兜橋畔の岸に面し、石段を設け舟の昇降が可能で、また釣場もあったことから兜町の川沿い一帯を一望することができた。後に栄一はこの住まいを渋沢事務所として使用していた。

栄一は一九〇一年［明治三四］に兜町を離れ、没するまでの三〇年は飛鳥山邸を本邸とした。

（川上恵）

兜町邸

9　飛鳥山邸

飛鳥山の渋沢邸は、渋沢栄一が一八七七年［明治一〇］に別荘地として約四、〇〇〇坪を求めた。別荘時の敷地内には、日本館と物置などの附属家や門、塀、庭園などが整備されていた(1)。一九〇一年［明治三四］に増改築した飛鳥山に本邸を移した。

飛鳥山の渋沢邸は、一八八〇年［明治一三］に、儒学者の阪谷朗廬（朗廬の長男芳郎は、栄一の次女琴子の夫となる）が陶淵明の詩「帰園田居」の一節「曖曖遠人村、依依墟里煙」からとり、「曖《あい》依《い》村荘《そんそう》」と名付けた(2)。

(1)『名園五十種』（近藤正一著、一九一〇年）には、明治末期の渋沢邸の様子が記されている。

(2)『伝記資料』第二五巻六三四頁。

栄一は、この曖依村荘を当初から接待接客の場に使用した。その最初の来客は、「曖依村荘」と命名された前年の一八七九年［明治一二］の第一八代米国大統領を務めたユリシーズ・グラントであった。栄一はグラントの接待委員を務めていたこともあり、当時まだ少なかった賓客を接待する場所として、曖依村荘を活用したのである。その後も栄一は曖依村荘を頻繁に利用した。

大規模な増改築工事を経て、最終的に八、四七〇坪余となった飛鳥山の本邸には、日本館の増築部分および西洋館、茶室「無心庵」、土蔵、倉庫、車庫、門塀等が建設された。また整備された庭園や、山形亭、邀月台《ようげつだい》等の亭《あづまや》も設けられた。

大正期に入ってからは、一九一七年［大正六］に晩香廬《ばんこうろ》と一九二五年［大正一四］に青淵文庫《せいえんぶんこ》が落成した。晩香廬は、栄一の喜寿を祝い、合資会社清水組社員の清水満之助から贈られた小亭である。晩香廬の名は栄一の自作の漢詩の一節「菊花晩節香」に因んで命名された(3)。栄一が賓客の接待・交流の場として、大いに活用した洋風茶室である。

青淵文庫は、栄一の傘寿と男爵から子爵への昇格を祝い、竜門社（現公益財団法人渋沢栄一記念財団）が贈呈した図書館である。当初、栄一が収集した論語関係の書籍等を収蔵する文庫として設計されていたが、収めるべき書籍類は関東大震災で焼失したため、完成後は訪問客との面談や賓客接待の場として活用された。この青淵文庫の完成によって、私邸であり、かつ公的な場として設

飛鳥山邸日本館玄関

(3)『伝記資料』第五七巻二九八頁。

〈参考文献〉
・『伝記資料』第四八巻。
・井上潤「飛鳥山渋沢邸の変遷」北区史を考える会編『北区郷土誌』一九九三年。

けられた栄一の「曖依村荘」は、完成したと言える。

（川上恵）

・渋沢史料館企画展図録『王子・滝野川と渋沢栄一―住まい、公の場、地域―』二〇〇八年。

10　飛鳥山邸の来客

栄一の飛鳥山邸は、単なる私邸にとどまらず、多くの来客を迎える接待接客の場としても利用された。

栄一の四男・秀雄は、飛鳥山邸への訪問客の様子を次のように述べている。

栄一は長年のあいだ飛鳥山の家で、毎朝だれかれの差別なく来訪者に会った。むろん事業の相談にくる実業家も多かったが、一面識もない青年が煩悶を打ち明けにきたり、不幸な婦人が生活の苦しさを訴えにきたりもした。栄一はその一人一人に懇切丁寧な意見を述べる。つい話が長くなるので、あとの用事が栄一を待っている[1]。

また飛鳥山邸は、賓客接待・交流の場としても頻繁に使用された。最初の海外からの来客は、一八七九年［明治一二］に来日したアメリカ第一八代の大統領を務めたグラント将軍であった。欧米では、大事なお客様を私邸に招待する慣わしがあり、東京商法会議所会頭を務めるなど実業界の代表でもあった栄一の飛鳥山邸は、新築で広さもあり、まさにそれに応えることができた。

(1)　渋沢秀雄『渋沢栄一』公益財団法人渋沢栄一記念財団、二〇一一年、七三頁。

(2)　井上潤「飛鳥山邸について（一）」『青淵』第四八四号（一九八九年七月）所収「渋沢史料館だより」No.七七。渋沢史料館編『常設展示図録』（渋沢史料館、二〇〇〇年）。五十嵐卓「飛鳥山の渋沢邸の利用―海外からの来訪者の場合」『青淵』第六一一号（二〇〇〇年二月）所収「渋沢史料館だより」No.二〇二。渋沢史料館編・企画展図録『王子・滝野川と渋沢栄一―住まい、公の場、地域―』（渋沢史料館、二〇〇八年）および同図録所収の論考を参照。

以降、栄一は飛鳥山邸に、国の内外や分野を問わず多くの賓客を迎え、重要な会議の場、また民間外交の場として活用したのである。[2] 例えば国内では、政治家、実業家、文化人等の招待をはじめとして、栄一が関係した日本女子大学校の運動会の会場、また地域住民（滝野川町、西ヶ原青年会等）との親睦を深めるための園遊会の会場等にも使用された。海外の来客では、清国公使何如璋（一八八〇年）、ハワイ国皇帝ディヴィド・カラカウァ（一八八一年）、フランスの銀行家アルベール・カーン（一八九七年ほか）、救世軍大将ウィリアム・ブース（一九〇七年）、アメリカ太平洋沿岸諸都市商業会議所代表一行（一九〇八年）、インド詩人ラビンドラナート・タゴール（一九一六年ほか）、フランス大使ポール・クローデル（一九二六年ほか）、中華民国前国民革命軍総司令の蒋介石（一九二七年）等、挙げればきりがない。

栄一は、邸内の日本館・西洋館、茶室「無心庵」、晩香廬、青淵文庫、そして庭園を活用して、多くの来訪者を歓待したのであった。

（関根仁）

救世軍大将ブラムウエル・ブース招待会（一九二六年［昭和元］）

(3) 渋沢家

11 家族

栄一は一八五八年［安政五］、一八歳の時に尾高勝五郎の三女で尾高惇忠の妹千代と結婚した。千代は一八八二年［明治一五］に亡くなり、のちに江戸の豪商伊藤八兵衛の娘兼子と再婚をして生涯を共に過ごした。

栄一は、千代との間に二男三女、兼子との間に五男一女と多くの子どもに恵まれた。まず、千代との子どもたちを紹介する。長女歌子は、一八六三年［文久三］に生まれ[1]、一八八二年［明治一五］、一九歳の時に穂積陳重に嫁す。しかしその数か月後、母千代が亡くなり、歌子は新生活を送りながらも、幼い弟や妹の面倒をみたり、また多忙な父栄一を支えた。

歌子の夫穂積陳重は、愛媛県に生まれ、一八七〇年［明治三］に東京大学の前身である大学南校へ進学。一八七六年［明治九］には、文部省より海外留学を命じられ、イギリスでミドルテンプル（法科大学）に在学し、バリスター（法廷弁護士）の称号を得た。帰国後、東京大学法学部に勤務し、その後法学博士となった。歌子と結婚したのは、イギリスからの帰国後であった[2]。その後は東京大学法学部に就職し、一八八一年［明治一四］二七歳で教授に就任し、法学部長となった。専門は民法であった。栄一は、血洗島の渋沢家とは違う新し

(1)　『伝記資料』第一巻、二二九頁。

(2)　渋沢史料館企画展図録『法学者・穂積陳重と妻・歌子の物語―渋沢栄一のひ孫・穂積重行氏オーラルヒストリー―』渋沢史料館、二〇一一年。

い一家を創設したいと考え、穂積に実質的な長男として相談役になってもらうことを考えた。穂積は経済的な支援を受けた栄一の期待にこたえ、栄一から持ち込まれる数多くの社会事業への協力を行った。親戚関係では、栄一の長男、篤二を預かり養育することになった。また渋沢同族会の法的な整備や問題解決に尽力することになった。

次女琴子は、一八七〇年〔明治三〕に生まれ、一八八八年〔明治二一〕、阪谷芳郎に嫁し、姉歌子と共に渋沢家を支えた。阪谷芳郎は、岡山県に生まれる。一八八四年〔明治一七〕に東京大学を卒業後、大蔵省に入省し、書記官、大蔵次官等を経て、一九〇六年〔明治三九〕、西園寺内閣で大蔵大臣に就任。(3) 一九一二年〔明治四五〕には、東京市長となった。その後枢密顧問官、貴族院議員、竜門社理事長などを歴任した。日米関係委員会、国際聯盟協会、太平洋問題調査会など栄一の民間外交を支援した。自ら中国を訪問し、幣制改革など中国経済のインフラ整備に関して提言を行った。

栄一の長男篤二は、一八七二年〔明治五〕に生まれ、竜門社の社長をはじめ、澁澤倉庫株式会社会長、洲崎養魚株式会社社長、中央製紙株式会社会長等を歴任した。また篤二は、謡曲、写真、狩猟、義太夫、活動写真等多くの趣味を持ち、なかでも義太夫は一流であった。(4) 篤二の妻は、伯爵橋本実頴《さねひで》の妹敦子である。篤二の息子であり、栄一の孫敬三は、日本銀行総裁や大蔵大臣等を務めたほか、民具や古文書の収集、調査・研究でも多大な成果を残し、経済人として

渋沢栄一ほか親族（一九〇一年〔明治三四〕四月一二日）

(3) 『伝記資料』第二九巻、七六頁。

(4) 渋沢敬三編『瞬間の累積 渋沢篤二明治後期撮影写真集』一九六三年。

だけではなく、幅広い教養を持った文化人としても知られている。

つづいて、兼子との間の子どもたちを紹介する。

三男武之助は一八八六年［明治一九］生まれ。東京帝国大学に学び、石川島飛行機製作所取締役社長として航空界のために尽力し、浅野セメント等にも重役として関わっている。

四男正雄は一八八八年［明治二一］生まれ。兄と同様、東京帝国大学で学んだ後、東京石川島造船所専務取締役、石川島自動車会社社長として経営に携わった[5]。また、富士製鋼会社や昭和鋼管会社取締役社長を務め、鉄鋼業界に尽力した。

三女愛子は一八九〇年［明治二三］に生まれた。愛子の夫明石照男は、岡山県に生まれ、東京帝国大学を卒業後、第一銀行頭取等、経済人として活躍した[6]。また、戦中戦後の混乱期に竜門社を支えた人物でもあった。

五男秀雄は一八九二年［明治二五］生まれ。東京帝国大学を卒業後、父栄一が関係した田園都市株式会社の経営に関わった。また秀雄は美術、文学、音楽等趣味が広く、帝国劇場や東宝の重役も務めた。随筆家としても知られ、父栄一との温かく親しみあるエピソードをまとめた伝記『渋沢栄一』の著者でもある[7]。

（川上恵）

(5)　『伝記資料』第二九巻、六三頁。

(6)　『伝記資料』第五七巻、七～八頁、および別巻第四、五九九頁。

(7)　渋沢史料館企画展図録『青淵先生、想い続けて一二〇年―竜門社の歩み―』渋沢史料館、二〇〇六年。

12　渋沢家の家法、家訓、同族会

一八九一年［明治二四］に渋沢家では「家法」を定めた。栄一は同年五月一七日、同族を集めてこれを示し、渋沢家家政は「家法」に依るべきことを命じた。[1]「家法」の趣旨は栄一が大枠の案を立て、それぞれの条文の編成は穂積陳重によった。その要旨は「同族会議ヲ興シ、之レヲシテ家政ノ要務を議セシメ、並同族ノ財産及年々ノ出入ヲ監督セシムル」というものだった。[2]

渋沢史料館の常設展示室に展示されている「改正家法」（一九一五年）によれば、「第一章　渋沢家同族」の第一条で「渋沢家同族トハ渋沢栄一及ヒ其嫡出ノ子并ニ其配偶者及ヒ各自ノ家督相続人并ニ其配偶者ヲ謂フ」とし、また第三条では「渋沢栄一ノ一家ヲ渋沢家同族の宗家ト称ス」と定めている。

「家法」と同時に「家訓」も定められた。これは三則・三〇か条から成るもので、「先生（栄一）ノ心ヲ子孫ノ為メ用ヰル厚シト謂フ」べきものであった。[3]

「家訓」の第一則は「処世接物ノ綱領」で、「常ニ愛国忠君ノ意ヲ厚フシテ、公ニ奉スル事ヲ疎外ニス可ラス」など七か条から成る。第二則は「修身斉家ノ要旨」で、「父母ハ慈ニシテ能ク其子弟ヲ教ヒ、子弟ハ孝ニシテ能ク其父母ニ事ヒ、夫ハ唱ヘ婦ハ随テ、各々其天職ヲ尽スヘシ」など一一か条。そして第三則の「子弟教育ノ方法」は、「子弟ノ教育ハ同族ノ家道盛衰ノ関スル所ナリ、故ニ同族ノ父母ハ最モ之ヲ慎ミテ教育ノ事ヲ怠ル可ラス」など、計一二か条か

(1)『伝記資料』第二九巻、三〇〇頁。

(2) 渋沢家「家法」に関して近年では、出口雄一「穂積陳重・歌子と渋沢家家法―『穂積歌子日記』を素材に」（渋沢史料館編・図録『法学者・穂積陳重と妻・歌子の物語～渋沢栄一のひ孫・穂積重行氏オーラルヒストリーから～』渋沢史料館、二〇一一年）がその制定過程などを分析している。

(3)『伝記資料』第二九巻、三〇〇頁～三〇二頁。

(4) 渋沢史料館編『常設展示図録』渋沢史料館、二〇〇〇年、一〇〇頁。

ら成り、条文の多さから見れば、第三則の子弟教育に重きが置かれている。

これら「家法」、「家訓」の制定に先立ち、渋沢家では渋沢同族会が結成された[4]。当初は、栄一・兼子夫妻、篤二、穂積陳重・歌子夫妻、阪谷芳郎・琴子夫妻を会員として、一八八九年［明治二二］九月一日、兜町邸において第一回の会議が開催されている。そして同族会ではその後も、月一回の例会を開き、各家の重要な問題を話し合ったほか、一族の財産と収支の管理や相談、さらに親戚・知人の冠婚葬祭等への対応を審議するなどした。

一九一五年［大正四］には、渋沢同族株式会社を設立して同族の財産管理が移された。それ以後、同族会は成人した栄一の子供とその配偶者たちや、各家を継いだ孫たちも会員となり、栄一没後は嫡孫の敬三が中心となって継続された。

（関根仁）

渋沢同族会　一九三一年［昭和六］一月三一日（『伝記資料』別巻第一〇）

13　渋沢敬三

栄一の嫡孫として明治・大正・昭和を生きた渋沢敬三は、経済人でありながら学問の人としても知られている。

一八九六年［明治二九］、敬三は渋沢栄一の長男篤二の長男として東京・深川に生まれた。篤二は澁澤倉庫株式会社取締役会長として仕事をする傍ら写真・義太夫など玄人はだしの腕を持つ洒脱な好人物だが、栄一の重圧に耐えられず不行跡を繰り返し、廃嫡となった。栄一は渋沢同族株式会社を創立、第二高等学校在学中の敬三をその社長に据えた。栄一は渋沢同族株式会社を中心にして自家の資産を育て、またその中心となる同社社長は実業界に生きることを望んだ。生物学者を夢見ていた敬三も、尊敬する祖父に懇願されてその使命を受け入れ、東京帝国大学経済学部を卒業後、志願して横浜正金銀行に入行。ロンドン支店赴任を経て帰国後、第一銀行に取締役として入行、東京貯蓄銀行、財団法人慈恵会など栄一と関わりがある会社や団体の役員に就任した。一九三一年〔昭和六〕、栄一が世を去ると、敬三は子爵家を襲爵。名実ともに渋沢家の当主として実業界に認められる立場となった。

栄一の嫡孫としての役割を果たす一方で、自宅でアチックミューゼアムを主宰。地域が持つ文化とその力に魅せられた敬三の興味は、人々の暮らしを明らかにすることに向けられた。療養先の沼津三津で出会った膨大な文書を、全て収録して刊行することを目指す整理作業、各地の共同調査や民具収集、農民・漁民らの生活記録刊行などがアチックの仕事の柱となった。「論文を書くのではない、資料を学界に提供する」態度は、学問に対する敬三の意欲と敬意とを端的に示している。アチックには、地方の研究者や農民・漁民など多彩な顔触れが集い、その存在は敬三の精神的な支えにもなっていた。敬三の資料に対する姿勢を示す事例として竜門社で編纂した『渋沢栄一伝記資料』がある。祖父栄一の活動の記録を集めた資料集で、栄一の膨大な活動を現代に伝える基盤と

渋沢敬三

して今もなお広く活用されている。

一九四二年［昭和一七］、日本銀行副総裁に就任。その後総裁となり、終戦を迎える。この年、幣原喜重郎内閣の大蔵大臣となり、渋沢家をも含む財閥解体、新円切替など戦後処理を行った。その後公職追放となった敬三は、三田の自邸を財産税として物納。隣接する小さな家に移り、畑を耕し、日本各地を旅した。

期せずして民間企業、日銀、大蔵省を歩んできた敬三はその後、政府と財界の橋渡し役となり、生来のバランスの良さで国際電信電話株式会社取締役社長や国際商業会議所日本国内委員会議長などを務め上げた。一九六三年［昭和三八］、栄一の継承者としての使命を全うして六七歳の生涯を終えた。

（永井美穂）

（左から）栄一、篤二、雅英、敬三

(4) 渋沢栄一没

14 葬儀・墓所・遺言

一九三一年［昭和六］一一月一一日、栄一は飛鳥山の自邸で九一年の生涯を終えた。

前月一四日、腸疾患のため自邸にて開腹手術を受けるも、一一月に入ると容体は悪化。新聞にて危篤が報じられると大勢の見舞客が飛鳥山を訪れてその回復を願ったが、午前一時五〇分家族に見守られながら安らかに息を引き取った。

葬儀は一一月一五日に青山斎場にて行われた。喪主は嫡孫の敬三が、葬儀委員長は栄一に続いて第一銀行の頭取だった佐々木勇之助、副委員長を当事頭取であった石井健吾が務めた。飛鳥山邸には多くの皇族から供物が、葬儀前日には天皇からの御沙汰書が届いた。大倉喜七郎、森村市左衛門、古河虎之助、浅野総一郎ら実業家たちは、勅使や弔問客の接待などで運営を支えた。

葬儀当日、前夜から降り続いた雨も止み、快晴の下、棺とともに車列が飛鳥山を出立。門を出ると本郷通り沿いに滝野川町民、学校児童生徒らが整列して葬列を迎えた。更に、栄一が関係した東京商科大学、日本女子大学校、東京女学館の生徒ほか、多くの人々が栄一の死を悼んで沿道を埋めた。

斎場では、寛永寺門跡大多喜守忍の読経の中、遺族、勅使、大臣、各国大使らが参列。東京市長永田秀次郎と日本商工会議所会頭郷誠之助が弔辞を読んだ。午後は告別式が行われ、故郷の血洗島の人々をはじめ、栄一との別れを惜しむ多くの市民が斎場を埋めた。夕刻、葬列は谷中の寛永寺墓地へと向かい、近親者の焼香の後埋葬された。戒名は泰徳院殿仁智義青淵大居士。

栄一は、自らの望みを遺言に託した。一九三一年［昭和六］六月二六日付の遺言書には、道徳風教の振作、経済産業の発達、実業教育・女子教育の興隆、社会事業の助成、資本労農の協調、国際親善・世界平和の促進のために努力してきたこと、今後も自邸がこれらに供する場となることを願い、自分の主義と

栄一を見送る人々
一九三一年［昭和六］一一月一五日

一致する財団法人竜門社に自邸を遺贈することが書かれている。栄一没後、その遺志に従って自邸は竜門社に寄贈された。

（永井美穂）

(5) その他

15 竜門社

竜門社は、深川の渋沢邸に寄宿する書生たちの勉強会に端を発し、一八八六年〔明治一九〕から現在まで活動を続ける団体である。その名称は「登竜門」に由来し、栄一の従兄尾高惇忠によって名付けられた。初代社長は栄一の長男篤二。自分達の意見を発表するために『竜門雑誌』を創刊。青淵先生こと栄一を慕う者が集まって意見を交換し、各自が社会の現場で実践を重ねて互いに研鑽し合う場として発展した。

一九〇〇年〔明治三三〕に栄一が還暦を迎えると『青淵先生六十年史 一名近世実業発達史』を刊行。また、一九一八年〔大正七〕には栄一の旧主徳川慶喜の伝記『徳川慶喜公伝』を刊行するなど、栄一関連の書籍の編集・発行を行っている。一九〇七年〔明治四〇〕には社員数七八七名を数えるに至り、栄一の助言から社則を改定して一九〇九年〔明治四二〕に組織変更。栄一の唱導する経済道徳思想に基づき、主として商工業者の知識を開発、殊にその道徳を進め人格を高尚にすることを目的とする組織となった。

一九二四年［大正一三］、財団法人化。翌年には栄一の子爵昇爵と傘寿を祝して「青淵文庫」を贈呈した。一九三一年［昭和六］に栄一が世を去ると、竜門社は栄一の遺志を受け継ぎ、時代を越えて実践する組織として活動することを確認した。栄一から遺贈された「曖依村荘」を受け継ぎ、「青淵渋沢栄一翁旧邸跡」として公開し活用を図った。

栄一没後、竜門社は栄一の事蹟・思想を後世に伝えていくために、正確で詳細な伝記資料の作成に着手した。一九三二年［昭和七］から始まった編纂作業は一九三六年［昭和一一］に土屋喬雄を主任に迎えることで本格化するも、時局により中断。資料は第一銀行の金庫に納められ、終戦を迎えた。

戦後、栄一没後に結成された財団法人青淵翁記念会と合同、名称を渋沢青淵記念財団竜門社と変更した。伝記資料は刊行会を組織して全五八巻を、財団が別巻一〇巻を刊行した。

二〇〇三年［平成一五］、名称を渋沢栄一記念財団と変更。二〇一〇年には公益財団法人となった。一九八二年［昭和五七］に開館した渋沢史料館を中心に、研究センター、情報資源センターの三部門で、栄一の精神と事績とを現代に伝える活動を続けている。

（永井美穂）

深川邸書生部屋
一九〇二年［明治三五］頃

16　表彰、叙勲

栄一は日本の経済また商工業の発達に努めたとして、その「功積顕著」を評価され国内外で勲等陞叙されている。栄一の叙位、叙勲について、『渋沢栄一伝記資料』に記載されている中から紹介しよう。

大礼服の栄一

〈叙位〉

一八七〇年〔明治三〕　従六位
一八七一年〔明治四〕　正六位
一八七一年〔明治四〕　従五位
一八七二年〔明治五〕　正五位
一八八八年〔明治二一〕　従四位
一九〇〇年〔明治三三〕　正四位
一九〇九年〔明治四二〕　従三位
一九一九年〔大正八〕　正三位
一九二九年〔昭和四〕　従二位
一九三一年〔昭和六〕　正二位

〈叙勲〉

一八九二年〔明治二五〕　勲四等瑞宝章

一九〇二年［明治三五］勲三等瑞宝章
一九〇六年［明治三九］勲二等旭日重光章
一九一一年［明治四四］勲一等瑞宝章
一九一五年［大正四］勲一等旭日大綬章
一九二八年［昭和三］　勲一等旭日桐花大綬章

一九〇二年［明治三五］には、栄一のほかにも経済界および実業界から一七名が叙勲の沙汰を受けている。大倉喜八郎（勲六等瑞宝章）や荘田平五郎（勲五等瑞宝章）の名前もあった。一九〇六年［明治三九］には、日露戦争に関し勲功があった日本銀行総裁以下七六名の実業家に叙勲があった。高橋是清や岩崎弥之助、[1]岩崎久弥、[2]三井八郎右衛門の名前もみられる。一九一五年［大正四］には、栄一が第一銀行頭取、東京市養育院長など公私各種の営利非営利会社に関係し、貢献したことにより勲一等旭日大綬章を授けられた。

〈外国叙勲〉

一八八九年［明治二二］　独逸国皇帝より王冠第三等勲章
一九〇五年［明治三八］　韓国皇帝より勲一等太極章
一九〇七年［明治四〇］　フランス共和国より Commandeur de L'ordre national de la légion d'honneur（コマンドール・ド・ロルドル・ナシオナ

(1) 岩崎弥之助（一八五一［嘉永四］～一九〇八年［明治四一］）岩崎弥太郎の跡を継ぎ、三菱財閥二代目の総帥。銀行、倉庫、保険など幅広い事業展開を行う。第四代日本銀行総裁。

(2) 岩崎久弥（一八六五［慶応元］～一九五五年［昭和三〇］）岩崎弥太郎の長男で、三菱財閥三代目総帥。米国ペンシルバニア大学卒業後、三菱の副社長に就任、キリンビールの設立、小岩井農場、ブラジル東山農場の開発などの事業も手掛けた。

ル・ド・ラ・レジオン・ドヌール勲章［勲三等相当］）

一九一四年［大正三］中華民国政府より一等嘉禾章

一九二〇年［大正九］ベルギー国皇帝より王冠第一等勲章

一九二〇年［大正九］セルブ・クロアート・スロヴェーヌ国皇帝よりサン・サヴァ第一等勲章

一九二三年［大正一二］中華民国政府より第一等大綬宝光嘉禾章

一九二六年［大正一五］フランス共和国政府よりGrand-Croix de L'ordre national de la légion d'honneur（グラン・クロア・ド・ロルドル・ナショナル・ド・ラ・レジオン・ドヌール勲章［勲一等相当］）

〈叙爵〉

一九〇〇年［明治三三］男爵

一九二〇年［大正九］子爵

明治の中頃には、実業家たちの社会的な立場は変わっていき、一八九六年［明治二九］に三井八郎右衛門、岩崎弥之助、岩崎久弥そして、栄一が爵位を得たことは、その大きな変化を示していると言える[1]。

なお、栄一の手元にあった勲章・記章、勲記、位記の多くは現在、大学共同利用機関法人人間文化研究機構国文学研究資料館に「日本実業史博物館準備室

(1)　永谷健『富豪の時代　実業エリートと近代日本』新曜社、二〇〇七年。

(2)　渋沢史料館編・企画展図録『日本実業史博物館をつくりたい!!―渋沢敬三の構想と残された蒐集品―』渋沢史料館、二〇〇一年。

旧蔵資料」として収蔵されている。[2]

（川上恵）

17　銅像

栄一は、自らの銅像を建てることを良しとはしなかった。[1] 一九二五年［大正一四］に故郷の八基《やつもと》村が栄一像の建立を計画した際にも辞退している。しかし、栄一が関係した諸団体の中には、栄一の貢献を記念して栄一像をつくったところもある。そして現在、東京都内では屋外に設置された三体の栄一像を見ることができる。

〈飛鳥山公園〉

第一銀行の行員たちが栄一の還暦を祝って長沼守敬《もりよし》に制作を依頼した立像である。栄一像の一番古いものであろう。少しうつむき加減のその表情は若々しく、凛とした精悍さを伝えている。

一九〇二年［明治三五］四月三日、新築披露の日本橋・兜町の第一銀行本店中庭で除幕。一九二三年［大正一二］、同店が関東大震災で火災にあい、新築を余儀なくされると、栄一像は同行保養施設である世田谷の清和園に移築された。現在は、東京都北区の飛鳥山公園旧渋沢庭園内に建っている。

(1)　銅像建立について栄一は「銅像なり碑なりを作ってその功績を表彰せられることは、国家的に以上の功労のあった人々に於いて初めて意義あるものというべき」と述べている（「銅像除幕式当日食堂に於ける演説」『伝記資料』第三〇巻二四〇頁）。

〈東京都健康長寿医療センター〉

栄一の養育院への長年の功労を記念し、東京市長や養育院の委員らで結成された「渋沢養育院長銅像建設会」が募金を集めて東京市養育院構内に栄一像を建設、養育院に寄贈した。制作は小倉右一郎。同建設会が栄一に銅像建立の旨を伝えると栄一はこれを固辞するが、熱意に負けて了解。一九二五年［大正一四］一一月一五日、栄一臨席の下、孫の渋沢昭子の手で除幕された。第二次大戦中に金属供出されるも、一九六一年［昭和三六］に石像を再建。現在も、板橋区の東京都健康長寿医療センターの構内でその活動を見守っている。

〈常盤橋公園〉

栄一没後、遺徳を顕彰するために結成された「財団法人渋沢青淵翁記念会」が、常盤橋公園（東京都千代田区）を整備し、栄一の銅像を建立した。制作は朝倉文夫。一九三三年［昭和八］一一月一一日、栄一曾孫渋沢雅英により除幕。同像も戦時下に供出されるが、一九五五年［昭和三〇］に再建。同じく雅英の手で除幕された。

なお、一九九四年［平成六］、この銅像が再び鋳造され、青森県三沢市の古牧温泉内に建立されている。

（永井美穂）

常盤橋公園　渋沢栄一像

18　渋沢栄一を知ることのできる施設

〈渋沢史料館〉

渋沢史料館は、飛鳥山の渋沢邸に残る「晩香盧《ばんこうろ》」、「青淵文庫《せいえんぶんこ》」等の遺構を活用し、一九八二年〔昭和五七〕に開館した栄一の生涯全般を展示する博物館である。渋沢栄一記念財団の前身竜門社が構想した「青淵翁記念日本実業史博物館」に始まる博物館運営の企画を実現させた。『渋沢栄一伝記資料』の編纂・刊行によって収集された資料を収蔵資料の核とし、内容は、栄一の思想ならびに生涯にわたる事績を中心対象とするものである。他に、孫の敬三はじめ同族に関する資料の収集・保管、展示も行っている。栄一に関する資料・情報の拠点となっている。

一九九八年〔平成一〇〕に現在の本館で活動するようになってからは、教育普及活動も積極的に行うようになり、重要文化財に指定された「晩香盧」と「青淵文庫」を活用しての諸事業と合わせて活動の幅も広がっている。

〈渋沢栄一記念館〉

渋沢栄一記念館は、栄一の生地である埼玉県深谷市が一九九五年〔平成七〕一一月一一日に開館させた体育館、調理実習室等を兼ね合わせた複合施設である。館内の「渋沢栄一資料室」にて栄一の生涯を紹介する展示を行っている。

渋沢史料館
東京都北区西ヶ原二－一六－一
電話〇三（三九一〇）〇〇〇五
http://www.shibusawa.or.jp/

渋沢史料館

渋沢栄一記念館
埼玉県深谷市大字下手計一二〇四
電話〇四八（五八七）一一〇〇
http://www.city.fukaya.saita-

写真、複製資料等によって栄一の生涯を伝えているが、地元に残る遺墨などの資料を順次展示し、生地ならではの展示となっているのが特徴である。

　近隣には、栄一生家、尾高惇忠生家、諏訪神社、鹿島神社や一九九九年〔平成一一〕に東京都世田谷区から移築された誠之堂、清風亭といった栄一に関係する遺構も残されている。

〈国文学研究資料館〉

　国文学研究資料館は、一九七二年〔昭和四七〕に東京都品川区戸越に国立の施設として開館したが、その時に文部省史料館が組み入れられている。文部省史料館は、日本の主として近世の史料の調査研究、収集、整理、保存を行い、利用に供することを目的として一九五一年〔昭和二六〕に同地に創設された。

　敬三は、文部省史料館に、渋沢史料館の基となる「日本実業史博物館」準備室にて収集された資料を一九六二年〔昭和三七〕に寄贈し、今日に至っている。その資料には、栄一の生きた時代を知る資料と栄一自身の遺品も含まれており、栄一を知る一助となる。

（井上潤）

ma.jp/index.html（深谷市ホームページ）

国文学研究資料館
東京都立川市緑町一〇-三
電話〇五〇（五五三三）二九〇〇
http://www.nijl.ac.jp/

Ⅱ　活動・実績

(1) 二〇代

19　一橋時代

一八六三年［文久三］、渋沢喜作とともに郷里を逃れた栄一は、京都で一橋家用人平岡円四郎《ひらおかえんしろう》(1)の推挙により一橋家に雇われた。一橋家は御三卿として清水、田安両家とともに八代将軍吉宗により創設された。京都の治安が悪くなる中で、朝廷より禁裏御守衛を命じられた一橋慶喜は、京都での務めを果たすため有為な人材を求めていた。栄一は初め、平岡に命じられ関東での藩士募集や他藩との交渉役などもこなしたが、栄一が真価を発揮したのは、領内の経営に関してであった。つまり慶喜に直接提言し、軍備を増強するために領内の農村から歩兵を募集したり、領内の木綿や硝石などの商品作物の生産を奨励したほか、藩札の発行と流通経路の開拓により一橋家の財政を豊かにしたことであった。飛び地の備中（現在の岡山）へ歩兵募集に出かけた際、漢学者阪谷朗盧《ろうろ》の知己を得、のちに明治政府へ阪谷を仕官させる。また栄一の次女琴子は、阪谷の三男

(1) 平岡円四郎（一八二二年［文政五］～一八六四年［元治元］）は、旗本の家に生まれたが、藤田東湖、川路聖謨らの推挙により、一橋家に仕えた。一三代家定の将軍継嗣問題では慶喜を推し、橋本左内らとともに奔走するも、井伊直弼に敗れ、一橋家を出た。慶喜の将軍後見職復帰に伴い、再度一橋家に仕官した。京都では家老職にまで出世し、慶喜にその才能を買われ、京都では家老職にまで出世し、慶喜を支える重臣の一人になったが、

芳郎と結婚する。

一橋家で栄一は「勘定組頭」、「御使番格」へと出世したが、一四代将軍家茂の死去に伴い、慶喜が一五代将軍の座に就いたため意に反して幕臣となった。栄一は、慶喜の決断に失望しただけでなく、お目見え以下に格下げされ、直接慶喜に意見具申できなくなった。さらに勘定方を外され、窮地に陥った。その時、慶喜の薦めにより、パリ行きの昭武一行に加わることになった。約五年の一橋時代は、栄一に幕末の複雑な政治・経済情勢を理解させるとともに、西郷隆盛、桂小五郎（木戸孝允）など各藩の有力者との人脈づくりに役立った。

20　渋沢栄一とパリ万国博覧会

一八六七年〔慶応三〕、一五代将軍徳川慶喜の実弟昭武が、フランスで開催のパリ万国博覧会に派遣された。昭武の渡仏目的は、江戸幕府を代表してパリ万博に出席し、その後に欧州各国を訪問することによって幕府の存在を国際的にアピールすることであった。さらに昭武を将来の指導者とするべく、長期留学も兼ねていたのである。

昭武に同行したのは、外国奉行の向山一履《かずふみ》、傅役の山高信離《やまたかのぶあきら》、医師の高松凌雲、また、田辺太一、杉浦譲のほか昭武警護役の水戸藩士七名や、伝習生、さらに商人として万博に参加した清水卯三郎なども含めると総勢三三名であった。このなかで栄一は「御勘定格陸軍附調役」として随行し、約一年半の渡欧

攘夷派により京都で斬殺された。

中、庶務・経理等を担当した。この間、栄一は万国博覧会の会場やフランスを始め欧州各国の先進技術、社会・経済に関する組織、制度に触れ、それらを実際に体験できた[1]。

後年の回想等によれば、栄一は当時、印象に残ったものとしてよく三つの事項を挙げる。

一つ目は、徳川昭武一行がベルギー国王レオポルド二世に謁見した際のことである。この時、昭武がベルギーで製鉄所を見学したことを話すと、国王は「ベルギーでは鉄を多く生産している。国が盛んになるためには鉄を沢山使うようになり、日本も鉄を買うようにしなければならない」と昭武に語ったという。謁見に参列した栄一は、この様子を見て「西洋の君主は妙なことを言はれる、直様御商売に関係する」ことに「奇異」の思いをしたという。

二つ目は、「官」と「民」との関係の違いである。それは、幕府から嘱託されて名誉総領事を務め、昭武の世話役を務めた銀行家のフリュリ・エラールと[2]、フランス到着後にナポレオン三世が昭武の世話役として付けた陸軍大佐ヴィレット[3]とのやり取りから感じ取った。日本で言えば「武士」階級の軍人であるヴィレットと、「商人」の銀行家エラールが対等の立場であることに、「官尊民卑」の風潮が強い日本との大きな違いを感じ、栄一はそれを打破したいと考えるようになったという。

三つ目は、フランスで株式・社債を実際に体験したことである。栄一は、昭

(1)『伝記資料』第一巻、渋沢史料館編『常設展示図録』（渋沢史料館、二〇〇〇年）など。

(2) 第一部Ⅲ．74（一一七頁）の脚注(1)を参照。

徳川昭武一行（『伝記資料』別巻第一〇）

武の留学費用を捻出するため、エラールの薦めで、政府公債と鉄道社債を実際に購入した。この時のことを栄一は、「此時に成る程公債と云ふものは経済上便利なものであるとの感想を強くしました」とも語っている。こうした機会から西洋における「合本主義」の制度、思想を実体験で学んだのであった。

しかし、一八六八年［明治元］、明治新政府からの帰国命令もあり、昭武の留学は中断せざるを得ず、栄一も充分な視察や調査をすることはできなかった。実質一年半という期間で、また随員という立場である栄一が、実際に欧州で学んだものは限定的なものであると思われ、過大評価は避けなければならない。ただ幕末の渡欧体験は、栄一にとっては衝撃的なものであり、後の活動に与えた影響は決して小さなものではなかった。

（関根仁）

(3)　レオポルド・ヴィレット（Léopold Villette 一八二二［文政五］～一九〇七年［明治四〇］）

洋装の渋沢栄一（『伝記資料』別巻第一〇）

21　静岡商法会所

栄一が合本法（組織）をはじめて試みたのが、静岡藩[1]の商法会所《しょうほうかいしょ》で、商社と銀行を合わせた業務を行った。一八六八年［明治元］パリから戻った栄一は、静岡の宝台院に蟄居中の徳川慶喜に会った後、静岡で生活することになった。静岡藩の財政難を助けるため、静岡の紺屋《こうや》町に商法会所を設立した。設立にあたり、栄一は「共力合本法」による民間経済人の初めての取り組みと自負していた。栄一は勘定組頭の下で頭取となり、実質的に事業を取り仕切った。業務

(1)　静岡藩とは、江戸初期にできた駿府藩から、一八六九年［明治二］に名称を変えたものである。維新後、徳川家の宗主となった家達のもと、大久保一翁、勝海舟、山岡鉄舟らが中心となったが、多くの幕臣を抱え、財政難に陥った。このため、栄

内容は、商品抵当の貸し付け、定期性の当座預金の管理、米穀肥料などの買い付けと販売などであった。事業資金は、新政府が静岡藩へ貸し付けた石高拝《こくだかはい》借金《しゃくきん》であった。栄一は、これを政事に使ってしまえばすぐになくなってしまうので、商法会所の資本金として使い、殖産興業を進め、その利益金から政府に返金していくことができると考えた。パリで合本組織による事業を学んできたことが生かされた。静岡藩には旧幕臣を中心に人口が流入していたので、食料、金融に対する需要は増加し、予想通り収益が得られた。

しかし商法会所が藩の資本で商業を行うのは明治政府の趣旨に抵触するため、紙幣と正金の差額で利益を上げる事は禁止された。そこで名称を変更して、常平倉《じょうへいそう》とした。常平とは、価格を安定させるという意味であるが、実際には取り扱う肥料の貸し付けや米穀価格の上がり下がりを見越しての取引を行っていた。短期間であったが、栄一は、商法会所を通じて、パリで見聞きしたことを日本国内で実施する機会を得、その後の合本組織の設立のテストケースになったといえよう。

一らが財政再建を試みた。一八七一年［明治四］の廃藩置県により、静岡県となる。

22　改正掛と実業界入り

一八六九年［明治二］の一〇月、新政府から静岡藩のもとに、栄一への招状が届いた。一度は断ったが、伊達宗城《むねなり》、郷純造(1)の推挙と大隈重信に説得されて、民部省租税正として新政府に勤務することになった。さらに栄一は、杉浦譲、

(1)　郷純造（一八二五年［文政八］～一九一〇年［明治四三］）美濃国黒野の豪農の三男として生まれる。大垣藩用人に武家奉公し

前島密、赤松則良、島田三郎ら主に静岡藩から来た旧幕臣一〇数名を取りまとめる民部省改正掛の掛長にも任命され、近代日本の国づくりにとりかかった。度量衡、租税制度の改正、暦、銀行制度、貨幣金融制度、郵便制度、鉄道敷設、官庁建築など、近代化に必要と考えられるあらゆる制度の導入を手掛けた。まさしく近代日本社会の基盤整備を行ったのである。

栄一は、第一国立銀行を設立する一方で、東京養育院の設立にも関与していた。一八七〇年〔明治三〕には大蔵少丞、翌年には枢密権大史に転任した。一八七二年〔明治五〕、大蔵省で国立銀行条例を制定したころから、栄一は第一国立銀行の運営は自らが政府を辞め、民間人として経営に当たりたいと考え、辞意を表明していた。しかし伊藤博文、大隈重信、井上馨らに慰留された。その後、大久保利通との対立により、一八七三年〔明治六〕明治政府を井上馨とともに辞した。大久保との対立の理由はさまざま考えられるが、直接の原因は国家財政に対する両者の考え方の違いにあった。強兵を最優先するため、大久保は赤字を覚悟の上で軍事費の増加を要請したが、井上と栄一は財政の均衡を優先し、日本の身の丈に合った軍備を主張した。旧幕府出身者の栄一は、大久保とは合わなかった。薩長藩閥出身者が多数を占める新政府の中で、最高実力者であった大久保とそりが合わないのでは、政府内にとどまっても活動に限界があると考えたとも思われる。

官界には人は集まるが、実業界にはなかなか人材が集まらないので、あえて

たのち、各地を転々とするが、対外交渉、貿易問題などの実務を身に着けた。御家人株を買い幕臣になったが、江戸城開城後は新政府軍に従軍した。維新後、大蔵省に勤務し、渋沢栄一、前島密、杉浦譲など旧幕臣を明治政府に推薦仕官させた功績は大きい。のちに大蔵次官を経て、貴族院議員、男爵となる。

栄一は第一国立銀行の頭取として実業界を創造していくことに意義を見出した。また、井上馨とともに政府を辞した理由を新聞に公表し、物議をかもした。それ以後、亡くなるまで若干の政府委員を務めた以外は二度と官職に就かなかった。四年未満の官僚としての経験は、その後の栄一の人生に、国づくりのビジョンを与えたという意味で大きな影響を及ぼしたと考えられる。

⑵ 三〇代

23 富岡製糸場

一九世紀後半、日本の最大の輸出品は生糸で、慢性的な貿易赤字の中で、生糸貿易は貴重な外貨収入源であった。しかし明治政府が悩んだのは、外国商人に買いたたかれ、価格を下げるために生糸が粗製乱造され、フランスやイタリアに比べて品質の面で著しく劣っていたことであった。これを放置すれば海外からの信用をなくすことが危惧された。このため政府みずから模範となる製糸場を立てることにし、大蔵少輔の伊藤博文と租税正の栄一が担当となった。一八七〇年〔明治三〕、フランス人技師ポール・ブリューナ（Paul Brunat）と契約を結び、養蚕業の盛んな上州富岡（現在の群馬県）にフランスから大型の繰糸機を輸入して器械式製糸工場を設立、栄一の従兄の尾高惇忠が初代所長となった。当時としては世界でも有数の規模の工場で、全国から数百人の女工が集められた。はじめのうちはなかなか女工が集まらなかったが、尾高の娘が女工に加わるなどして、やっと操業に必要な人数が確保された。彼女たちは泊まり込みで繰糸の方法を学び、各地の製糸工場へ繰糸方法を伝授する役割も果たした。一八九三年［明治二六］、富岡製糸場は三井家に払い下げられ、内務省の速水《はやみ》堅曹《けんそう》(1)が所長に就任して、民営化に至るまで操業を支えた。

富岡製糸場の営業成績は決して芳しくなく、栄一が後年反省しているように、官による経営であったので採算性を無視して何とか成功したが、製糸の近代化に貢献したのは、富岡製糸場により触発された民間人の働きによるものであった。一九〇二年［明治三五］、横浜の原合名会社(2)に経営権が移管された。その後一九三九年［昭和一四］、片倉製糸紡績株式会社に所有され、一九八七年［昭和六二］まで操業を続けた。

(1)　速水堅曹（一八三九［天保一〇］～一九一三年［大正二］）川越藩士の家に生まれる。日本の製糸技術者。一八七〇年［明治三］前橋に日本初の器械製糸工場を設立。横浜同伸会社の初代社長。

(2)　原合名会社社長は、生糸業者原富太郎で、横浜に日本庭園の三渓園を遺した。

24　王子製紙

王子製紙は一八七三年［明治六］に設立された抄紙会社から始まった。前年に井上馨、上野景範らと図り、栄一は三井、小野、島田三組と合本組織で抄紙会社の設立を計画し、三野村利助、古河市兵衛と連名で大蔵省へ設立嘆願書を提出、許可された。洋法楮製商社、有恒社に続いて、日本で三番目の製紙会社として、栄一が中心となって同社を設立した。栄一は、文明を進歩させるためには印刷業を起こし、紙幣・債券の流通量の増加と新聞・雑誌を広く刊行しなければならず、そのためには洋紙の国産化が不可欠であると考えていた。設立当初の出資比率は、三井組四五%、小野組二五%、島田組と栄一がそれぞれ一〇%、残り一〇%が多数の小株主であった。しかし小野組と島田組が相次いで倒産したため、第一国立銀行からの融資により、経営危機を乗り切った。一八七五年［明治八］、王子に工場を竣工、外国人技師を高給で雇い、すべて輸入技術に頼っていた。翌年から政府の地券状用紙の大量発注という官需に支えられて操業が始まったが、官需が減少する中で、新聞紙や雑誌の民需に移行していく。

しかし技術上の問題がなかなか解決できず、商品として通用する洋紙が製造できなかったため、初年度は四万円の欠損を出した。製紙技術を習得させるために、大川平三郎（一八六〇［万延元］～一九三六年［昭和一一］）を渡米させ、帰国後ようやく品質の向上を図ることができたが、利益を出すまでには一〇年近くかかった。その間の株主総会で、栄一は製紙業の重要性と将来性を株主に説得し、無配を続けながらも損失補てんのため増資を続けた。業績が軌道に乗ると、一八九〇年代から三井銀行が最大の融資元になり、三井の中上川彦次郎は、一八九六年［明治二九］に同銀行出身の藤山雷太を専務取締役として送り込んだ。一八九三年［明治二六］から代表取締役会長となった栄一は、一八九八年［明治三一］に経営から離れた。経営上の問題から大川平三郎が技術者を引き連れ退社したため、一時人材不足に陥ったが、一九一一年［明治四四］に

(1)　藤原銀次郎（一八六九［明治二］～一九六〇年［昭和三五］）は、長野の豪農の三男に生まれた。慶応義塾卒業後、地方の新聞記者を経て、三井銀行に入行、富岡製糸場、王子製紙などに出向後、三井物産に移籍し、台湾支店長、木材部長などを務めた。一九一一年［明治四四］、営業不振に陥った王子製紙に専務取締役として入り、合理化を進め、一九三三年［昭和八］には同社を日本一の製紙会社に成長させた。その後、商工大臣を務め、

藤原銀次郎[1]を経営者に迎えて合理化を進め、第一次大戦景気により洋紙需要が急増したことで事業は一気に拡大した。

25　第一国立銀行

栄一が大蔵省時代に作成した草案に基づき、「国立銀行条例」が発布された。第一国立銀行は、一八七三年〔明治六〕国立銀行条例に則って設立された銀行で、合本組織の形式をとった民間企業であった[1]。明治政府は殖産興業の資金を創出するため、太政官札などの不換紙幣を発行するが、物価が上昇するだけで信用が低いため、あまり流通しなかった。この不換紙幣の回収が後に大きな問題となった。

明治初年から東京、横浜、大阪など全国八か所に為替会社が設立された。銀行の性格を持つ株式会社であったが、旧来の三井、小野、島田組などの富豪が経営していた。為替会社は政府から手厚い保護を受けていたにもかかわらず、経済の不安定や経営者の自覚のなさから、うまく機能しなかった。

そこで近代的な貨幣制度に基づく銀行を創設し、信用ある貨幣を流通させようとしたわけである。井上馨と栄一が推す英国風の私立銀行案と伊藤博文の主張する米国式の連邦準備銀行案との間で対立が生じた。国立銀行条例が制定されるなかで、当初三井は江戸時代からの為替業務の経験を活かして三井組だけで銀行を作る予定であったが、『立会略則《りゅうかいりゃくそく》』で合本組織の実現を求める栄一

藤原工業大学（現在の慶應義塾大学工学部）を設立した。

第一国立銀行（一八九七年〔明治三〇〕頃）

の主張により、第一国立銀行構想は小野組やほかの資本家も加わった形に変更された。政府を辞した栄一は第一国立銀行の総監役となり、シャンドの提唱した複式簿記の導入と検査体制の確立を目ざして、同銀行の運営を行うと同時に、多くの銀行や事業会社を設立しようと試みた。資本金は三井組と小野組がそれぞれ一〇〇万円ずつ出資し、一般から四四万円募り、二四四万円でスタートした。頭取も双方から選んだ。

　ところが、翌年一月に小野組が破産し、第一国立銀行から小野組に貸し付けられていた一三八万円余りが回収不能となり、早々に危機に直面した。栄一は小野組が保有する同銀行株八四万円やその他資産を回収し、損害を最小限にとどめた。

(1)　一八七二年〔明治六〕八月一日、第一国立銀行の開業式では、赤飯など日本風の祝いの品々と並んで、各種の西洋料理がテーブルの上に並べられ、三〇人余りの新入行員が、葡萄酒を注いで来客の接待に当たった。彼らの殆どは旧士族出身のため、和服に袴姿で、靴を履いた人は一人もいなかった。栄一だけが、いつも洋服を着て出勤したといわれている。

26　東京高等商業学校

　一八七五年〔明治八〕、森有礼《もりありのり》(1)、福沢諭吉が中心になり、産業界の指導者育成を目的として商法講習所を設立した。国力の基本は経済にあると考えた森は、国際的に通用する経済人を育成する教育をめざし、米国のビジネス・カレッジを模倣した私塾を始めた。授業は英語で行われ、模擬の商店・銀行・紙幣を用いて商取引の実務を体験させた。森が清国公使として転任するため、栄一が会頭を務める東京会議所が引き取り、七分積金の資金を基に運営を行った。建学の精神や矢野二郎校長の教育方針に賛同した栄一は商議員として、組織づくり

(1)　森有礼（一八四七〔弘化四〕～一八八九年〔明治二二〕）薩摩藩士の五男。英国留学後、渡米。帰国後外交官を経て、伊藤内閣で文相として、学制改革に尽力した。

と財政・運営面で支援した。その後、商法講習所は東京高等商業学校、東京商科大学へ昇格するが、その道は険しかった。

当時の文部省は、商業高等学校の大学昇格を認めず、むしろ一九〇九年［明治四二］専攻部の廃止を省令を出し、東京帝国大学法学部法科商学として組織を統合しようとした。これに対して教職員、学生が猛反発し、教員の辞職や大量の退学者が出る危機に見舞われた。いわゆる申酉《しんゆう》事件(2)である。栄一は教職員と学生をなだめつつ、政府文部省を説得した。その結果一九一二年［明治四五］、文部省は方針を変え、専攻部は存続することになった。さらに八年かかり、一九二〇年［大正九］にようやく東京商科大学に昇格した。その間栄一は粘り強く政府に働きかけ続けた。

東京商法講習所以降現在の一橋大学に至るまで、同校の卒業生は、商社、銀行などに多く就職し、産業界を指導した。如水会という同窓会組織を設立し、緊密な人的ネットワークを築き上げた。

(2) 申酉とは、申年の一九〇八年［明治四一］から酉年の一九〇九年［明治四二］にかけての事件の意味である。

27　東京養育院

東京養育院(1)は、一八七二年［明治五］、東京市内の生活困窮者などを保護する目的で創設された公的福祉施設であった。ロシア皇太子が来日する際、維新以来増加した浮浪者、孤児を収容するための対策がきっかけになった。東京営繕会議所に託されていた江戸町会所の七分積金の残金を当て、養育院を創設す

(1) 東京都養育院は、二〇〇〇年［平成一二］四月一日に廃止され、東京都高齢者施策推進室の所管となり、現在は東京都健康長寿医療センターとなっている。

ることになった。七分積金とは、老中筆頭松平定信が、寛政の改革の一環として、江戸を大火・地震など不時の災害から守るため、幕府からの貸与金の残額の七〇%を江戸町民に積立させたものであった。明治になり東京市に引き継がれたこの莫大な基金を使ったのである。栄一が養育院に関わったのは、会頭を務めていた東京会議所[2]の管轄だったためで、まったくの偶然であった。一八七四年［明治七］に東京養育院事務掌理、一八七六年［明治九］には院長となり、その後板橋に本院を定め、亡くなるまで院長を務めた。

一八八五年［明治一八］には東京市議会で、公金を使って貧窮者を助けるのは、怠け者を増やしかねないという反対論が根強かったが、栄一は論語の教えから、政治は仁を行うことが肝要で、貧窮者を助け、貧富の格差をなくすことは公益であると訴え続けた。入院者が増加し、多様化したため、利用者に合わせた分別処遇する必要が出て、巣鴨分院（保護者のいない児童の保護）、井の頭学校（浮浪少年の感化）、板橋分院（肺結核患者のための施設）、安房分院（呼吸器系疾患の児童のため）などを建設した。栄一を助けたのは、瓜生岩子（幼童世話掛長）、三好退蔵（感化部顧問）、安達憲忠（幹事）、田中太郎（幹事・第三代院長）らであった。栄一は多忙の中、かならず月一回は、子供たちへ配る菓子を持って板橋本院を訪問し、入院者と時間の許す限り面談した。

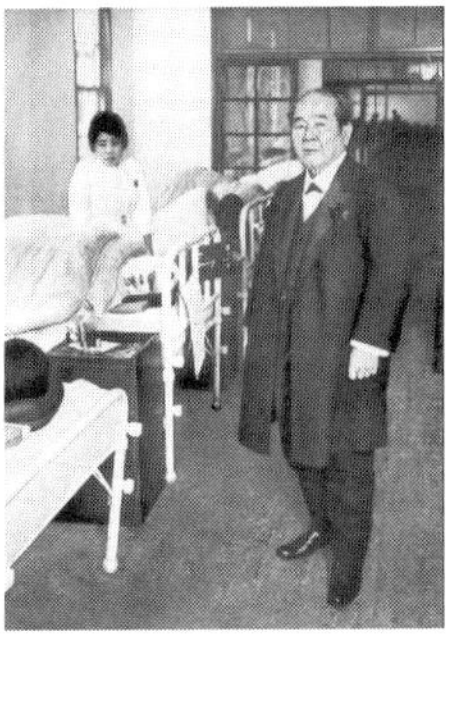

東京市板橋本院新築披露　病室にて（一九二四年［大正一三］三月二一日）

⑵　東京営繕会議所より改称。

28 清水組（清水建設）

二代目清水喜助(1)は、一八五九年［安政六］初代喜助(2)の死去にともない、清水店を継ぎ、築地ホテル館など欧風の建築を手がけた。越後屋三井の守護神とされていた三圍《みめぐり》稲荷《いなり》内社殿を完成させて三野村利左衛門に認められ、三井組の建築を任され、一八七二年［明治五］に三井組ハウス（第一国立銀行）を完成させた。栄一とも三野村を通じて知り合い、一八八七年［明治二一］に栄一は清水組の相談役に就任した。

一八八一年［明治一四］に二代目喜助が六五歳で死去した後、わずか六年後に養子の満之助が死去したため、未亡人ムメや支配人が経営を引き継いだ。満之助は後々のことは栄一に相談するように遺言を残していたので、栄一の指導に基づき、従弟の原林之助を支配人とし、支配人制度の明確化と「営業規則」を整えた。一八九二年［明治二五］に穂積陳重が「清水家家法」を定め、清水組の同族会議を最高議決機関とすることにより、江戸時代から続く同族団を整理しながら、近代的な建築業に転換させていった。合資会社となった清水組は、大正から昭和にかけて大建築を多く手掛け、建設業のトップの地位を築く。飛鳥山に現存する青淵文庫、晩香蘆（ともに重要文化財）と深谷市に移築された誠之堂（重要文化財）、清風亭は清水組が設計建築したものである。

(1) 清水喜助（二代目　一八一五［文化一二］～一八八一年［明治一四］）富山県出身。初代喜助に見込まれ、長女ヤスの女婿となる。横浜で洋風建築技術を学び、築地ホテルなど多くの斬新な建築物を完成させただけでなく、事業家としても活躍した。

(2) 清水喜助（初代　一七八三［天明三］～一八五九年［安政六］）江戸時代の大工棟梁。富山の裕福な農家に生れる。江戸で清水屋を開店、諸藩の御用達となった。幕末にはいち早く横浜の将来性を見抜き、支店を置き、開港場での建築を手掛けた。

29　東京株式取引所・東京手形交換所・東京興信所

一八七八年〔明治一一〕五月四日、株式取引所条例が制定されると、栄一は五月一〇日には東京株式取引所の設立を出願し、五月一五日には大蔵卿の大隈重信から免許を受け取った。仲買人七六人、取引所職員一四人の小所帯から出発した東京株式取引所に、第一国立銀行が株式を上場したのは同年九月であった。五代友厚らによって大阪株式取引所が開設されたのも同じ年であった。

一方、銀行取引に不可欠な手形や小切手の交換を行う手形交換所は、一八七九年〔明治一二〕に大阪で創設された。東京では翌年為替取組所が設立、一八八三年〔明治一六〕に銀行集会所（栄一は委員長）の機関として手形取引所ができ、一八八七年〔明治二〇〕、その下部組織として手形交換所が創設された。一八九一年〔明治二四〕、日本銀行の当座預金でイギリスの銀行の手形が決裁され、東京交換所として国際的な手形交換の業務が開始された。一九二五年〔大正一四〕に東京手形交換所と改名され、翌年社団法人になった。

銀行業務にとって、取引先企業の信用状態を把握することはもっとも重要なことの一つである。日本経済の発展とともに企業数も増えたため、一八九六年〔明治二九〕東京銀行集会所の中に東京興信所が設立され、第一銀行を代表して栄一は評議員となった。日本銀行と京浜地区の二六の銀行が発起人となった。こうして銀行業務を円滑に行うためのインフラが整備されたのである。

30　択善会（東京銀行集会所）

一八七〇年代後半、国立銀行が増加する一方、東京、横浜など京浜地区には三井銀行をはじめとして、多くの私立銀行が設立された。栄一は、中央銀行的な役割を果たしていた第一国立銀行の総監役、後に頭取として、商業に従事する者の地位向上を図るため、銀行業者が一堂に集まって商議にかかわる話しあいと親睦を深めるための団体の設立を呼び掛けた。第二国立銀行頭取の原善三郎、第三国立銀行頭取の安田善次郎、三井銀行支配人三井三郎助、三野村利助らが栄一の提案に賛同し、択善会が誕生した。択善とは、「択テ善ニ従フ」（『論語』からの引用）という意味で、栄一が名づけた。国立、私立を問わず、すべての銀行が加入することができ、月一回会合が開かれた。銀行業界の意見や動向を知らしめるため、『理財新報』を刊行した。これは後に『銀行雑誌』と合併し、田口卯吉の主管する『東京経済雑誌』となった。会合は栄一が東京商法会議所会頭に就任したため、同会議所ビル内で開催された。

西南戦争の勃発により、紙幣の増発と貿易収支の不均衡から国家財政は危機に瀕し、激しいインフレーションを引き起こした。こうした中で、いくつかの銀行団体が誕生する兆しが見られたため、択善会は第三三回の会合をもって解散し、東京銀行集会所を組織して、栄一は委員長に就任した。一九一六年［大正五］に実業界を引退するまで、その地位にとどまり、公債の応募、手形交換所の設立、国立銀行券の償却、東京興信所の設立等の施策を実施した。

一八八五年［明治一八］より『銀行通信録』を刊行し、銀行業界の情報開示を続けた。栄一が強調したことは、銀行業は社会の公共財であり、一個人や一会社の利益追求を目的として営業すべきではないということであった。

31　東京商法会議所（東京商工会、東京商業会議所、東京商工会議所）

一八七七年［明治一〇］、大隈重信から商法会議所設立に関する相談を持ちかけられた栄一は、欧米のチェンバー・オブ・コマースを導入することを考え、政府から一〇〇〇円の補助金を得て、東京商法会議所を創設した。その理由は、まず明治日本が掲げた目標の一つである殖産興業を促進するため、次に、条約改正交渉を促進させるためであった。英国公使パークスから、日本には世論がないと指摘され、不平等条約改正へ向けての世論形成の場を作りたいと考えたこと、業界団体とは異なる業種を超えての情報・意見交換の場として、実業界の地位向上につながると考えられたこと等があげられる。五代友厚《ともあつ》(1)も一八七八年［明治一一］大阪商法会議所を設立し、初代会頭に就任した。

東京商法会議所は一八八三年［明治一六］東京商工会に、一八九一年［明治二四］に東京商業会議所に、さらに一九二八年［昭和三］に東京商工会議所に改称された。栄一は一八七八年［明治一一］から一九〇五年［明治三九］まで二七年間会頭を務め、実業界の地位向上に尽力した。民業を圧迫するとして、日清戦争後には営業税反対、また日露戦争後には軍備増強反対を政府に提言し

東京商業会議所

(1)　五代友厚（一八三六［天保六］〜一八八五年［明治一八］）は、薩摩藩士で、長崎で遊学し、薩英戦争後自ら捕虜となり、欧州を歴訪した。帰国後、大阪経済

た。日米経済関係を増進させ、良好な両国関係を築くため、さまざまな民間経済外交を行った。また一九二三年［大正一二］の関東大震災の時には、倒壊を免れた商業会議所ビルが震災復興善後会の本部となり、栄一は内外の商業会議所のネットワークを通じて復興へ向けての募金活動や救済活動を展開した。

32　銀行の全国への普及

小野組破綻による第一国立銀行の倒産の危機は何とか乗り切ったが、国立銀行条例が目ざした不換紙幣の回収と銀行の全国への普及はなかなか進まなかった。このため政府は一八七六年［明治九］に国立銀行条例を改正し、金準備なしに資本金の八〇％まで銀行券を発行できるようにした。この結果、全国で一五三の銀行が誕生した。同年政府が華族や士族に対して秩禄処分によって下付された金禄公債[1]を国立銀行へ出資させたことが銀行を設立させる促進要因となった。これに大地主や商人が加わり、栄一の提唱する合本組織の銀行が全国に登場したのである。一方で、銀行条例の改正は不換紙幣の整理を遅らせたため、その発行増加がインフレを引き起こした。特に西南戦争により、不換紙幣が大量に発行されたため、一八八一年［明治一四］、松方正義大蔵卿の下で、紙幣整理を断行しインフレを抑制した。いわゆる松方デフレである。

国立銀行の中で最も資本金の大きかったのは、有力な大名や華士族が出資した第十五銀行で、第一国立銀行は第二位であった。明治一〇年代から第一国立

界の再建に尽力した。一八七八年［明治一一］に大阪株式取引所、大阪商法会議所を設立し、会頭として大阪実業界の形成に貢献した。

株式会社第一銀行券（五円・一〇円）

(1)　金禄公債とは、明治政府が禄制の廃止により還禄した公債をさす。華士族以下三四万人に対

銀行は東北地方への支店網の拡大や朝鮮への進出により業容を拡大していった。一八八四年［明治一七］には、李氏朝鮮政府と契約を結び、海関税の取り扱いを釜山、元山、仁川で行う。一八九六年［明治二九］、国立銀行条例の改正により、第一銀行と改称した。一九〇二年［明治三五］には韓国内で第一銀行券を発行し、韓国政府公認の紙幣として流通した。栄一の肖像が描かれている。

して、その代償として交付した総額は一億七四〇〇万円ほどにのぼり、利子は一割から五分まで四種類あった。公債すべてが処理完了するのは、一九〇六年［明治三九］であった。

33　東京海上保険

一八七七年［明治一〇］、地租が金納になったので、農村では都市へ穀物を販売するために運送する必要が生じた。運搬上の危険を保険によって回避することが急務と考えた栄一は、華族出資団に損害保険会社の創立を強く勧め、海上保険会社の設立に漕ぎつけた。東京横浜間の鉄道払い下げの中止により、宙に浮いた華族団の共同出資金六〇〇万円の一部が資本金として充当された。

西南戦争後のある日、栄一と福沢諭吉が将棋を指し、それを大隈重信と岩崎弥太郎が観戦するという場で、栄一は海上保険の重要性を説き、会社設立について話をした。生命保険を提唱した福沢は海上保険は「どうも進みすぎた案のようだ」と語り、岩崎も時期尚早という意見であったが、大隈は渋沢の話を前向きにとらえ、日本初の海上保険会社の設立に向けて大きく動き出したというエピソードがある。

海上保険の概念を華族に説明し、説得するために、栄一は危険を分散するこ

東京海上保険株式会社

との大切さを説いたが、「危険とは悪いものなのに、それを保険で守るとは何事か」というような質問に対して、苦し紛れの説明しかできなかった。

一八七九年［明治一二］に東京海上保険会社が設立された。設立と同時に香港と上海に、一八八一年［明治一四］にはロンドン、パリ、ニューヨークに支店を創り、営業活動を行った。苦難の末設立された同社は、生命保険の草分けである明治生命とともに発展した。保険業界に参入する企業が多くなり、政府は一九〇〇年［明治三三］に保険業法を制定し、保険業界の健全化を図った。第一次大戦中の貿易の進展と海運業の発展に伴い、海上保険に対する需要は大きく伸び、好業績を上げ、一九一八年［大正七］には東京海上火災保険株式会社と商号を変更した。

(3) 四〇代

34　帝国ホテルと喜賓会、ジャパンツーリストビューロー

一八七九年［明治一二］、グラント将軍（第一八代米国大統領）夫妻が世界一周旅行の途中に日本を訪れた。上野公園での明治天皇が行幸しての記念式典および記念植樹に立ち会った栄一は、民間の接待役代表として、外国からの賓客をもてなす組織、施設の必要を痛感した。一八九三年［明治二六］、蜂須賀茂《もち》

帝国ホテル（七十寿祝賀会記念帖より）

韶《あき》、益田孝とともに外国人客の接待を目的とする喜賓会を設立、帝国ホテル内に事務所を構え、その幹事長に就任した。井上馨が栄一と大倉喜八郎を説得して、一八八七年［明治二〇］有限責任東京ホテルを設立し、一八九〇年［明治二三］に開業した。

当時、日清戦争前後の日本では排外熱が強く、抵抗もあったが、日本の文化美術の鑑賞を希望する外国人も増加した。栄一は、海外からの観光客を多く迎えることは、日本への理解を深めさせ、間接的に海外貿易を増加させると考えた。

一九一二年［明治四五］にジャパンツーリストビューロー（ＪＴＢ）が設立され、日本への海外からの観光旅行を促進する業務を引き継ぎ、喜賓会はその役目を終えたとして、一九一四年［大正三］に解散した。

35 澁澤倉庫株式会社

栄一が設立・育成に関わった会社の中で、現在、唯一「渋沢」の名を冠している会社である。

明治初年から栄一は、産業を盛んにするため、近代倉庫業創設運動をおこない、一八八二年［明治一五］には「倉庫会社」を設立（東京深川に本店、横浜に支店を設置）したが、四年余で解散に追い込まれた。その後も栄一は、銀行が貸付を行う際にとる担保貨物の保管業務を行う、信用ある倉庫業の必要性を考

⑴　栄一は、長男篤二に、幼いころ、渋沢邸の蔵を利用して、倉庫業を経営するよう勧め、これが澁澤倉庫部のはじまりとなったというエピソードがある。

⑵　一八七四年［明治七］、栄一

えていた。そして長男篤二に経営方案をたてさせ、一八九七年［明治三〇］三月、深川福住町・渋沢邸内に米・雑穀などの商品蔵預り保管、預り証券・質入証券の発行、金融斡旋といった倉庫業を営む澁澤倉庫部を設立する。[1] 営業主は栄一、同倉庫部部長には長男篤二が就任した。当初は、従来から渋沢邸内の蔵を貸していた渋沢商店、[2] 元倉庫業者・山崎繁次郎と渋沢栄一家による匿名組合の形式をとった。一九〇三年［明治三六］には同倉庫部は渋沢家の独立事業となる。

開業当初、同倉庫部の取り扱い貨物は米雑穀を中心としていたが、次第に雑貨取扱量を増加させる。こうした動きとあいまって、同倉庫部は、隅田川西岸へ出張所の設置を進め、従来からの土蔵を煉瓦倉庫やさらに最新式のコンクリート倉庫へと改築を進めていった。また、倉庫現場で貨物搬入出を行う荷役の人々の会社直営化も進めた。

こうした諸改革は、倉庫業は「半バ公共的ノモノ」という栄一の考えにもとづき、従来あいまいだった倉庫における貨物保管責任を明確化し、信用を得ようとするものであった。

一九〇九年［明治四二］には株式会社組織となり事業を拡張。大正期に、同社は小樽や門司にも出張所、支店を開業させ、全国展開をはじめる。栄一没後の一九三三年［昭和八］、浪速倉庫株式会社を吸収合併し、全国の主な港に倉庫・港湾施設を有する一大企業となった。現在、同社は、海外にもネットワー

の従兄渋沢喜作が深川に開業した廻米問屋。その後、横浜に生糸売込問屋も開業。澁澤倉庫部開業時は、喜作の長男作太郎が経営。

澁澤倉庫株式会社茅場町河岸倉庫
一九二九年［昭和四］（澁澤倉庫株式会社所蔵）

クを広げ、物流業を中心に多角的な営業を行っている。

（桑原功一）

36　磐城炭礦、北越石油

産業化を進める上で、石炭、石油のエネルギー源を確保することは不可欠なことであるが、鉱山経営にはリスクが伴った。栄一は設立者の能力、人間性を判断し、非財閥系の鉱山開発にかかわった。首都圏に最も近い磐城炭礦株式会社については、一八八三年［明治一六］、栄一が浅野総一郎・大倉喜八郎、地元資本家とともに常磐炭礦社をつくり、翌年、浅野総一郎と山崎藤太郎が本格的な近代化に乗り出した。石炭は鉄道が出来るまでは、海路で運ばれていた。浅野は当時の一区画五千坪程度の五百倍にあたる二万五千坪の鉱区を申請し、渋沢らと磐城地方のほとんどの鉱区を押さえた。開業当初、炭鉱から浜までは、牛馬の力を頼る他なく、栄一と浅野は常磐線を敷設し、石炭を首都圏に運ぶことを力説した。

　現在でも九九％の石油を海外に依存している日本において、数少ない油田がある北越地方に、栄一が一八九六年［明治二九］に設立したのが、北越石油株式会社である。栄一はリスクの大きい事業と考え、経営手腕を高く評価した梅浦精一、大倉喜八郎を役員とし、みずからは相談役として厳しく監督した。多くの会社が石油採掘を試み乱立していたので、栄一は宝田石油を中心とした大

磐城炭礦株式会社

合同に北越石油も吸収させた。

このほか、足尾銅山の買い取りの際、栄一は古河市兵衛の能力を買って支援し、日本最大の銅山に成長させた。

37　大阪紡績 ― 東洋紡績

西南戦争後の一八七九年［明治一二］、綿布の輸入量が増大したため、栄一は、大阪財界の藤田伝三郎、松本重太郎らと紡績会社の設立を企画した。会社設立の資金二五万円は、前田敏嗣をはじめとする二一名の華族が積み立てた京浜鉄道払い下げの残余資金と東京の薩摩治兵衛ら数人の実業家数人が発起人に加わり、捻出した。渋沢の会社経営の基本理念は「順理則裕」（りにしたがえば、すなわちゆたかなり）であり、「順理」とは、「合理的・論理的に考え、行動する」「道理・倫理、人間としての基本姿勢を尊重する」(1)を意味する。

栄一は、三井物産ロンドン支店の笹瀬元明を通じて、英国滞在中の西周《にしあまね》門(2)下の山辺丈夫《やまのべたけお》(3)に交渉し、設立する紡績会社の経営・技術移転の中心的存在になるよう説得した。山辺はこの依頼を受け、栄一から一、五〇〇円の資金援助を得て、キングスカレッジで機械工学を学び、マンチェスターの紡績工場で紡績業の実務を学んだ。一八八二年［明治一五］山辺は大阪紡績の設立と同時に工務支配人に就任、後に社長となる。

一九一四年［大正三］には栄一のあっせんにより、同社は三重紡績と合併し、

(1)　東洋紡社史編集室編『百年史東洋紡』東洋紡績株式会社、一九八六年参照。

(2)　西周（一八二九［文政一二］～一八九七年［明治三〇］）啓蒙家。津和野藩の御典医の家に生まれ、蘭学を学ぶ。榎本武揚などとオランダへ留学。『万国公法』を翻訳刊行。福沢諭吉らとともに『明六雑誌』を発行。

(3)　山辺丈夫（一八五一［嘉永四］～一九二〇年［大正九］）石見国津和野藩士。一八七七年［明治一〇］に英国へ留学し、ロンドン大学で経済学、保険学を学ぶ。

東洋紡績が創設された。一九三一年［昭和六］には大阪合同紡績と合併し、文字通り、世界最大規模の紡績会社に成長した。

栄一の依頼を受け、紡績技術者への転身を図った。三重紡績合併後、東洋紡績の社長となる。

38　日本鉄道と鉄道国有化

栄一が鉄道に強い関心を持ったのは、一八六七年［慶応三］ヨーロッパ各国を歴訪した時であった。そのとき栄一は、ヒト・モノを大量に移動できる鉄道網の整備が経済発展の基盤であることを痛感した。銀行家フリュリ・エラールの勧めにより、フランスで鉄道債券を購入し、帰国時には債券価格の上昇で差益を得て、帰国費用の捻出に役だてた。

一八八一年［明治一四］に日本鉄道会社が設立されたが、栄一が同社に直接関わるようになったのは、三年後に役員に選出されてからである。

近代日本の鉄道の経営にとって国有化問題は最大のテーマであった。栄一は、一貫して鉄道国有化に対しては反対であった。栄一は鉄道を民営化したまま自立性を保つため、鉄道抵当法を用いて個別企業に外資を導入し、民間の競争力をつけながら景気回復をはかることを考えた(1)。明治初年に設立された国有鉄道の払い下げ運動から始まり、民営を貫こうとしたが、一九〇一年［明治三四］の金融恐慌時には、東京商業会議所会頭の立場から、鉄道会社の倒産を防ぐために、政府に国有化を依頼した。さらに日露戦争後、政府の膨張と経済への干渉の拡大、大陸経営をもくろむ軍部勢力の強大化から、栄一の目指す外資導入

(1)　島田昌和『渋沢栄一－社会企業家の先駆者』岩波新書、二〇一〇年、一五二頁。

による私有鉄道中心の発達は難しくなり、鉄道国有化の道を受け入れざるを得なかった。栄一が関与した鉄道は、日本鉄道のほか、北海道炭礦鉄道、北越鉄道、上武鉄道、京阪電気鉄道など地域経済の大動脈となった。

39　日本郵船

英国のような貿易立国を目指す近代日本にとって、海運業の発達は不可欠であった。岩崎弥太郎は西南戦争で政府軍の軍事輸送を一手に引き受け、明治政府の勝利に貢献するとともに、自らも莫大な利益を上げた。岩崎の郵便汽船三菱会社に対抗して、栄一は浅野総一郎らと図り、一八八二年［明治一五］共同運輸会社を設立、岩崎が海運業を独占するのを阻止しようとしたため、両社の間で熾烈な運賃値下げ競争が起こり、共倒れの危険性が出てきた。そのため政府が仲裁に入り、一八八五年［明治一八］両社は合併し、日本郵船会社が誕生し、近藤廉平[1]が社長に就任、栄一は日本郵船の取締役に名を連ねた。

日本政府は海外航路を充実するため、一八九六年［明治二九］に航海奨励法と造船奨励法を制定し、海運業の育成に手厚い保護政策をとった。その結果、欧州航路、北米航路等が次々と開設され、欧米の汽船会社との競争に勝ちぬいて英米海運業の脅威になるまで成長し、日本の貿易拡大に貢献した。栄一は東アジア各地との航路開設にも尽力し、近藤廉平や中国通の白岩龍平らと日清汽船を設立し、日中間の定期航路を充実させた。

(1)　近藤廉平（一八四八［嘉永元］～一九二一年［大正一〇］）徳島に生まれ、大学南校で英学を学び、三菱商会に入社し、岩崎弥太郎の片腕として頭角を現す。日本郵船社長、日清汽船社長、後に貴族院議員。

日本郵船が圧倒的な強さを見せる中で、浅野総一郎は東洋汽船を設立し、南北アメリカ大陸への航路を新設した。栄一は、海運業における競争の必要性を認識し、日本郵船のライバルとなる東洋汽船の設立にも創立委員長として参加した。

40　東京瓦斯《ガス》、東京電灯、水道

栄一は経済のインフラ整備に尽力したが、近代化のシンボルの一つ、電気（電力）、瓦斯、水道事業にも関係している。東京電灯、東京瓦斯を例に考えてみよう。

東京電灯会社は、栄一が大倉喜八郎や横山孫一郎らとともに発起人となり、一八八二年〔明治一五〕に設立を出願し設立が進められた。栄一は同社経営の中心的な存在ではないが、委員や相談役として尽力した。一八八六年〔明治一九〕に開業した。

一八八五年〔明治一八〕東京府瓦斯局の払い下げを受けて、栄一と浅野総一郎が中心となって東京瓦斯会社を設立した。一八九三年〔明治二六〕の商法の施行により東京瓦斯株式会社に変更、栄一は取締役会長に就任。一九〇六年〔明治三九〕に退いたが、大株主として経営の根幹にかかわる案件には関与していた。一九一一年〔明治四四〕に生じた千代田瓦斯株式会社との合併問題では、反対する東京瓦斯側の株主を大株主会で説得し、翌年合併を成功させた。

水道に関しては、東京市の水道鉄管を、日本製品では品質が悪いので外国製品にすべきと主張し、鉄管会社を憤慨させ、馬車に乗っているとき暴漢に襲われ、指先をけがをする目に遭った。栄一にとっては数少ない遭難であった。

〈参考文献〉
・影山礼子「成瀬仁蔵と渋沢栄一―その交流と教育的接点」『渋沢研究』第二号、一九九〇年一〇月、渋沢史料館。
・『東京女学館百年史』東京女学館、一九九一年。
・西澤直子『福沢諭吉と女性』慶應義塾大学出版会、二〇一一年。
・図録『「女大学」から女子大学へ―渋沢栄一の女子教育への思い』渋沢史料館、二〇〇二年。

41　東京女学館、日本女子大学校

栄一が女子教育にかかわったきっかけは、一八八六年［明治一九］に伊藤博文を委員長とする女子教育奨励会創立委員会が結成され、岩崎久弥ら有力実業家とともに創立委員に加わったときからである。栄一は、国際化に対応できる知識ある良妻賢母に育てることを期待し、寄付活動と講演等により女子教育を主に財政面から支えようとした。つまり学校教育に必要な用地の提供や、施設の充実、学生募集や学生への講話などを通じて、その目的達成を側面から支援していたのである。

一八八八年［明治二一］に永田町御用邸内にて開校された東京女学館の目的は、諸外国の人々に臆せず交流できる国際性を備え、知性豊かで気品ある女性を育成するためとあり、まさしく栄一の考えにかなっていた。こうした思いは伊藤博文、福沢諭吉、大隈重信など当時の政、財、官、教育界の指導者たちが共有するものであったことが、女子教育奨励会の会員名簿を見るとわかる。成瀬仁蔵の女子教育観に賛同した栄一は、一九〇一年［明治三四］「女子を人として、婦人として、国民として教育する」という教育方針をかかげた日本女子大学校の設立にあたり、森村市左衛門らと多額の寄付を行うとともに、七〇回近くの講演を行っている。

家庭内では一八九一年〔明治二四〕の家訓の「女子ノ教育」によれば、貞潔の性を養成し、優美の質を助長し、従順周密にして、一家の内政を修めることを訓練することとなっている。栄一の孫娘たちの思い出の中にも、栄一が亡くなる直前に「女は才よりも愛を、知識よりも情けを身につけることが大切である」と伝えられた話がでてくる。

(4) 五〇代

42 東京石川島造船所

鉄鋼、造船といった重工業は三菱、住友が有名で、栄一はあまり関与していなかった印象が強いが、日本の重工業化に着目していた栄一は、非財閥系の企業を支援するという観点から東京製綱、日本鋼管、東京石川島造船所、秩父セメント等の経営に深く関与していた。浅野総一郎の能力を全面的に信頼し、浅野がかかわった日本鋼管株式会社、浅野造船所、浅野セメント、横浜港臨海地域の開発に全面的に協力している。

平野富二の個人資産で設立された石川島造船所には、第一銀行に融資を要請したことから関係するようになった。一八九三年［明治二六］に同社は株式会社に改組改称され、株式会社東京石川島造船所となった。栄一が取締役会長に就任、梅浦精一が専務となり栄一を補佐した。翌年栄一は東京湾内で、海軍軍港の横須賀に連接している点に着目し、浦賀に大規模なドックを建設することを決定した。航海・造船奨励法が施行されることを見越しての決断であったが、同時期に浦賀船渠が大型ドックを建設する計画が持ち上がった。栄一が間に入り二年近く政府や海軍も巻き込み、両社合併交渉が行われたが成功しなかった。結局一九〇二年［明治三五］石川島の浦賀分工場を浦賀船渠へ売却という形で決着し、石川島が同社に資本参加することになった。過剰設備を抱えることになった浦賀船渠は業績が振るわず、栄一は同社の大株主となり、相談役として同社再建に尽力した。しかし、第一次大戦による特需により息を吹き返した(1)。

第一次大戦中に、鉄鋼や造船への需要が急増する中で、一九一七年［大正六］米国が参戦すると、自国の送船用の銑鉄(2)を確保するため、米国は日本への銑鉄輸出を停止すると発表した。米国に銑鉄を頼っていた日本の鉄鋼・造船業界は、政府交渉が暗礁に乗り上げると、栄一は松方幸次郎らと図り、米国労使双方に働き掛けた。米国の鉄鋼王ゲーリー、米国労働総同盟初代会長ゴンパーズなどを通じた粘り強い交渉により、米国から輸入した銑鉄で輸送船を建設し米国へ引き渡す日米船鉄交換方式で決着した。これは、日米民間経済外交の数少ない成功例であり、栄一は米国政府から争議仲裁人に委嘱され応諾した。

(1)　島田昌和『渋沢栄一の企業者活動の研究』日本経済評論社、二〇〇七年、一三二〜一三六頁。

(2)　銑鉄とは、鉄鉱石から直接製造された鉄でくず鉄ともいわれ、不純物が多く含まれている。製鋼・鋳物に使用される。

43　日本勧業銀行、日本興業銀行、北海道拓殖銀行

一八九六年［明治二九］九月の商法改正により、第一国立銀行は株式会社第一銀行となり、栄一は頭取に就任した。同年三月に東京銀行集会所会長に就任していた栄一は、同年一二月に日本勧業銀行、一八九九年［明治三二］に北海道拓殖銀行、翌一九〇〇年［明治三三］に日本興業銀行の各設立委員に明治政府から任命された。政府は、産業発展に必要な資金を円滑に供給するための特殊銀行を設立したが、近代銀行業に精通し、全国への銀行の普及に貢献した栄一を設立委員に加えることにより、なじみの薄い特殊銀行の株主への信頼度を高めようとしたのである。

まず一八九六年、農工業の改良のための長期融資を目的に日本勧業銀行法（勧銀法）が制定され、翌年日本勧業銀行（勧銀）が設立された。東京に本店を置き、支店は大阪のみに限られた。主な融資対象は、農業と密接に関係する紡績、養蚕、食品などの軽工業であった。東京、大阪、北海道を除く四六府県には「農工銀行法」に基づく農工銀行が設置された。農工銀行は、勧銀と同様に土地を担保にして融資を行うとともに、勧銀への融資の取り次ぎ業務を行った。

しかし一八九〇年［明治二三］と一八九八年［明治三一］の二度にわたる経済恐慌により、国内資本がまだまだ不足していることが明らかになった。政府は外資導入や証券市場の流動化を図り、潤沢かつ安定した産業資金を調達するために、一九〇〇年に特殊銀行として日本興業銀行（興銀）を設立させた。興

銀は主に基幹産業（日露戦争後は特に重化学工業）向けの融資を行い、勧銀との棲み分けが行われた。

明治初期に北海道開拓が進められると、北海道には釧路や根室などに中小の民間銀行が次々と誕生したが、その業務は水産業や商業などへの小規模融資が中心であったため、開拓途上で資本蓄積の乏しい北海道の開発には、これに代わる特別の国策銀行が必要であると考えられた。政府は「北海道ノ拓殖事業ニ資本ヲ供給スル」[1]ため、一八九九年に北海道拓殖銀行法（拓銀法）を制定、翌年に北海道拓殖銀行（拓銀）を設立した。設立当初の資本金は政府・道外資本を含むと三〇〇万円、職員は二六名で、本店は札幌市内に置かれた。金融債発行による資金調達が認められ、北海道で勧銀や興銀に代わる役割を果たすことになった。道内の商工業は未成熟であり、拓銀は昭和初期まで主に開拓農業に長期・低利の融資を行った。

(1) 北海道拓殖銀行法第一条。

44　十勝開墾合資会社

農村出身である栄一は、人口増加に伴う食糧問題の解決を図ることと、地方振興の観点から第一次産業を支援した。東北、北海道の将来性を高く評価した栄一は、米国の農法を参考にした。札幌麦酒、北海道製麻、北海道炭礦鉄道などの創立で道内との接点があり、栄一は早くから、北海道振興の「富源」として農業の重要性を見いだしていた。振興策の推進にあたり栄一が重視したのが民間主導の事業展開であった。一八八六年〔明治一九〕七月一二日、初代北海道庁長官岩村通俊が栄一をはじめ、岩崎弥之助（三菱）、益田孝（三井）、安田善次郎（安田）、大倉組創設者の大倉喜八郎ら在京実業家と会い、官業ではなかなか進展しない開拓事業について懇談した。その会議で栄一は、農業会社設立の必要性と鉄道による交通整備の重要性を指摘し、壮大なプロジェクトを描いた。

一八九七年〔明治三〇〕、十勝開墾合資会社が設立された。栄一とともに幕末の混乱時に一橋慶喜に仕えたいとこの渋沢喜作が社長、小田信樹が工場長になった。札幌麦酒や帝国ホテル創設で渋沢と縁が深い大倉ら計二五人が出資し、現在の貨幣価値では億単位に上る資本金一〇〇万円の巨大資本を集めて、清水町熊牛《くまうし》原野の用地選定に入った。栄一も一九〇八年〔明治四一〕に北海道を訪問した。

その後訪米時、栄一は鉄道王ジェームズ・ヒルから「米国式大農法は必ずしもすべての地域に適しているとは言えない。地力を劣化させる危険性もあり、日本は気候風土に適した伝統的な農耕法をいかしながら大農方式を取り入れて開墾を進めていく必要がある」との助言を受けた。このほか、栄一が関係したのは、三本木渋沢農場、東北拓殖株式会社、中央開墾株式会社などである。

十勝開墾合資会社・農場旧事務所
一八九七年〔明治三〇〕

45　商業会議所聯合会

一八七八年［明治一一］に東京、大阪、神戸で創設された商業会議所は、その後横浜、名古屋、京都、門司、新潟、函館など日本の主要都市から全国へ、銀行とともに普及し、地域経済界の中核となった。企業の設立や、地方自治体と博覧会・共進会などを共催した。一八九二年［明治二五］には、一五商業会議所が結集して「商業会議所聯合会」を結成した。また海外との交流にも積極的で、一九〇八年の米国実業団の受け入れや翌年の渡米実業団の時には主催者となった。

一九二二年［大正一一］六月に同聯合会は改編され、常設の機構・事務局を持つ「日本商工会議所」(1)が誕生した。栄一とも関係の深い藤山雷太が初代会頭に就任した。商工会議所は（一）地域を基盤としている地域性、（二）会員はあらゆる業種・業態の商工業者から構成される総合性、（三）公益法人として組織や活動などの面で強い公共性を持つという公共性、（四）世界各国に商工会議所が組織されているという国際性、の四つの特徴を有する。全国の商工会議所の会員数は一三三万（平成二二年三月現在）に達し(2)、栄一が重視した地域振興の中核として地方の政治、行政、経済界、ＮＰＯを結び付ける絆の役割を果たしている。

(1)　日本商工会議所は、名称・組織の変更などを経て、一九五四年［昭和二九］に現行「商工会議所法」に基づき特別認可法人として改編され、今日に至る。二〇一二年現在、全国で五一四の商工会議所が活動している。

(2)　日本商工会議所ホームページ（二〇一二年六月一五日現在）。

46　埼玉学生誘掖《ゆうえき》会

明治維新後、立身出世主義の時代を背景に、埼玉県出身の青年たちも大志を抱き、東京で学生生活を送るものが増えてきた。一八八九年［明治二二］、在京生活を送る埼玉県出身の学生たちが中心となり埼玉学友会を結成。埼玉県出身学生のための寄宿舎をつくろうと運動をおこした。栄一は、明治三〇年頃、同会会頭に就任するが、寄宿舎やそれを運営する育英会創設には消極的で、学生たちを憤慨させた。彼らを代弁する形で本多静六(1)は、一九〇〇年［明治三三］秋のある夜、深川福住町・渋沢邸を訪問し、栄一と初めて面会した。本多が育英団体設立への支援を求めたのに対し、栄一は、中心となる人がまず自分で金を出すべきである、と述べる。本多はすかさず、設立資金として自分の年収三分の一にあたる三〇〇円を栄一に差し出した。栄一はその誠意を感じ埼玉県出身学生のための育英団体設立への支援を約束した。栄一が消極的だったのは、ほとんどを自分が出資し、新育英会を創設しても、多くの人々の関わりや熱意を得ない事業は、維持、永続せず、かえって悪影響を与えかねないと考えていたからだった(2)。

それ以降、栄一は新育英組織創設に尽力する。埼玉県の知事、各郡長とも連携をとり、同県内、京浜地方在住の同県出身者など、多くの人々に出資、支援を求めた。一九〇二年［明治三五］、埼玉学生誘掖会を創立させ、栄一は会頭に就任した。一九〇四年［明治三七］には東京市牛込区市谷砂土原町（現・東

(1)　本多静六（一八六六［慶応二］〜一九五二年［昭和二七］）。日本初の林学博士。東京帝国大学教授。日比谷公園、明治神宮外苑、大宮公園の設計などを手掛ける。栄一没後、埼玉学生誘掖会第二代会頭に就任。

(2)　栄一は、誘掖会について「此会など自分一人の力で立つるは、敢て難事でない。併しそれでは渋沢一人の私有物となってしまう、私は此会を埼玉県人全体の精神の籠ったものとしたいのだ」と語っていたという（斎藤阿具「埼玉学生誘掖会と青淵先生」）『竜門雑誌』五七八号、一九三六年。

京都新宿区市谷砂土原町）に念願の学生寄宿舎を完成させ、一九〇八年［明治四一］には第二寄宿舎も完成。この間、奨学金貸与事業もはじめ、一九一一年［明治四四］には誘掖会の基礎を強固にして永続させるため、財団法人化をはかった。その一方、栄一は、多忙の中、茶話会、創立記念祭、柔道、剣道大会などの寄宿舎行事には必ずといっていいほど出席した。そうした行事の際、栄一は学生と一緒に夕食を食べ、講話をした。しばしば夜一〇時、一一時まで車座になって学生たちと語り合うなど、学生たちとの交流の機会を大切にした。

埼玉学生誘掖会は、栄一没後も、二〇〇三年［平成一三］まで、寄宿舎運営を続け、多くの人材を輩出した。現在は公益財団法人となり奨学金授与事業などを行っている。

（桑原功一）

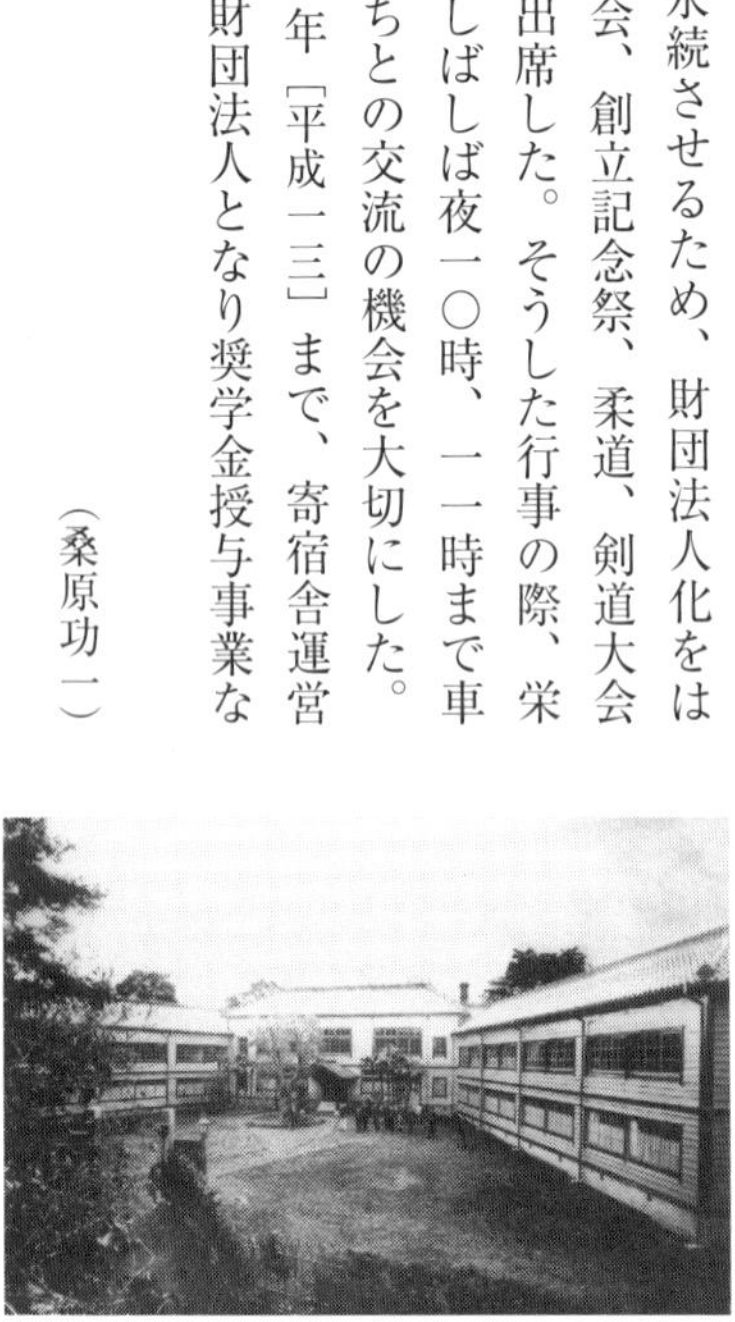

埼玉学生誘掖会第一寄宿舎　一九一一年［明治四四］頃

(5) 六〇代

47　渡米実業団

渡米実業団とは、栄一を団長として、東京や大阪ほか大都市の商業会議所等で活躍する、約五〇人の民間を中心とする団員で組織されたものである（1）。

日露戦争以後、日本は、アメリカとの関係で新たな局面を迎え、東アジアを

（1）渡米実業団については、『伝記資料』第三二巻（渋沢栄一伝記資料刊行会、一九六〇年）、渋

めぐる両国の利害、貿易や、アメリカへの移民等の様々な問題が日米摩擦として表面化してきた。こうした問題に対して、日米の実業家たちは民間の立場からこれらを解決しようと試み、その一つが、一九〇八年［明治四一］と一九〇九年［明治四二］の日米実業家による相互訪問だった。

一九〇八年、アメリカ太平洋沿岸の商業会議所メンバー三〇名とその家族、総勢五四名が日本を訪れた。この訪問には、栄一を中心とした民間の実業家たちが、歓迎行事を主催するなど接待にあたり、大きな成功をおさめた。

そして翌年には、アメリカ実業界からの招待を受け、日本の実業家たちが「渡米実業団」を組織した。栄一を団長として総勢五一名で組織され、東京商業会議所会頭・中野武営、大阪商業会議所会頭・土居通夫、京都商業会議所会頭・西村治兵衛、横浜商業会議所会頭・大谷嘉兵衛、神戸商業会議所会頭・松方幸次郎、名古屋商業会議所副会頭・上遠野富之助など、当時における実業界の代表が団員として参加している。

同年八月、渡米実業団一行はアメリカ船・ミネソタ号で横浜を出港し、アメリカ到着後は約三か月にわたり太平洋岸から大西洋岸までの二五州、六〇都市・地域を巡った。そしてアメリカ各地で歓待を受けながら、産業、経済、政治、社会福祉、教育等の施設・機関を視察し、また、第二七代アメリカ大統領のウィリアム・タフトや、発明王のトーマス・エジソン、鉄道王のジェームズ・ヒルら、各界の有力者と会見している。

沢史料館編・展示図録『渡米実業団一〇〇周年記念　渋沢栄一、アメリカへ～一〇〇年前の民間経済外交～』（二〇〇九年）などを参照。

視察中の渋沢栄一ほか

各地の歓迎会では、栄一やその他の団員がスピーチを行い、日本の実業界から意見を表明した。一方、アメリカ各地の実業家たちも歓迎の辞や、時には日本に対する率直な意見や希望も述べた。

このように渡米実業団の訪米は、民間組織という限界もあったが、あらためて互いの国を認識する契機となり、民間人・経済人同士の交流が図られ、さらに将来へつながっていくようなパイプづくりにも大きく貢献した。

（関根仁）

48　海外移民

栄一が北米移民に関心を持つきっかけとなったのは、一九〇二年［明治三五］、東京商業会議所会頭として米国を訪問した際、サンフランシスコで日本人移民に対する差別的な雰囲気を感じ取った時であった。一九〇六年［明治三九］同地で日本人学童隔離問題が発生、翌年の米国の金融恐慌等から日本人移民排斥運動が北米太平洋沿岸に広がった。移民問題は良好な日米関係を傷つける深刻な摩擦になると危惧した栄一は、牛島謹爾ら同地の日本人移民の代表からも依頼され、一九〇二年［明治三五］を皮切りに渡米実業団団長をはじめ、四度訪米し、米国の各界有力者を通じて移民問題の鎮静化に尽力した。しかし一九二四年［大正一三］にいわゆる「排日移民法」が成立し、日本国内では反米世論が沸騰した。栄一は米国の対応に怒りながらも、広い視野から日米関係

外務大臣主催アマゾン川流域開拓問題協議会記念撮影（一九二八年［昭和三］三月二六日）

の重要性を説き、世論の鎮静化を図った。

二〇世紀初頭の日本では、人口増加が深刻な問題であった。一九〇八年［明治四一］日米紳士協定により、北米への移民が制限されてから、中南米、南洋諸島、満州に目が向けられた。米国と同様、広大な土地と豊かな資源に恵まれたブラジルを、栄一は過剰人口対策という観点からだけでなく、将来性ある貿易相手国として注目した。ブラジル側もコーヒー、ゴム栽培など農業労働力不足から、日本人移民への需要は強く、栄一も桂太郎首相らとともに伯剌西爾《ぶらじる》拓植株式会社の創設に加わり、ブラジルへの移住事業に取り組んだ。一九三〇年代には移民農業も定着し、日本人移民もブラジル社会で受け入れられ、かなりの成功を収めた。

このほか南洋協会にも深くかかわり、アジア太平洋地域の豊かな資源開発に日本人移民が積極的にかかわることを奨励した。

49　聖路加病院、済生会

栄一は、できるだけ多くの国民が医療にかかることができるように、医療福祉機関へ多額の寄付を行っている。六〇年近く院長を務めた東京養育院のほかには、聖路加病院と済生会への関わりが深い。聖路加病院は、一八七四年［明治七］、英国国教会の宣教医師ヘンリー・フォールズが、東京築地の外国人居留地内に健康社と称して病院を建てたのが始まりである。「築地病院」と改名され転々と場所を変えたが、フォールズ帰国後、一九〇二年［明治三五］に米国聖公会のルドルフ・トイスラーが買い取り、聖路加病院と命名した。渋沢栄一は評議員会副会長兼会計監督に就任した。

済生会は、一九一一年［明治四四］、明治天皇の「済生勅語」と御下賜金一五〇万円を基金として、政財界から寄付金を集め、恩賜財団済生会として、貧窮民に対する施薬救薬を目的とした団体である。初代理事長には桂太郎首相が就任した。栄一は、大倉喜八郎、朝吹英二らとともに多額の寄付を行った。二〇一一年［平成二三］に創立一〇〇年を迎え、社会福祉法人として活動を続けている。

このほかに日本結核予防協会副会頭、中央盲人福祉協会会長、癩予防協会会頭、日本赤十字社常議員などを引き受けている。

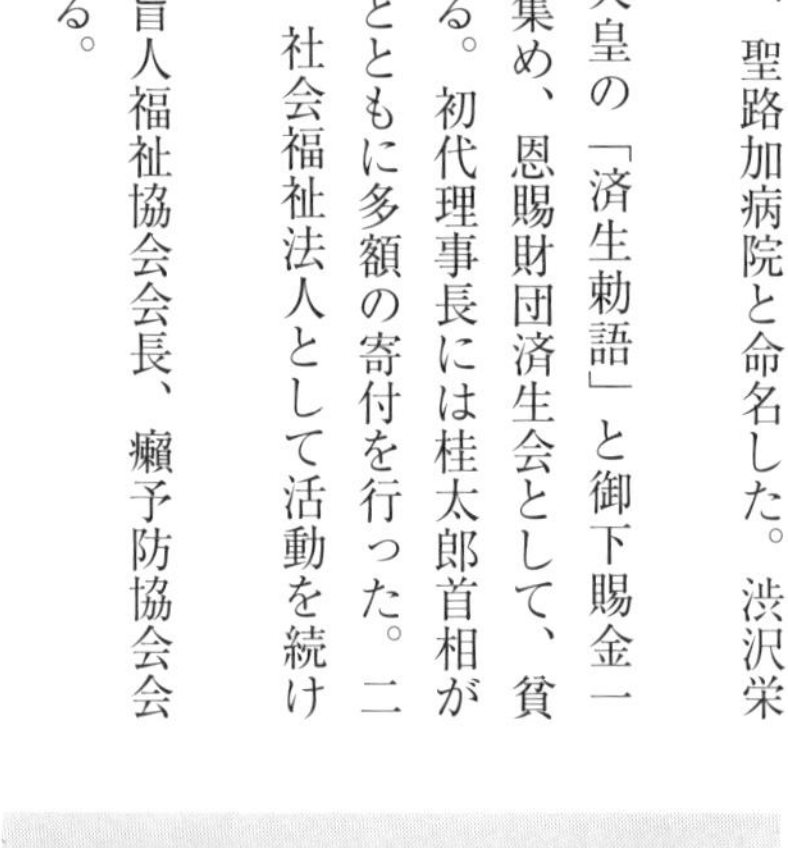

聖路加国際病院

50　帝国劇場

栄一は、幼いころから生誕地深谷の獅子舞など郷土伝統芸能に愛着を持って自ら参加していた。益田孝、大倉喜八郎、松方幸次郎などのように古今東西の絵画、陶芸、茶器などを収集する趣味はなかったが、文化芸術活動の支援については、演劇改良会、東京改良演芸会友楽館などの委員として、寄席の改良などに関係した。栄一が、本格的に文化支援活動に参加したのは、一九一一年［明治四四］、大倉喜八郎が音頭を取って帝国劇場を建設しようとしたときであ

完成せる帝国劇場

る。栄一、荘田平五郎、西野恵之助、福沢桃介、福沢捨次郎、日比翁助らが発起人となり、日本初の西洋式劇場が日比谷に建設された。横河民輔の設計で、ルネサンス建築様式であった。栄一は、パリのオペラ座でオペラを鑑賞した時に、日本にもこうした劇場が必要なことを感じたという。帝国劇場ではイタリア・オペラ、歌舞伎、シェイクスピア劇が上演された。栄一はまた、大倉喜八郎と一緒に帝国女優養成所を支援している。

帝国劇場は一九二三年［大正一二］の関東大震災で外枠を残して焼失したが、翌年再開した。「今日は帝劇、明日は三越」という流行語が示すように、大衆文化時代の幕開けとなった。

51　日糖事件と実業界からの引退

栄一は大日本製糖株式会社(1)の相談役であったが、一九〇九年［明治四二］一月、経営をめぐる混乱から辞任した。同年四月から同社の政界工作が摘発され、同社重役や衆議院議員が数多く拘引され、七月には二三名の代議士が有罪判決を受け、一大疑獄事件に発展した。娘婿阪谷芳郎の紹介で、栄一が社長に推薦した酒匂常明《さこうつねあき》(2)は、不正経理が行われていることに気づくのが遅れ、この不祥事に対して適切な処置をとることができなかった。栄一は酒匂を厳しく批判したが、その結果、酒匂の引責自殺という悲劇的な結末を迎えることになった。

日糖事件をめぐる栄一の対応については、賛否両論が雑誌や新聞に掲載され

(1)　一八九五年［明治二八］、大日本製糖株式会社の前身、日本精製糖株式会社が日本初の近代的精製糖業として、江東区に設立された。一九〇六年には大阪の日本精糖株式会社を合併して、大日本製糖株式会社となり、同年一二月に台湾へ進出する。

(2)　酒匂常明（一八六一［文久元］

た。栄一自身は批判に対して反論したが、ダメージを受けたことは否定できない。第一銀行頭取として数多くの企業や団体に関わることの時間的制約と年齢からくる衰えから、古希を迎えるにあたり、第一銀行頭取や東京貯蓄銀行取締役会長を除く、六〇余りの企業の相談役や監査役などの役職を辞任した。一九一六年［大正五］、喜寿を迎えた時には、第一銀行頭取も辞し、以後もっぱら、公益事業に尽力することになった。

(6) 七〇代

52　中日実業株式会社、日華実業協会

孔子を尊敬する栄一は、「四億の市場」といわれた中国との経済提携を深めることに強い希望を持っていた。日中経済関係の増進のためには、まず日中間および中国内の経済社会インフラ整備を行うことが先決と考えた栄一は、一九〇七年［明治四〇］日清汽船など中国航路の創設に協力。一九一三年［大正二］日本滞在中の孫文と会談し、日中合弁事業を進めるため、中国興業株式会社を設立した。翌年同社の中国側代表が袁世凱《えんせいがい》になったため、中日実業株式会社と社名変更した。栄一は日本側代表になった。

しかしベルサイユ会議で、ドイツの山東権益を中国に還付せず日本が獲得す

～一九〇九年［明治四二］）兵庫県生まれの明治の農学者、農商務省官僚。

るという山東還付問題に端を発し、二一か条要求をめぐり日中関係は悪化して、中国国内では日貨排斥運動が広がった。加えて、第一次大戦終了による反動不況で、決定的な打撃を受けた中日実業を再建するため、栄一は高木陸郎《りくろう》(1)を副総裁に据え、人事の一新を図った。

日中経済関係の将来を危惧した日本経済界は、一九二〇年［大正九］には日華実業協会を発足させ、日中実業家の交流を図り、栄一は同協会会長、和田豊治（富士紡績社長）が副会長に就任した。中国での企業活動の関わるほぼすべての経済界首脳が幹事に名を連ねた。栄一の秘書的な役割を果たしたのは、日清汽船、湖南汽船等の日中航路開拓を手掛けた白岩龍平《りゅうへい》(2)で、原敬首相など政界との調整にあたった。

一九二六年［大正一五］には、南京、上海、天津、東北地区の商会、各業組合等の代表を含む総勢五八名の上海総商会虞洽卿《ぐこうきょう》一行が日本を訪問し、懇親を深めた。政治経済を一体化する中国側に対して、栄一は政経分離して、経済交流を図りたいとの意向を伝えたが、日本の軍事活動の活発化により、経済協力に限界を感じた。

(1) 高木陸郎（一八八〇［明治一三］～一九五九［昭和三四］）福井県の生れ。三井物産入社後、中国でのビジネスを通じ、人脈を築き中国通となる。栄一の指導により中日実業の経営を刷新した。戦後は、日本国土開発社長。

(2) 白岩龍平（一八七〇［明治三］～一九四三年［昭和一八］）岡山県出身の実業家。明治末期から第二次大戦に至るまで、日中経済・文化交流に尽力し多くの人材を育成した。

53　明治神宮と日光東照宮

栄一と神社との関係は深く、関わりのある神社は諏訪神社（埼玉県大里郡）、明治神宮、日光東照宮、南湖神社など多数にのぼる。一九一二年［明治四五］

七月三〇日の明治天皇崩御に伴い、同年八月には、栄一は阪谷芳郎（東京市長）、中野武営（東京商業会議所会頭）と政府要人と相談し、明治神宮を東京に造営することを決め、代々木御料地に明治神宮内苑を、青山練兵場に明治神宮外苑を建設することになった。明治神宮奉賛会の副会長として、栄一は寄付金集めに奔走した。内苑の工事は順調に進んだが、関東大震災により中断、一九二五年［大正一五］にようやく完成した。一九三〇年［昭和五］、聖徳記念絵画館に壁画「グラント将軍と御対談の図」を献納した。

また、一九一五年［大正四］に徳川家康没後三〇〇年を迎えるにあたり、栄一は日光東照宮三百年祭奉斎会を組織した。翌年林董《はやしただす》[1]の死去により、同会会長に就任し、各方面から寄付を募って盛大な大祭を実行し、徳川時代の復権に尽力した。

江戸町会所などの精神と方法から多くを学んだ栄一が尊敬した松平定信は、奥州白河藩主であった時、領内に南湖と呼ぶ人口湖を囲む公園を造り、身分制度の厳しい時代に一般庶民に開放した。これは日本で最古の公園といわれている。明治以降、同地域の住民が定信の遺徳の顕彰を強く望み、栄一も尽力した結果、一九二〇年［大正九］に神社創設が認可され、二年後に同地に松平定信を祭る神社が完成した。

日光東照宮三百年祭列席時の栄一
（一九一五年［大正四］六月三日）

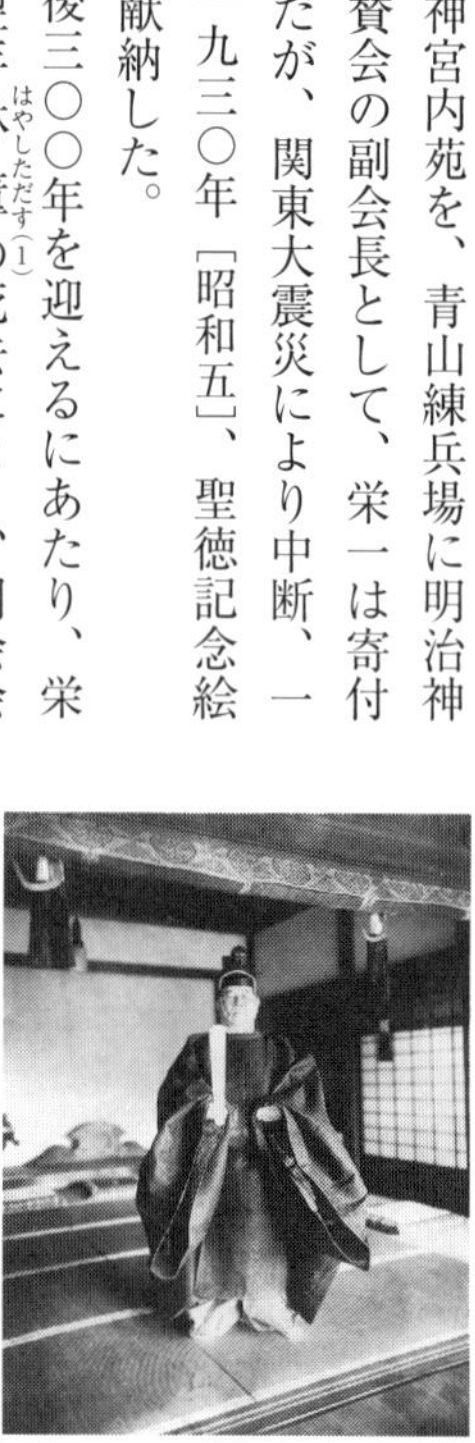

(1)　林董（一八五〇［嘉永三］～一九一三年［大正二］）下総佐倉藩の蘭医佐藤泰然の五男。明治の外交官、駐英公使として日英同盟締結に尽力。西園寺内閣の外相として、日仏協商、日露協商を締結した。

54　『徳川慶喜公伝』(1)、『楽翁公伝』(2)

栄一は徳川慶喜と松平定信（号・楽翁）を「自分の二人の大きな恩人」とし、その伝記編纂を手掛けている。

旧主慶喜の名誉回復のため伝記編纂が企図された。維新における慶喜の行動が世間に誤解されていることを惜しんだ栄一は、福地源一郎の協力を得て編纂を開始するもやがて福地は他界。一九〇七年〔明治四〇〕に至り三上参次の協力のもと萩野由之を編纂主任として新たに編纂が始まった。一九一七年〔大正六〕に完成した同書について、栄一は史学を専門とする編纂者により史実の精査・考証がなされ、極めて正確なものとなったと述べている。

松平定信を東京養育院の恩人(3)とする栄一は、執政への決意が記された定信の誓願書や著作に接して深く傾倒、その伝記編纂を志す。一九二五年〔大正一四〕より編纂が始まるが栄一存命中の完成は叶わず、没後六年目の一九三七年〔昭和一二〕に未定稿として刊行された。栄一が生前に記した自序には「公の徳業を欽慕」し「公の如き公明忠正なる政治家を現今の世態が必要とすると感じた」と編纂動機が語られている。編纂を発起して編纂者を委嘱し、監修も行った栄一は責任表示として著者を名乗り、両書の自序で編纂経緯や関与した協力者・編著者を詳述する。それら序の最後には公益のため犠牲を払った先人に思いをはせてほしい、と後世の読者に対する栄一の期待が記されている。

（山田仁美）

(1)　『徳川慶喜公伝』全八巻、竜門社（発売は冨山房）、一九一八年。慶喜自身は編纂を固辞したが、栄一の説得で存命中は公表しないことを条件に承諾、口述記録の会「昔夢会」にも協力した。

(2)　『楽翁公伝』岩波書店、一九三七年。三上参次の旧稿をもとに平泉澄が編纂、後に中村孝也が修訂を担当した。

(3)　養育院の資金源「江戸七分積金」が寛政の改革に由来することから、栄一は楽翁の祥月命日一三日を自らの登院日と定め、毎月欠かさず院に足を運んだ。

55　協調会

協調会は、一九一九年［大正八］に床次竹二郎《とこなみたけじろう》(1)内務大臣を中心とする内務官僚と、栄一や日本工業倶楽部に集う郷誠之助、中島久万吉ら財界人が協力して発足した労使協調のための研究調査と社会事業を行う財団法人。会長には徳川《とくがわ》家達《いえさと》(2)が、副会長に栄一、清浦圭吾、大岡育造が就任した。日本工業倶楽部では協調会設立のため、何度も寄付金募集活動が行われた。労働界からの代表の参加はなかったが、官民一致の民間機関と呼ばれるように政、財、官、学から様々な立場の人間が関与することになった。当初は後に常務理事となる添田敬一郎が「梁山泊の観を呈していた」と語ったように労使一体の協調主義の理念をめぐり、激しい対立があった。協調会の活動で効果が上がったとされるのは、労働争議の調停と修養主義に基づく労働者講習会の実施の二つである。栄一が協調会に最も期待したのは大規模労働争議の調停であった。添田は率先して争議調停活動を行い、日本楽器、別子銅山、野田醤油などの当時有名になった三大労働争議に対して比較的労働者側に有利な調停を行い、成功例となった。

栄一は元内務官僚の田沢義鋪を協調会の常務理事に据え、労務者講習会と修養団活動を企業や労働者に広めていった。

修養団は、「資本家や労働者である前にまず人である」をモットーとし、合宿生活を通して講師と講習員が人生に対する正しい信念と社会労働問題を正確に理解することを目ざした。一九二一年［大正一二］から一九二九年［昭和四］

(1)　床次竹二郎（一八六六［慶応二］～一九三五年［昭和一〇］）、薩摩藩士の子として鹿児島に生まれる。内務官僚時代、原敬に認められ、後に政治家となる。

(2)　徳川家達（一八六三［文久三］～一九四〇年［昭和一五］）徳川宗家第一六代当主。貴族院議長、ワシントン軍縮会議首席全権大使、日本赤十字会社社長などを歴任した。

までに一〇五回開かれ、延べの参加人数は一万人を超えたといわれる。

56　日米関係委員会

栄一が本格的に日米関係に関与するようになったのは、一九〇二年［明治三五］に日英同盟締結を機に東京商業会議所会頭として米欧を訪問してからであった。二〇世紀初頭の米国は急激な経済成長を遂げ、米西戦争の勝利により中南米や太平洋に本格的に進出し始めようとする若い国家であった。米国各地の視察を通じて、何事においても世界一を目指している米国の素晴らしさと危うさを感じ取った栄一は、約四〇年ぶりに訪問した欧州と比較して、将来日本の運命を決めるのは米国ではないかと考えるようになった。

栄一は第一次大戦後、日米関係が単なる二国関係の枠組みを超え、太平洋地域さらには国際社会全体の帰趨に重大な影響を与えるのではないかと考え、経済界を中心とした民間で定期的に腹蔵なく意見を交換できる場を作ろうとした。一九一六年［大正五］、数え年で喜寿を迎えた栄一は、経済界から引退したのを契機に日米関係委員会を設立した。栄一は中野武営と相談し、委員を二四名に絞った。経済界からは井上準之助、団琢磨《だんたくま》の二名、さらに新渡戸稲造、島田三郎、金子堅太郎、瓜生《うりゅう》外吉《そときち》ら日米関係に深いつながりをもった人物が選ばれた。栄一と中野武営が事務局を務め、一九二四年［大正一三］に排日移民法が成立するまで、米国各界首脳を日本へ招き、日米の相互理解を深めるための

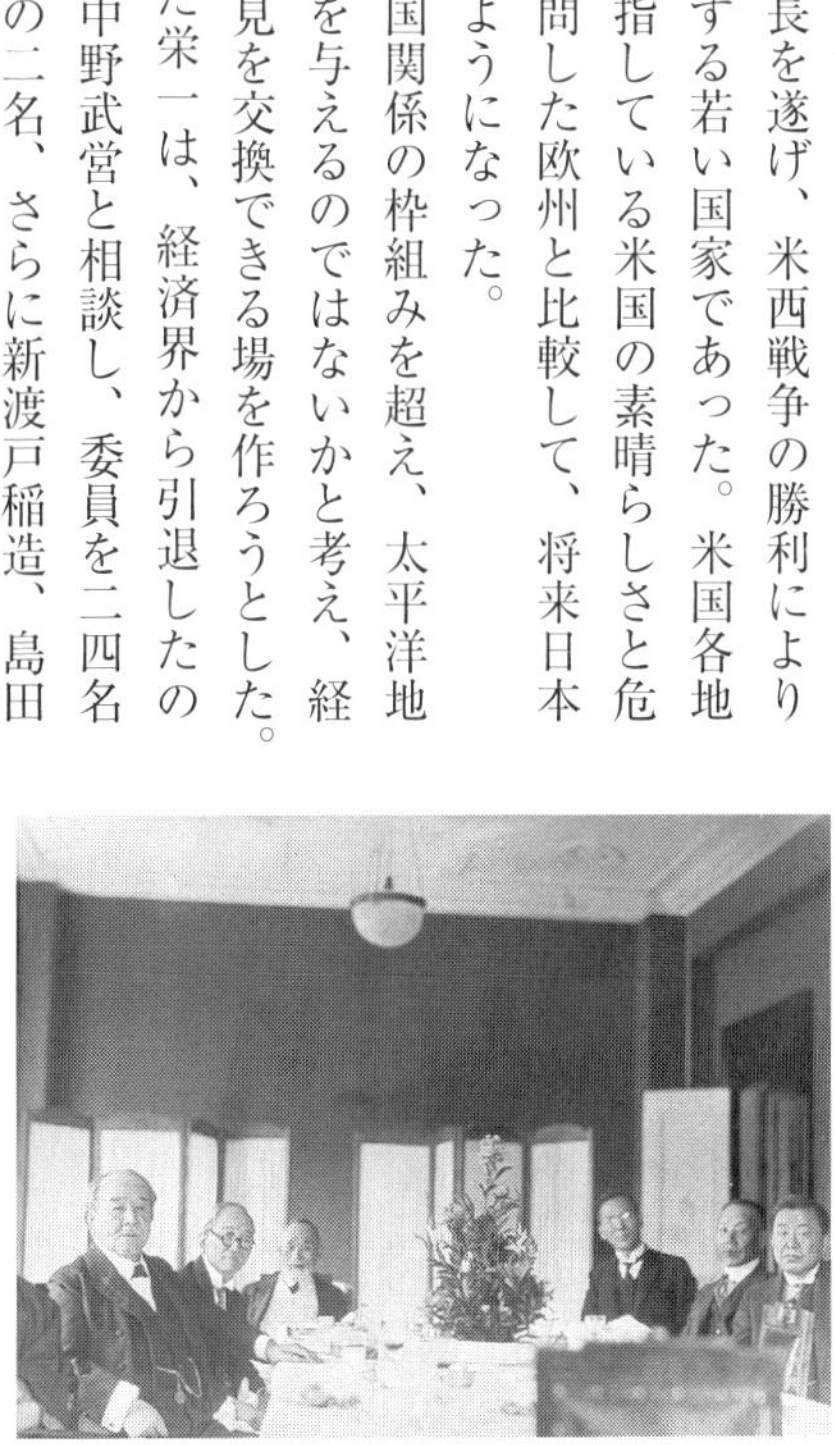

日米関係委員会にて（一九二六年［大正一五］）

〈参考文献〉
・渋沢雅英『太平洋にかける橋——渋沢栄一の生涯』読売新聞社、

真摯な議論を行い、日米親善の基礎を作った。第二次大戦後の日米財界人会議・下田会議などの嚆矢になったのである。

一九七〇年。

57　理化学研究所

栄一と理化学研究所との関係は、一九一三年［大正二］に高峰譲吉が科学研究所構想を持ちかけたことに始まる。明治初年以来、日本は欧米の機械工業の模倣により発展してきたが、将来の日本がさらに発展するためには、理化学分野で独創力を伸ばす必要があり、そのための研究所を設立するという高峰の科学研究所構想に、栄一は賛成した。東京商業会議所会頭の中野武営、山本権兵衛内閣の大隈重信農商務大臣の賛同を得て、栄一は設立に取り掛かった。第一次大戦の勃発により、ドイツから化学の技術や染料・医薬品の輸入が途絶えてしまい、価格が高騰し国民生活に大きな打撃を与えたことも研究所の設立を後押しした。

二年後の一九一五年［大正四］に帝国議会で理化学研究所の創立が決議された。栄一は、「理化学分野における、平和的かつ産業に資する活動を行うことで、日本の技術革新を推進し、公共の利益に役立たせたい」と考えた。一九一七年［大正六］、栄一は設立者総代として、東京の駒込に財団法人理化学研究所を設立させ、初代所長は菊池大麓が就任した。基金は皇室からの御下賜金、政府からの補助金と民間からの寄付金であった。

一九二一年〔大正一〇〕には栄一が議長を務める理事会で、大河内正敏が三代目の所長に選ばれた。翌年から研究室制度が発足し、主任研究員に研究の自由裁量が与えられたが、他方財政難に直面した。

一九二七年〔昭和二〕には理化学研究所での発明を事業化するために理化学興業が創設され、マグネシウム、ゴムなどの発明品の製造会社を要する理研コンツェルンと呼ばれる企業グループを形成したが、太平洋戦争の終結と共に解体された。戦後、株式会社科学研究所を経て、一九五八年〔昭和三三〕に特殊法人として再出発し、二〇〇三年〔平成一五〕に独立行政法人に改組され、今日に至っている。理化学研究所では、鈴木梅太郎、寺田寅彦、中谷宇吉郎、長岡半太郎、湯川秀樹などの数多くの優秀な科学者を輩出した。

（7）八〇代

58　関東大震災

一九二三年〔大正一二〕九月一日に発生したマグニチュード七・九の地震は、関東地方の広範囲に甚大な被害をもたらした。栄一は、東京日本橋兜町の渋沢事務所でこの大地震に遭遇。事務所員と共に屋外に逃れ、車で飛鳥山の自邸に無事帰宅した。高齢の身を案じる家族の声を制し、栄一は被災地のために力を尽くすことを決意し、連日東京の街を走り回った。

九月四日午後、呼び出しに応じて内務大臣後藤新平を訪れた栄一は、副会長を務める財団法人協調会で罹災者の救護・救援活動を行うことを依頼された。同会は、労働者と資本家の協調を目指す労働団体であったが、栄一は一刻を争う事態と判断してその場で依頼を引き受けた。協調会は、火災の被害が大きかった地域を中心に収容所、炊出場、情報案内所、掲示板、臨時病院などを設置し、罹災者を助けた。

九月九日、東京商業会議所に約四〇名の実業家が集まった。座長の栄一は民間有志による救護・復興のための組織を提案、一一日には貴族院・参議院議員有志も加わり大震災善後会を結成した。同会は「罹災者救援及び経済復興」を目的とし、寄付金募集と資金配付先調査を開始した。

栄一は困窮者への迅速で細やかな配慮が必要で、その実現は民間だからこそ可能であると考え、内外の実業家に寄付を呼びかけて積極的に資金を集めた。善後会は経済復興についての提言をまとめ、また、同年末まで寄付金を募集、翌年三月には資金配付を終えて解散した。寄付金は、孤児院や託児所の設置、罹災外国人への支援など様々な救済事業に配分され、罹災者の生活を支える力となった。

九月一六日、栄一は山本権兵衛首相から復興に関する内閣の諮問機関「帝都復興審議会」委員就任の要請を受ける。栄一は国政に関係しないという主義を

在京罹災埼玉県人救護団バラックを訪れた栄一（個人蔵）

伝えて断るが、山本の懇請に負けて承諾した。

審議会では、被害を受けた東京のために政府は何をするべきか、政府案を基に検討された。都市計画中心の復興院案に対し、栄一は東京が経済発展するための港湾整備が重要であるという立場をとった。築港への着目は明治初期以来のものであり、商業都市としての東京の発展を栄一は常に願っていた。同審議会はあまり機能しないまま内閣辞職を機に解散されるが、東京に対する栄一の心情が垣間見られる活動の一つであると言えよう。

（永井美穂）

59　日仏会館

二度のフランス滞在経験（一八六七～六八年・一九〇二年）を持つ栄一は、西園寺公望、栗野慎一郎（初代駐仏大使）、バロン薩摩こと薩摩治朗八（実業家）、稲畑勝太郎（稲畑産業社長、大阪商業会議所会頭）などと共に、二〇世紀初頭の日仏交流を支える数少ない指導者であった。二度目のフランス訪問中に外債募集を打診したが、ロシアとの関係が深いフランス経済界の反応は良くなかった。約四〇年前と変わったのは、エッフェル塔が建っただけと思った栄一も、フランス中央銀行、クレディ・リヨネ銀行を歴訪し、統計処理の素晴らしさなど銀行業務の緻密さに驚かされ、彼が育成した日本の銀行にとって学ぶことが多いと考えた。

〈参考文献〉

・ポール・クローデル（奈良美智子訳）『孤独な帝国　日本の一九二〇年代』草思社、一九九九年。
・綿貫健治『日仏交流150年―ロッシュからサルコジまで』学文社、二〇一〇年。

一九二四年［大正一三］駐日フランス大使ポール・クローデル（Paul Claudel 一八六八～一九五五年。駐日大使赴任期間一九二一～二七年）とともに財団法人日仏会館（Maison franco-japonaise）を設立し、栄一は初代理事長になった。また日仏協会会長も務めた。クローデルは、優れた外交官であると同時に有名な詩人、劇作家で、フランスの文化外交を担う重要な人物であった。日仏会館の目的は、第一次世界大戦後の日本にフランス語とフランス文化を普及させることであった。このほか、栄一は、一九〇七年［明治四〇］の日仏銀行設立等にもかかわった。一九二六年［大正一五］にはフランス政府から長年日仏交流に尽くしたことに対してレジョン・ドノール勲章を授与された。

一九八四年［昭和五九］、日仏会館が創立六〇周年を迎え、二人の創立者を記念して、日仏両国で、それぞれ相手国の文化に関する優れた研究成果に対して贈られる渋沢・クローデル賞が設けられ、今日に至っている。

フランス大使ポール・クローデル送別午餐会　日本工業倶楽部（一九二七年［昭和二］2月13日）左より大倉喜八郎、クローデル、栄一

60　太平洋問題調査会、国際聯盟協会

一九二五年［大正一四］にホノルルに設立された太平洋問題調査会（The Institute of Pacific Relations 略称 IPR）は一九六一年［昭和三六］まで活動を続けた。アジア太平洋地域の調査研究および諸国民間の相互理解の促進を目的とした国際的な非政府組織・学術研究団体であった。当時、ハワイや北米太平洋岸で東洋人移民に対する排斥運動が盛んになっていたため、この問題に対する正確な

〈参考文献〉
・片桐庸夫『太平洋問題調査会の研究　戦間期日本ＩＰＲの活動

情報と冷静な議論をする場として設けられた。特に一九二四年［大正一三］に米国でいわゆる排日移民法が成立したため、日米関係委員会や日米協会など二国間での話し合いではなく、広く太平洋の諸問題を議論できる多国が参加できる場を設定することが望まれていた。

このため、一九二六年［大正一五］、日本支部ともいえる日本太平洋問題調査会（日本ＩＰＲ）が設立され、渋沢栄一が評議員会会長、井上準之助が初代理事長に就任した。他のメンバーは高木八尺《やさか》、那須皓《しろし》、前田多門、鶴見祐輔ら新渡戸《にとべ》稲造の影響を受けた国際主義者であり、また知米派の自由主義的知識人であった。この調査会には日米関係委員会のメンバーがほぼ全員参加した。

第一次大戦後、民間レベルでの国際交流団体が数多く誕生するが、栄一もその多く関係したが、なかでも国際聯盟協会の資金集めに奔走し、一九二〇年［大正九］から一九二三年［大正一二］までに一六四、〇八〇円を財界の寄付金として集めた。この資金を基に、講演会を主催したり、『世界と我等』や『国際知識』等の月刊誌を刊行した。対外的には国際聯盟協会世界連合総会に代表を送り、軍縮問題、労働問題、少数民族問題の解決に取り組んだ。

一九三一年［昭和六］に満州事変が勃発した以降は、各国のナショナリズムが強くなり、内外での新渡戸稲造ら国際主義者の発言も、日本の中国政策の擁護が多くなった。

を中心として』慶應義塾大学出版会、二〇〇三年。

外務大臣主催第二回太平洋問題調査会出席者招待記念撮影（一九二七年［昭和二］6月28日）
主なる人　田中義一　小村欣一　植原悦次郎　井上準之助　阪谷芳郎　団琢磨　青木節一　沢柳政太郎　那須浩　高柳賢三

61　親善人形（青い目の人形）

栄一は、日本の経済界の発展に大きな役割を果たす一方で、民間外交にも積極的に取り組んでいた。栄一は、日露戦争以前から大正期にかけて四回渡米するなど、日米両国の架け橋となり日米親善に大きく貢献した。また、一九一六年［大正五］には「日米関係委員会」常務委員となり、日本人移民問題の解決に民間の立場から尽力した。しかし、一九二四年［大正一三］に「排日移民法」が成立したことにより、日米間に再び緊張感がもたらされた。

栄一は、一九一五年［大正四］、「排日移民法」の阻止に全力で取り組んでいたシドニー・ギューリックから手紙を受けとった[1]。当時宣教師として日本に滞在していたギューリックは、日本には古くから「雛祭り」や「五月人形」などの人形文化が根付いていることに着目し、友情の印として米国の子どもたちから日本の子どもたちへ「親善人形」を贈り、日米の親善と交流を結ぼうと提案した。

栄一は、一八七二年［明治五］に創設された養育院で児童教育に力を入れていたので、ギューリックの提案に重要性を感じ、日本国際児童親善会を設立し日本側の受け入れの代表となった。栄一は、同会の会長として、この提案に日本政府が全面的に協力するように働きかけた。

一九二七年［昭和二］一月以降、米国から約一二、〇〇〇体の親善人形が日本に届いた。栄一は、日米親善の希望を「親善人形」に託し、自ら日本各地を

（1）『伝記資料』第三八巻、六頁。

「青い目の人形」を抱く栄一（一九二七年［昭和二］三月三日）

（2）『青淵回顧録　下』青淵回顧録刊行会、一九二七年。

まわった。三月一日には、栄一が三越呉服店の雛人形陳列場内で親善人形を歓迎する様子が報道され、大きな反響を呼んだ。[2] 三月三日には、日本青年館で親善人形歓迎会が催され、栄一は会場に集まった約一、六〇〇名の子どもたちにむかって親善人形に託した思いを語った。[3] この人形は「青い目の人形」と呼ばれ、多くの日本人に親しまれた。

日本国際児童親善会は親善人形を配布した幼稚園、小学校に基金を募り、日本から「答礼人形」とよばれる市松《いちまつ》人形五八体を米国に贈った。[4]

日本に贈られた親善人形は太平洋戦争中、敵国に関係するものといわれ多くが失われた。しかし、人形に罪はないと考えた人たちによって秘かに守られ、約三〇〇体の人形が現存している。

（川上恵）

(3)　是澤博昭『青い目の人形と近代日本　渋沢栄一とL・ギューリックの夢の行方』世織書房、二〇一〇年。

(4)　高岡美知子『人形大使　もうひとつの日米現代史』日経BP社、二〇〇四年。埼玉県立平和資料館『開館五周年記念特別企画展　青い目の人形と渋沢栄一』埼玉県立平和資料館、一九九八年。

62　外遊　中国、韓国

栄一は中国を三回、韓国を数回訪問している。始めて中国を訪問したのは、一八六七年〔慶応三〕、パリへ行く途中であった。上海に立ち寄り、市内の不衛生な状態と、欧米人から中国人が奴隷のごとく扱われている様子を見て驚いた。尊大傲慢な清国が、文明開化に遅れたためこうした状況に追いやられたことを知り、一国の独立の重要性を思い知らされた。次に中国を訪問したのは、一八七七年〔明治一〇〕一一月で、中国側からの一千万円の借款交渉の申し出があったため益田孝とともに北京を訪問したが、清国側の都合で借款契約は破棄された。栄一はこのとき、清国の銀行が日本よりもはるかに進んでいることを認めた。

三度目は、一九一四年［大正三］、日中経済のより緊密な関係を築くことと念願の孔子廟[1]への参拝を目的として訪問した。日本財界を代表する立場にあった栄一は、各地で官界・財界主催の歓迎会に招かれた。栄一は、中国経済のさらなる発展のためには経済社会の基盤整備が急務であるとして、中央銀行設立や鉄道敷設など具体的な提言を行った。北京で栄一は袁世凱《えんせいがい》[2]に会い、日中経済関係の拡大を進言した。しかし体調を崩し、孔子廟への訪問は実現せずに帰国した。栄一の訪問に対して、当時中国国内で発行されている英字新聞には、栄一が日本の権益拡大をもくろんで訪中したという記事が数多く掲載され、これに対して栄一は強く反論した。

栄一が韓国を初めて視察したのは、一八九八年［明治三一］四月である。一八七六年［明治九］の日朝修好条規が締結して以来、日朝間の貿易が開始された。栄一は朝鮮への経済進出に前向きで、一八七八年［明治一一］には釜山に第一国立銀行の支店を開設、次いで、元山、仁川、京城に出張所を設けた。栄一が韓国を訪問したときには、朝鮮内での銀行業務は軌道に乗っていた。栄一の訪問目的は、京仁鉄道開業式への参加、韓国内の第一銀行各支店の営業状況の視察と円の流通状況の調査等であった。

(1)　孔子の生誕地とされる魯の国昌平郷陬邑《すうゆう》（山東省曲阜《きょくふ》）に建てられた。現在では孔廟と呼ばれている。

(2)　袁世凱（一八五九〜一九一六年）清末から民国初期の軍人・政治家。北洋軍閥の総帥で中華民国初代大統領。

63　外遊　欧米

栄一が初めてヨーロッパを訪問したのは、一八六七年［慶応三］に徳川昭武一行の随員としてパリへ行き、一八六八年［明治元］に帰国するまで滞在した時である。それから約三五年後の一九〇二年［明治三五］、日英同盟が締結されたのを機に、東京商業会議所会頭として、栄一は兼子夫人とともに欧米漫遊に出かけた。まずハワイを皮切りに米国西海岸から東海岸へと鉄道で横断した。

初めて訪問した米国社会に栄一は魅了された。広大で肥沃な国土と豊富な地下資源を有し、世界各地から言語、文化、習慣の異なる移民がアメリカナイズされて、すさまじい勢いで経済発展し国力を充実させている姿に、米国の若さゆえの危うさと同時に、将来、中国市場を巡って日米が経済競争する事態を早くも危惧し、日米が提携して中国市場の開拓を行うべきとの主張を展開した。一方、帰路立ち寄ったヨーロッパでは、まだまだ日本の近代化は不十分で、信頼を得られていないことを痛感させられた。

一九〇九年［明治四二］には、東京、大阪、名古屋、横浜、京都、神戸の商業会議所が連合して、五〇数名の渡米実業団を組織し、栄一はその団長に選ばれ、約三か月間に全米六〇数都市を訪問し、米国の政治、経済、社会、文化を視察した。タフト大統領、カーネギー、エジソンなど各界の実力者と意見交換し、日米の友好を図った。

三度目の訪米は、一九一五年［大正四］に前年のパナマ運河の開通を記念し

地洋会記念撮影（一九一六年［大正五］一月六日）

て開催されたパナマ太平洋博覧会に参加するためサンフランシスコを訪問、その後東海岸へ足をのばし、ウィルソン大統領や政財界の実力者に会い、日米関係のより一層の緊密化を図った。帰国後、日米関係委員会が設立された。

最後は一九二一年［大正一〇］から翌年にかけて訪米し、ワシントンでは軍縮会議にオブザーバーとして出席し、軍縮条約締結に向けての日本全権団側面的な支援を行った。帰路は米国南部をまわり、綿花、石油地帯を視察した。

64　国内回遊　関東、甲信越、東北

実業界を引退した後の栄一の東日本への回遊は、『伝記資料』によれば、一九二九年［昭和四］まで続くが、三つの特徴がある。まず埼玉県への訪問が多いことである。故郷の諏訪神社での行事（拝殿落成奉告祭、栄一の喜寿碑除幕式など）の他、教育総会に参加するため八基《やつもと》村へ毎年のように赴いた。とくに一九一七年［大正六］から一九二九年［昭和四］までは毎年九月二七日〜二八日、血《ち》洗島《あらいじま》で一泊している。このほかに埼玉県のほとんどの市や町に講演に出かけているのが目立つ。

次に、東京養育院関係の出張であった。安房《あわ》分院の落成式や一二周年記念式典などで計六回も千葉県舟形町を訪問している。

三番目には、地域振興のため比較的時間をかけて（一週間程度）地方主要都市を視察し、自らの人的ネットワークを活性化すると同時に、学校や公会堂で

講演会を行い、地域振興の重要性を訴えたことである。一九一〇年［明治四三］六月には桐生の織物組合、足利の織物組合、足利学校、館林などを訪問。一九一七年［大正六］には信州主要都市（小諸、上田、長野、松本、上諏訪）を歴訪した。同年一月六日〜二三日に、長岡―新潟―喜多方―若松―郡山―福島―米沢―山形―秋田―青森―盛岡―仙台―福島―上野という順路で東北振興の重要性を訴えた。翌年六月には富山、高岡、金沢、福井を歴訪した。

そのほか日光東照宮参百年祭奉斎のため日光・宇都宮を（一九一三年［大正二］）、松平定信の事跡を訪ねて、白河を訪れた（一九二二年［大正一一］[1]）。

(1)　一九一三年［大正二］七月、栄一にしては珍しく、第一銀行の重役と長瀞へ旅行し、アユ漁を鑑賞した。また一九一八年［大正七］には穂積歌子を連れ、千葉県旭町（現在の旭市）を訪問し、小学校で講演し、楠を植樹した（現在も同地で記念樹として保護されている）。

65　国内回遊　静岡、関西など

栄一は生涯に数多くの国内出張、旅行を行っている。還暦を過ぎ、実業界を引退する前後から後半生の国内回遊についてその特徴を見てみよう。国内では、東日本が圧倒的に多いが、静岡以西に関しては比較的訪問先が限定されている。静岡と大阪を中心とする関西で、その目的は、寄付金集め、講演会と視察である。

まず、第一銀行関連では、一九一五年［大正四］に広島、熊本両支店の開設に伴い、同地を視察。翌年には第一銀行頭取辞任披露を大阪で行った。

視察では、一九一二年［明治四五］に関西銀行大会参加と大阪築港視察、一九一五年の国産奨励会へ参加するため、関西（大阪、京都、神戸）を訪問した。

一九一〇年〔明治四三〕には静岡商業会議所での講演の後、県立商品陳列所を見学し、名古屋では前年の渡米実業団第一回記念会に参加して渡米実業団旅行の思い出話をし、共進会へ参加した。

次に寄付金集めである。一回の旅行で、関西（大阪、京都、神戸）と名古屋を訪問していることが多い。一九一一年〔明治四四〕には大阪で公益事業や日本女子大への寄付金、同年九月に水害救済寄付金を集めた。一九一四年〔大正三〕、東北九州災害救済寄付金、一九一七年〔大正六〕、聯合国傷病兵罹災者慰問会寄付金等を関西で募集した。

これ以外には記念事業への参加がある。一九一三年〔大正二〕の比叡山延暦寺一、五〇〇年祝賀祭、一九二七年〔昭和二〕に伊豆修善寺の下田玉泉寺で行われたタウンゼント・ハリス記念碑除幕式等である。講演会は、視察や寄付金集めの合間を縫って行うことが多く、一九二〇年〔大正九〕の静岡講演会のように単独で行う例は少なかった。このほかには、一九一三年の静岡県島田での修養団訪問、一九一八年〔大正七〕の名古屋から伊勢、鳥羽など三重県各地を訪問した旅が挙げられる。

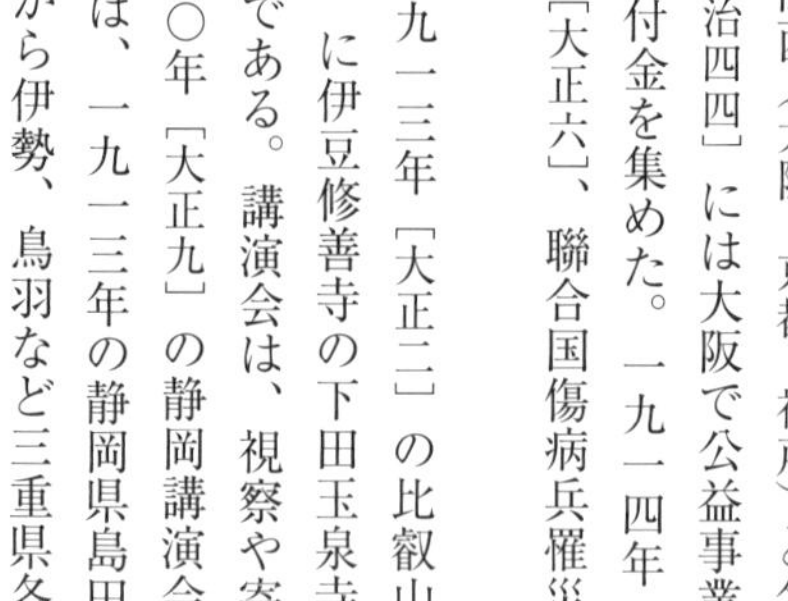

ハリス記念除幕式　静岡・下田にて（一九二七年〔昭和二〕）

66　慈善 ― 寄付と奉加帳方式

慈善とは通常、「貧しい人や不幸な人を、すすんで助けること」を指す。栄一は各方面の社会事業に関与し、生涯を通じて多額の寄付を行ったが、彼が慈善活動に対してどのような考えを持っていたのかは必ずしも明らかではない。まず『論語と算盤』から類推できるのは、ビジネスといえども公益を追求することが大前提であり、銀行業、製紙業、保険、海運でも彼が手がけた企業はその活動自体が社会を豊かにすることである。その意味では現在の企業の社会的責任の考え方とはかなり違うが、米国の経済学者で自由主義経済の信奉者ミルトン・フリードマンが主張するような「会社は企業活動を通じて利益を上げ、税金を払うことにより社会貢献することができるので、それ以外の社会貢献はする必要はない」といった徹底した考え方とも異なる。たしかに栄一の寄付活動の大半は渋沢同族会を通して行われているが、一九〇六年〔明治三九〕のサンフランシスコ大地震の際、日本赤十字を通して多額の義援金を贈り、その際には第一銀行からも寄付を行った。したがって栄一の場合は、企業は本業とは違った分野でも、慈善活動を行うことを勧めたと考えられる。

栄一の寄付活動の特色は、合本法を貫いたことである。一人が巨額の支援を行うのでなく、奉加帳（寄付者名簿）の最初に自分の名前と寄付金額を明示し、財界人や企業に回覧し、一人でも多くの人が参加することを勧めたのである。(1)

(1)　栄一が、手相見に百歳まで生きると言われたと語ると、いつも奉加帳を回された服部金太郎（服部時計店社長）は、「これは大変だ。もっと働かなければいけない」と言って、将棋をさすのを止めたという笑い話が伝えられている。

67　栄一がかかわった企業五〇〇

栄一は一八七三年〔明治六〕に第一国立銀行を設立して以来、生涯に約五〇〇もの企業に関わったといわれている。栄一の事績をまとめた『渋沢栄一伝記資料』第五八巻の「事業別年譜」にはそれらの企業が事業別にまとめられていて、概要を知ることができる。年譜は「実業・経済」と「社会公共事業」に区分されていて前者の項目数は四九三であり、「五〇〇」という数字はここからきたものと考えられる。

　栄一が関わった企業の業種は金融、交通・通信、商工業、鉱業、農牧林水産業、対外事業と広範に及び、商工業の種類も繊維業から窯業、食品、造船、化学、ホテルなど多岐にわたっている。具体的な企業名をいくつか挙げると、㈱第一銀行、東京海上保険㈱、日本鉄道㈱、日本郵船㈱、大阪紡績㈱、王子製紙㈱、浅野セメント㈱、㈱東京石川島造船所、東京瓦斯㈱、㈱帝国ホテルなど、現在も日本経済の中心となっている企業が多くみられる。

「事業別年譜」の「実業・経済」には「政府諸会」「経済団体」「〜に関する栄一の意見」といった、いわゆる企業とは異なるものも含まれているので、それらを削除すると企業の項目数は三四〇程になる。一方で栄一が企業の設立から長期間に亘って関わった場合、その途中で企業の名称が変遷することが多い。その場合「事業別年譜」では、原則として栄一が関わった最終の名称のもとに一項目としてまとめている。たとえば項目「帝国ホテル」は、実際には名称が「東京ホテル→帝国ホテル会社→帝国ホテル㈱→㈱帝国ホテル」と変遷している。つまり「事業別年譜」には栄一が関わった企業名が全て項目名に載っているわけではない。そこで企業と考えられるものの名称が変遷したものをそれぞれ数えて加えていくと、およそ五〇〇の名称を確認することができる（個々の名称変遷は本書第二部「渋沢栄一関連会社社名変遷図」を参照）。

このように「渋沢栄一が関わった企業」の数は、数え方により何種類にもなる。また栄一の関わり方も「設立に大きく関わった」り「長期間役員を務めた」企業もあれば、「役員を斡旋した」とか「祝宴に出席した」だけのものもある。五〇〇社というのはそれらを全て含めた数字であり、目的により数え方を吟味する必要がある。

（門倉百合子）

Ⅲ　思想・知的人的ネットワーク

(1) 思想

68 道徳経済合一《ごういつ》説（論語と算盤）

栄一の思想的支柱は、論語と算盤[1]、すなわち道徳経済合一説である。「仁義道徳と生産殖利とは、元来ともに進むべきものであります」と述べた栄一は、孔子は、不義により豊かになることを戒めたのであり、義にかなった利は、君子の行いとして恥ずべきことではないと説いた。西洋の近代経済学の祖と言われるアダム・スミスも、『道徳情操論』を執筆したのちに『国富論』を刊行したので、栄一は、利義合一は東西両洋に通じる不易の原理であると述べた。

論語と算盤や道徳経済合一説は次の三つの影響を及ぼしたと考えられる。まず、士農工商の厳しい身分制度が存在した江戸時代に定着した商業蔑視観を取り払うのに大きな役割を果たした。儒教教育を受けた士族に対して、孔子の教えを用いて、商業活動の正当性を強調し、近代日本社会の形成に商工業を育成することが不可欠であるという目標設定を行った。次に商人の意識向上に貢献

(1) 論語と算盤については数多くの研究書があるが、基本的な文献は、渋沢栄一『論語と算盤』（国書刊行会、一九八五年）と、渋沢栄一（守屋淳訳）『論語と算盤（現代語訳）』（ちくま新書、二〇一〇年）である。

し、実業界育成の精神的支柱となった。フランスで実業家が軍人と一緒に君主や政治家に対して対等に意見を述べ合うのを見て、栄一は、日本で実業界の創出を試みた。商人は商売のことだけを考えるだけでなく、国家社会のことを念頭に置き、世論形成を行わなければならないと考え、東京商法会議所（後の東京商業会議所、現在の東京商工会議所）を設立し、初代会頭に就任した。

　最後に、暴走しがちな市場経済に基づく資本主義の精神的制御装置の役割を果たした。つまり実業家は公益を追求して事業を行うべきで、私利私欲を追求するだけでは、競争は激化し、弱肉強食の世界となる。道徳と経済の一致は、競争を「平熱」に保ち、健全な資本主義社会を維持する、合本法の精神的基盤となったのである。

　こうした栄一の教えに共感した実業家は多かったが、一方、福沢諭吉や岩崎弥太郎など、儒教の道徳は近代資本主義社会には有益でないと考える実業家も多数存在した。

小山正太郎画

69　官尊民卑の打破

「官尊民卑」の打破は、栄一の生涯を通じての目標の一つであった。青年時代、父親の名代として岡部藩代官所に呼び出された時、代官から、藩主の息女が輿入れする祝い金として、五〇〇〇両を出すように言われた。この理不尽な要求に栄一は腹を立て、首を縦に振らなかった。父の市郎右衛門は即刻用立てたが、栄一は納得できず、見識のない役人の横暴を打ち負かすためには、「民」自らが主導権を握らなければならないと考え始めた。その後パリに滞在中、銀行家のフリュリ・エラール[1]が軍人や政治家に対等に接し、国家の経済・財政について議論する姿を見て、経済人の地位向上が近代化には不可欠であると悟った。帰国後、明治政府に勤務したが、官尊民卑の風潮はますます強く、優秀な人材は「官」に集まる状況を憂いた。日本社会に必要とされるさまざまな事業を創造するために政府を辞し、自らが銀行家としてこれにあたった。

栄一は官尊民卑を打破する手段として、「論語と算盤（道徳経済合一説）」と「合本《がっぽん》法（組織）」を導入した。前者に基づき、商業活動に従事する者の意識と地位の向上を図った。東京商業会議所、東京銀行集会所など設立し、経済界を創出した。後者については、担う人材の育成にあたり、東京商業高等学校や竜門社での教育を通じて、「官」と十分渡り合える民間経済人を次々と世に送り出した。栄一にとって合本法を打ち出したのは、経済・社会革命を行うためだけでなく、「一種のイデオロギー」であったという評価もある[2]。

栄一はあくまでも「民」主導で社会改革を行うことを説いたのであり、いたずらに「官」と対立したわけではない。「官」と協力すべきことは協力し、経済人に公益を追求することを訴えたのであった。

(1)　第一部Ⅲ・74（一一七頁）、注(1)参照。

(2)　山本七平『渋沢栄一　近代の創造』祥伝社、二〇〇九年、四六八頁。

70　合本《がっぽん》法と合本組織

「近代日本資本主義の父」と称される栄一自身は自らの思想や行動について、資本主義という言葉を使っていない。「共力《きょうりょく》合本法」や合本組織という言葉で、栄一は、事業を行う際の方法や組織を語っている。「合本法」とは、義、すなわち公益の追求を事業の目的として掲げ、その目的に賛同する人々から広く資金を集め、事業を実施するための組織を作る。その趣旨をよく理解し実行できる適切な人材を選び、経営にあたらせ、経済活動を通じて利益をあげ、国家社会を豊かにさせるという考え、といえよう。パリ滞在中に学んだことを基にして、事業を行うための独自の方法を考え出したと思われる。一八七一年〔明治四〕に栄一は、合本組織を立ち上げるにはどのような手順で行うかについて、その方法と規則などを解説した『立会略則《りっかいりゃくそく》』を大蔵省から出版した。

　現在の資本主義との違いは、資金を集める際にも投資家（資金提供者）に対して、事業の目的をきちんと理解することを強く要求した点である。「合本法」は二一世紀の望ましいグローバル資本主義を形成する際の示唆を多く有している。

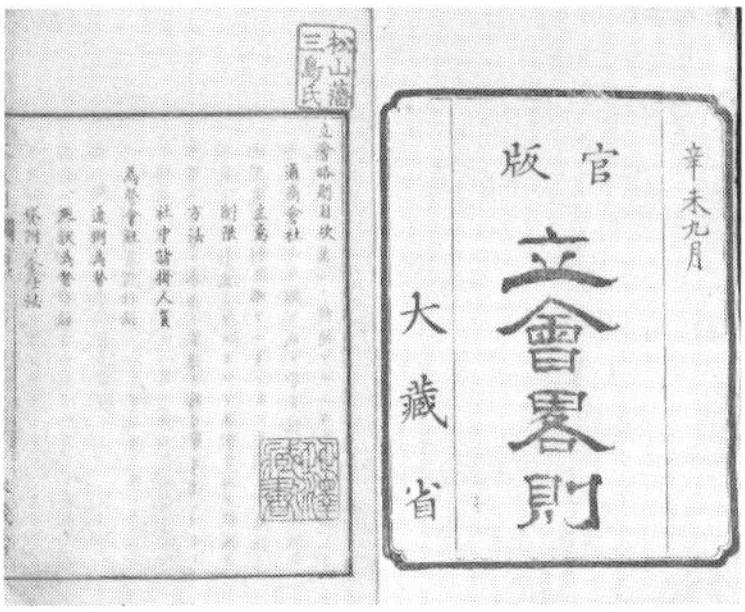

立会略則

(2) 知的人的ネットワーク

71 尾高惇忠、渋沢喜作

栄一の人的ネットワークには、同郷出身者が含まれるが、その中で代表的な存在が、尾高惇忠《じゅんちゅう》と渋沢喜作[1]である。義兄（妻千代の兄）で、論語の手ほどきを受けた恩師尾高は、栄一がフランスから帰国後、静岡藩から勧農局に入り、富岡製糸場長になり、製糸場の建設、女工の募集、技術移転などを行った。多くの農事書を著した尾高の学識を栄一は評価し、第一国立銀行入りを要請し、盛岡と仙台の支店長を歴任させた。ただ、学究肌の尾高は経営者には向いていなかった。

渋沢喜作は、栄一と一緒に一橋家に仕官し、奥祐筆にまで出世した。戊辰戦争では函館五稜郭で最後まで戦い、政府軍に降伏した。明治になり、名を成一郎から喜作と改め、栄一の計らいで、大蔵省に勤務した。海外留学から帰国後、小野組に入社、実業家の道を歩んだ。その後、横浜に生糸問屋渋沢商店を開業した。栄一と生糸の輸出入をめぐる外国商人との問題解決に一役買った。しかし相場で損失を出し、栄一がその損失を補てんした。その後も栄一は喜作に何度か機会を与えたが、失敗を繰り返すことになった。尾高と喜作の二人は栄一の経営者パートナーとしてはうまく機能しなかった[2]。

(1) 渋沢喜作（一八三八［天保九］～一九一二年［大正元］）、明治まては渋沢成一郎という名であった。

(2) 島田昌和『渋沢栄一　社会企業家の先駆者』一〇八～一〇九頁参照。

72　一橋（徳川）慶喜《よしのぶ》

一橋（徳川）慶喜《よしのぶ》（一八三七〔天保八〕～一九一三年〔大正二〕）は、水戸藩主徳川斉昭の七男として水戸藩江戸屋敷で生まれる。幼小の頃から英明の誉れ高く、将軍候補と目された。一橋家の養子となり、一三代将軍家定の後継問題で、松平春嶽《しゅんがく》、島津斉彬《なりあきら》、伊達《だて》宗城《むねなり》、山内容堂《ようどう》ら幕末の四賢侯が中心になり、一四代将軍に推されたが、井伊直弼が推す紀州の徳川家茂に敗れ、蟄居した。しかし井伊大老暗殺後、将軍後見職に就き、続いて禁裏御守衛総督となり、京都の治安維持に努めた。このころ栄一は慶喜の右腕、平岡円四郎に見出され、一橋家に仕官した。

家茂死去後、一五代将軍となった徳川慶喜は、一橋家における栄一の業務遂行能力を認めていた。慶喜は、弟昭武[1]が幕府の使節団を率いてパリ万国博覧会へ参加した後フランスで留学する機会に、栄一を庶務・会計係として同行させた。栄一がパリに滞在中、慶喜は朝廷に対して大政奉還し、江戸城を無血開城させた。明治維新後は、静岡で政治活動には一切かかわらず、平穏な趣味（写真撮影や弓術など）を楽しむ生活を続けた。パリから帰国した栄一は、慶喜の境遇の激変に驚いた。静岡藩の経済を立て直すため、同地で商法会所を立ち上げた。また栄一は深谷から妻子を呼び寄せた。

慶喜がひたすら明治政府に対して恭順の態度を続けたのは、明治日本の近代化・産業化を順調に進めるためであったという慶喜の心意を知った。栄一はこ

(1)　徳川昭武（一八五三〔嘉永六〕～一九一〇年〔明治四三〕）

のことを世に知らしめるため、旧幕臣らと図り、慶喜の復権を各方面に働きかけ、伊藤博文を通じて慶喜と明治天皇との対面を実現させた。一九〇二年［明治三五］、慶喜は公爵に叙せられ、貴族院議員になった。

終生慶喜を尊敬し続けた栄一は、慶喜から聞き取りを行う（昔夢会《せきむかい》）など膨大な資料を集め、『徳川慶喜公伝』を刊行した。関東大震災で慶喜に関する原資料の多くが失われた現在、徳川慶喜に関する最も信頼できる資料となっている。栄一の墓も慶喜と同じ谷中の墓地にある。

73　旧幕府人脈

栄一が明治政府時代、さらにその後民間での活動を行うに当たって大きな力を発揮したのが、旧幕府時代の人脈であった。

幕末の宇和島藩主（伊達家第八代）で、藩政改革を進め、富国強兵・殖産興業を実践し明治政府の民部卿、大蔵卿などを歴任した伊達《だて》宗城《むねなり》(1)は栄一を高く評価し、大隈重信に栄一を推薦したといわれる。宇和島の伊達家からは、明治以降、栄一とも関係の深い児島惟謙《これかた》・土居通夫《みちお》・穂積陳重《のぶしげ》など法曹会に数多くの人材を輩出させた。特に栄一は、徳川慶喜が蟄居謹慎してから静岡藩に集まった幕臣との関係が深かった。幕府の外国奉行で、若年寄等を歴任、静岡藩権大参事、静岡県知事を歴任し、子爵となった大久保《おおくぼ》一翁《いちおう》(2)をはじめ、前島《まえじま》密《ひそか》(3)、杉《すぎ》浦譲《うらゆずる》(4)らとは明治政府で制度改革や導入を共に行った。一八七一年［明治四］

(1)　伊達宗城（一八一八［文政元］〜一八九二年［明治二三］）

(2)　大久保一翁（一八一七［文化一四］〜一八八八年［明治二一］）

(3)　前島密（一八三五［天保六］〜一九一九年［大正八］）新潟高田藩士の家に生まれる。維新後、民部、大蔵省で近代郵便制度の確立に尽力した。その後実業界入り。勅撰貴族院議員、男爵。

に出版された『航西《こうせい》日記』は杉浦との共著である。また『徳川慶喜公伝』を刊行するにあたっても旧幕臣に協力を求めている。しかし勝海舟、福沢諭吉、榎本武揚《たけあき》とは意外なほど関係が薄い。徳川慶喜に対する評価の違いが影響しているとも考えられる。

(4) 杉浦譲（一八三五［天保六］～一八七七年［明治一〇］）二回フランスへ渡り、幕府外国奉行の支配下で活躍した。維新後は前島と郵便制度の確立に尽力した。

74　フリュリ・エラール(1)、アラン・シャンド(2)

栄一は家業の手伝いや一橋家での経験から金融の仕組みについて理解していたが、近代的な銀行業の発想、仕組みとその実務については、パリ滞在時にフリュリ・エラールから学んだ。エラールは、名誉日本総領事として、日仏の貿易関係の拡大に駐日公使のロッシュらとともに尽力した。当時の外交関係にあった日本人はみなフリュリ・エラール銀行に口座を持っていたと考えられる。エラールは栄一に、資産運用のため鉄道債券の購入を勧めた。帰国時、債券の値上がりによって、帰国費用を支払った後にも、栄一は黒字の会計報告を行うことができた。

シャンドは、一八六三年［文久三］ごろ来日した、いわゆる御雇い外国人であった。一八七二年［明治五］大蔵省紙幣頭附属書記官としてイングランド銀行の複式簿記を、栄一はじめ松方正義、高橋是清などに教えた。シャンドの著した銀行簿記に関する本は、一八七三年［明治六］に『銀行簿記精法』として日本語で出版され、広く読まれた。

(1) フリュリ・エラール（Flury Herard 一八三六［天保七］～一九一三年［大正二］）パリ出身。フランス人銀行家。父から同名の銀行の経営を引き継ぐ。フリュリ・エラール銀行を経営、日本名誉総領事として徳川昭武一行の世話を見ると同時に、栄一にフランス経済・経営の仕組みや実務について教えた（鹿島茂『渋沢栄一 I算盤編』文芸春秋、二〇一一年、一八〇～一八二頁）。

(2) アラン・シャンド（Alexander Allan Shand 一八四四［天保一四］～一九三〇年［昭和五］）スコットランドのアバディン出身。イギリス人の銀行家。

75　明治天皇、昭和天皇

水戸学の影響を受け、一度は尊王攘夷運動に身を投じようとした栄一だが、必ずしも天皇との関係は深いとは言えない。ただ、明治天皇崩御にあたっては、明治神宮の造営には積極的に尽力した。

一九二九年〔昭和四〕昭和天皇から栄一一人が昼食に招待された。宮内庁の高官数人を交えた席で、栄一はその長い生涯について語り始めた。とくにパリ万国博覧会に参加した時、ナポレオン三世が大向こうをうならせるような演説をしたことや、それからわずか数年後にナポレオン三世が、ドイツに完敗して退位した。そのドイツ皇帝も第一次世界大戦に敗れ、退位した。このように国家や元首の地位は長期にわたって安泰とは言えない歴史を語った。日本でも軍部が強大な力を持つようになる中で、老婆心ながら若き天皇にこのような興亡の歴史を語ったのかもしれない。一九三一年〔昭和六〕一一月、危篤となった栄一を見舞うため、宮中から見舞いが飛鳥山に届けられた。

76　西郷隆盛、大久保利通、木戸孝允《たかよし》

栄一は、幕末から明治初期にかけて、維新の功労者と接する機会が多かったが、彼らに対する栄一の人物評はなかなか興味深い(1)。栄一は、義を持って、明るく前向きな姿勢で果敢に困難に取り組み、決断できる人物を高く評価している。岩倉具視《ともみ》はその典型である。三条実美《さねとみ》にも好意的であるが、決断力に欠け

(1)　島田昌和『渋沢栄一——社会企業家の先駆者』岩波新書、二〇一一年、第一章参照。

る点を厳しく指摘している。

栄一はまた、情けに厚く、開放的で多くの人の意見を取り入れるリーダーに好感を抱いていた。不言実行の人で情に厚く、徳川慶喜を高く評価していた西郷隆盛(2)に対する栄一の評価は高い。

一般に考えられている評価と異なるのが、部下を信じて任かす組織重視と考えられている大久保利通(3)と、同士との結束力が弱く、孤立しがちな木戸孝允(4)(桂小五郎)についてである。栄一は積極財政論の大久保と軍備増強をめぐり対立し、それが政府をやめる直接のきっかけとなった。大久保の政治力は認めながらも、自我が強く、底が知れない人で、嫌いな人間とまで述べている。これに対して、木戸孝允のことは、器が大きく、調和性に富み、広く意見を聞き、「尽忠憂国の立憲政治家」と高く評価している。他人の意見を聞かず、武力や権威を振りかざすリーダーに対して栄一は手厳しかった。江藤新平がその代表例といえる。

(2) 西郷隆盛（一八二七［文政一〇］～一八七七年［明治一〇］）

(3) 大久保利通（一八三〇［天保元］～一八七八年［明治一一］）

(4) 木戸孝允（一八三三［天保四］～一八七七年［明治一〇］）

77　児玉源太郎、山県有朋《やまがたありとも》

幕末時代から、親戚の渋沢平九郎、渋沢喜作らが戊辰戦争に加わったのに対し、栄一の武人としての活躍はほとんどない。また明治政府を辞した時から、栄一は財政に負担をかける軍備増強や対外戦争に対しては一貫して反対の立場をとってきた。しかし国防に対しては人一倍関心を持ち、軍人との関係も決し

(1) 児玉源太郎（一八五二［嘉永五］～一九〇六年［明治三九］）陸軍軍人、台湾総督府時代、後藤新平を衛生局長として抜擢した。日露戦争時、満州参謀総長

て悪かったわけではない。日露戦争に反対していた栄一に対して、児玉源太郎(1)が来訪し、このままロシアの南下を放置すれば、朝鮮半島をロシアに占領されるという国際軍事情勢を知らされた。児玉から財界として軍事費の調達への協力を依頼されると、栄一は日本の危機を理解するとともに、財界の存在が軍人にも認められたことを喜び、軍事公債の引受に尽力した。軍人出身の政治家、山県有朋(2)、桂太郎、山本権兵衛、田中義一、加藤友三郎らとの関係も是々非々で接した。

栄一は、日清、日露、第一次大戦等の戦勝祝賀会には必ず参加し、大日本国防委員会など民間レベルで国防の在り方を考える会の顧問等に就任し、国防の研究をおこたらないよう尽力もした。ただし陸海軍の軍縮や国際平和運動にはより積極的であったので、加藤寛治など軍拡派には煙たい存在に映った。

として勝利に多大な貢献をした。

(2)　山県有朋（一八三八［天保九］〜一九二二年［大正一一］）

78　三島中洲と二松学舎

栄一の思想と行動の基盤となったのが、論語であることはつとに有名であるが、論語の理解について教えを受けていたのが、二松学舎創立者の三島中洲《みしまちゅうしゅう》(1)であった。三島は一八七七年［明治一〇］、官を辞し「漢学塾二松学舎」を創設した。栄一が論語と算盤の考えに確信をもったのは、一九〇八年［明治四一］の三島との出会いからであった。東宮侍講であった三島が渋沢邸を訪問した時に、洋画家の小山正太郎が描いた朱鞘の刀、シルクハット、算盤、論語の

(1)　三島中洲（一八三〇［天保元］〜一九一九年［大正八］）名は毅《き》、岡山出身。儒学者山田方谷の門に入り陽明学を、昌平黌で佐藤一斎に学んだ。備中松山藩に仕え、明治維新後、新政府の命により上京、新治（現在の土浦）裁

四つをうまく配合して描いた色紙を見ながら、三島は、栄一の「経済道徳観」を聞いたのち、「論語算盤」と位置づけたという。(2) 一九一一年［明治四四］から一九一七年［大正六］まで栄一は、宇野哲人を月一、二回講師として招き、『論語』についての講義を受けた。

栄一は孔子祭典会、陽明学会、斯文《しぶん》会への支援や、関東大震災により焼失した湯島聖堂の復興に尽力した。儒教理解の前提となる漢学教育にも関心が深く、一九一九年［大正八］に財団法人となった二松学舎の舎長（理事長）に就任した。論語への理解が深まった栄一は、一九二五年［大正一四］に、長年の自身の経験を踏まえて『論語講義』を二松学舎出版部から刊行した。二松学舎は創立五〇周年記念として、専門学校設立を企画した。栄一は自ら一万円を寄付し、寄付金集めを行った結果、一九二八年［昭和三］に二松学舎専門学校が開校することができた。栄一は現在、二松学舎大学の「中興の舎長」と呼ばれている。

判所長、大審院判事（現在の最高裁判所判事）を務めた。のちに東京高等師範学校教授・東京帝国大学文科教授・東宮御用掛・宮中顧問官を歴任した。二松学舎を通じて、多くの子弟を育成し、漢学・東洋学の発展に尽力した。

(2) 見城悌治『渋沢栄一「道徳」と経済のあいだ』日本経済評論社、二〇〇八年、一九三〜一九五頁。

79　福沢諭吉、大隈重信

福沢諭吉(1)、大隈重信(2)と栄一は、近代日本社会を築いたリーダーの代表的存在であるが、三人の関係はなかなか複雑であった。福沢と栄一は旧幕府側で、思想上、数多くの共通点があるが、個人的な関係はあまり深くなかったのに対して、大隈に説得され明治政府の官僚となったいきさつからも、栄一は大隈とは関係が深く、早稲田大学への寄付金も慶應義塾に比べるとはるかに多い。

(1) 福沢諭吉（一八三五［天保五］〜一九〇一年［明治三四］）

(2) 大隈重信（一八三八［天保八］〜一九二二年［大正一〇］）

大阪中津藩蔵屋敷に生まれた福沢は、幼いころから中国古典の教育を受け、緒方洪庵の適塾で蘭学を学んだ。合理的精神を持ち、商業感覚に優れた福沢は、迷信や旧習を嫌い、士農工商による身分制度や官尊民卑の風弊を打破しようと考えた。二〇代で三度の欧米体験をした福沢は、啓蒙思想家として『西洋事情』、『学問のすすめ』『福翁自伝』などベストセラーを著した。核心をついた歯に衣を着せない言論活動と「独立自尊」をモットーとする慶應義塾の教育を通じて、福沢は近代日本社会の創造に尽力した。

大隈は、佐賀藩士の家に生まれ、米国人フルベッキに英学を学んだが、生涯海外を訪問する機会はなかった。しかし「開国進取」の精神を一貫して持ち続け、海外では大隈の知名度は高く、来日した多くの外国要人が大隈を訪ねた。「世界の道は早稲田に通ず」という信念で、個人の自立を強調した。

三人は日本が貿易立国として発展する道を進むという方向性を共有していたが、福沢は漢学の深い素養があるにもかかわらず、儒教の教えを門閥制度の基と主張し、論語と算盤を唱える栄一と大きく異なった。官に対する態度も渋沢は民が主導して官と協力して事業を行うことが肝要であるとして、反「官」的ともいえる自立を強調する福沢の言動には反対した。

しかし西南戦争後のある日、福沢と栄一が将棋を指し、大隈と岩崎弥太郎が加わり歓談するという、忙中閑ありの豊潤なひとときを過ごすこともあった。そのような中から東京海上保険会社の設立へ向けての動きが生まれた。

80　井上馨、伊藤博文、原敬

栄一は一時尊王攘夷運動にかぶれたが、明治政府を離れ、実業界に移ってからは、政治家になることはなかった。しかし同時代の政治家とは広く交友関係を持っていた。なかでも栄一が高く評価したのは、井上馨、伊藤博文、原敬などであった。井上馨[1]とは、大蔵省時代、ともに財政の健全化を図るため尽力した。これがついには大久保利通と対立し、大蔵省を辞する原因となった。井上が首相に推された時、栄一は大蔵大臣として入閣し協力するように井上から求められたが、固辞し、井上内閣が日の目を見なかったこともあった。

伊藤博文[2]とは、銀行制度の導入など近代制度の整備から始まり、数多くの問題で協力している。一九〇九年［明治四二］一一月、渡米実業団を率いて米国東部を訪問中に、伊藤が安重根に暗殺されたという訃報に接した栄一は衝撃を受けた。四〇年にわたる友人関係の中で、国際社会の中で日本の在り方を客観的に判断し、日本を導くことのできる数少ないリーダーとして伊藤を尊敬していただけに、ショックは大きかった。

原敬[3]は栄一より一回り以上若い世代であるが、大局観を持った政党政治家として、また米国重視の考え方などに共通する点が多く、伊藤亡き後の信頼できる政治家として評価していたが、ワシントン会議中に暗殺された。

⑴　井上馨（一八三六［天保六］～一九一五年［大正四］）

⑵　伊藤博文（一八四一［天保一二］～一九〇九年［明治四二］）

⑶　原敬（一八五六［安政三］～一九二一年［大正一〇］）

81　大倉喜八郎、浅野総一郎

栄一が約五〇〇もの企業の設立や経営に、濃淡はあるもののつぼを心得て関与することができたのは、パートナーとして出資者をうまく活用したからであった。代表的な出資者は大倉喜八郎(1)、浅野総一郎(2)、益田孝(3)、馬越恭平(4)らであった。

大倉喜八郎は、札幌麦酒、帝国ホテル、帝国劇場など渋沢の創設した一一社に取締役や監査役として関与した。浅野総一郎も一一社に関与した。一八九三年［明治二六］磐城炭礦株を引き受け、一八九七年［明治三〇］には一〇〇万円を浅野セメントに出資していることから明らかなように、栄一は浅野の経営能力を評価し、事業の大口出資者となった。浅野にとっては栄一からの資金と信用の供与があって、さまざまな事業の展開が可能になった。

三井の実力者益田孝は、井上馨に見出され、大蔵省時代に栄一と知り合った。益田は井上や栄一と共に大蔵省を辞し実業界に入った。益田は三井の使用人という枠を超え、栄一の事業に出資した。若くして喪なった弟の益田克徳《かつのり》（一八五二〜一九〇三年）も海上保険条例の制定に尽力し、東京海上保険の支配人を勤めるとともに、王子製紙、東京帽子などの取締役に就任した。馬越恭平は、益田孝との関係から渋沢と知り合ったと考えられる。一八八七年［明治二一］の東京人造肥料の設立に発起人として名を連ねて以来、磐城炭礦、東京帽子などの監査役となった。

(1)　大倉喜八郎（一八三七［天保八］〜一九二八［昭和三］）新発田の生まれ。幕末から明治の政商。晩年は社会・公共事業を数多く手掛け、大倉商業高等学校（現東京経済大学）を創設。

(2)　浅野総一郎（一八四八［嘉永元］〜一九三〇年［昭和五］）氷見の生まれ。セメント、港湾整備、海運などで一代で浅野財閥を築く。

(3)　益田孝（一八四八［嘉永元］〜一九三八［昭和一三］）佐渡の生まれ。三井物産初代社長。

(4)　馬越恭平（一八四四［弘化元］〜一九三三［昭和八］）備中井原の生まれ。興譲館出身。先収会社、三井物産を経て、大日本麦酒社長、帝国商業銀行頭取。

82　大川平三郎、植村澄三郎

専務取締役や支配人として、栄一の経営上のパートナー役割を果たした代表的な存在は、大川平三郎、[1]植村澄三郎、[2]梅浦精一[3]等である。[4]

栄一の甥にあたる大川はまず栄一の書生となり、抄紙会社の発足から製紙業に関わり、一八九三年［明治二六］には同社専務取締役に就任した。王子製紙では三井の中上川彦次郎の圧力により、栄一と共に退社した。その後も大川は「製紙王」と呼ばれるほど数々の製紙会社を設立した。製紙業以外でも札幌麦酒、東洋汽船などで経営の中心に入り、重要な役割を果たした。

植村は、北海道炭礦鉄道、札幌麦酒、十勝開墾など北海道での会社経営のパートナーであった。特に札幌麦酒で日本人の技術者によるビール醸造を定着させ、売上日本一にし、大日本麦酒では馬越恭平社長の下、常務取締役を務めた。

横浜聯合生糸荷預所と倉庫均融会社の支配人を勤めた梅浦は、東京石川島造船所、北越石油等にも関係し、栄一の片腕としてその経営能力は高く評価された。

(1) 大川平三郎（一八六〇［安政七］～一九三六年［昭和一一］）
(2) 植村澄三郎（一八六二［文久二］～一九四一年［昭和一六］）
(3) 梅浦精一（一八五二［嘉永五］～一九一二年［明治四五］）
(4) 島田昌和『渋沢栄一　社会企業家の先駆者』岩波新書、二〇一一年、第三章参照。

83　三菱財閥（岩崎家）

公益を追及した栄一は、独占を嫌い、自らのために財産を築くことを良しとしなかった。したがっていわゆる財閥を創らなかったが、三菱、三井などの財

(1) 岩崎弥太郎（一八三五［天保五］～一八八五年［明治一八］）

閥とは是々非々の関係を保ち事業を行った。三菱財閥とは、初代岩崎弥太郎《やたろう》(1)との海運をめぐる確執が大きく取り上げられ、栄一は三菱や岩崎一族とライバル関係にあったが、対立していただけとはいえない。弥太郎とも東京海上保険の設立、丸の内開発などでは協力した。弥太郎の死後、三菱の総帥となった弟の弥之助《やのすけ》と、栄一との関係は緊密で、日本銀行の設立・経営など金融分野をはじめ数々な事業や団体で協力している。弥太郎の長男久弥《ひさや》、弥之助の長男小弥太《こやた》(2)はともに、青年時代英米に留学し、合理的な経営手法と確固たる信念で、三菱財閥を拡大させ、フィランソロピー活動も盛んに行った。栄一の後継者渋沢敬三の妻登喜子は、岩崎弥太郎の次女磯路を母に持つ。また戦後財閥解体の際、大蔵大臣であった敬三は、最後まで抵抗した小弥太に会い説得した。麻布鳥居坂の小弥太私邸は、現在国際文化会館となっている。

高知県安芸の生まれ。台湾出兵、西南戦争等の軍事輸送で莫大な利益を上げた三菱商会から一代で三菱財閥の基礎を築いた。

(2)　岩崎小弥太（一八七九［明治一二］～一九四五年［昭和二〇］）岩崎弥之助の長男。英国ケンブリッジ大学を卒業し、一九一六年に久弥から引き継ぎ。四代目の三菱財閥総帥となる。三菱造船、三菱重工など重工業を中心とした一大財閥に拡大させた。

84　三井財閥（益田孝、中上川彦次郎）

栄一にとっては第一国立銀行設立時から、三井本家よりも実際に事業を動かしている番頭との関係が重要であった。明治前半期栄一が提唱する事業に対して、三井が出資するというケースが多かった。しかし中上川彦次郎(1)が、明治中期に三井の中心的な存在になると変化が生じた。三井と関係が深い北海道炭礦汽船、王子製紙、鐘淵紡績は三井の傘下に組み込まれ、一方それ以外の出資先である第一銀行、日本銀行、利根川鉄道などの株式は売却された。具体的には

(1)　中上川彦次郎（一八五四［嘉永七］～一九〇一［明治三四］）福沢諭吉の甥で、慶応義塾に学び、山陽電鉄を経て三井に入社。不良債権処理に辣腕をふるい、三井の改革を断行し、工業化を軌道に乗せた。

半数以上を保有する第一銀行株を売却した。栄一はこの株を買い支えている。また王子製紙には藤山雷太を送り込んで経営改革を行い、栄一や大川平三郎を辞任させた。

　中上川の死後、益田孝が三井の実権を握ると栄一との関係は修復され、栄一の関係する企業の経営には三井系の人物は関与しなくなっていく。益田は三井を離れても個人出資者となり、栄一と共同事業を行った。その後、団琢磨《だんたくま》(2)が三井合名理事長となり、団は栄一とともに日米関係委員会等を通じて、日米関係の緊密化に尽力した。

(2)　団琢磨（一八五八［安政五］～一九三二年［昭和七］）福岡県の生まれ。米国で鉱山学を学び、三井鉱山社長を経て、三井合名理事長の就任。日本工業倶楽部初代理事長。

85　安田善次郎、古河市兵衛

　栄一と同じ銀行家として安田善次郎(1)との関係はライバルでもあり、協力者でもあり興味深い。栄一を高く評価していた安田は、倉庫業の重要性を唱え、倉庫会社の設立に協力した。栄一が手掛けた東京瓦斯、帝国ホテル、門司築港会社などの設立にも発起人・出資者になった。日清戦争後、雑誌『実業之日本』では、天保生まれの実業家として、栄一、森村、大倉とともに安田を頻繁に取り上げるようになった。しかし晩年は栄一と疎遠になった。

　古河市兵衛(2)は、小野組が倒産し、第一国立銀行が連鎖倒産の危機にあった時、小野組の資産や資材を提供し、栄一と懇意になった。その後古河は鉱山業を手掛けた。一八七七年［明治一〇］に栄一のあっせんで、古河と相馬家の滋賀直

(1)　安田善次郎（一八三八［天保九］～一九二一年［大正一〇］）は富山出身。第三国立銀行（のちの富士銀行、現在はみずほ銀行）を中心に、幅広い企業家活動を行った。

(2)　古河市兵衛（一八三二［天保三］～一九〇三年［明治三六］）京都出身。京都小野組の番頭古河家に養子となり、小野組で頭

路が足尾銅山を譲り受けた。

角を現す。

86　中野武営、和田豊治

　財界世話役としての栄一のパートナー・補佐役は中野《なかの》武営《ぶえい》(1)と和田豊治であった。中野武営は、高松藩勘定奉行の長男。文武両道の中野は、明治以降地方・中央の官吏を経験した後、立憲同志会の創設運動に加わり、政治家として活動するとともに、一八八八年［明治二一］に関西鉄道株式会社社長、一九〇〇年［明治三三］に東京株式取引所社長に就任、実業家としても活躍する。一九〇五年［明治三八］に栄一の後を継ぎ、第二代東京商業会議所会頭となり、一九一七年［大正六］まで務めた。栄一とは、日露戦争後の営業税反対、二個師団増設反対などの政府批判の世論形成や、渡米実業団への参加、東京高等商業学校の大学昇格問題に端を発した申酉《しんゆう》事件の調停、理化学研究所の創設など財界活動を共にし、栄一が最も信頼する財界人のひとりであった。中野の葬儀委員長は栄一自らが務めた。

　栄一が財界世話役の後継者として期待していたのが、和田《わだ》豊治《とよじ》(2)であった。和田は中津藩士の家に生まれ、慶應義塾を卒業、数年間、米国と中国で生活を送る。その間三井銀行に入り、鐘淵紡績にも勤務した。一九〇一年［明治三四］に富士紡績に入り、社長となる。栄一が関係した日華紡績の社長、明治神宮奉賛会理事長を務め、理化学研究所の創設、日本経済聯盟会、日本工業倶楽部等

(1)　中野武営（一八四八［嘉永元］～一九一八年［大正七］）の生涯については、石井裕晶『中野武営と商業会議所―もうひとつの近代日本政治経済史』ミュージアム図書、二〇〇四年参照。

(2)　和田豊治（一八六一［文久元］～一九二四年［大正一三］）

の経済団体の理事も歴任した。栄一の後継者である渋沢敬三と岩崎家につながる木内重四郎の娘登喜子の結婚については仲人の労を取り、栄一の長男篤二に対しては品行を改めるよう忠告した。栄一の公私にわたる活動を支えた人物であったが、中野と同様に栄一より早く亡くなった。和田豊治日記[3]は一部刊行され、栄一の活動や家族状況を知る一級の資料となっている。

(3)　『和田豊治日記　大正期の財界世話役』実業の系譜　日本経済評論社、一九九三年。

87　高橋是清、井上準之助

国際金融家として活躍した高橋是清《たかはしこれきよ》[1]と井上準之助[2]は様々な形で栄一と接触があった。高橋とは松方正義《まつかたまさよし》[3]らとともにアラン・シャンドにイングランド銀行の業務や実務を学んだ。しかし金本位制度の導入をめぐって賛成派の松方・高橋に対して、栄一は銀本位制の中国市場と関係が深い紡績業者が大打撃を受けると考え、時期尚早として反対に回った。しかし栄一の考えは誤っていた。紡績業者は一時的に困難に陥ったものの、金本位制が導入されると米国から綿花を安く購入することができ、中国輸出の損害を十分補った。後年栄一は回顧談の中で、「松方正義の英断」と評価し、自分の不明を恥じた。

理論家の高橋はよく渋沢をやりこめた。例えば、日清戦後経営について政費の膨張を批判する栄一に対して、高橋は実業家も事前調査なく民間投資が膨張させていることを指摘した。しかし互いに認め合う仲であり、渡米実業団派遣にあたっては、団長には栄一が最も好ましいとして、高橋は自ら栄一を説得し

(1)　高橋是清（一八五四〔嘉永七〕～一九三六年〔昭和一一〕）仙台藩士の家に生まれる。国際金融家、政治家。日露戦争の外債調達に尽力、クーン・レープ商会のJ・シフと親しい関係になる。

(2)　井上準之助（一八六九〔明治二〕～一九三二年〔昭和七〕）大分出身の政治家、財界人。日本銀行総裁。浜口内閣時に蔵相として金解禁を実施した。

(3)　松方正義（一八三五〔天保六〕～一九二四年〔大正一三〕）鹿児

た。

栄一より一世代若い井上準之助は、日米関係委員会、日米協会など日米中関係を良好に保つための民間外交で栄一と行動を共にした。栄一の死去に際して寄せた追悼文の見出しとして、高橋は、「国と社会のためにつくした人」、井上は「深みのあった人」と評している。

88　高峰譲吉、新渡戸稲造

栄一が対米民間外交を推進する上で欠かすことができなかったのは、在米の協力者であった。日本から米国を訪問する政、官、軍、財の要人が短期間で効率よく米国各界の有力者と面談し、数少ない訪問の効果を上げるためには、ニューヨークの日本人の日常活動が大きな影響を持っていた。高峰譲吉(1)はその代表的な存在であった。栄一と高峰の関係は一八八七年［明治二〇］に、高峰が栄一や益田孝の支援を受けて、東京人造肥料会社を設立した時に始まる。なかなか軌道に乗らなかった同社の事業であったが、栄一は株主を説得し続け、危機を乗り切った。ようやく経営が軌道に乗った時、高峰は米国へ留学したため、一時期、栄一との関係は悪化したが、その後も高峰は栄一の訪米時には必ず緊密な連絡を取り合い、栄一の訪米の地ならしを行った。さらに日本を米国に紹介するため、ニューヨークの日本領事館に経済情報部を開設させた。また高峰は、栄一や伊藤博文の支援を受け、一九一一年［明治四四］に英文雑誌

島出身の政治家。一八八一年(明治一四)、大蔵卿として財政健全化のため、思い切った緊縮策を取った。「松方デフレ」と呼ばれた。

(1)　高峰譲吉（一八五四［嘉永七］～一九二二年［大正一一］）は、加賀藩御典医の家に生まれ、グラスゴー大学へ留学。化学者。実業家。一九〇四年のセントルイス万国博覧会の日本館を、ニューヨーク郊外へ移築し、松楓館《しょうふうかん》と名付け、米国各界の有力者を招き、民間大使館の役割を果たした。新井領一郎、村井保固と並んで、ニューヨーク日本実業界の「御三家」と呼ばれた。

(2)　新渡戸稲造（一八六二［文久

『東洋経済評論』を創刊した。同紙には頭本《ずもと》元貞、馬場恒吾等の著名人が執筆し、日米両国の理解と融和を訴えた。一九二一年［大正一一］のワシントン会議開催中も訪米した栄一をはじめ日本実業家と米国財界人との交流に尽力した。

新渡戸稲造(2)は、日米知識人交流を行う際の栄一の協力者の一人で、日米関係委員会、太平洋問題調査会の中心的な人物であった。東京帝国大学教授として、一九一八年［大正七］、同大学にヘボン講座（米国の憲法歴史・外交）を開設する際も助言者となった。

89　海外人脈　米国

四回の訪米を通じて、栄一は実業家を中心に多岐にわたる米国人脈を築き、手紙や電報などのやり取りで維持、活用した。米国人脈は、（一）実業家、（二）政治家、外交官、（三）民間諸団体のリーダーに分かれる。

実業家はもっとも多いが、なかでも鉄鋼王ゲーリー(1)、時計メーカーのワナメーカー、銀行家ヴァンダーリップ、木材業者クラーク、砂糖業者アレキザンダー、海運業者ダラーなど）であった。ゲーリーとは、一九一七年［大正六］の日米船鉄交換交渉の際、栄一の依頼を受け、銑鉄輸出禁止令の撤回を米国政府へ働きかけた。オレゴン州ポートランドの木材業者クラークは関東大震災後、救援物資を満載し、来日したほどであった。

政治家、外交官では、歴代の駐日米国大使が注目される。なかでも一九二〇

二］～一九三三年［昭和八］。盛岡藩士の家に生まれる。札幌農学校に学び、米国のジョン・ホプキンズ大学へ留学。クエーカー教徒。新渡戸の主著『武士道』は米国大統領セオドア・ルーズベルトにも読まれ、強い影響を与えた。

(1) エルバート・ゲーリー（Elbert H. Gary 一八四六［弘化三］～一九二七年［昭和二］）米国イリノイ州出身。一九〇一年［明治三四］J・P・モルガン、カーネギーと鉄鋼会社を合併させ、USスティールを創設し、同社社長となる。

(2) サミュエル・ゴンパーズ（Samuel Gompers 一八五〇［嘉永三］～一九二四年［大正一四］）ロンドン出身、一八九三年に米国に

年代に駐日大使を勤めたチャールズ・マクベーは、栄一の日米関係改善への努力と国際平和への貢献を高く評価している。

異色の存在はＡＦＬの会長サミュエル・ゴンパーズ(2)である。栄一は友愛会の鈴木文治を渡米させ、銑鉄輸出禁止が日本の鉄鋼・造船会社で働く労働者の大量失業につながるという危惧をゴンパーズに説明し、銑鉄輸出解禁への協力を依頼した。この他に青い目の人形交流で協力した牧師シドニー・ギューリック(3)も挙げられる。

90　海外人脈　アジア

栄一の中国人脈は、辛亥革命以降の孫文、袁世凱、蒋介石、張謇《ちょうけん》(1)ら政財界人が中心である。一九一三年［大正二］孫文が来日した際、栄一と面談し、鉄道敷設にあたり、支援を依頼した。日本の経済界としては中国への経済進出は望むところであり、栄一と孫文が中心となり、中国興業株式会社が設立された。孫文が広東の独立に失敗して台湾に逃れた後、翌年五月、栄一自ら、中国を訪問した。北京で袁世凱に会ってその実力を認めた。中国興行の名称を中日実業株式会社と変更し日中の経済提携を続けた。一九二六年［昭和元］、上海総務商会会長の虞洽卿率いる中華民国実業団が来日し、上海と南京の実業家と懇談している。翌年来日した蒋介石を飛鳥山私邸に招き、日中友好の可能性について歓談した。中国要人との連絡は、日華実業協会の白岩龍平、倉知鉄吉、尾崎

渡る。米国の労働運動の指導者。米国労働総同盟（ＡＦＬ）初代会長。

(3)　シドニー・ギューリック（Sidney L. Gulick 一八六〇［安政七］～一九四五年［昭和二〇］）マーシャル諸島出身の米国の牧師。

(1)　張謇（一八五三［嘉永六］～一九二六年［昭和元］）は中国江蘇省南通の生まれ。苦学して科挙に状元（首席）で合格し、清朝政府高官となるが、一九〇三年［明治三六］来日し、清国の近代化・産業化についての提言を行うも入れられず、官僚を辞して郷里の南通で紡績、造船などの近代産業を興し、師範学校を設立し人材育成にあたった。

(2)　韓相龍（一八八〇［明治一三］

啓義、高木陸郎、阪谷芳郎などが当たった。

韓国人脈は、主に第一銀行、京釜鉄道を通じての実業家が中心であった。栄一の下で銀行業務を習得し、帰国後、京城に漢城銀行（現在韓国第一銀行）を創設した韓相龍(2)はその代表的な存在である。

インド人脈は、タタ財閥と詩人のタゴール(3)であった。インド綿花の輸入とインド航路の開設にあたり、栄一はタタ財閥との間で明治初期から緊密な連絡を取っていた。一方、タゴールが来日するたびに飛鳥山の私邸に招き歓談した。

〜一九四七年［昭和二二］）ソウル生まれ。韓国の実業家、日本陸軍の宇都宮太郎や日本経済界と深いパイプを持つ。

(3) ラビンドラナート・タゴール（一八六一［慶応元］〜一九四一年［昭和一六］）インドの詩人・思想家で、アジア人初のノーベル文学賞受賞者（一九一三年）。

91 秘書と通訳

栄一が数多くの事業を行い、世界中に張り巡らせた人脈を駆使するためには、有能な秘書の存在が欠かせなかった。増田明六《ますだめいろく》(1)は、秘書役の筆頭というべき存在であった。東京高等商業学校附属集計学校卒業後、富岡製糸場、第一銀行勤務を経て、竜門社事務所に入った。四回の渡米、朝鮮、中国行きなど内外の重要な旅には、必ず随行していた。後に渋沢同族株式会社取締役、竜門社の常務理事になり栄一を支えた。芝崎確次郎《しばさきかくじろう》(2)は、秩父郡大野村の生まれで、尾高惇忠、渋沢喜作らと彰義隊や振武軍に加わった。第一国立銀行の設立と同時に入行し、東京貯蓄銀行を経て、一九一七年［大正六］に同行を退職し、渋沢家の秘書役として、会計を担当した。栄一が最も信頼を置いていた秘書役の一人であった(3)。

民間外交を行う上で、海外人脈との間の連絡を密にすることは不可欠である。

(1) 増田明六（一八七三［明治六］〜一九二九年［昭和四］）

(2) 芝崎確次郎（一八四七［弘化四］〜一九三〇年［昭和五］）

(3) 五十嵐卓「『芝崎家文書』について」『渋沢研究』第二号参照。

栄一は多数の手紙のやり取りをしたが、英語をほとんど理解できなかったので、秘書の手を煩わすことになった。通訳兼代筆者は頭本元貞《ずもともとさだ》[4]と小畑久五郎《おばたきゅうごろう》であった。頭本は一八六二年〔文久二〕鳥取に生まれ、一八八〇年〔明治一三〕、札幌農学校を卒業し、『ジャパン・メール』の記者となった。一八九七年〔明治三〇〕、『ジャパン・タイムズ』を創刊、後に同社社長になった。栄一の四回にわたる米国訪問、韓国行き、中国行きなどすべて海外への渡航に同行した。神学博士の小畑は、実業界引退後栄一に仕え、英文の手紙を書いた。彼の英文は流暢で、栄一の伝記を *An Interpretation of the Life of Viscount Shibusawa*[5]として著した。

(4) 頭本元貞（一八六二〔文久二〕～一九四三年〔昭和一八〕）
(5) 同書は、一九三七年〔昭和一二〕東京印刷より刊行。

(3) 日本と世界

92 『東京経済雑誌』、『実業之日本』

同時代の実業家と栄一が大きく異なるのは、国内外に対して自らの考えを、言論活動を通じて広く訴えたことであった。いわゆる広報マインドを持っていた栄一は株主への説明の場としての株主総会、商工業者の意見・情報交換と世論形成の場としての商業会議所の役割を重視した。また経済専門雑誌への執筆と支援を盛んに行った。

例えば一八七九年［明治一二］に田口卯吉が『東京経済雑誌』を創刊するにあたり、栄一は大蔵省銀行課長の岩崎小二郎と相談し、択善会の『理財新報』と大蔵省翻訳課発行の『銀行雑誌』を廃刊とし、同誌に併合することにした。『東京経済雑誌』は内外の経済問題を中心に、政治、社会問題にも鋭い論説を掲載した。田口は一九世紀イギリスの自由主義経済思想を信奉する自由貿易論者として名をなしていた。栄一は自由貿易主義から保護貿易主義へ考えを変えた後も、田口を高く評価し、彼の死後も同誌への支援を続けた。『東京経済雑誌』と、『東洋経済新報』や増《ます》田《だ》義《ぎ》一《いち》(1)が創刊した実業之日本社の『実業之日本』にも栄一は数多く論説を掲載した。

栄一は講演会や様々な会でのスピーチや講演会も重視した。特に地方回遊の際には、訪問地の小中学校、商業学校、公会堂で講演会を行い、あらゆる世代に自らの考えを述べた。ラジオやレコードの登場にも敏感であった栄一は、日本放送協会東京放送局でラジオ出演し、平和論を語り、その一部はレコードに録音され、現存している。甲高い声ながら、論旨明快、言語明瞭で聴き取りやすい。

(1) 増田義一（一八六九［明治二］～一九四九［昭和二四］）東京専門学校（現在の早稲田大学）卒業後、読売新聞記者を経て、一九〇〇年［明治三三］に実業之日本社を設立し、社長となった。後に衆議院議員。日本雑誌協会会長。

93　国際通信社(1)と外国人特派員(2)

明治初期から世論形成や対外広報に尽力した栄一は、一九〇九年に渡米実業団の団長として三か月にわたり全米各地を回ったとき、日本の実情が海外の新聞にほとんど掲載されていないことを知りショックを受け、有力な対外宣伝機

(1) 栄一と国際通信社との関係については、村松正義「『国際通信社』の創始者」（渋沢研究会編

関の必要を強く感じた。さらに在米の高峰譲吉、在京特派員のジョン・R・ケネディが、米国における排日移民の動きに対抗するためにも、日本の実情を世界に広く知らしめる必要があり、そのために日本にも自前の国際通信社を設立する必要があると栄一に説いた。さらにシーメンス事件[3]により、外国人特派員に依存する国際報道の問題点を理解した。

高峰やケネディの考えに賛同した栄一は、井上準之助、小野英二郎、樺山愛輔らとともに発起人となり、桂太郎、大隈重信ら各界の有力者を誘い、資本金一〇万円を集めた。一九一四年［大正三］、樺山を業務執行社長に、ケネディを総支配人に、自らは相談役として国際通信社を合資会社として設立した。ロイターとの間に、①同社の承認なしには他の外国通信社からニュースを得ることはできない、②ロイター以外の外国メディアには配信できない、③総支配人は在日ロイター通信人とするという一方的な不平等な協定を結ばされたが、日本による初めての国際通信社が誕生した。栄一は日本国内の状況を正確に海外に伝えることの大切さを痛感していたので、来日した外国要人や外国人特派員を飛鳥山の私邸に招き、自身の考えを発信した。

94　政治と栄一

栄一は幼少のころから論語を中心として、中国古典を学び、政治や統治（ガバナンス）のあり方に強い関心を持っていた。青年時代、尊王攘夷思想の影響

『公益の追及者・渋沢栄一』、出川出版社、一九九九年、第二部Ⅳ）が詳しい。

(2)　外国人特派員については、木村昌人・田所昌幸『外国人特派員―こうして日本イメージは形成される』（日本放送出版協会、一九九八年）参照。

(3)　一九一四年［大正三］一月に、ドイツ有数の電機会社シーメンス社から日本の海軍高官への贈賄が発覚した。同年三月、海軍長老の首相山本権兵衛が辞職に追い込まれた。これをシーメンス事件と呼ぶ。

を受け、高崎城乗っ取りと横浜開港場襲撃を計画したが、いとこの尾高長七郎に説得され未遂に終わり、挫折感を味わった。後年、青年時代に政治運動にかかわったことを反省し、政治家にはならなかった。

幕末には、西郷隆盛、桂小五郎（のちの木戸孝允）、近藤勇、土方歳三らと京都で知り合った。その後栄一は短い期間であったが、明治政府に入り、数多くの政治リーダーの知己を得た。政党の創設にも賛成したが、一九〇〇年〔明治三三〕に伊藤博文から立憲政友会の党員になることを勧められたものの、栄一は断った。翌年井上馨から蔵相就任を要請されたが、これも断り井上内閣の流産につながった。経済界にとどまる意思は固かったのである。

しかし栄一の政治への関心は強く、国家財政の健全化という視点からたびたび政府批判を行っていた。

日露戦争後の軍備増強や「元老政治」等を痛烈に批判した。政治家との関係はつかず離れずといえる。伊藤博文、井上馨、原敬などとは親しかった。特に伊藤とは明治初年から様々な問題で議論し、対立もしたが、ともに明るい性格でバランス感覚のある二人は、うまがあった。一九〇九年〔明治四二〕、渡米実業団を率いて米国東海岸滞在中に、伊藤暗殺の知らせを受け、深い悲しみを漢詩に託した。

政友会と民政党が政権交代を行った一九二〇年代、栄一はどちらの党に与することもなく、是々非々の態度を貫いた。

95　東京市行政と開発

栄一は明治政府に仕えてから亡くなるまで約六〇年間、東京に居を構え東京市の行政に様々な形で関係することになった。一八七二年〔明治五〕に東京市が設置した東京営繕会議所は、旧幕時代における市民共有金の管理にあたった。栄一は東京会議所と改称された後、一八七四年〔明治七〕に共有金取締を委託された。翌年栄一は同会議所会頭になり、東京の社会基盤整備を担った。その中には、東京養育院、商法講習所、ガス事業などが含まれた。一九一三年〔大正二〕、東京市参与となり、東京市区改正審査会、東京港築港調査等にかかわった。深川住民としては、深川区会、浅野セメント深川工場降灰問題等に関わった。一連の発言から、東京を、江戸時代の軍都から商都に変えたいという栄一の構想がうかがえる。これは関東大震災後、帝都復興審議会の委員となり、京浜運河の整備などの商都構想を大倉喜八郎らと唱えたことにつながっている。この他栄一は、東京運河土地、東京湾埋立両会社にも関わった。

欧米のような近郊住宅地開発という観点から、一九一八年〔大正七〕、栄一は発起人として田園都市株式会社を設立した。発起人には栄一のほか、中野武営、服部金太郎らが参加した。五島慶太は、同社から電鉄事業と沿線開発事業を引き継ぎ、東京急行電鉄の基礎を創った。栄一の子息渋沢秀雄は、欧米へ都市開発の視察に出掛け、帰国後田園調布の住宅開発に乗り出した。

96　貿易論

日本は英国のような貿易立国をめざすべきと考えていた栄一は、明治前期までは田口《たぐち》卯吉《うきち》(1)らの自由貿易論を支持し、自由貿易主義を唱えていた。しかし、二〇世紀にはいると保護貿易主義に傾斜する。一九〇一年〔明治三四〕に栄一は、国産品の輸出を奨励し外国品の攻勢から国産品を発達されるためには、国家は保護貿易の方針を取る必要があり、自由主義では不適当ではないかと疑うようになったと述べ、考えを変えた。その理由として、「自由・公平という立場にこだわり、遂に自国の輸出貿易を保護し、または工芸に対して輸入を防ぐということを忘れ、また彼の善をとり、美を学ぶという観念ばかりが先に立って、損益の経営を後にしたために生じてきた誤謬であった」と説明した。資本・技術力・経験ともに日本よりもすぐれている欧米企業と競争していくためには、国家の保護政策が不可欠と考えるようになったのである。しかし、アダム・スミスの『道徳情操論』には、自由放任論の前提として道徳と経済の一致があることを説いている。その点において孔子の『論語』と共通する所があるとして高く評価した。

(1)　田口卯吉（一八五五〔安政二〕～一九〇五年〔明治三八〕）幕臣の子として、江戸に生まれる。経済学者、歴史家。『日本開化小史』『自由交易日本経済論』等を出版。『東京経済雑誌』を創刊し、自由主義の立場で論陣を張る。栄一は財政面で支援した。

97　日清・日露戦後経営への提言

日清、日露戦争を経て、日本経済は大きな転換点を迎える。栄一は日清戦争以降、経済動向や経済政策に対して積極的に新聞や雑誌で発言し始めた。栄一はグローバル化が進み、国際競争が一層激しくなるなかで、日本経済の体質を強化し、国際競争力を高めることが急務と考えた。その中で、民間主導の手法だけでは限界があり、政府が政治経済に果たす役割が急激に拡大したことを認識した。しかし政府は、対露戦に備えるための軍備増強と国際的なインフラ整備のために、松方財政の路線を大きく転換し、積極財政政策を採用した。つまり金本位制度を導入し、海外からの投資を促した。栄一は、清国からの賠償金を軍備増強に回すことに対しては反対し、経済振興に回すことを主張した。さらに民間の資金不足を補うために民間への積極的な外資導入を図ることが必要と考え、外資へのアレルギーを取り除くための宣伝や啓蒙に努めた。

栄一が憂慮したのは日露戦争後の日本経済社会の行く末であった。戦費調達のため、巨額の外債に依存せざるを得なかった日本経済をどのようにして立ち直らせるか。そのために企業の体質転換をどのように進めていくかであった。第一次大戦による空前の好景気は、栄一の杞憂を消し去るほどであったが、大戦景気の反動不況が到来すると、栄一は、金融不安や企業家の倫理欠如という問題に直面することになる。

98　戦争への対応

栄一の生きた時代の日本の歩みは、台湾出兵に始まり、日清戦争、日露戦争、第一次大戦、シベリア出兵、満州事変という対外戦争を抜きには考えられない。

栄一はこれらの戦争に対してどのように対応したのであろうか。

栄一の戦争観は、戦争と経済は相反するものであるが、一国の独立を守るため、また仁義の戦争であるならば国益にかない、商工業にプラスの効果を与えることもあるというものであった。基本的には、戦争による莫大な軍事費は国家財政を圧迫させるため反対していた。しかし、戦争が避けられないとなると、日清、日露両戦争とも義援金の取りまとめに奔走した。特に日露戦争時には、児玉源太郎から、財界として反戦論を掲げるのをやめ戦争遂行費用捻出に協力するよう説得を受け、開戦論に転じ軍事公債の応募を熱心に奨励した。かつてともに戦争反対を唱えた井上馨が、渋沢の豹変ぶりに驚いた。

栄一の「義」のための戦争であるならば、商工業にも利益を与えるという考えは、経済人の戦争評価の甘さとして批判される余地はある[1]が、一方財界の中心人物の一人として、絶えず、政府や軍部の戦争への動きに歯止めをかけていたことは評価すべきといえよう[2]。

対華二一か条要求、シベリア出兵には明確に反対論を唱えたが、前者に関しては、大隈内閣から日中関係の改善に協力を求められるとトーンダウンした。財界を代表する立場で、真っ向から政府に反対論を唱えることは好ましくないという政治的判断が働いたといえよう。一方、軍縮には全面的に協力した。たとえば一九二一［大正一〇］～一九二二年［大正一一］のワシントン軍縮会議には、団琢磨率いる英米訪問実業団とは別に、ワシントン会議のオブザーバー

(1) 三好信浩『渋沢栄一と日本商業教育発達史』風間書房、二〇〇一年参照。

(2) 見城悌治『渋沢栄一「道徳」と経済のあいだ』日本経済評論社、二〇〇八年参照。

として渡米した。ニューヨークやワシントンなどで海軍軍縮案に賛成することをいち早く表明し、日本政府の軍縮案受け入れの環境作りに貢献した。

99　平和論 ― ノーベル賞候補

「（栄一は）人類の太陽」とは、聖路加国際病院院長トイスラーが、栄一の米寿を祝って、『実業之世界』に寄稿した文章のタイトルである。栄一は国際平和について積極的に発言している。明治初期の台湾出兵への反対等の非戦論は、戦争が国家財政を破たんに導くという理由が基本になっていたが、第一次大戦の影響を受け、国際平和を強く説くようになった。例えば、「帰一《きいつ》(1)協会宣言」（一九一六年［大正五］三月）の中には、「国際道徳を尊重し、世界の平和を擁護し、以て立国の大義を宣揚すべし」と書かれ、栄一の考えが色濃く反映されている。栄一は、「軍備負担が納税者に経済的苦痛を与えるだけでなく、さらには道徳の伴わない物質文明が国際紛争の原因となり、軍備拡張の理由となる。国民道徳が発達してその範囲を国際間に広げれば、真の平和が実現されることになり、軍備の必要がなくなる」と語った。したがって第一次大戦後は日本経済を戦時経済から平時に戻すため「経済界の休養発展」が必要であり、大隈内閣の膨張した財政による軍備増強案に反対した。

　こうした栄一の平和論は日本国内だけでなく、海外、特に米国内にも知られていた。国際交流や民間外交を通じての栄一の国際平和への貢献が評価され、

(1)　帰一協会は、一九一二年［明治四五］に結成された団体で、その目的は、精神界を一つにまとめるための研究を行い、堅実な思想を作って文明に貢献することであった。
　栄一は儒教を根本としたキリスト教・仏教・神道でもない一種の宗教を組織しようと試みた。栄一のほか成瀬仁蔵や森村市左衛門が主要メンバーになり、活動を支援した。

(2)　吉武信彦「ノーベル賞の国際政治学―ノーベル平和賞と日本―序説」、『地域政策研究』一二巻四号、二〇一〇年。

一九二六年〔昭和二〕、翌年の二回にわたり、ノーベル平和賞候補に推薦された。[2] 推薦人は加藤高明首相らで、「日米関係を中心とする国際親善平和のため」がその理由とされた。二年目には「東洋の指導者に平和賞が与えられる意義」がさらに加わった。ストックホルムのノーベル賞委員会では、職員を米国へ派遣し栄一の業績審査を行ったが、受賞には至らなかった。

100　千手観音・渋沢栄一の評価

栄一の評価は時代とともに変化してきた。五〇〇近い企業や約六〇〇の公共事業にかかわった栄一は、同時代には「実業寺の千手観音」とか「実業界のよろず屋」と呼ばれた。栄一自身はその活動について、日本の商工業は新開地のようで、店を始めるためには一店で呉服屋、紙屋、煙草屋、荒物屋など何でも兼業するよろず屋でなければならないように、商工界の開拓者としての使命を帯びた自分は、各種の商工業に向かって手を出さなければならなかった、と後年語っている。[1]

栄一が深くかかわった約二〇〇社をみると、(一)欧米から新知識や技術を導入して設立した近代化を象徴するような企業（札幌麦酒、日本煉瓦製造、東京製綱、東京石川島造船所、王子製紙など）、(二)近代経済のインフラ整備（鉄道、港湾、炭鉱など）にかかわる企業（日本鉄道、北越鉄道、若松築港、磐城炭礦）の特徴がみられる。例えば日本煉瓦製造株式会社は、ドイツ人技師から煉瓦製造

(1)　渋沢栄一「何故商業道徳が行はれぬ」『竜門雑誌』一九二七年四月号。

の重要性を指摘され、一八八七年〔明治二〇〕に栄一らが中心となり設立、翌年に現在の深谷市で操業を開始した。製造された煉瓦は、東京駅や東宮御所（現赤坂迎賓館）などに使用され、近代化の象徴的な存在となった。

栄一の時代に着目すると、一九〇〇年〔明治三三〕の「運命の籠児」(2)という評価がある。『渋沢栄一伝』を著した幸田露伴も「時代の児」と評している。

包括的に評価しているのが栄一が死去した際の勅使のご沙汰書である。それには「高ク志シテ朝ニ立チ、遠ク慮リテ野ニ下リ、経済ニハ規画最モ先ンシ、社会ニハ、施設極メテ多ク、教化ノ振興ニ資シ、国際ノ親善ニ努ム、畢生公ニ奉シ、一貫誠ヲ推ス、洵ニ経済界ノ泰斗ニシテ、朝野ノ重望ヲ負ヒ、実ニ社会人ノ儀型ニシテ内外ノ具儋ニ膺レリ、（後略）」と書かれている。

また、当時の首相若槻礼次郎は、偉大な恩人として、社会・公益事業に尽くした栄一を失ったことは国家の損失である、と記している。

このほかには、「理想家ではなく実際家」、「正直な実業家」、「信頼された指導者」などがあるが、土屋喬雄の「財界の最高指導者」という評価が定着した。最近では、「近代日本資本主義の父」とともに「社会企業家」など公益を追求することを強調した評価が定着しつつある。

(2)　鳥谷部春汀『太陽』一九〇〇年四月号。

北澤楽天画　実業寺本尊千手観世音菩薩（さいたま市立漫画会館蔵）

第二部　資料からみた渋沢栄一

◉渋沢家系図

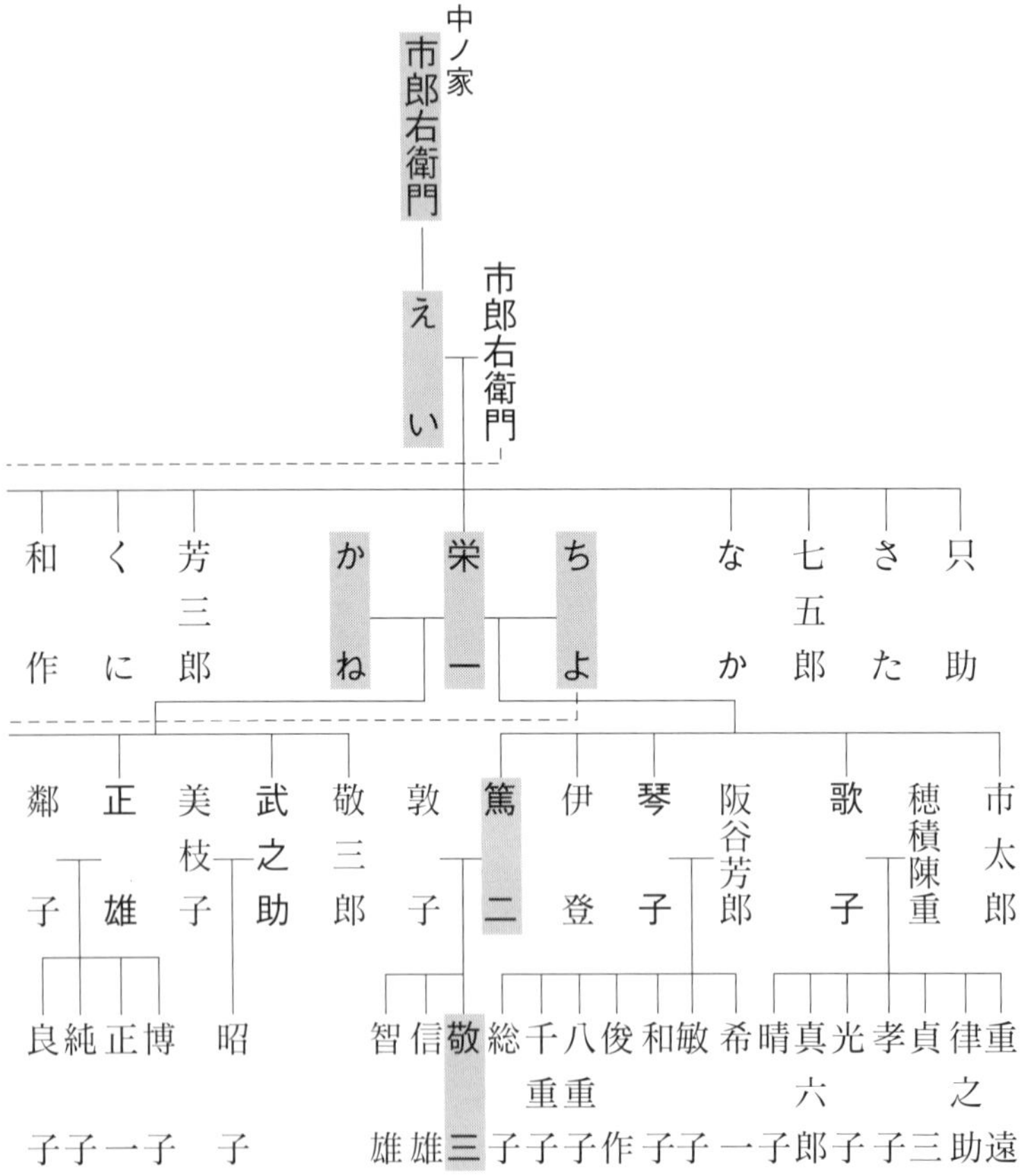
中ノ家
市郎右衛門
えい
市郎右衛門
只助
さた
七五郎
なか
ちよ
栄一
かね
芳三郎
くに
和作
市太郎
穂積陳重
歌子
阪谷芳郎
琴子
伊登
篤二
敦子
敬三郎
武之助
美枝子
正雄
鄰子
重遠
律之助
貞三
孝子
光子
真六郎
晴子
希一
敏子
和子
俊作
八重子
千重子
総子
敬三
信雄
智雄
昭子
博子
正一
純子
良子

引用：「渋沢史料館常設展示のご案内」

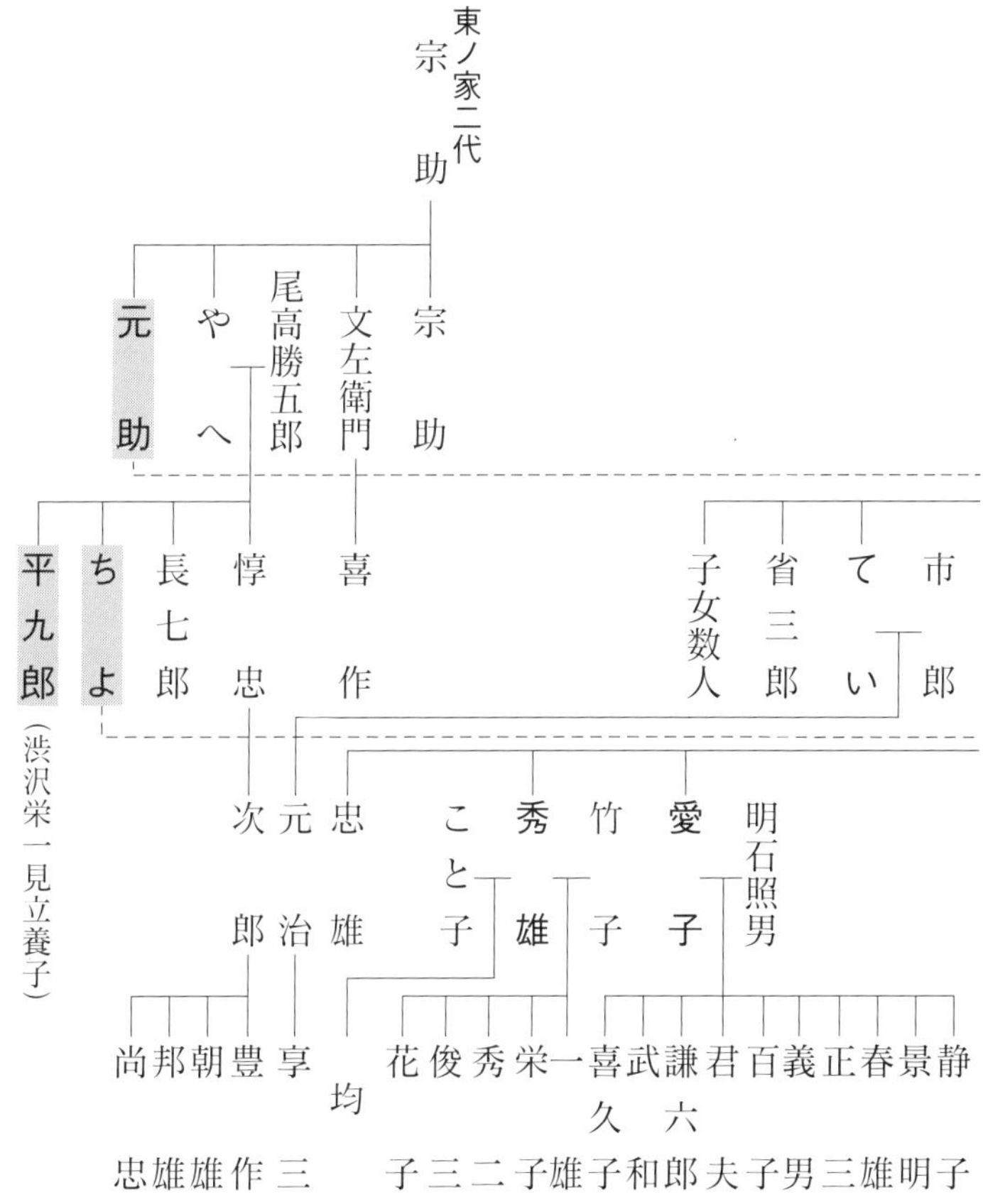
東ノ家二代
宗助
宗助
文左衛門
尾高勝五郎
やへ
元助
市郎
てい
省三郎
子女数人
喜作
惇忠
長七郎
ちよ
平九郎
（渋沢栄一見立養子）
明石照男
愛子
竹子
秀雄
こと子
忠雄
元治
次郎
静子
景明
春雄
正三
義男
百子
君夫
謙六郎
武和
喜久子
一雄
栄子
秀二
俊三
花子
均
享三
豊作
朝雄
邦雄
尚忠

◉渋沢栄一略年譜

（編成　小出いずみ）

・年月は、明治六年以降は太陽暦、それ以前は旧暦。太陽暦採用以前の外国の出来事は算用数字で月を表し、太陽暦の月であることを示す。
・年齢は、その年の誕生日を迎えた時の満年齢を記載。
・記載事項は、これまでの略年譜や最近の渋沢栄一研究などを参考に、編成者が選択した。主に就任の年を取り上げている。
・記載は『渋沢栄一伝記資料』および加藤友康ほか編『日本史総合年表』（吉川弘文館、二〇〇一）にもとづいて作成した。

西暦	和暦	齢	主なできごと	日本と世界の動き
一八四〇	天保一一	〇	旧暦二月一三日、武蔵国榛沢郡安部領血洗島村（現在の埼玉県深谷市血洗島）に誕生。父は通称市郎右衛門、号は晩香。母はエイ。幼名は市三郎。渋沢家は代々の農家で養蚕と製藍を兼業	アヘン戦争
一八四五	弘化二	五	この頃、父に三字教、蒙求、小学等を教わる。栄治郎と改名	
一八四七	弘化四	七	従兄尾高惇忠から漢籍を学ぶ	
一八五一	嘉永四	一一	三月、剣術入門	
一八五三	嘉永六	一三	一二才前後に実名を美雄とする。後に伯父渋沢誠室の命名で栄一と改める。家業の畑作、養蚕、藍葉の買入、藍玉製造販売に精励	
一八五六	安政三	一六	父の代理で領主安部摂津守の岡部の陣屋で用金の命を受ける。代官が傲慢で栄一を侮蔑、圧制に痛憤し封建の弊に強烈な反感を持つ	
一八五八	安政五	一八	一二月、従妹ちよ（尾高惇忠の妹）と結婚。この後慶応元年頃までは栄一郎という通称も用いた	六月、日米修好通商条約◆安政の大獄
一八六〇	万延元	二〇		三月、桜田門外の変

一八六一	文久元	二一	春、江戸に出て、海保漁村塾・千葉栄次郎道場に学ぶ。文久三年八月にも再入塾	4月、アメリカで南北戦争勃発
一八六三	文久三	二三	八月、長女宇多子（歌子）誕生◆九月、江戸で一橋家用人平岡円四郎と知己になる。高崎城夜襲、横浜焼打ちを企てるも、一〇月、激論の末計画中止◆一一月、従兄渋沢喜作とともに京都に出奔	1月、アメリカ奴隷解放宣言
一八六四	元治元	二四	二月、平岡の推挙で喜作と共に一橋家御用談所下役に命じられる。篤太夫と改名◆六月、平岡暗殺される	六月、池田屋事件◆七月、禁門の変◆八月、下関事件、第一次長州征討
一八六五	慶応元	二五	二月、一橋家歩兵取立御用掛を命ぜられ一橋領内を巡廻、兵四百数十名の募集成功。備中で阪谷朗廬を訪問◆八月、一橋家財政充実のための三案（貢米売り捌き法、硝石製造所、木綿売買と藩札）建言、入れられる	4月、アメリカ南北戦争終結
一八六六	慶応二	二六	一二月、慶喜征夷大将軍就任に伴い、栄一は幕臣となる	一月、薩長連合◆六月、第二次長州征討開始◆八月、徳川慶喜、宗家相続
一八六七	慶応三	二七	一月、徳川慶喜の弟、民部大輔昭武に従いパリ万博使節団としてフランスに渡航◆三月、ナポレオン三世主催観劇会陪席◆欧州各国を巡る	4月、パリ万国博覧会開幕◆一〇月、大政奉還◆一二月、王政復古の大号令
一八六八	明治元	二八	三月、新政府より帰朝命令◆一一月、昭武の水戸家相続に伴い帰国◆一二月、静岡で慶喜に面会。静岡藩勘定組頭を命ぜられるが辞退	三月、五箇条の誓文◆四月、江戸開城◆戊辰戦争
一八六九	明治二	二九	一月、静岡藩に「商法会所」設立、頭取◆三月、妻子を静岡に伴う◆七月、篤太郎と改名◆一一月、新政府に仕官、民部省租税正、改正掛長兼務。源朝臣栄一（ヒデカズ）と改名、後に訓読みされなくなる◆一二月、湯島天神中坂下に居を定め家族を静岡より呼び寄せる	5月、アメリカ最初の大陸横断鉄道完成◆六月、版籍奉還◆九月、徳川慶喜謹慎解かれる◆一二月、府・藩・県製造紙幣通用禁止。東京・横浜間に電信開通
一八七〇	明治三	三〇	二月、二女琴子誕生◆三月、正七位◆五月、大蔵民部両省関係の布告布	九月、平民の苗字使用許可

			達文書編輯、その例を議定◆八月、制度取調御用掛兼務。大蔵少丞、従六位◆閏一〇月、富岡製糸場事務主任◆一一月、通商、度量衡の各分課の主任を命ぜられる	
一八七一	明治四	三一	一月、静岡藩に世禄返上願◆二月、宮中養蚕所設ける◆四月、改正掛長として関与した戸籍法公布。度量衡規則を立草◆五月、大蔵権大丞、正六位◆六月、東京府平民となる◆七月、制度取調御用掛。廃藩置県に際し藩札の時価交換を準備する。枢密権大史◆八月、大蔵大丞◆九月、「立会略則」刊行◆一一月、父市郎右衛門他界◆一二月、従五位。紙幣頭兼任。神田小川町裏神保小路に転居	三月、東京・大阪間に郵便開設◆四月、戸籍法制定◆五月、新貨条例◆七月、廃藩置県。文部省設置◆一一月、遣欧岩倉使節団出発◆一二月、新紙幣発行を布告
一八七二	明治五	三二	二月、大蔵省大丞を免ぜられ、大蔵省三等出仕。大蔵少輔事務取扱。墺国博覧会御用掛。養蚕書編纂◆四月、井上馨と共に太陽暦採用を建議、採用される◆五月、出納頭得能良介と洋式会計記帳の採用に関し論争◆六月、紙幣頭兼任を解かれる。杉浦靄山と共著の『航西日記』全六巻刊行◆九月、鉄道開行式に列席◆一〇月、正五位。長男篤二誕生◆一一月、栄一の草案になる国立銀行条例発布。抄紙会社設立出願	八月、学制頒布◆九月、新橋・横浜間鉄道開通◆一一月、国立銀行条例制定◆一二月、太陽暦採用、旧暦明治五年一二月三日を新暦明治六年一月一日とする
一八七三	明治六	三三	一月、租税頭陸奥宗光と共に富岡製糸場を視察、租税権大属尾高惇忠らに管理を託す◆二月、抄紙会社設立許可（一八九三年、王子製紙株式会社・取締役会長）◆四月、地租改正の議論に与かる◆五月、大蔵大輔井上馨とともに政府財政の基礎確立の必要を建白し、大蔵省退官◆六月、第一国立銀行創立、総監役◆七月、第一国立銀行開業。海運橋兜町二番地に転居	七月、地租改正条例制定◆九月、遣欧使節団帰国
一八七四	明治七	三四	一一月、東京会議所共有金取締、同時に養育院事務掌理	五月、台湾出兵◆一二月、京橋・金杉橋間の瓦斯灯点火
一八七五	明治八	三五	八月、第一国立銀行頭取◆一一月、商法講習所を東京会議所に移管◆一	四月、元老院設置◆五月、大審院設

年	元号	年齢	渋沢栄一の出来事	社会の出来事
一八七六	明治九	三六	二月、東京会議所会頭兼行務科頭取	置。ロシアと樺太・千島交換条約調印◆七月、最初の私立銀行、三井銀行開業◆八月、金禄公債証書発行条例。秩禄処分
一八七七	明治一〇	三七	五月、東京府瓦斯局事務長。養育院事務長（八月、東京府養育院院長）◆八月、深川福住町四番地に転居	一月、ヴィクトリア女王、インド皇帝を宣言◆二月、西南の役起る◆八月、第一回内国勧業博覧会開催
一八七八	明治一一	三八	七月、択善会創立（組織に変遷あるも一八八四年、銀行集会所・会長、一八九〇年、東京銀行集会所・委員長のち会長）◆九月、王子飛鳥山に土地購入を指示	五月、大久保利通暗殺。貿易銀の一般通用許可制
一八七九	明治一二	三九	三月、東京商法会議所創立、八月、会頭◆六月、東京株式取引所開業◆八月、王子別荘着工	一二月、大蔵省初の決算報告◆九月、教育令制定◆エジソン、電球を発明
一八八〇	明治一三	四〇	一月、博愛社・社員（一八九三年、日本赤十字社・常議員）◆二月、箱根仙石原の耕牧舎、開墾開始◆八月、（元米大統領）グラント将軍夫妻歓迎会（東京接待委員長）◆一二月、東京商法講習所委員◆保険会社創立◆八月、福田会設立・会計監督（一八九九年、名誉顧問）◆七月、東京海上保険会社創立◆九月、択善会解散、銀行集会所創立◆一〇月、大阪紡績会社創立世話掛	三月、国会期成同盟結成
一八八一	明治一四	四一	三月、ハワイ国皇帝ディヴィド・カラカウア飛鳥山訪問	二月、パナマ運河建設工事開始◆三月、第二回内国勧業博覧会開催◆九月、横浜連合生糸荷預所開業
一八八二	明治一五	四二	四月、長女歌子、穂積陳重と結婚◆七月、千代夫人他界。共同運輸会社創立発起人	五月、東京にコレラ発生、大流行◆一〇月、日本銀行開業
一八八三	明治一六	四三	一月、伊藤かね子と再婚◆三月、大阪紡績会社相談役◆一〇月、東京商法会議所解散、東京商工会創立、一一月、会頭	七月、鹿鳴館落成。上野・熊谷間鉄道仮開通

一八八四	明治一七	四四	六月、東京商業学校（前、商法講習所）校務商議委員◆八月、盤城炭礦社設立・会長◆一〇月、日本鉄道会社理事委員（一九〇〇年、取締役）	五月、上野・高崎間鉄道開通◆七月、華族令制定◆松方緊縮財政による不況で農民生活苦深刻化
一八八五	明治一八	四五	一月、東京市区改正審査委員◆二月、ジャパン・ブリュワリー・コンパニー・リミテッド設立（一八八九年、理事）◆一〇月、郵便汽船三菱会社と共同運輸会社が合併、日本郵船会社設立（一八九三年、取締役）。瓦斯局払下げ東京瓦斯会社創立、創立委員長（一八九四年、取締役会長）	一二月、内閣制度制定、第一次伊藤内閣成立◆紙幣整理による不況（松方デフレ）
一八八六	明治一九	四六	四月、竜門社創立◆七月、東京電灯会社開業（一八八八年、委員）◆一一月、女子教育奨励会設立、評議員◆一二月、三男武之助誕生	
一八八七	明治二〇	四七	二月、東京製綱会社発起委員（後に取締役会長）。東京人造肥料会社創立委員（後に取締役会長）◆京都織物会社創立、相談役◆一〇月、日本煉瓦製造会社創立、理事（後に取締役会長）。下野麻紡織会社設立発起人◆一一月、東京ホテル（一八九〇年開業時は帝国ホテル）創立願提出、発起人総代。北海道製麻会社・相談役◆一二月、東京手形取引所附属交換所交換事務開始、交換所委員	五月、私設鉄道条例公布◆六月、大蔵省長崎造船所を三菱社に払下◆七月、農商務省川崎造船所を川崎正蔵に払下
一八八八	明治二一	四八	一月、札幌麦酒会社創立・発起人総代（一八九四年、取締役会長）◆二月、二女琴子、阪谷芳郎と結婚◆五月、従四位◆六月、品川硝子会社設立、相談役◆九月、東京女学館開校・会計監督（一九二四年、館長）◆一〇月、東京市区改正委員会臨時委員◆一一月、四男正雄誕生◆一二月、兜町の新邸落成、入居	四月、市制・町村制公布。枢密院設置
一八八九	明治二二	四九	一月、石川島造船所創立・委員（一八九三年、取締役会長）◆三月、門司築港会社創立・相談役◆六月、田川採炭株式会社創立・相談役。ドイツ皇帝より王冠第三等勲章◆七月、三重紡績株式会社相談役◆一一月、北海道炭礦鉄道会社常議員	二月、大日本帝国憲法発布◆日本最初の経済恐慌の端緒

一八九〇	明治二三	五〇	三月、第三回内国勧業博覧会事務委員◆七月、三女愛子誕生◆九月、貴族院議員◆一二月、東京商業会議所設立発起人（一八九一年、会頭）◆この年、三本木渋沢農場開墾開始	一一月、第一回帝国議会開会◆アメリカ政府、フロンティアの消滅を発表◆一一月、帝国ホテル開業
一八九一	明治二四	五一	一月、日本製帽会社相談役◆三月、東京交換所設立・委員長◆五月、家法作成、同族会議を興す◆七月、東京商業会議所会頭◆八月、東京商工会解散◆一〇月、貴族院議員を辞す◆一二月、コロンブス世界博覧会臨時博覧会事務局評議員	五月、第一次松方内閣◆一二月、足尾鉱毒事件起る
一八九二	明治二五	五二	二月、日本美術協会評議員◆六月、東京貯蓄銀行設立・取締役（一八九三年、取締役会長）◆七月、勲四等瑞宝章◆一〇月、五男秀雄誕生◆一二月、元日本製帽を買収し東京帽子株式会社設立・取締役長。暴漢に襲撃を受ける	六月、鉄道敷設法成立◆関東で天然痘流行
一八九三	明治二六	五三	三月、喜賓会創立、幹事長◆四月、法典調査会査定委員◆五月、東京人造肥料株式会社取締役会長◆六月、平安遷都千百年紀記念祭協賛会特別会員・幹事◆八月、第四回内国勧業博覧会評議員◆九月、株式会社東京石川島造船所取締役会長。王子製紙株式会社取締役会長◆一〇月、帝国ホテル株式会社取締役会長。貨幣制度調査会委員	七月、商法施行
一八九四	明治二七	五四	一月、東京瓦斯株式会社取締役会長。東京海上保険株式会社取締役◆四月、北越鉄道株式会社創立発起人（一八九五年、監査役、一九〇五年、相談役）◆五月、札幌麦酒株式会社取締役会長◆一一月、顔面上皮癌手術	八月、日清戦争起こる
一八九五	明治二八	五五	四月、長男篤二、橋本敦子と結婚。東京統計協会終身会員	四月、日清講和条約調印
一八九六	明治二九	五六	一月、日本精糖株式会社設立、取締役◆二月、東京興信所創立、第一銀行を代表して評議員◆三月、東京銀行集会所会長◆六月、農商工高等会	三月、営業満期国立銀行処分法公布◆一〇月、川崎造船所設立

			議議員。東京印刷株式会社設立・相談役。東洋汽船株式会社創業、監査役。東京建物株式会社創立発起人◆八月、篤二に長男敬三誕生◆九月、法改正により第一国立銀行は株式会社第一銀行となる、頭取。汽車製造合資会社設立・創立委員（一八九九年、監査役）。北越石油株式会社創業・相談役◆一一月、パリ万国博覧会臨時博覧会事務局評議員◆一二月、内閣より日本勧業銀行設立委員に任命	
一八九七	明治三〇	五七	一月、法典調査会委員◆三月、澁澤倉庫部開業（一九〇九年、澁澤倉庫株式会社・発起人）◆四月、十勝開墾合資会社業務担当社員◆五月、広島水力電気株式会社創立、取締役会長◆六月、洲崎養魚株式会社創立◆一〇月、台湾銀行設立委員	七月、労働組合期成会結成◆一〇月、貨幣法制定による金本位制施行
一八九八	明治三一	五八	二月、浅野セメント合資会社監査役◆三月、奠都三十祝賀会副会長◆四月、韓国視察（五月、韓国皇帝に謁見）◆九月、王子製紙株式会社取締役会長を辞す（一九〇二年、相談役）	五月、東京商業会議所、鉄道国有建議書提出◆六月、第一次大隈重信内閣成立
一八九九	明治三二	五九	一月、衆議院議員選挙法改正期成同盟会会長◆五月、大蔵省より北海道拓殖銀行設立委員に任命。京仁鉄道合資会社設立、取締役社長◆一二月、銀行倶楽部委員	七月、日英通商航海条約など改正条約実施
一九〇〇	明治三三	六〇	二月、京釜鉄道株式会社創立委員長。『青淵先生六十年史―一名近世実業発達史』竜門社より刊行◆三月、東宮御慶事奉祝会副会長・会計監督。内閣より日本興業銀行設立委員に任命（一九〇二年、監査役）◆四月、黒須銀行顧問役◆五月、男爵◆六月、正四位◆七月、東京市養育院感化部開始式◆一〇月、韓国訪問、一一月皇帝に謁見	六月、中国で義和団事件起こる◆九月、立憲政友会結成
一九〇一	明治三四	六一	二月、大阪瓦斯株式会社監査役◆四月、第五回内国勧業博覧会評議員。日本女子大学校開校・会計監督（一九三一年、校長）◆五月、井上馨による大蔵大臣就任要請を辞退。王子飛鳥山の新邸に移り、以後本邸とする	五月、社会民主党結成（間もなく禁止）

			◆六月、京釜鉄道株式会社取締役、七月、取締役会長◆九月、茨城採炭株式会社創立、相談役	
一九〇二	明治三五	六二	二月、勲三等瑞宝章。合名会社中井商店顧問◆四月、清韓協会設立・幹事長◆五月、夫人同伴で欧米視察に出発（六月、ルーズベルト大統領と会見、七月、ロンドン商業会議所、ロンドン市長晩餐会、ベルギー、ドイツ、フランス、イタリーを経て、九月帰国）	一月、日英同盟協定調印◆六月、徳川慶喜公爵となる◆九月、東京専門学校、早稲田大学と改称
一九〇三	明治三六	六三	一一月、インフルエンザ罹患、喘息を併発◆一二月、京釜鉄道株式会社理事	六月、日比谷公園開園式
一九〇四	明治三七	六四	三月、風邪をこじらせ転地療養九月まで◆九月、韓国興業株式会社設立、監督◆一〇月、東京市区改正委員会臨時委員辞す	二月、日露戦争勃発
一九〇五	明治三八	六五	一〇月、韓国皇帝より勲一等太極章。移転した養育院感化部井之頭学校と改称、開校式	九月、ポーツマス講和条約。日比谷焼打事件
一九〇六	明治三九	六六	二月、銀行倶楽部委員長◆三月、札幌麦酒株式会社・日本麦酒株式会社・大阪麦酒株式会社が合併し大日本麦酒株式会社設立、取締役◆四月、勲二等旭日重光章◆六月、韓国訪問、皇帝に謁見◆七月、南満洲鉄道株式会社設立委員◆八月、京阪電気鉄道株式会社創立・創立委員長（一一月、相談役）◆一一月、日本精製糖と日本精糖が合併し大日本製糖株式会社設立、相談役。名古屋電力株式会社創立・相談役◆一二月、東海倉庫株式会社創立・相談役。明治製糖創立・相談役	一月、阪谷芳郎、第一次西園寺内閣の大蔵大臣就任◆三月、鉄道国有法公布
一九〇七	明治四〇	六七	二月、帝国劇場創立、取締役会長。高等演芸場創立、取締役。専修学校商議員。日清汽船株式会社創立委員長（三月、取締役）◆三月、品川白煉瓦株式会社相談役◆四月、日本皮革株式会社創立、相談役。東叡山寛永寺檀家総代◆五月、合資会社沖商会有限責任社員・監査役◆六月、慶喜公伝編纂開始、七月、昔夢会始まる◆七月、社団法人東京慈恵会理	六月、ハーグ密使事件（ハーグ平和会議に韓国皇帝密使を派遣し日本の侵略を訴える。）

			事・副会長。北海道製麻・日本製麻が合同し帝国製麻株式会社創立、相談役。東明火災海上保険株式会社創立、取締役◆一一月、暁星中学校拡張評議員兼会計監督	
一九〇八	明治四一	六八	二月、国学院顧問◆五月、陽明学会評議員◆八月、北海道各地巡覧◆九月、日韓瓦斯株式会社創立、取締役会長。帝国商業銀行相談役。東洋拓殖株式会社設立委員◆一〇月、自動車を乗用とする。中央慈善会設立、会長。木曾興業株式会社創立、相談役。東京・大阪・京都・横浜・神戸の各商業会議所がアメリカ太平洋沿岸商業会議所代表を訪日招待◆一二月、表慶館陳列品調査委員	四月、第一回ブラジル移民出発◆一〇月、戊申詔書発布
一九〇九	明治四二	六九	六月、古稀に際し第一銀行及び東京貯蓄銀行を除く会社や団体の役職を辞任。従三位◆八月、渡米実業団長として渡米（一〇月、タフト大統領と会見、一二月、帰国）	一〇月、伊藤博文暗殺される
一九一〇	明治四三	七〇	四月、生産調査会副会長◆八月、社団法人東京銀行集会所会長◆一二月、三女愛子、明石照男と結婚	八月、韓国併合に関する日韓条約調印
一九一一	明治四四	七一	三月、日露協会評議員◆五月、維新史料編纂会委員。財団法人済生会設立、八月、顧問・評議員◆八月、勲一等瑞宝章◆一二月、国際平和義会日本支部会頭	一〇月、清で辛亥革命始まる
一九一二	大正元	七二	一月、同族会で遺言書を示す◆二月、大日本平和協会名誉評議員。日本鋼管株式会社発起人◆六月、帰一協会成立・幹事。ニュー・ヨーク日本協会協賛会創立・名誉委員長◆八月、日仏銀行相談役	八月、鈴木文治ら友愛会設立
一九一三	大正二	七三	一月、伯剌西爾拓植株式会社創立準備委員、三月、名誉顧問◆二月、日本結核予防協会設立、副会頭（一九二一年、会頭）◆三月、カーン海外旅行財団設立、商議員。東京市参与◆四月、日米同志会創立、会長。日光東照宮三百年祭奉斎会顧問（九月、会長）◆六月、教育調査会会員◆八	四月、中国に対する五か国借款団借款協定に調印◆一〇月、政府、中華民国を承認◆一一月、徳川慶喜逝去

			月、中国興業株式会社（後の中日実業）創立、相談役◆一〇月、日本実業協会創立、会長◆一一月、帝国飛行協会成立、評議員◆一二月、神社奉祀調査会委員	
一九一四	大正三	七四	一月、東北九州災害救済会創立、副総裁◆三月、合資会社国際通信社設立、相談役◆五月、中国訪問◆六月、パナマ太平洋万国博覧会臨時博覧会事務局評議員。大阪紡績・三重紡績が合併し東洋紡績株式会社創立、相談役◆七月、聖路加病院評議員会副会長・会計監督◆一〇月、財団法人国産奨励会設立準備委員総代、顧問◆一二月、明治神宮奉賛会創立準備委員長（一九一五年、副会長）	七月、第一次世界大戦勃発
一九一五	大正四	七五	三月、帝国蚕糸株式会社相談役◆四月、渋沢同族株式会社設立、社長は敬三◆九月、財団法人明治神宮奉賛会副会長◆一〇月、パナマ太平洋万国大博覧会観覧を兼ねて訪米（一一月、ウィルソン大統領と会見、翌一月、帰国）◆一〇月、米価調節調査会副会長◆一一月、勲一等旭日大綬章	五月、対中国二一箇条要求に基づく条約調印
一九一六	大正五	七六	二月、日米関係委員会発足、常務委員◆三月、海外植民学校顧問◆四月、経済調査会委員◆七月、第一銀行頭取辞任、相談役◆八月、飛鳥山邸でタゴール午餐会◆九月、渋沢栄一述梶山彬編『論語と算盤』（東亜堂書房）刊行◆一〇月、理化学研究所創立委員長	九月、工場法施行
一九一七	大正六	七七	三月、財団法人理化学研究所創立、副総裁◆四月、日米協会創立、名誉副会長◆五月、日本郵船相談役◆九月、早稲田大学維持員、一一月校規改訂調査委員会会長◆一一月、晩香廬落成（翌七月より使用開始）	九月、金輸出禁止
一九一八	大正七	七八	一月、渋沢栄一著『徳川慶喜公伝』（竜門社）刊行◆二月、ヘボン氏寄附講座委員◆五月、聖徳太子一千三百年御忌奉賛会副会長。日仏協会終身会員◆八月、東京臨時救済会会長◆九月、臨時国民経済調査会委員。田園都市株式会社創立、発起人◆一〇月、増上寺再建後援興勝会副総裁	八月、米騒動起る◆九月、原敬内閣（本格的政党内閣）成立

一九一九	大正八	七九	五月、アメリカ合衆国政府より日米船鉄交換争議の仲裁人を委嘱される◆七月、正三位。臨時財政経済調査会委員◆八月、財団法人二松学舎、舎長・理事◆一二月、財団法人協調会、評議員・常議員・理事・副会長。亜細亜学生会顧問	六月、ヴェルサイユ講和条約調印
一九二〇	大正九	八〇	二月、ベルギー国皇帝より王冠第一等勳章◆三月、サンフランシスコ日米関係委員会委員を迎え日米有志協議会◆四月、社団法人国際聯盟協会創立、会長◆六月、日華実業協会創立、会長◆九月、子爵。財団法人滝乃川学園理事長	五月、日本最初のメーデー◆株式暴落（戦後恐慌）
一九二一	大正一〇	八一	一〇月、ワシントン軍縮会議実況視察のために米国に出発、一一月、ハーディング大統領と会見、翌一月帰国	一一月、原敬暗殺される。ワシントン会議開催
一九二二	大正一一	八二	四月、東京商工奨励館顧問◆五月、小畑久五郎翻訳、栄一序文『アンドルー・カーネギー自叙伝』（冨山房）刊行◆一一月、日印協会会頭	四月、日本農民組合結成◆七月、日本共産党結成◆株式暴落、不況慢性化
一九二三	大正一二	八三	六月、日米関係委員会日米問題陳述書発表◆七月、日本無線電信株式会社創立委員を選。中華民国政府より一等大綬宝光嘉禾章◆九月、大震災善後会創立、副会長。帝都復興審議会委員	九月、関東大震災
一九二四	大正一三	八四	三月、日仏会館創立、理事長。東京女学館館長◆四月、文政審議会委員◆七月、浅草寺観音会顧問◆一二月、喘息転地療法（翌年三月まで）	五月、アメリカで排日移民法成立
一九二五	大正一四	八五	一月、製鉄鋼調査会委員◆六月、松平定信（楽翁）伝記編纂委嘱◆九月、浅草寺臨時営繕局顧問◆一〇月、青淵文庫献呈式◆この年、日本史籍協会評議員	四月、治安維持法公布◆五月、普通選挙法公布◆一〇月、穂積陳重、枢密院議長となる
一九二六	昭和元	八六	三月、日本太平洋問題調査会、評議員会会長◆七月、朝鮮鉄道促進期成	労働争議多発

			会名誉会長◆八月、社団法人日本放送協会設立、顧問◆一〇月、第一回雨夜譚会（一九三〇年、第三一回最終回）◆一一月、フランス共和国政府よりグラン・クロア・ド・ロルドル・ナショナル・ド・ラ・レジョン・ドノール勲章。	
一九二七	昭和二	八七	二月、日本国際児童親善会創立、会長。三越で親善人形展覧会◆五月、南湖神社奉賛会総裁◆八月、航空輸送会社設立準備調査委員会会長◆一〇月、ハリス記念碑除幕式◆一一月、理化学興業株式会社創立、渋沢敬三が監査役	三月、金融恐慌勃発
一九二八	昭和三	八八	一月、『渋沢栄一滞仏日記』（日本史籍協会）刊行。日本女子高等商業学校建設後援会発起人◆三月、東京帝国大学新聞学講座設置発起人総代◆七月、日本航空輸送株式会社創立・創立委員長◆九月、財団法人帝室博物館復興翼賛会副会長◆一一月、勲一等旭日桐花大綬章	二月、初の衆議院議員普通選挙◆四月、日本商工会議所設立◆六月、張作霖爆殺事件
一九二九	昭和四	八九	五月、楽翁公遺徳顕彰会設立、会長◆六月、大神宮御遷宮奉賛会顧問◆七月、従二位◆八月、アメリカン・ソサエティ・オブ・メカニカル・エンジニア名誉会員◆一一月、中央盲人福祉協会創立、会長◆一二月、宮中参内（単独）陪餐	一〇月、世界大恐慌はじまる◆産業合理化政策、本格的に開始
一九三〇	昭和五	九〇	七月、明治神宮外苑聖徳記念絵画館に壁画献納	一月、金輸出解禁。ロンドン軍縮会議開催◆昭和恐慌
一九三一	昭和六	九一	一月、癩予防協会会頭・理事◆七月、『楽翁公伝』自序口述（八月迄）◆八月、中華民国水災同情会会長◆一〇月、腸疾患手術◆一一月一〇日、正二位。翌一一日、永眠。泰徳院殿仁智義譲青淵大居士。一五日、東京上野の谷中霊園に埋葬	九月、満州事変始まる

◉渋沢栄一文献案内

渋沢栄一に関する主な伝記、評伝、研究書等のうち、事績を理解する上で参考となる文献をまとめ、著作、伝記・評伝、研究書、資料集の順に並べた。

●著作

『雨夜譚《あまよがたり》　渋沢栄一自伝』（岩波文庫）
長幸男校注（岩波書店　一九八四年）

本書は、渋沢栄一の三四歳までの生涯を栄一自身が語る「雨夜譚《あまよがたり》」と、明治維新以降における経済活動を同じく自身が語る「維新以後における経済界の発達」で構成されている。渋沢栄一を理解するための必読書であり、幕末から明治にかけての動向を知る貴重な資料でもある。本書は刊行されて以降、現在も版を重ねている。また「雨夜譚」は、『渋沢栄一　雨夜譚　渋沢栄一自叙伝（抄）』（日本図書センター　一九九七年）、『雨夜譚余聞』（小学館　一九九八年）に収録され、英語、ロシア語など外国語でも刊行されている。

「雨夜譚」は、渋沢栄一の明治政府仕官時代までを概観する資料として、小説や論文など多くの作品の底本として使われている。「雨夜譚」活字化の最初は、栄一の還暦を記念して刊行された『青淵先生六十年史―一名近世実業発達史』（竜門社　一九〇三年）であった。同書への「雨夜譚」収録は、栄一の活動の源泉を広く世に知らせたが、「雨夜譚」の成立はさらに遡る。一八八七年（明治二〇）、渋沢栄一は子弟に請われて自らの半生を語り、「雨夜譚」はその口述筆記である。「雨夜譚」成立後、栄一はこれを子弟に講読し、浄書した。このことから、「雨夜譚」は栄一自らが何度も吟味した「自伝」であることがわかる。

「雨夜譚」の魅力は、藍玉の製造販売を営む農家に生まれた少年が激動の時代を生きた姿が率直に語られていることである。尊王攘夷運動傾倒、一橋慶喜仕官、渡欧、明治政府出仕の半生が生き生きと描かれている。話は仔細で感情豊かであり、力強い躍動感を持つ。「雨夜譚」以降、栄一は第一国立銀行を中心に数多くの企業、社会事業に関わっていく。広く知られている「実業家・渋沢栄一」を理解するために栄一自らその背景を明かした同書は、栄一が伝えたかった思いが込められた作品である。

「維新以後における経済界の発達」は、『国家学会創立満三十年記念　明治憲政経済史論』（有斐閣書房　一九一九年）を底本とする。明治維新以降の日本経済について、栄一が関わった事業を中心に回顧されている。各事業に栄一独特の経済理念「合本主義」が織り込まれており、「実業家・渋沢栄一」の活動の概略を理解するために「雨夜譚」と併せて読んでいただきたい。

（永井美穂）

『論語と算盤』（角川ソフィア文庫）

渋沢栄一述（角川学芸出版　二〇〇八年）

渋沢栄一が説く「道徳経済合一」の考えを中心に、処世術をまとめ世に出した一書が『論語と算盤』である。一九〇九年（明治四二）、栄一は古稀の祝いとして洋画家小山正太郎の画を贈られた。『論語と算盤』というユニークなタイトルは、その画を見た三島毅（中洲）が起草し、栄一に贈った「題論語算盤図賀渋沢男古稀」の一文に由来する。栄一は、胸中に懐いていた堅苦しい道義観念を、より平易で具体的に表現した言葉として「論語と算盤」を使うようになった。

一九一一年（明治四四）、栄一は『実業之世界』一月一五日発刊号に「論語と五十盤」という一文を寄せた（『竜門雑誌』第二七二号に転載）。翌年、栄一の諸説を体系的にまとめた『青淵百話』（同文館）の中にも、ほぼ同じ内容の文章が「論語と算盤」と題して収められた。しかし、この思想が世の中に広く普及するようになったのは、一九一六年（大正五）に東亜堂書房から『論語と算盤』というタイトルの書籍が、若い世代にむけ、一円の価格で刊行されてからである。これは『実業之世界』や『青淵百話』等に収められた内容とは異なり、栄一が説いた世に処する方法を梶山彬が『竜門雑誌』から選び、一〇章九〇項目に編んだものである。

これ以降、一九二七年（昭和二）に忠誠堂より若干の改訂が施された版が刊行された後、一九五四年（昭和二九）には浅野重次郎が別版を発行。さらに、一九八五年（昭和六〇）には国書刊行会から、また、同じ年に大和出版から草柳大蔵の解説を付したものが出版された後、中国や韓国等でもそれぞれの言語に訳され刊行されるなど広く世界に普及していった。

本書は忠誠堂版を底本とし、栄一の「『論語と算盤』とは必ず合致すべきもの」という思想が、「処世と信条」「立志と学問」「常識と習慣」「仁義と富貴」「理想と迷信」「人格と修養」「算盤と権利」「実業と士道」「教育と情誼」「成敗と運命」の一〇章にまとめられている。

各章の冒頭には「この章ではここに注目」というコーナーが設けられ閲読の便となっているほか、書き下し文の形で引用している箇所には振り仮名が加えられるなど読みやすくなる工夫も施されている。また、中国古典文学研究の第一人者加地伸行が格言の訓読と現代語訳、および若干の注解を付け加えているほか、前書きと解題も執筆している。

（井上潤）

『渋沢栄一の「論語講義」』（平凡社新書五四六）

渋沢栄一著　守屋淳編訳（平凡社　二〇一〇年）

一九一〇年（明治四三）、渋沢栄一は三島毅（中洲）が設立した財団法人二松義会の顧問に就任、一九一七年（大正六）には会長になり、専門学校設立に際しても舎長として尽力している。栄一は、この二松学舎で論語講義を担当した。

その講話は当時二松学舎の教授だった尾立維孝による筆述により講義録に連載されたが、一九二五年（大正一四）、これが合冊され、『論語講義』（乾・坤二巻二冊）と題して二松学舎出版部より発行された。世にいう「渋沢論語」なるものであり、ここに紹介する書籍の原本となるものである。

『論語講義』の特徴として、本書の編訳者は以下のような点をあげる。

一つは、『論語』と栄一の思想がともに学べるという点。二つ目は、実際に交遊のあった幕末維新の偉人―西郷隆盛、大久保利通、木戸孝允、井上馨、大隈重信、松方正義、陸奥宗光、三条実美、徳川慶喜、近藤勇、岩崎弥太郎、平岡円四郎の姿や評価が描かれている点。

そして三つ目は、栄一の内容を読みとる力、自分にあてはめて考える力、すなわち「読解力」が抜きんでている点である。特に『論語』の教えに対し、なぜそうなっているのか、ではどうすればよいのかを述べる栄一の切れ味は、本書の味わいどころの一つといえる。自らの体験に照らし合わせて論語を語るところなどは、論語を現代に活かしているというよりも、論語が常に生きた存在であるということを伝えるものである。

『論語講義』は、初版の後、二松学舎一〇〇周年記念事業の一つとして、一九七五年（昭和五〇）一〇月、明徳出版社から乾・坤を一冊（九五七頁）にまとめた形で復刻出版された。さらに一九七七年（昭和五二）には、講談社学術文庫（全七巻）としても刊行されている。そして、明徳出版社版と講談社学術文庫版から重要項目を選び、それぞれの項目において、『論語』原文を現代語に訳すと共に、「講義」部分をわかりやすく要約し、編訳者によって儒教系の用語を中心とした「解説」が付されたのが、ここに紹介する一書である。

現代社会に強く求められている栄一の考えをより分かりやすく伝える本書は、まさに時宜に適った書であり、より一層の普及を期待したいものである。

（井上潤）

●伝記・評伝

『渋沢栄一伝』

幸田露伴著（渋沢青淵翁記念会　一九三九年）

本書は、渋沢栄一の四半世紀後に生まれて、栄一と共に明治大正を生きた幸田露伴が、実業家になる以前の人間栄一を活写した異色の人物評伝である。財団法人渋沢青淵翁記念会が記念事業として幸田露伴に伝記執筆を依嘱し、渋沢栄一生誕百年にあたる一九三九年（昭和一四）五月に同会から刊行された（菊判、三一七頁）。

内容は、栄一が一八四〇年（天保一一）に誕生してから、一八七三年（明治六）政府を退官する三四歳までの時期に重点をおいて述べられている。栄一が勃興期日本の資本主義をリードする実業家となる以前に、どのような環境で生まれ、どのような人物に育ったのか。露伴は本書の冒頭で、「人は誰でも時代の人である、…ただ栄一に至つては、実に其時代に生れて、其時代の風の中に育ち、其時代の水によつて養はれ、其時代の食物と灝気を摂取して、そして自己の躯幹を造り、…自然に時代の意気と希望とを自己の意気と希望として、長い歳月を克く勤め克く労したのである。」と記し、時代の児栄一の前半生を露伴特有の文体で書く。ここでは、栄一らの横浜焼き討ち計画と桃井可堂派・長州派との間に相当密接な連絡があった、筑波山事件の顛末や一橋家の領地巡回中に行った事業などから栄一が経済に心を用いるようになった、幕末渡欧時の見聞が維新後数多の産業開発・支援に影響を与えた、などの解釈が加えられている。反面、民間で各種の事業を手がける後半生の記述は五〇頁にも満たず、きわめて簡潔に描かれている。

一九三九年（昭和一四）一一月、露伴は求められて行った講演「青淵先生の後半生」（『竜門雑誌』六一六号（一九四〇年一月）所収）でも、「先生の世に対して尽くされたといふものは、…制度でもなく、実業でもない、即ち対社会の発達したる国民の態度といふものを、だんだんと進歩せしめて行かれたこと」であり、官民の間、民間同士、国と国との疎隔を、円満に交際交渉できるよう骨を折った。「これは小さいやうな事、目立たぬ事ではありまするが、大変大きい事でした。」と話して、栄一が時代のなかで担った役割を概括している。

なお、初版刊行後の一九三九年一二月、岩波書店から判型を小さく四六判とした普及版が刊行されている。また、戦後の『露伴全集』第一七巻（岩波書店　一九四九年）にも、他の史伝とあわせて収録されている。

（石坂正男）

『明治を耕した話　父・渋沢栄一』（青蛙選書）

渋沢秀雄著（青蛙房　一九七七年）

渋沢秀雄は、新聞や雑誌の連載など多くの場を通じて、父栄一について語ってきた。本書は秀雄による五冊目*の栄一伝である。

本文は「明治を耕した話」「明治の小・中学生」「動物白話」の三部構成になっており、各部はそれぞれ一五から三〇項目に分けられている。第一部では栄一の九一年の生涯を、時折息子からの視点を交えつつ、わかりやすい文体で描いている。「はしがき」には「随想風」とあるが、さまざまな文献からの引用も織り交ぜられており、決して読みやすいだけの栄一伝ではない。第二部では、著者が子供だった頃の家庭や学校の様子が二一のエピソードで綴られており、第三部では時折栄一の思い出が顔を覗かせている。ちなみに、第三部は『週刊読売』一九七五年一月一日号から連載されたエッセイの抜粋である。

本書の外函に描かれた一九一〇年（明治四三）頃の渋沢邸・兜町周辺の様子、および表紙の蛙のイラストを含め、本書の挿画は全て著者が描いたものである。

＊渋沢秀雄著の他の伝記：『攘夷論者の渡欧　父・渋沢栄一』（双雅房　一九四一年）、『渋沢栄一　実業の父』（ポプラ社　一九五一年）、『渋沢栄一』（竜門社　一九五六年）、『父渋沢栄一』（実業之日本社　一九五九年）

（川上恵）

『渋沢栄一』（増補版）

渋沢秀雄著（渋沢青淵記念財団竜門社　一九九八年）

本書は、渋沢栄一の息子で、随筆家でもある渋沢秀雄が記した栄一伝。一九五六年（昭和三一）の初版以降二四版を重ね、「小伝」の愛称で呼ばれる文庫サイズのロングセラー図書となっている。

秀雄は「まえがき」で、父栄一について「亡くなるまで誠実いちずに、世のため人のため働き通した」と述べ、父の経歴を「銀行創立まで」「養育院」「政治と栄一」など二四の項目に分けて書いている。また、単に事実を書き並べるだけでなく、それぞれの項目に「家庭的な思い出」を差し挟みながら父の姿を描いており、既に複数の関連書籍を読んでいる読者にとっても、栄一の新たな一面を知ることができる内容となっている。

一九九八年の増補版では、『伝記資料』所載の写真が多数掲載されただけではなく、年譜や系図も追加され、誰にとっても読みやすい栄一伝となった。装丁はシンプルで、表紙と裏表紙には渋沢家の家紋のモチーフとなった柏葉が描かれている。

（川上恵）

『太平洋にかける橋　渋沢栄一の生涯』（復刻版）

渋沢雅英著（不二出版　二〇一七年）

本書は渋沢栄一の事績のひとつ、民間外交を切り口とした著作である。著者渋沢雅英は栄一の曾孫、嫡孫敬三の長男。執筆当時は東南アジアをめぐる国際問題を研究、財団法人ＭＲＡ（道徳再武装運動）ハウス代表理事を務めていた。著者は第一章で「栄一を中心とする国民外交の歴史を通して…日本という国とその国民が負わされていた業ともいうべきものの正体を探ってみたい」と執筆動機を語る。二章のグラント将軍来日（一八七九年）から一二章の中華民国水災同情会（一九三一年）まで、栄一が関与した民間外交を時系列で紹介、最終章の一二章では栄一が国民に与えた印象や時代への影響にも言及し、最後に「栄一を悩ませた同じ問題が未解決で持ち越されている」と指摘する。内外の諸資料に基づき披露される種々の逸話は時代背景を興味深く物語る。中でも父渋沢敬三に関する回想は敬三の栄一観、また著者の敬三観としても貴重な証言であると言えよう。巻末には参考書目と栄一の略年譜、渡米実業団訪問都市の折り込み地図が付されている。

（山田仁美）

『渋沢栄一』（人物叢書　新装版）

土屋喬雄著（吉川弘文館　一九八九年）

『伝記資料』本編の編集主任を務めた経済学者、土屋喬雄によって書かれた伝記。栄一の誕生から実業界引退までを中心に扱っており、全体にわかりやすい文章で書かれている。索引はないものの、ポイントやキーワードとなる言葉が欄外に記され、内容を探しやすくする工夫も施されている。巻末に「渋沢家略系図」「略年譜」「参考文献」あり。また、渋沢史料館所蔵の資料写真も随所に掲載されており、読みやすい体裁になっている。

本書のルーツは、渋沢栄一が逝去した一九三一年（昭和六）に改造社より刊行された同著者による『渋沢栄一伝』である。その「序」に「渋沢栄一の生涯は、その指導的地位、その活動範囲の広汎の故に、云はゞ、日本資本主義発達史其ものたるの観がある」とある通り、人物紹介ではなく「日本資本主義の最高指導者」として渋沢栄一伝の執筆が試みられた。栄一最晩年、未だ研究文献がさほど多いとは言えない一九三〇年（昭和五）より書き始められたという事情はあるものの、「雨夜譚会記録」などの未刊資料を渋沢敬三の許諾の下に十全に利用することが可能だったため、当時としては資料に恵まれた伝記となった。

『伝記資料』の刊行が再開された一九五五年（昭和三〇）、この改造社版を基にして東洋書館より「日本財界人物伝全集」の第一巻として再び『渋沢栄一伝』が刊行された。ここでは改造社版の「前篇」（誕生から大蔵省退官まで）と「後篇」（実業家時代）の内容が改訂され、「別篇」は書き改められた。

これに続く吉川弘文館版『渋沢栄一』は、改造社版『渋沢栄一伝』を土台として一部改訂を加えたもので、日本歴史学会編集「人物叢書」の一冊として出版された。本文の構成は、東洋書館版を多少変更し、誕生から駿府を去るまでを扱った「第一　幼・少・青年時代の渋沢栄一」、維新直後の大蔵省仕官から実業界引退までの「第二　実業界の指導者」、東洋書館版「別篇」を基にして引退後の活動をまとめた「第三　社会・公共事業事歴」の三部より成る。

なお、土屋は吉川弘文館版『渋沢栄一伝』の刊行を待たずに帰らぬ人となったこともあり、原稿の整備は日本歴史学会のメンバー、および渋沢史料館関係者が中心となって行われた。

（茂原暢）

『渋沢家三代』

佐野眞一著（文芸春秋社　一九九八年）

渋沢栄一に興味を持ったきっかけとして、本書を挙げる人は少なくない。歴史上の人物から現代の事件まで数多くの作品を手掛けるノンフィクション作家・佐野眞一が栄一、篤二、敬三の三代を描いた本書は、いわゆる評伝とは異なる切り口で、人間栄一を描いている。

本書以前に著者は『旅する巨人　宮本常一と渋沢敬三』（文芸春秋　一九九六年）を世に出していた。第二八回大宅壮一ノンフィクション賞を受賞した同書は、異端の民俗学者・宮本常一とその仕事を世の中に広く知らしめると同時に、宮本が師と仰いだ敬三に対する大きな関心をも生み出した。それは、父・篤二、祖父・栄一まで遡ることで敬三という人物を描き出した、著者の仕事の成果であった。

プロローグに「これほど格が大きく、ふところの深い人物が日本人の中にもいたことを、私はひそかに誇りに思った」とあるように、『旅する巨人』を通して著者は敬三と渋沢一族に大きな魅力を感じていた。そして著者は、この血統をたどることで日本人が忘れてしまったプライドを回復させることにつながるという期待を込めて、『渋沢家三代』を生み出した。

本書の中心は、栄一とその一族にある。幕末から激動の時代を生きて大実業家となった巨星と一族をめぐる物語が、多くの資料とインタビューを交えて展開されている。著者はこの一族を「勤勉と遊蕩の血」の切り口で明らかにしようと試みた。多くの読者が「遊蕩」の面に目を奪われがちなのは、あまり語られてこなかった栄一の長男・篤二廃嫡の経緯に重点の一つが置かれているからであろう。しかし、本書における要点は「遊蕩」ではない。篤二の問題を通して、家の存続を願う栄一の意志を従来より踏み込んだ視点で描き出した点にある。

著者が登場人物の内面に向ける視線は、それぞれ一個人の生々しい息づかいを伝えている。日本人の誇りを回復させたいという著者の狙いは、それぞれの時代を生き抜いた栄一、篤二、敬三の生身の姿を描くことにあるのかもしれない。

（永井美穂）

『雄気堂々』上・下（新潮文庫　改版）

城山三郎著（新潮社　二〇〇三年）

稀代の作家城山三郎による、渋沢栄一前半生の伝記小説。一八歳（数え年一九）の栄一が故郷血洗島で従妹の尾高千代と結婚した時から、四二歳の時に千代がコレラで没するまでのおよそ四半世紀が舞台である。その間に栄一は倒幕運動から一転して一橋家に仕えた縁でパリ万博へ向かい、帰国後明治政府に仕官、そして実業界へと波乱万丈の青・壮年期を送る。それは一八五八年（安政五）から一八八二年（明治一五）と、幕末から明治にかけて日本の国そのものが疾風怒濤にもまれた時代であった。

城山は全体を三三の章に分けてそれぞれに簡潔なタイトルを付け、栄一とその時代を見事な筆致で活写している。上巻は横浜焼き打ちを中止して従兄の喜作と共に京都に向かい、一橋慶喜に仕えパリ万博で世界に見聞を広げる様子を描いている。下巻は大隈重信の誘いにより大蔵省で活躍しながら、官尊民卑に反発して野に下り実業界の基礎を築いていった栄一の活動を、様々なエピソードを通じて語っている。彼をとりまく家族や親戚、一橋家、大隈や井上馨など明治政府の立役者、古河市兵衛や岩崎弥太郎など実業界の人々も活き活きと描くことで、動乱の中を「雄気堂々」と生き抜いた栄一の姿をみずみずしく浮かび上がらせている。城山があとがきに書いたとおり、これは「ひとつの人格形成の物語であると同時に、国家形成、時代形成の物語である。あるいは、組織形成の物語ともいえる」。

この作品は、一九七一年（昭和四六）毎日新聞朝刊に『寒灯』と題して連載された長編小説に著者が手を加え改題したもので、翌一九七二年（昭和四七）に新潮社から上下二巻の単行本として出版された。その後新潮文庫上下二巻に収めて一九七六年（昭和五一）に出版されたものを、読みやすく活字を大きくし頁数も増やして二〇〇三年（平成一五）に改版されたのが本書である。下巻巻末に著者のあとがき（一九七二年）、尾崎秀樹による解説（一九七六年）を所収。

なお、この作品は経済小説というジャンルを開拓した城山の代表作のひとつであり、『城山三郎全集　第五巻』（新潮社　一九八〇年）、『日本歴史文学館　三二』（講談社　一九八六年）、『城山三郎伝記文学選　三』（岩波書店　一九九九年）にも収録されている。

（門倉百合子）

『渋沢栄一　近代の創造』

山本七平著（祥伝社　二〇〇九年）

日本の急速な近代化はなぜ可能だったのか。本書はその答えを「探索」すべく、山本七平が著したものである。

著者の山本七平は、一九二一年（大正一〇）東京に生まれ、青山学院高商部を卒業し、戦時中は砲兵少尉として出征、フィリピン戦線では捕虜も経験したという。戦後は、山本書店を設立し、聖書などの翻訳本を出版。一九七〇年（昭和四五）に同書店からイザヤ・ベンダサンという筆名で刊行された『日本人とユダヤ人』はベストセラーとなった。また、山本は日本人・日本社会に関する多数の著作を世に送り出した。それらは「山本学」と称され、現在も多くの読者を惹きつけている。

本書は、山本が一九八四年（昭和五九）から一九八六年（昭和六一）まで『Ｖｏｉｃｅ』誌（ＰＨＰ研究所）に連載した内容をまとめたものである。『近代の創造　渋沢栄一の思想と行動』と題し、一九八七年（昭和六二）にＰＨＰ研究所から単行本として刊行され、二〇〇九年（平成二一）には、祥伝社より改題して再び刊行された。

本書は、渋沢栄一・九一年の生涯を通して記す、いわゆる「伝記」ではない。「徳川時代と明治時代との非連続を一身に具現していると思われる」人物として栄一を選び、その思想と行動を通して、先の問いに答えようとした。書き出しは、栄一が生まれた血洗島村の風土、渋沢家の経営など、栄一の思想や活動の背景、企業家精神の源流に迫っていく。そして、高崎城乗っ取り計画の中止、一橋家出仕、フランス行き、明治維新と帰国、静岡時代、明治政府出仕、第一国立銀行創立と総監役就任で終章となる。

山本は、先行する各方面の諸研究に依拠しながら、そして『伝記資料』所収の資料を駆使して、大変革期に直面した渋沢栄一に迫ろうとする。そこには、栄一の行動と事績を「偶然」や「奇跡」として位置づける視点は存在しない。山本が「いうまでもないが「世の中には奇蹟はない」。奇蹟のように見えるのは、その原因の探求が不十分だというだけのことである。手品は確かに奇蹟のように見えるが、その「種」を知っている人にとっては、そうならなければむしろ奇蹟なのである」（本書・二三四頁）と述べるように、山本は渋沢栄一というフィルターを通して、日本の近代化の「種」を追及しようとしたのである。

（関根仁）

『激流　渋沢栄一の若き日』（大佛次郎セレクション）

大佛次郎著（未知谷　二〇〇九年）

本書は、歴史小説家の大佛次郎が、渋沢栄一を主人公として描いた伝記小説である。一九五一年（昭和二六）一〇月から翌年九月まで『日本経済新聞』朝刊に連載されたのち、一九五三年（昭和二八）に文芸春秋新社より刊行され、その後、徳間書店、恒文社などからも刊行されている。

本書の冒頭「飛鳥山」は、著者・大佛自身による第一高等学校時代のエピソードから始まる。大佛は飛鳥山にあった第一高等学校の寄宿舎で生活していた。ある日の消灯時間後、友人の一人が渋沢栄一について語ったことから、栄一へのイメージや噂話で盛り上がる。そして年月が経ち、大佛はかつて友人たちと話したことを回想しながら、栄一の小説を書くために再び飛鳥山を訪れる。戦後の飛鳥山には、栄一のかつての住まいはなく、様変わりをしていた。しかし、確かに栄一はこの地に住み、五〇〇余の企業の経営に関わり、財界の指導者として全人生を傾け取り組んでいたことを大佛は実感する。

大佛が執筆するきっかけとなったのは、既に渋沢栄一の伝記を著していた幸田露伴の推薦によるものであった。大佛は、まず栄一の生まれ故郷の現・埼玉県深谷市を訪ね、生家や若き栄一が通い、学びの場であった尾高家を訪ねるなど、相当の時間を費やし、資料収集と慎重な取材を行った。そうした中で、大佛は、栄一の九一年の生涯のうち、二二歳から二九歳に至る若き日の姿を書くことに決める。

栄一の二二歳というと、藍玉販売など家業に精を出しながら、北辰一刀流の千葉道場に出入りする中で出会った志士たちからの影響を受け、尊王攘夷思想を抱き、高崎城攻略や横浜焼討ちを計画した頃である。しかし、これらの計画は激論の末に中止され、栄一は嫌疑を逃れるため京都へたどり着く。その後栄一は、後に将軍となる一橋慶喜の家臣となり、慶喜の将軍就任後は幕臣としてパリ万国博覧会使節の随員となり、渡欧の機会を得る。かつて攘夷の思想を抱いた栄一にとって、西洋の政治や経済、さらに文化などを見るにつれ、日本が世界と対等に付き合うには、自分の考えを改めなければならないと痛感する。大佛は、幕末の「激流」に身を投じていく、若き日の栄一の姿を活き活きと描いている。

なお、本書に掲載されている挿絵（木村荘八画）のほとんどは、日本経済新聞連載時のものである。

（川上恵）

『渋沢栄一』（上 算盤篇・下 論語篇）（文春文庫 か15－8・か15－9）

鹿島茂著（文藝春秋　二〇一三年）

本書は、一九九五年（平成七）五月から二〇〇四年（平成一六）一〇月の間に、『月刊公論』（財界通信社）と『諸君！』（文藝春秋）の二誌で連載されたものを単行本二冊にまとめた渋沢栄一の伝記である。大部ではあるが、テンポのよい文章で読みやすく書かれている。

フランス文学者でもある著者は、資本主義社会において成功を収めるには、弱肉強食原理ではなく、モラルを商売の本質と見なす「損して得取れ」という思想が必要だとする。そして、栄一を近代的な資本主義の本質を血肉化していた例外的な人物と捉え、なぜ栄一はそのシステムを理解できたのかという問題を、サン＝シモン主義との関連で解明しようと試みている。

アンリ・ド・サン＝シモンは、一九世紀半ば頃、フランスで「産業者による、産業者のための社会」の建設を呼びかけた思想家である。彼の影響を受けたサン＝シモン主義者たちは、一八五二年に皇帝となったナポレオン三世のブレーンとして結集し、近代的な資本主義を短期間でフランスに導入する。著者はその成果が、栄一も体験した一八六七年のパリ万博に示されたとみる。そして、栄一の活動に、彼がフランスで体験した当時の資本主義システムを通して接したサン＝シモン主義の影響をみる。

『上 算盤篇』では、幕末から明治期、日本の資本主義を興すまでの栄一の活動を描く。栄一の道徳経済合一説とサン＝シモン主義の共通性を、栄一がすでにパリに行く前からサン＝シモン主義に共鳴する下地をもっていたと説く。そして明治期、栄一も認識しないままにサン＝シモン主義に通じる考えにもとづき近代日本の礎を築いていったと説く。

『下　論語篇』では、近代日本の資本主義が確立される過程で生じた社会問題に対応する栄一の姿を、教育、民間外交、郊外都市創設、福祉事業などを通して描く。そこにみられる栄一の「論語と算盤」（道徳経済合一説）の精神を、サン＝シモン主義との関わりから捉える。最終章では、家庭人としての姿からも栄一に迫り、その近代性についても論じている。

栄一の生涯と思想を、彼の発言や回顧録をはじめとする関係資料だけではなく、フランスで栄一と交流のあったフリュリ＝エラール家に伝来した新出資料、またその子孫への聞き取りなどを交え、著者独特の新解釈をほどこしつつ読み解いている。

（桑原功一）

●研究書

『渋沢栄一　民間経済外交の創始者』（中公新書）

木村昌人著（中央公論社　一九九一年）

『太平洋にかける橋』から二一年後に刊行された本書は民間経済外交という視点から栄一の「外交」という側面を掘り下げる。銀行勤務経験もある国際政治学者で渋沢研究会創立メンバーの一人でもある著者は、民間経済外交を「非正式折衝者が、国家間の経済問題に関する話し合いや交渉を親善を兼ねて行う外交」と定義、栄一の真骨頂は民間経済人として大局的見地から経済外交を推進した点にあるとする。本書の第一章は銀行家渋沢栄一の前半生を、二章から五章は経済を含む国際情勢を交えながら栄一の四回の渡米を紹介する。最終章の六章では栄一の功績と経済界の構造変化による影響力の低下を指摘、民間経済外交の意義や国際社会に通用する指導者像など、今日的課題を論じる。巻末には年譜と参考文献。

前掲『太平洋にかける橋』と共に本書は栄一を歴史研究の主題、日本の民間外交史を物語る「素材」として捉え、今日につながる課題へと読者の視線を導く。どちらも「世界の中の日本」を考える際に一読が推奨される文献である。

（山田仁美）

『新時代の創造　公益の追求者・渋沢栄一』

渋沢研究会編（山川出版社　一九九九年）

　本書は、渋沢研究会の発足一〇周年を記念して、それまでの研究成果を一冊の書籍として広く伝えること、渋沢栄一を現代的視点から再考察し、新しい栄一像や栄一の現代的意義を模索することを目的に刊行された。いわば「渋沢栄一の総合的研究」とも言うべき書籍である。

　本書の執筆・編集にあたった渋沢研究会は、一九八九年（平成元）五月に正式発足し、主として「渋沢栄一とその時代」「渋沢栄一とその周辺」を研究テーマに活動を続けている。年八回の例会（研究報告会）の開催・運営、年一回を基本に渋沢史料館が発行する研究紀要『渋沢研究』の編集を担う一方、シンポジウムの企画・開催なども行っている。栄一は、設立や経営指導等の関わりを持った企業の数が約四七〇、社会公共事業の運営・支援に関わった数が六〇〇程と言われているが、渋沢研究会では、様々な分野における研究報告、あるいは議論を積み重ねる過程において、その幅広い事績の中で常に公益を追求しようとする栄一の姿を数多く見いだしてきた。そして、その事実を栄一という存在の現代的意義として捉え、新しい栄一像の中に反映させているのである。そうした経緯を経て刊行された本書には、ひとつの共通したテーマが貫かれている。それは、栄一を「公益の追求者」として考察しようとする姿勢である。

　本書はまず冒頭で、幕末から明治・大正・昭和という激しく変動する時代を「時代の児」として生き抜いた栄一の生涯を概観する。ついで五部からなる本編において、一〇年間の活動のなかで渋沢研究会が対象としてきた「企業家」としての側面、「国際交流・民間外交」「教育」「社会福祉」の担い手としての側面、そして栄一の行動の背景となった「人生観・倫理感」の各ジャンルを、合わせて二四名の研究者が執筆している。学術的でありながら堅苦しくはない端的な文章によって、それぞれ具体的な事績を取り上げて論じている。

　公益を追求する栄一の思想や事績は、今日、我々が直面しているさまざまな問題、たとえば政治・官界・

財界各界で起こっている不祥事、日々報道される数々の事件などに見られるモラルや社会性の欠如といった問題に対して多くの示唆を与え、それ故に社会的に強く求められるものとなっている。本書は、その求めに応じる一書となっている。

（井上潤）

『渋沢栄一の企業者活動の研究――戦前期企業システムの創出と出資者経営者の役割』

島田昌和著（日本経済評論社　二〇〇七年）

本書は渋沢栄一が一八七三年（明治六）に第一国立銀行を創立してから一九三一年（昭和六）に亡くなるまでの、彼の企業家としての活動を実証的に分析した、経営学者による研究書である。栄一の人的ネットワークと資金調達の流れに注目し、資料を縦横に駆使して論点を検証している。研究の目的は、明治初期から一貫して栄一が取り組んだ株式会社制度の普及・定着の実態を明らかにし、彼が作りだした企業システムのしくみとその意義を確かな証拠に基づき解明することにある。「論語と算盤」に代表される栄一の経済思想や経営倫理に関する研究は数多くあるが、五〇〇社に関わったといわれる彼の企業家としての実体をここまで分析した書は、これまで存在しなかった。

内容は全一〇章を三部に分け、第一部では栄一の広範な企業者活動の全容を、役員としての活動、会社の全体像、そして株主としての関与の面から分析している。第二部では栄一の日々の行動パターンや周辺経営者との人的ネットワークを分析することで、多様なレベルの多数の会社に栄一がいかにして関与したかを明らかにしている。第三部では栄一の活動を支えた資金調達の流れを分析し、更に東アジアへの経済進出の実態と栄一の経済観の変遷にも触れている。著者の博士論文をもとにまとめたもので、巻末に参考文献、図表一覧、人名・社名索引付。

（門倉百合子）

『渋沢栄一　社会企業家の先駆者』

島田昌和著（岩波書店　二〇一一年）

渋沢栄一に関する従来の研究や評論は彼の青年期を重点的に取り上げ、「論語と算盤」など理念の側面からのアプローチが多かった。それに対し本書は壮年期の栄一のビジネス上の活動を中心に取り上げ、経済政策に積極的に発言し人材育成にも尽力した「社会企業家」としての側面を詳しく述べたものである。第二・三章は著者が二〇〇七年（平成一九）に著した『渋沢栄一の企業者活動の研究』の内容を簡潔にまとめたもので、実業界における栄一の活動とそれを支えた人的ネットワークの実態を具体的に描いている。続く第四章では日清戦争後の経済政策提言について、第五章では社会・公共事業を通じた国づくりについて触れている。栄一は六〇〇にも及ぶ社会・公共事業に関わったといわれるが、この章ではその中から特に教育と労働問題を取り上げ、栄一の取り組みを論じている。そして栄一の人格形成に大きな影響があった青年期までの諸事項を第一章にわかりやすくまとめていて、全体として優れた渋沢栄一入門書になっている。巻末に年譜、参考文献、索引付。

（門倉百合子）

『渋沢栄一　「道徳」と経済のあいだ』（評伝・日本の経済思想）

見城悌治著（日本経済評論社　二〇〇八年）

本書は、日本経済思想史研究会の企画「評伝・日本の経済思想」シリーズの一冊で、栄一の経済思想を、彼が生きた時代の中に位置づけて明らかにしようとしている。著者は栄一を、経済学・経営学を体系的に学んだ知識人ではなく、自らの経験と実践の中で成果を出し、それを己の旨としてきた実践家であったと捉える。それゆえに、栄一を育てた社会的文化的環境の「思想」、それらを吸収し、自ら育んだ「思想」、栄一が積極的自覚的に鼓吹しようとした「思想」を検討することを課題とする。

第一章では、栄一の生家周辺の地理的環境、父母からの影響、逸話などから少年時代の「合理的精神」の形成をみる。第二章では、幼少期の教育・読書などから尊王攘夷意識が形成され、攘夷運動を展開する過程を検討し、「時代の傍観者としてではなく、変革の実践者」として栄一を捉える。また、運動の挫折を機に一橋家に仕え、幕臣となりパリ万博幕府使節に随行して攘夷観を払拭、欧州での体験により新知識を得ていったことを検討する。そうした幕末期の栄一の活動に「自らの思考を切り替える素早さ」をみて、そこに「合理」的思考を捉える。第三章では、民部・大蔵官僚時代の栄一の経済制度構想のなかに、民間の力による商工業の発達を主導的に果たそうとした姿や、「公益」を追求しようとする姿勢を捉える。第四章では、栄一の第一国立銀行をはじめ諸企業の創立などに、日本への「合本主義」導入の意思を探る。また明治大正期の政治過程、戦争との関わりも取りあげる。第五章では実業界引退以降、社会公共事業、民間外交活動を中心に栄一の公益思想の展開を述べる。第六章では、栄一の朝鮮・中国など東アジアとの関係を扱い、栄一の対外思想について現代的観点からも批判的検討が試みられる。第七章では、栄一の道徳思想における経済思想との関係について検討する。

本書は、栄一の経済思想の解明を目的とするが、栄一が行った講演や回顧類を多く引用するとともに、同時代人物による栄一批評も取り上げながら叙述する方法をとっている。ゆるやかな編年順で構成されており、栄一の生涯が客観的かつ簡潔に描かれているので、その全体像を把握しやすい一書であると言うことができる。

（桑原功一）

『渋沢栄一　日本を創った実業人』（講談社＋α文庫）

東京商工会議所編（講談社　二〇〇八年）

本書は東京商工会議所（一八七八年に東京商法会議所として設立）が創立百周年の際に『実業人の舞台』として出版（一九八〇年）したものを再編集したものである。序章から八章立てでほぼ年代に沿って描かれており、幕末から昭和初期まで通して活躍した渋沢栄一と、彼が設立に尽力した東京商工会議所の歴史を読みやすくまとめている。

幕末から明治初期の時代は、言うなれば日本が近代国家として成長していく草創期ともいうべき時であった。しかしこの時期における日本の国際的立場は、幕末に欧米と締結していた不平等条約のために不利な状況に置かれていたのである。栄一はそうした状況に対応すべく実業界の団結が必要であると考え、それが東京商法会議所設立へと繋がっていくのであった。以後、栄一はこの例に代表されるように物事にあたる際には一人ではなく、「団結」を意識するようになっていく。序章から二章にかけては以上のような当時の状況が様々なエピソードを通じて垣間見られる。

横浜生糸貿易争い（第三章）では、横浜の外国人商人との紛争を栄一自身の人脈で解決し、現在の一橋大学の前身である東京商法講習所設立運動（第四章）では閣僚を説得し、設立に尽力する姿が描かれている。また、東京市区改正事業（第四章）では、栄一自身がテロの標的となりながら当初よりの考えを貫徹する強い意志が見られる。民間外交（第五章、第六章）では日露戦争後に悪化していく対米関係に関して民間からの打開を模索していた様子がつづられ、明治神宮奉建運動（第七章）に奔走する姿は実業界での奮闘と大差ないものとして描かれる。最後（第八章）は栄一の人物評を紹介し、「人間・渋沢栄一」に迫った。

本書の特筆すべき点としては、タイトルに「実業人」とあるものの、栄一の実業家としての側面のみに固執せず、「人間・渋沢栄一」としてクローズアップしていることである。栄一は九一歳で天寿を全うするまで、数多の企業等に携わってきたことはよく知られている。そうした多くの企業との関係には、意外にも「実業人・渋沢栄一」というよりは「人間・渋沢栄一」の面が多くを占めていたのである。それを本書が手際よく、かつ活き活きと栄一を描いたことにより、実に鮮明に伝わってくるものとなっている。（山下大輔）

『渋沢栄一の福祉思想　英国との対比からその特質を探る』（MINERVA人文・社会科学叢書）

大谷まこと著（ミネルヴァ書房　二〇一一年）

渋沢栄一は日本資本主義の父と称されることもあるが、社会福祉学者大谷まことによって書かれた本書は、生涯を通じて取り組んだとも言える栄一の社会福祉事業における思想や活動の特徴を、彼と同年生まれのイギリス人、チャールズ・ブース（一八四〇～一九一四）の活動との対比の中に描き出した研究書である。多数の資料を参照しながら論が進められており、栄一の社会事業における理念や業績が詳細に読み解かれている。栄一のフィランソロピー領域での研究書としてはもちろんのこと、ブース研究を志す者にとっても有益な情報が数多く含まれているのも本書の特徴のひとつとして挙げることができる。

内容は、研究の目的と方法論を記した序章に続き、第一章「社会事業活動の思想基盤形成」、第二章「社会事業活動および実践理念」、第三章「渋沢栄一の目指した社会」、第四章「渋沢栄一の福祉思想」、終章「繁栄のサスティナビリティへの道」という構成をとる。第一章では、栄一が唱えた道徳経済合一説の中核にあるものを「広義における福祉の充実」と捉え、彼の社会事業活動を支えた「基本原理」とする。第二章では、栄一の社会事業活動および救貧・防貧を重視する実践理念をブースとの比較の中で明らかにし、第三章では栄一の目指した社会を政治・経済など社会制度の面から検討。「合本主義」「合本会社」の理念も明らかにする。第四章では栄一の福祉思想の核となる部分に焦点を当て、ブースとの対比に加え、カーネギーやアダム・スミスをも引用しながら、栄一の社会福祉領域における思想や活動の輪郭を描いている。

さらに終章では、共に栄えることが国家社会の持続的な繁栄をもたらすという栄一の考えを前提に、道理に基づいて貧富の差が解消されていくような社会を実現しようとする際に民が果たすべき役割と、公が負うべき責任を道徳経済合一説の中に見い出している。

なお、本書は東洋大学大学院に提出された博士論文に加筆修正が施されたもので、「シリーズ福祉に生きる」として書かれた同じ著者による『渋沢栄一』（大空社　一九九八年）と共通する部分も持っている。

（茂原暢）

●資料

『渋沢栄一滞仏日記』（復刻）（日本史籍協会叢書一一六）

日本史籍協会編（東京大学出版会　一九六七年）

本書は、渋沢栄一が幕臣時代、徳川昭武一行に随行して渡欧した際の日記資料を収録した資料集である。一九二八年（昭和三）に日本史籍協会叢書の一冊として刊行され、一九六七年（昭和四二）には、巻末に小西四郎氏の「解題」を付した復刻版が東京大学出版会より刊行された。

収録されているのは、（一）「航西日記」、（二）「巴里御在館日記」、（三）「御巡国日録」という三種の日記資料で、いずれも渋沢栄一の渡欧期に関するものである。

（一）「航西日記」は、徳川昭武一行が横浜を出港する慶応三年一月一一日から、フランス滞在・万博出席、ナポレオン三世謁見など公式行事を経て、さらにヨーロッパを巡歴した同年一一月二二日までの日記である。ただし、栄一独自の日記ではなく、昭武一行の一員として渡仏した杉浦譲の日記、さらにその他の付属情報をまとめて編纂されたものであり、明治四年から同五年にかけて、栄一と杉浦の共著という形で、耐寒同社から計六冊で刊行された。

（二）「巴里御在館日記」は、慶応三年一〇月二四日から翌四年八月二六日まで記された、徳川昭武のパリ留学期間における、栄一による公務日記である。昭武の学習内容、視察の様子、日常の事務記録など、留学中の様子を記したものである。

（三）「御巡国日録」も栄一による記録であり、慶応三年一月三日の京都出発、そして横浜出港から同年三月八日のパリ到着翌日までの旅程記録と、同年八月六日から一一月六日までのスイス、オランダ、ベルギー、イタリア歴訪、続いて一一月六日から同二二日までのイギリス訪問の記録を合わせたものである。

つまり本書は、（一）共著による出版著作、（二）本国提出を主目的とした、昭武の留学記録、（三）京都からパリまでの私的な旅程記録＋欧州巡歴の公的記録という、それぞれ目的の異なる三種の日記をまとめて収録したものである。

これら三種の資料はすべて『伝記資料』にも収録されているが、そこでは他の資料とともに編年で分割されているため、日記のみを通して読みたい場合に本書は重宝する。本書自体の編纂過程や、関連資料との比較分析など課題は多く残っているが、若き日の栄一が、フランス、ヨーロッパでどのような見聞をしたのかを知ることのできる貴重な一冊と言えよう。

（関根仁）

『渋沢栄一伝記資料』全六八巻

第一～五八巻　渋沢栄一伝記資料刊行会
別巻第一～一〇　渋沢青淵記念財団竜門社
（一九五五～一九七一年）

渋沢栄一の事績に関する全六八巻の資料集。栄一のみならず、日本近代史研究の基礎資料として広く活用されている。

「読む」伝記ではなく伝記資料＝資料集として本書が編纂された理由・背景は次の渋沢敬三の言葉に表れている。

「…おぢい様の伝記に付て私の意見としては、同族なり又事務所なりで書き上げると兎角我田引水的になり勝であり、又よしや左様でなくとも我田引水的であると見られるから面白くない、竜門社で書くのでさへ同様の理由で感心しない。故に伝記を書くのは全然外部の人に願ひ度いと思つて居ります。然し我々としては、伝記として書き上げないからと云うて、全然関はらぬと云ふのは又よろしくない。資料は是非我々の手で出来るだけ蒐集して置かねばならぬ。如何なる微細な事でも、又一見つまらぬ様な事でも、ありのま、に出来得る限り集めて置かねばならぬ。そして後に伝記を書く人に自由に使用させねばならぬと斯様考へて居ります。…」（第五七巻、七〇八頁「第一回雨夜譚会談話筆記」より）

では、このような方針のもと、『伝記資料』がどのように作られたか、編纂・刊行という側面から見てみよう。奥付に記された編纂者は渋沢青淵記念財団竜門社である。編纂作業が始まったのは栄一他界の翌一九三二年、編纂主任は幸田成友である。その成果を継承して一九三七年からは土屋喬雄が編纂主任となる。一九四三年、戦局悪化により編纂所は閉鎖、翌一九四四年に岩波書店より第一巻が刊行されたが二巻以降は発行されていない。戦後一九五四年一〇月に至って会員制の刊行会が組織され、一〇〇〇部限定の予定で刊行再開、一九五五年に再度第一巻が刊行された。以後年六冊のペースで刊行は続く。一九六五年の五八巻完成とともに刊行会は解散、残る別巻の刊行は渋沢青淵記念財団竜門社が継承し、一九七一年に全六八巻が完結した。栄一没後四一年目のことである。

次に構成を見てみよう。本書は第一巻から第五七巻までの本編と、第五八巻の索引巻、一〇冊の別巻（資料編）からなる。本編は栄一の誕生（一八四〇年）から没後の顕彰事業（一九四〇年）を含む一〇一年間を三つの時代、すなわち大蔵省退官まで（一～三巻）、実業界引退まで（四～二九巻）、実業界引退後（三〇～五七巻）の三編に分ける。そこには栄一が関与した諸事業のほか住居移転や慶事まで多岐にわたる項目が立っている。

本編では「綱文と典拠資料群」がひとつの記事単位を構成する。綱文とは出来事の要約文で「栄一、日本銀行開業式ニ臨ミ国立銀行総代トシテ一場ノ祝詞ヲ述ブ。」というように栄一の動静を短く淡々と語る。綱文に続いてその典拠となった資料、たとえば栄一の日記や書簡、雑誌や社史などの刊行物、さらには企業や団体の営業報告など、さまざまな資料からの引用が掲載される。このような綱文と資料群のセットが全部で七千余り、つまり、本編は渋沢栄一が生涯で経験した主な出来事に対して「綱文」という目印をたてて、その典拠情報を収録した資料集なのである。

土屋喬雄は「自己の主観を強く働かして資料を大幅に取捨選択することは、編さん者として越権行為」として意識的に資料の取捨選択することを是とせず、そのため膨大なものが出来上がった、と述べるが、実際に『伝記資料』のページをめくってみると、その情報量の多さにまず圧倒される。ひとつの綱文には平均で五件の典拠資料が連なる。一〇件以上の典拠資料群を持つ綱文は全体の一割以上にのぼる。江戸末期から昭和にかけての諸資料がほぼ原文のまま載録されており決して読みやすい文献とは言えないが、個々の文面からは当時の空気がそのままに伝わってくる。そこには一般の伝記には無い臨場感や迫力がある。

豊富な情報量は利用者にとってはこの上なくありがたいものだが、四〇、〇〇〇頁を超える情報群から目的の記事を見つけるのは容易ではない。そのため第五八巻（索引巻）には事業別年譜、総目次、五〇音順款項目索引の検索支援ツールが収載されている。また、別巻には日記、書簡、談話・講演、墨跡、写真がまとまって収載され、本編とは異なる切り口からの調査を可能にする。なお、諸資料には原典確認のための手掛かりとなる書誌事項や原資料の所蔵者名も、簡単ではあるが付記されている。刊行後四〇年以上経過した現在では、所蔵機関の改組解散や所蔵者世代交代などで所在確認不能となった資料もあるが、それでも当時の所蔵情報は記事本文とともに貴重である。

国内では大学図書館や都道府県立図書館等で、海外でも数件の大学図書館での所蔵が確認されている。なお渋沢栄一記念財団のウェブサイトではデジタル版『渋沢栄一伝記資料』を公開している。

（山田仁美）

渋沢栄一文献案内一覧

種別	タイトル（シリーズ名）	編著者	出版者	出版年	掲載ページ
著作	雨夜譚：渋沢栄一自伝	長幸男校注	岩波書店	1984	160
	論語と算盤	渋沢栄一述	角川学芸出版	2008	161
	渋沢栄一の「論語講義」（平凡社新書）	渋沢栄一著、守屋淳編訳	平凡社	2010	162
伝記・評伝	渋沢栄一伝	幸田露伴著	渋沢青淵翁記念会	1939	163
	明治を耕した話：父・渋沢栄一	渋沢秀雄著	青蛙社	1977	164
	渋沢栄一 — 増補版	渋沢秀雄著	渋沢青淵記念財団竜門社	1998	165
	太平洋にかける橋：渋沢栄一の生涯	渋沢雅英著	読売新聞社	1970	166
	渋沢栄一（人物叢書　新装版）	土屋喬雄著	吉川弘文館	1989	166
	渋沢家三代（文春新書）	佐野真一	文芸春秋社	1998	167
	雄気堂々．上下（新潮文庫　改版）	城山三郎著	新潮社	2003	168
	渋沢栄一：近代の創造	山本七平著	祥伝社	2009	169
	激流：渋沢栄一の若き日（大仏次郎セレクション）	大仏次郎著	未知谷	2009	171
	渋沢栄一．Ⅰ・Ⅱ	鹿島茂著	文芸春秋社	2011	172
研究書	渋沢栄一：民間経済外交の創始者（中公新書）	木村昌人著	中央公論社	1991	173
	新時代の創造：公益の追及者・渋沢栄一	渋沢研究会編	山川出版社	1999	174
	渋沢栄一の企業者活動の研究：戦前期企業システムの創出と出資者経営者の役割	島田昌和著	日本経済評論社	2007	175
	渋沢栄一：社会企業家の先駆者（岩波新書）	島田昌和著	岩波書店	2011	175
	渋沢栄一：「道徳」と経済のあいだ（評伝・日本の経済思想）	見城悌治著	日本経済評論社	2008	176
	渋沢栄一：日本を創った実業人（講談社+α文庫）	東京商工会議所編	講談社	2008	177
	渋沢栄一の福祉思想：英国との対比からその特質を探る（MINERVA・社会科学叢書）	大谷まこと著	ミネルヴァ書房	2011	178
資料	渋沢栄一滞仏日記（復刻）（日本史蹟協会叢書）	日本史蹟協会編	東京大学出版会	1967	179
	渋沢栄一伝記資料　全68巻	渋沢青淵記念財団竜門社編	1-58巻：渋沢栄一伝記資料刊行会 別巻1-10：渋沢青淵記念財団竜門社	1955-1971	181

索　引

・本索引は、本書のうち、第一部と、第二部の略年譜、渋沢栄一関連会社社名変遷図中の栄一が直接関わった会社を対象として、「人名」「団体・組織・事項名」に分けて作成した。
・配列は五十音順だが、（株）（財）や［　］内の文字はヨミに含めない。
・会社・団体名が変遷している場合は、原則として最終の名称を採用した。
・株式会社→（株）、合資会社→（資）、匿名組合→（匿）、有限責任は省略、財団法人→（財）、社団法人→（社）、とした。なお、本文中は（株）などを省いて表記した箇所もある。

●人名索引

あ行

愛子　→渋沢愛子
明石照男　32,156
赤松則良　52
昭武　→徳川昭武
朝倉文夫　44
浅野総一郎　37,69,72,73,75,124
朝吹英二　86
安達憲忠　59
アダム・スミス　110,139
敦子　→渋沢敦子（旧姓橋本）
アレキザンダー　131
安重根　123
井伊直弼　115
家定　→徳川家定
家茂　→徳川家茂
石井健吾　37
市郎右衛門　→渋沢市郎右衛門
伊藤かね子　→渋沢兼子（旧姓伊藤）
伊藤八兵衛　30
伊藤博文　52,53,56,74,116,123,130,137
稲畑勝太郎　97
井上馨　52,54,56,67,123,124,137,141,150,154
井上準之助　93,99,129,130,136
今村正一　21
岩倉具視　118
岩崎小二郎　135
岩崎小弥太　126
岩崎久弥　41,42,74,126
岩崎弥太郎　65,72,111,122,126
岩崎弥之助　41,42,79,126
岩村通俊　79
ヴァンダーリップ　131
ウィルソン大統領　104,157
ヴィレット，レオポルド　49,50
上野景範　54
植村澄三郎　125
牛島謹爾　84
歌子　→渋沢（穂積）歌子
宇野哲人　121
梅浦精一　69,76,125
瓜生岩子　59
瓜生外吉　93
えい　→渋沢えい
エジソン，トーマス　83,103
江藤新平　119
榎本武楊　117
エラール，フリュリ　49,71,112,117
袁世凱　88,102,132
大岡育造　92
大川平三郎　55,125,127
大川平兵衛　16
大久保一翁　116
大久保利通　52,119,123
大隈重信　51,52,61,63,65,74,94,116,121,136,141
大倉喜七郎　37
大倉喜八郎　41,67,69,73,79,86,87,124,127,138
大河内正敏　95
大多喜守忍　37
大谷嘉兵衛　83
緒方洪庵　122

小倉右一郎　44
尾崎啓義　132
尾崎行雄　19
尾高勝五郎　30
尾高惇忠　15-18,23,30,38,46,53,54,114,133,148,150
尾高千代　→渋沢千代（旧姓尾高）
尾高長七郎　16-18,137
小田信樹　79
小野英二郎　136
小畑久五郎　134

か行

カーネギー，アンドリュー　103
カーン，アルベール　29
海保漁村　17,149
何如璋　29
勝海舟　117
桂小五郎　→木戸孝允（桂小五郎）
桂太郎　85,86,120,136
加藤寛治　120
加藤高明　143
加藤友三郎　120
上遠野富之助　83
兼子　→渋沢兼子（旧姓伊藤）
金子堅太郎　93
樺山愛輔　136
韓相龍　133
木内重四郎　129
菊池大麓　94
喜作　→渋沢喜作
喜助　→清水喜助（二代目）
木戸孝允（桂小五郎）　48,119,137
ギューリック，シドニー　100,132
清浦圭吾　92
虞洽卿　89,132
クラーク　131
倉知鉄吉　132
グラント将軍（大統領），ユリシーズ　27,28,66,90,151
栗野慎一郎　97
クローデル，ポール　29,98
敬三　→渋沢敬三
ゲーリー　76,131
ケネディ，ジョン・R　136
孔子　110,139
郷純造　51
郷誠之助　37,92
幸田露伴　144
児島惟謙　116
五代友厚　61,63
児玉源太郎　120
五島慶太　138
後藤新平　96
琴子　→渋沢（阪谷）琴子
小山正太郎　120
ゴルドン　21
近藤勇　137
近藤廉平　72
ゴンパーズ，サミュエル　76,132

さ行

西園寺公望　97
西郷隆盛　48,119,137
阪谷芳郎　26,31,34,48,87,90,133,152
阪谷朗廬　26,47,149
酒匂常明　87
佐々木勇之助　37
笹瀬元明　70
薩摩治兵衛　70
薩摩治朗八　97
三条実美　118
滋賀直路　127
幣原喜重郎　36
芝崎確次郎　133
渋沢愛子　32,153,156
渋沢昭子　44
渋沢敦子（旧姓橋本）　31,153
渋沢市郎右衛門　12,14,15,18,111
渋沢（穂積）歌子　30,31,34,105,149,151
渋沢えい　12,14,15,18
渋沢兼子（旧姓伊藤）　30,32,34,103,151
渋沢喜作　16-18,47,79,114,119,133,149
渋沢敬三　24,31,34,35,37,126,129,154,157
渋沢（阪谷）琴子　26,31,34,47,149,152
渋沢新三郎　16
渋沢誠室　19,23
渋沢宗助　14
渋沢武之助　32,152
渋沢千代（旧姓尾高）　30,114,148,151
渋沢登喜子（旧姓木内）　126,129
渋沢篤二　25,31,34,38,68,129,150,153
渋沢秀雄　28,32,138,153
渋沢平九郎　119
渋沢正雄　32,152
渋沢雅英　44
シフ，J　129
島田三郎　52,93
島津斉彬　115
清水卯三郎　48
清水喜助（二代目）　25,60

清水満之助　27,60
清水ムメ　60
シャンド，アラン　57,117,129
惇忠　→尾高惇忠
蒋介石　29,132
荘田平五郎　41,87
昭和天皇　118
白岩龍平　72,89,132
杉浦譲（靄山）　48,51,116,150
鈴木梅太郎　95
鈴木善助　25
頭本元貞　131,134
添田敬一郎　92
孫文　88,132

た行

高木八尺　99
高木陸郎　133
高木陸郎　89
高橋是清　41,117,129
高松凌雲　48
高峰譲吉　94,130,136
多賀屋勇　17
田口卯吉　62,135,139
タゴール，ラビンドラナート　29,133,157
田沢義鋪　92
伊達宗城　51,115,116
田中太郎　59
田中義一　120
田辺太一　48
タフト大統領，ウィリアム　83,103,156
ダラー　131
団琢磨　93,127,141
千代　→渋沢千代（旧姓尾高）
張謇　132
長七郎　→尾高長七郎
趙子昂　23
土屋喬雄　39
鶴見祐輔　99
ディヴィド・カラカウァ→ハワイ国皇帝
寺田寅彦　95
トイスラー，ルドルフ　86,142
土居通夫　83,116
陶淵明　26
登喜子　→渋沢登喜子（旧姓木内）
徳川昭武　48,49,103,115,149
徳川家定　115
徳川家達　92
徳川家茂　48,115
徳川家康　90
徳川斉昭　115
徳川慶喜　38,47,48,50,91,115-117,119,149
篤二　→渋沢篤二
得能良介　150
床次竹二郎　92

な行

長岡半太郎　95
中上川彦次郎　55,125,126
中島久万吉　92
永田秀次郎　37
長沼守敬　43
中野武営　83,90,93,94,128,138
中村三平　18
中谷宇吉郎　95
那須皓　99
ナポレオン三世　49,118
成瀬仁蔵　74
西周　70
西野恵之助　87
西村治兵衛　83
新渡戸稲造　93,99,131

は行

パークス　63
ハーディング大統領　158
萩野由之　91
橋本敦子　→渋沢敦子（旧姓橋本）
橋本実頴　31
蜂須賀茂韶　66
服部金太郎　107,138
馬場恒吾　131
林董　90
速水堅曹　54
原善三郎　62
原敬　89,123,137
原林之助　60
ハリス，タウンゼント　106,159
ハワイ国皇帝（ディヴィド・カラカウァ）29,151
土方歳三　137
一橋慶喜　→徳川慶喜
日比翁助　87
平岡円四郎　47,115,149
平野富二　75
ヒル，ジェームズ　79,83
広田精一　17
ブース，ウィリアム　29
フォールズ，ヘンリー　85
福沢捨次郎　87
福沢桃介　87

福沢諭吉　57,65,74,111,117,121,122
福地源一郎　91
藤田伝三郎　70
藤山雷太　55,80,127
藤原銀次郎　56
フリードマン，ミルトン　107
ブリューナ，ポール　53
古河市兵衛　54,127
古河虎之助　37
フルベッキ　122
ベルギー国王レオポルド　49
穂積陳重　30,31,33,34,60,116,151
本多静六　81

ま行
前島密　52,116
前田多門　99
前田敏嗣　70
マクベー，チャールズ　132
馬越恭平　124,125
益田克徳　124
増田義一　135
益田孝　67,79,86,102,124,127,130
増田明六　133
松方幸次郎　76,83,86
松方正義　64,117,129
松平定信（楽翁）　59,90,91,158
松平春獄　115
松本重太郎　70
三上参次　91
三島中洲　120
三井三郎助　62
三井八郎右衛門　41,42
三野村利左衛門　60
三野村利助　54,62
三好退蔵　59
向山一履　48
陸奥宗光　150
ムメ　→清水ムメ
明治天皇　66,90,116,118
森有礼　57
森村市左衛門　37,75,127

や行
安田善次郎　62,79,127
矢野二郎　57
山県有朋　120
山崎藤太郎　69
山崎繁次郎　68
山高信離　48
山内容堂　115
山辺丈夫　70
山本権兵衛　94,96,120
湯川秀樹　95
横河民輔　87
横山孫一郎　73

ら行
楽翁　→松平定信
ルーズベルト大統領　155
ロッシュ　117

わ行
若槻礼次郎　144
若森権六　17
和田豊治　89,128,129
ワナメーカー　131

●団体・組織・事項名索引

あ行
青い目の人形　101
青木漁猟組　220
青木商会　231
青山斎場　37
青山製氷会社　228
(株)秋田銀行　303
安積絹糸紡績会社　270
浅野回漕店　286
(匿)浅野工場　257
(株)浅野小倉製鋼所　256
浅野セメント(株)　32,75,108,124,154,257
(株)浅野造船所　75,255
浅野超高級セメント(株)　257
朝日精米商会　227
旭焼組合　260
亜細亜学生会　158
足尾鉱山組合　225
足尾銅山　70,128
アチックミューゼアム　35
亜麻仁油製造(株)　228
アメリカン・ソサエティ・オブ・メカニカル・エンジニア　159
荒川水力電気　243
安房分院　59,104
石狩石炭(株)　224
石川島自動車会社　32

石川島造船所　253
(株)石川島飛行機製作所　32,253
石川島平野造船所　253
維新史料編纂会　156
伊勢勝白煉瓦製造所　258
板橋分院　59
板橋本院　59
猪苗代水力電気(株)　243
井の頭学校　59
茨城採炭(株)　154,224
磐城硝子会社　259
磐城炭礦(株)　69,124,143,152,224
磐城鉄道(株)　280
岩橋リボン製織所(匿)　270
イングランド銀行　117,129
雨夜譚会　159
浦賀船渠(株)　76,252
浦賀船渠会社　252
営口水道電気(株)　215
英国国教会　85
英米訪問実業団　141
越後鉄道(株)　281
越後屋　60
江戸町会所　58
演劇改良会　86
王子製紙(株)　54,108,124-127,143,154,
265
王子倉庫(株)　233
大蔵省　31,36,123,135,150
大阪瓦斯(株)　154,245
(株)大阪株式取引所　61,234
大坂汽車製造(資)　251
大阪銀行集会所　293
大坂交換所　292
大阪合同紡績　71
大阪商法会議所　63
大阪堂島米商会所　234
大阪同盟銀行集会所　293
大阪麦酒株式会社　155
大阪紡績(株)　70,108,151,157,271
(株)大島製鋼所　256
大鳥鉱山　225
大船渡築港鉄道(株)　238
岡部山林　221
(資)沖商会　155,229
沖電気(株)　229
小樽木材(株)　222
小野組　54-57,64,114
小野組糸方　231
恩賜財団済生会　→　済生会

か行

カーン海外旅行財団　156
海外植民学校　157
改正掛　52
(株)科学研究所　95
掛川鉄道(株)　277
火災保険会　290
鹿島神社　46
(株)加州銀行　298
片倉製糸紡績株式会社　54
鐘淵紡績　126,128
貨幣制度調査会　153
樺太工業(株)　265
為替交換所　61
[東京銀行集会所]為替取組所　292
寛永寺　37,155
岩越鉄道(株)　281
(株)韓国銀行　218,295
韓国興業(株)　155,218
韓国水力電気(株)　216
韓国倉庫(株)　218
韓国第一銀行　133
韓国拓殖(株)　218
関西鉄道株式会社　128
漢城銀行　133
函樽鉄道(株)　282
関東・東北商業会議所聯合協議会　212
関門架橋(株)　238
帰一協会　142,156
生糸改会社　231
生糸問屋渋沢商店　114
汽車製造(株)　154,251
貴族院　153
木曾興業(株)　156,265
北カラフト鉱業(株)　224
畿内電気鉄道(株)　276
喜賓会　66,67,153
(株)九州商業銀行　296
九州製鋼(株)　254
九州鉄道(株)　274
教育調査会　156
京越電気鉄道(株)　280
暁星中学校　156
協調会　92,96,158
共同運輸会社　72,151,152,286
共同漁業(株)　220
共同精米(株)　227
京都織物(株)　152,270
京都銀行集会所　293
京都鉄道(株)　275
京都陶器会社　260

魚介養殖(株)　219
玉泉寺　106
銀行倶楽部　154,155,293,294
銀行苦楽部　293
銀行集会所　61,151,294
金城鉄道(株)　277
(株)金福鉄路公司　215
均融会社　233
(株)熊谷銀行　301
クレディ・リヨネ銀行　97
(株)黒須銀行　154,301
群馬電気鉄道会社　280
慶應義塾　121,122,128
経済調査会　157
京仁鉄道(資)　102,154,155,217
京仁鉄道引受組合　217
京阪鉄道(株)　276
京板鉄道(株)　280
京阪電気鉄道(株)　72,155,276
京浜鉄道　70
京釜鉄道(株)　133,154,217
京北鉄道(株)　276
研究部　39
玄武館　17
県立商品陳列所　106
交換所組合銀行聯合会　292
航空輸送会社　273
孔子祭典会　121
高等演芸場　155
神戸電気鉄道(株)　275
耕牧舎　151,221
郡山絹糸紡績(株)　269
国学院　156
国際通信社　135,136,157
国際平和義会　156
国際聯盟協会　31,99,158
(財)国産奨励会　157,212
国文学研究資料館　42,46
小倉鉄道(株)　274
コナ開拓(株)　213
湖南汽船(株)　214,284
コロンブス世界博覧会臨時博覧会事務局　153

さ行

済生会　85,86,156
埼玉学生誘掖会　81
堺セルロイド(株)　247
(株)桜組　264
札幌麦酒(株)　78,79,124,125,143,152,153,155,261
二共(株)　249
参宮鉄道(株)　277
(株)三十九銀行　302
三本木開墾(株)　222
三本木共立開墾会社　222
三本木渋沢農場　79,153,222
(財)慈恵会　35
静岡商業会議所　106
史籍協会　158
(株)七十七銀行　303
実業史研究情報センター　39
実業之日本社　135
品川硝子会社　152,259
品川白煉瓦(株)　155,258
品川白煉瓦製造所　258
渋沢栄一記念館　45
(公益財団法人)渋沢栄一記念財団　27
渋沢栄一記念財団　39,45
渋沢家洲崎養魚場　154,219
渋沢事務所　21,95
渋沢商店　68,227
渋沢史料館　33,39,45,46
(財)渋沢青淵翁記念会　44
渋沢青淵記念財団竜門社　39
澁澤倉庫(株)　31,34,67,233
澁澤倉庫部　68,154,233
渋沢同族株式会社　34,35,133,157
渋沢同族会　31,34,153,156
渋沢貿易(名)　231
斯文会　121
島田組　54-56
清水組　60
清水建設株式会社　25
清水店　25
下野麻紡織会社　152,268
下野製麻(株)　268
ジャパン・ブリュワリー・コンパニー・リミテッド　152,261
ジャパンツーリストビュロー（ＪＴＢ）66,67
上海総商会　89,132
上海紡績(株)　214
秀英舎　230
衆議院銀選挙法改正期成同盟会　154
(株)十五銀行　311
修養団　92,106
熟皮(株)　264
商業会議所聯合会　80,212
抄紙会社　54,125,150,265
聖徳太子一千三百御忌奉賛会　157
常磐水力電気(株)　243

常磐炭礦鉄道会社　280
上武鉄道(株)　72,280
常平倉　51
商法会所　50,51,115,149
商法講習所　57,58,138,150
昭和鋼管会社　32
稷山金鉱(株)　216
稷山鉱業(株)　216
女子教育奨励会　74,152
如水会　58
清韓協会　155
神社奉祀調査会　156
親善人形　100
巣鴨分院　59
洲崎養魚(株)　31,219
諏訪神社　46,89,104
駿甲鉄道会社　277
(財)青淵翁記念会　39
生産調査会　156
製紙会社　265
(資)生秀館　227
製鉄鋼調査会　158
聖徳記念絵画館　→　明治神宮外苑聖徳記念絵画館
製藍会社　228
聖路加国際病院　142
聖路加病院　85,86,157
清和園　43
昔夢会　116,155
仙石原地所(株)　237
専修学校　155
[官営]千住製絨所　267
浅草寺　158
浅草寺臨時営繕局顧問　158
倉庫会社　233
増上寺再建後援興勝会　157

た行

第一火災海上再保険(株)　289
(株)第一銀行　22,32,35,37,39,41,43,75,77,88,102,105,108,126,127,133,153,156,157,311,312
(株)第一銀行[在韓国支店]　218
第一国立銀行　25,52,55-57,61,62,64,77,107,114,126,133,150,154,312
第一国立銀行[秋田支店]　303
第一国立銀行[石巻支店]　303
第一国立銀行[金沢支店]　298
第一国立銀行[仙台支店]　303
第一国立銀行[在韓国支店]　218
大学南校　30
第五十九国立銀行　304
第三国立銀行　62
第三十二国立銀行　311
第四十三国立銀行　297
第七十七国立銀行　303
大社鉄道(株)　275
大社両山鉄道　275
(株)第十銀行　300
第十九国立銀行　300
第十五銀行　64
第十国立銀行　300
第十八国立銀行　296
第十六国立銀行　300
大正園　222
大神宮御遷宮奉賛会　159
大震災善後会　96,158
第二高等学校　35
第二国立銀行　62
第二十国立銀行　312
第二十三国立銀行　296
第二十二国立銀行　306
大日本運送(株)　279
大日本塩業(株)　219
大日本遠洋漁業(株)　220
大日本勧業会社　287
大日本国防委員会　120
大日本人造肥料(株)　250
大日本水産(株)　220
大日本製糖(株)　87,155,263
大日本麦酒(株)　125,155,261
大日本米穀会　211
大日本有限責任東京電灯会社　243
大日本平和協会　156
第八十九国立銀行　297
太平洋問題調査会　31,98,131,158
第六十九国立銀行　299
第六十八国立銀行　297
(株)台湾銀行　154,295
台湾製糖(株)　262
台湾鉄道(株)　274
(株)高岡共立銀行　299
田川採炭株式会社　152
滝乃川学園　158
択善会　62,135,151,294
タタ財閥　133
田中工場　259
筑豊興業鉄道会社　274
筑豊鉄道(株)　274
秩父セメント(株)　75,257
中央開墾(株)　79,221
中央慈善会　156

中央製紙(株)　31,265
中央盲人福祉協会　86,159
中外商行会社　236
中華民国水災同情会　159
中国興業(株)　88,132,156,214
中日実業(株)　88,157,132,214
朝鮮軽便鉄道(株)　217
朝鮮興業(株)　218
朝鮮森林鉄道(株)　217
朝鮮製糖(株)　216
朝鮮中央鉄道(株)　217
朝鮮鉄道(株)　217
朝鮮鉄道促進期成会　158
朝鮮米商会　227
朝陽館　228
千代田瓦斯株式会社　73
智利漁業(株)　213
築地病院　85
築地ホテル　60
鶴見埋立組合　238
鶴見埋築(株)　238
帝国開墾(株)　221
帝国劇場(株)　32,86,87,155,226
帝国蚕糸(株)(1915～1916)　157,270
帝国蚕糸(株)(1920～1923)　270
(株)帝国商業銀行　156,306
帝国女優養成所　87
帝国精糖(株)　263
帝国製麻(株)　155,268
帝国飛行協会　156
帝国ヘット(株)　228
帝国紡織(株)　267
(株)帝国ホテル　66,67,79,108,124,127,
153,232
帝室博物館復興翼賛会　159
帝都復興審議会　96,158
手形交換所　62
[銀行集会所]手形取引所　61,292
鉄道会社　279
田園都市(株)　32,138,157,237
電気化学工業(株)　248
奠都三十祝賀会　154
電話会社　272
東亜興業(株)　214
東亜製粉(株)　214
東叡山寛永寺　→　寛永寺
東海倉庫(株)　155,233
東華紡績(株)　214
(株)東京石川島造船所　32,76,75,108,
125,143,152,153,253
東京印刷(株)　153,230
東京運河土地(株)　138,237
東京営繕会議所　58,138
東京園芸(株)　221
(株)東京会館　226
東京会館　226
東京会議所　57,59,138,151
東京会議所瓦斯掛（瓦斯課）　245
東京海上火災保険(株)　66,290
東京海上保険(株)　65,66,108,122,124,
126,151,153,290
東京改良演芸会友楽館　86
東京蠣殻町米商会所　236
東京瓦斯(株)　73,108,127,152,153,245
東京瓦斯鉄道(株)　279
(株)東京株式取引所　61,128,151,236
東京兜町米商会所　236
東京銀塊取引所　294
東京銀行倶楽部　294
(社)東京銀行集会所　61,62,77,112,151,
153,156,294
東京軽便地下鉄道(株)　278
東京毛織物(株)　266
東京交換所　292
(株)東京興信所　61,62,153,291
東京高等商業学校　57,58,128,133
(株)東京栄銀行　299
東京市　156
東京市街鉄道(株)　279
東京市議会　59
東京市区改正委員会　152,155
東京市区改正審査委員　152
東京市区改正審査会　138
東京慈恵会　155
東京市養育院　44,154
東京市養育院長　41
東京商科大学　37,58
東京商業会議所　63,71,84,90,93,94,96,
103,111,112,128,153,212
東京商業学校　152
東京商業高等学校　112
東京商工会　63,151,153,212
東京商工会議所　63,111
東京商工奨励館　157
東京商品取引所　236
東京商法会議所　62,63,111,151,212
東京商法講習所　151
東京女学館　37,74,152,158
東京人造肥料(株)　124,130,152,153,250
東京水道会社　226
東京水力電気(株)　243
東京製綱(株)　75,143,152,256

東京大学　30,31
東京建物(株)　154,226
東京地下鉄道(株)　278
(株)東京貯蓄銀行　35,88,133,153,156,309
東京帝国大学　30,32,35,58,131
東京帝国大学新聞学講座　159
東京手形交換所　61,153
[銀行集会所]東京手形取引所付属交換所　152,292
東京鉄道(株)　279
東京鉄道会社　279
東京鉄道組合　279
東京電気鉄道(株)　279
東京電車鉄道(株)　279
東京電灯会社　73,152,243
東京電力(株)　243
東京統計協会　153
東京都健康長寿医療センター　44
東京取引所　236
東京馬車鉄道会社　279
東京風帆船会社　286
東京府瓦斯局　73,151,245
東京米穀商品取引所　236
東京米商会所　236
東京帽子(株)　124,153,266
東京ホテル　67,152,232
東京モスリン紡織(株)　267
東京薬品会社　249
東京養育院　52,58,91,100,104,138,151
東京臨時救済会　157
東京湾埋立(株)　138,238
東京湾汽船(株)　285
東宮御慶事奉祝会　155
同族会　→　渋沢同族会
同族会議　→　渋沢同族会
東武煉瓦(株)　258
東宝　32
東邦火災保険(株)　290
東北九州災害救済会　157
東北拓殖(株)　79,221
東明火災海上保険(株)　156,290
東洋亜鉛煉工所　256
東洋瓦斯試験所　246
東洋硝子(株)　259
東洋硝子製造(株)　259
東洋汽船(株)　73,125,153,286
東洋護謨(株)　228
東洋浚渫(株)　238
東洋製鉄(株)　254
東洋生命保険(株)　288
東洋拓殖(株)　156,218
東洋電機(株)　229
東洋電機製造(株)　229
東洋万国(株)　214
東洋紡績(株)　71,157,271
東洋薬品(株)　248
答礼人形　101
十勝開墾(株)　79,125,154,222
常盤水力電気(株)　243
常盤ホテル　232
『徳川慶喜公伝』　91,157
利根川鉄道　126
渡米実業団　82-84,103,106,123,128,129,135,137,156
[官営]富岡製糸場　53,54,114,133,150,269
(株)豊国銀行　306

な行

内外信託(株)　287
内外用達会社　226
内国勧業博覧会　153,154
(株)中井銀行　306
(株)中井商店　155,227
長門無煙炭礦(株)　224
名古屋瓦斯(株)　244
(財)名古屋銀行集会所　293
名古屋電力(株)　155,241
浪速倉庫株式会社　68
南湖神社　89
南湖神社奉賛会　159
南米拓殖(株)　213
南豊鉄道(株)　274
西ヶ原青年会　29
西成鉄道(株)　275
(株)二十銀行　312
二松学舎　120,121,158
二松学舎専門学校　121
二松学舎大学　121
日印協会　158
日英銀行　295
日英金融商会　287
日英水力電気(株)　243
(財) 日仏会館　98,158
日仏協会　98,157
(株)日仏銀行　98,156,295
日米関係委員会　31,93,99,100,104,127,130,131,157
日米缶詰会社　228
日米協会　99,130,157
日米通商銀行　295

日米電信(株)　272
日米同志会　156
日露協会　156
(株)日露銀行　295
日露貿易(株)　231
日華実業協会　89,132,158
日華紡績　128
日韓瓦斯(株)　156,216
日韓瓦斯電気(株)　216
日光鉄道会社　281
日光東照宮　89,90,105
日光東照宮三百記念祭奉斎会　156
日光ホテル会社　232
日清起業調査会　214
日清汽船(株)　72,155,284
日新護謨(株)　213
日本板硝子(株)　259
日本鉛管製造(株)　228
日本化学工業(株)　248
(株)日本勧業銀行　77,312
日本勧業銀行設立委員　154
日本汽船(株)　284
日本銀行　31,36,41,126,295
日本経済聯盟会　128,211
日本結核予防協会　86,156
日本鋼管(株)　75,255
(株)日本興業銀行　77,154,312
(社)日本工業倶楽部　92,128,211
日本航空輸送(株)　159,273
日本国際児童親善会　100,159
日本醋酸製造(株)　248
(財)日本産業協会　212
日本実業協会　157
日本実業史博物館　42,45,46
日本自働車(株)　251
日本熟皮会社　264
日本傷害保険(株)　289
日本商工会議所　37,80
日本食塩コークス(株)　219
日本女子商業高等学校　159
日本女子大学校　29,37,74,106,154
日本水産会社　220
日本精製糖　155
日本精糖(株)　153,155,263
日本製帽会社　153,266
日本製麻　155
日本舎密製造(株)　250
日本赤十字社　86,107,151
日本石膏(株)　228
日本太平洋問題調査会（日本ＩＰＲ）　99
日本畜産(株)　222
日本中央製錬(株)　256
日本徴兵保険(株)　288
日本鉄道(株)　71,108,143,152,281
日本陶料(株)　260
日本土木会社　239
日本麦酒株式会社　155
日本皮革(株)　155,264
日本美術協会　153
日本放送協会　135,158
日本無線電信(株)　158,272
日本郵船(株)　72,108,152,157,284,286
日本輸出米商社　231
日本煉瓦製造(株)　143,152,258
ニューヨーク日本協会協賛会　156
農商工高等会議　153
濃勢鉄道会社　277
野田醤油　92
野蒜築港会社　238

は行

博愛社　151
函館水電(株)　282
函館船渠(株)　252
函館土地(資)　237
函館馬車鉄道(株)　282
箱根温泉供給(株)　237
(株)八十四銀行　306
パナマ太平洋万国博覧会臨時博覧会事務局　157
浜崎鉄道　274
原合名会社　54
パリ万国博覧会臨時博覧会事務局　154
非常報知機(株)　228
表慶館陳列品調査委員　156
(匿)平岡工場　251
広島呉電力(株)　242
広島水力電気(株)　154,242
広島電気(株)　242
風帆船会社　286
深川区会　138
福田会　151
富士製鋼(株)　32,254
富士紡績　89,128
富士身延鉄道(株)　277
武上電気鉄道会社　280
藤原炭礦会社　224
復興建築助成(株)　287
仏国通商(株)　231
船越鉄道(株)　274
扶揺舎　222
伯剌西爾拓植(株)　85,156,213

フランス中央銀行　97
フリュリ・エラール銀行　117
文政審議会委員　158
平安遷都千百記念祭協賛会　153
平安電気鉄道(株)　217
米価調節調査会副会長　157
米国聖公会　86
米国労働総同盟　76
ヘボン氏寄附講座委員　157
紡績組合　271
房総漁産会社　220
宝台院　50
宝田石油(株)　69,223
法典調査会委員　154
法典調査会査定委員　153
北越商会　233
北越石油(株)　69,70,125,154,223
北越鉄道(株)　72,143,153,281
北陸銀行　298
北海道瓦斯(株)　245
北海道製麻(株)　78,152,155,268
(株)北海道拓殖銀行　77,78,305
北海道拓殖銀行設立委員　154
北海道炭礦汽船　126
北海道炭礦鉄道会社　72,78,125,152,283
北海道鉄道(株)　282
(匿)堀越商会　231

ま行

(株)馬来護謨公司　213
満洲興業(株)　215
満洲棉花(株)　271
三重紡績(株)　70,152,157,271
三河セメント工場　257
御木本真珠[養殖場]　219
(私盟会社)三井銀行　311
三井銀行　55,62,128
三井組　54-57,60
三井合名　127
三井財閥　126
三井物産　70
(株)三越呉服店　101,227
三菱財閥　125,126
水戸鉄道会社　281
ミドルテンプル　30
南日本製糖(株)　263
南満洲鉄道(株)　155,215
三圍稲荷　60
民部省　149
武蔵水電(株)　243
明治火災保険(株)　290
明治神宮　89,90
明治神宮外苑聖徳記念絵画館　90,159
明治神宮奉賛会　90,128,157
明治製糖(株)　155,263
明治生命　66
目黒蒲田電鉄(株)　237,278
毛武鉄道(株)　280
門司瓦斯(株)　244
門司セメント(株)　257
門司築港会社　127,152,238
文部省　30,58
文部省史料館　46

や行

八重山糖業(株)　262
八基信用購買販売組合　287
山本工場　251
(匿)友玉園製陶所　260
有恒社　54
郵便汽船三菱会社　72,152
湯島聖堂　121
洋法褚製商社　54
陽明学会　121,156
横浜株式米穀取引所　235
横浜蚕糸外四品取引所　235
横浜正金銀行　35,307
横浜取引所　235
横浜米塩雑穀取引所　235
横浜洋銀取引所　235
横浜四品取引所　235
依田西村組　264
四日市製紙(株)　265
四日市製油会社　228

ら行

癩予防協会　86,159
『楽翁公伝』　91,159
楽翁公遺徳顕彰会　159
(財)理化学研究所　94,128,157,246
理化学興業(株)　95,159,246
陸羽電気鉄道(株)　280
立憲政友会　137
(財)竜門社　38,39,45
竜門社　27,31,38,112,133,152
柳林農社　221
両山鉄道(株)　275
両毛鉄道(株)　281
臨時国民経済調査会　157
臨時財政経済調査会　158
聯合国傷病兵罹災者慰問会　106
聯成社　221

(株)六十九銀行　299

わ行

若松築港(株)　238,143
早稲田大学　121,157

渋沢栄一関連会社社名変遷図

渋沢栄一は生涯に約500の会社に関わったといわれている。どのような会社があったか、それが今にどう繋がっているのか、業種別に社名の変遷をまとめたのが社名変遷図である。

■凡例

1．**対象**：『渋沢栄一伝記資料』（以下『伝記資料』）掲載の主な会社・経済団体等。会社の変遷には「合併」「分離」など様々な形態があるが、社名は同定のための基本情報であることから、ここでは社名の変遷に影響した場合のみを取り上げげた。

2．**配列**：『伝記資料』の業種順で、栄一の事績に沿った順番。

3．**典拠資料**：変遷を採録した典拠資料は、「各社有価証券報告書」「各社社史」「各社ウェブサイト」『伝記資料』『主要企業の系譜図』（雄松堂出版、1986）等。

4．**共通事項**：各変遷図の見出しに「図番号（白抜き四角数字）」「変遷図名」「業種」（例：**1 銀行：第一・勧業・興銀**［金融］）を記載。変遷図名は『伝記資料』の名称を参考にして付与し、業種名は『伝記資料』の名称に準じた。図ごとに栄一の関わりを中心とした簡略な説明文も付した。

5．**会社名枠線の種類**

・太線と細線＝渋沢栄一が直接関わった会社

・二重線＝上記の社名が変遷した、または事業を継承した会社

・一重線＝上記以外の会社

6．**図の記載内容**：会社ごとに、創業から西暦2010年頃までの「社名」「社名よみ」「社名使用年」「変遷」を記載。栄一が直接関わった会社については、会社ごとの「渋沢栄一の役割」を記載（丸付数字で　①、②、③…と注記）。

名称	略号
株式会社	（株）
合資会社	（資）
合名会社	（名）
匿名組合	（匿）
有限会社	（有）
「有限責任」は省略	
財団法人	（財）
社団法人	（社）
特殊法人	（特）
独立行政法人	（独）

・**社名**：典拠資料に現れた名称を、原則として新字体で表記。一度解散して再度設立されたものは、同名の会社であっても別会社として記載。法人格の略号は右の表のとおり。

・**社名よみ**：推定により便宜的につけたもので正式なものとは異なる場合がある。「日本」のよみは、「にほん」と確認できるもの以外は「にっぽん」とした。

・**社名使用年**：設立申請・認可・登記・設立総会・営業開始・営業譲渡・合併・解散などの年を典拠資料から採録。いわゆる「創業年」「廃業年」等とは一致しない場合がある。年号は西暦（ゴシック数字）で表記（例：**1978**）。

・**変遷**：何をもって「変遷」とするかは様々な解釈があり得るので、補記を加えてある。合併等の場合はその年を矢印と共に記した（イタリック数字　例：*1978*）。また「解散」「廃業」「不成立」などの場合はその言葉を矢印の先に記した。変遷先が別の変遷図に掲載されている場合は、その図番号を【　】内に記載した。

・左側の**年代バー**は、渋沢栄一の没年（1931年［昭和6］）を境に濃淡を変えてある。

関連会社社名変遷図一覧

業種		変遷図名	図番号
金融		銀行：第一・勧業・興銀	1
		銀行：三井	2
		銀行：東京貯蓄	3
		銀行：横浜正金	4
		銀行：帝国商業	5
		銀行：北海道拓殖	6
		銀行：東北 A・B	7・8
		銀行：関東 A・B	9・10
		銀行：中部東海	11
		銀行：北陸 A・B	12・13
		銀行：近畿・四国	14
		銀行：九州	15
		日本銀行・諸銀行	16
		銀行団体 A・B	17・18
		手形交換所	19
		興信所	20
		損害保険 A・B	21・22
		生命保険	23
		諸金融機関	24
交通・通信		海運 A・B・C	25～27
		陸運：北海道 A・B	28・29
		陸運：東日本 A・B	30・31
		陸運：東京 A・B	32・33
		陸運：東海	34
		陸運：西日本 A・B	35・36
		陸運：九州・台湾	37
		航空	38
		通信	39
商工業	繊維	綿業	40
		蚕糸絹織業 A・B	41・42
		製麻業	43
		毛織物業 A	44
		毛織物業 B・製帽業	45
	紙パルプ	製紙業	46
	皮革	製革業	47
	食品	製糖業 A・B	48・49
		麦酒醸造業	50

業種		変遷図名	図番号
商工業	窯業	陶器製造業	51
		硝子製造業	52
		煉瓦製造業	53
		セメント製造業	54
	鉄鋼	製鋼・製錬業	55
		鉄鋼 A ・B	56・57
	輸送用機器	造船・船渠業 A・B	58・59
		汽車・自動車製造業	60
	化学	人造肥料業	61
		製薬業	62
		化学工業 A・B・C	63～65
	ガス	瓦斯 A・B	66・67
	電力	電気 A・B・C・D	68～71
	建設	土木	72
		築港	73
		土地会社	74
	取引所	取引所：東京	75
		取引所：横浜	76
		取引所：大阪	77
	倉庫	倉庫業	78
	ホテル	ホテル業	79
	商業	貿易	80
	諸商工業	印刷業	81
		電気機器製造業	82
		諸製造業	83
		卸小売業	84
		サービス業	85
鉱業		銅山	86
		石炭	87
		石油	88
農林水産		農牧林業 A・B	89・90
		水産業 A・B	91・92
対外事業		対外事業:朝鮮半島 A・B・C	93～95
		対外事業：旧満州	96
		対外事業：中国	97
		対外事業：諸国	98
経済団体		経済団体 A・B	99・100

1 銀行：第一・勧業・興銀 ［金融］

渋沢栄一は近代的銀行制度創設の準備を進め、1873年第一国立銀行を設立しました。栄一はまた1897年には不動産を担保に長期資金を供給する日本勧業銀行を、1902年には動産担保の貸付を行う日本興行銀行の設立に関わりました。

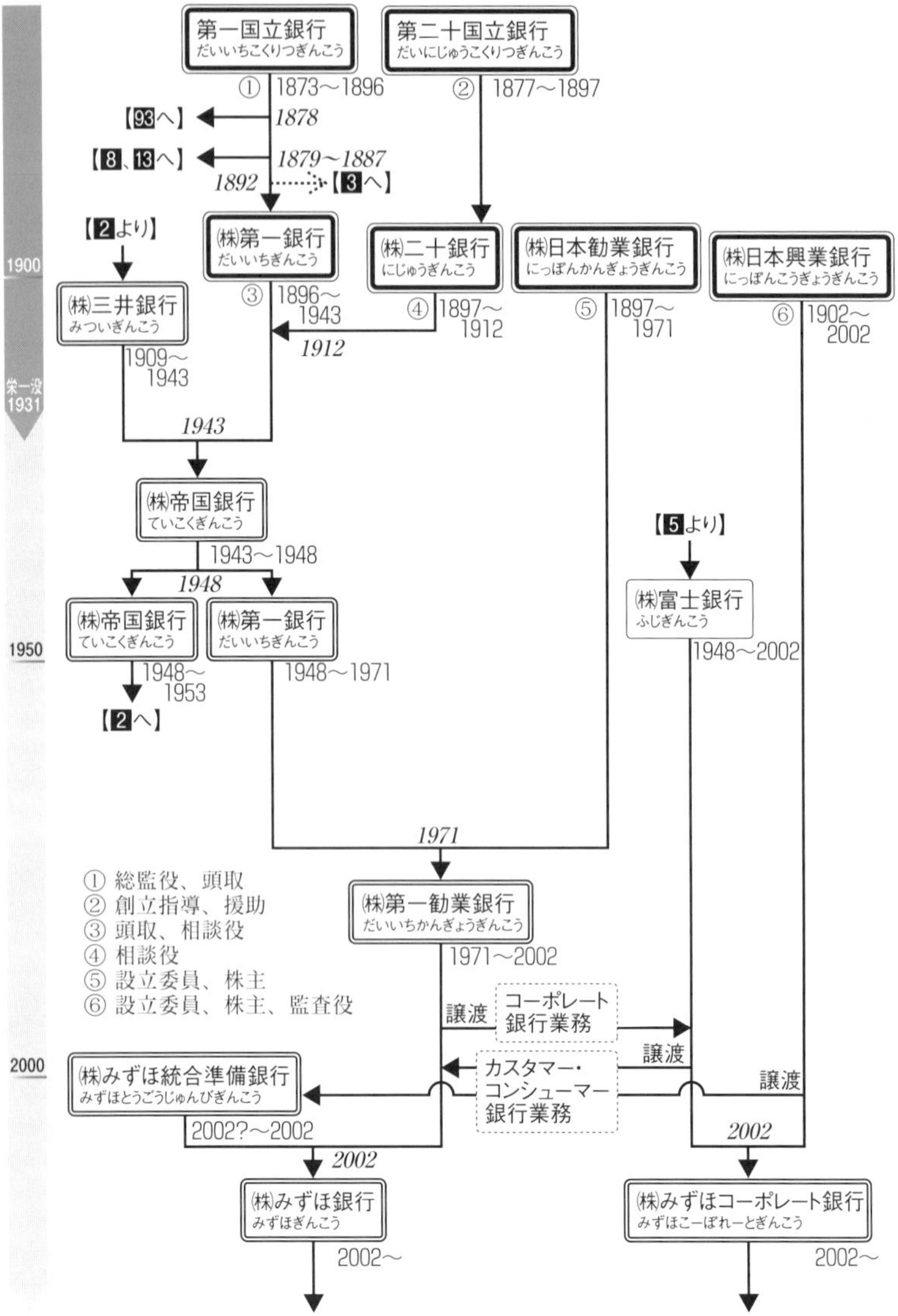
1900
栄一没 1931
1950
2000
第一国立銀行《だいいちこくりつぎんこう》
① 1873～1896
【93へ】 1878
【8、13へ】 1879～1887
1892 【3へ】
第二十国立銀行《だいにじゅうこくりつぎんこう》
② 1877～1897
【2より】
㈱三井銀行《みついぎんこう》
1909～1943
㈱第一銀行《だいいちぎんこう》
③ 1896～1943
㈱二十銀行《にじゅうぎんこう》
④ 1897～1912
1912
㈱日本勧業銀行《にっぽんかんぎょうぎんこう》
⑤ 1897～1971
㈱日本興業銀行《にっぽんこうぎょうぎんこう》
⑥ 1902～2002
1943
㈱帝国銀行《ていこくぎんこう》
1943～1948
1948
㈱帝国銀行《ていこくぎんこう》
1948～1953
【2へ】
㈱第一銀行《だいいちぎんこう》
1948～1971
【5より】
㈱富士銀行《ふじぎんこう》
1948～2002
1971
㈱第一勧業銀行《だいいちかんぎょうぎんこう》
1971～2002
① 総監役、頭取
② 創立指導、援助
③ 頭取、相談役
④ 相談役
⑤ 設立委員、株主
⑥ 設立委員、株主、監査役
譲渡
コーポレート銀行業務
譲渡
カスタマー・コンシューマー銀行業務
譲渡
㈱みずほ統合準備銀行《みずほとうごうじゅんびぎんこう》
2002?～2002
2002
2002
㈱みずほ銀行《みずほぎんこう》
2002～
㈱みずほコーポレート銀行《みずほこーぽれーとぎんこう》
2002～

2 銀行：三井［金融］

渋沢栄一は1876年の三井銀行創立に関し、三井家重役三野村利左衛門から意見を求められ賛意を表しました。

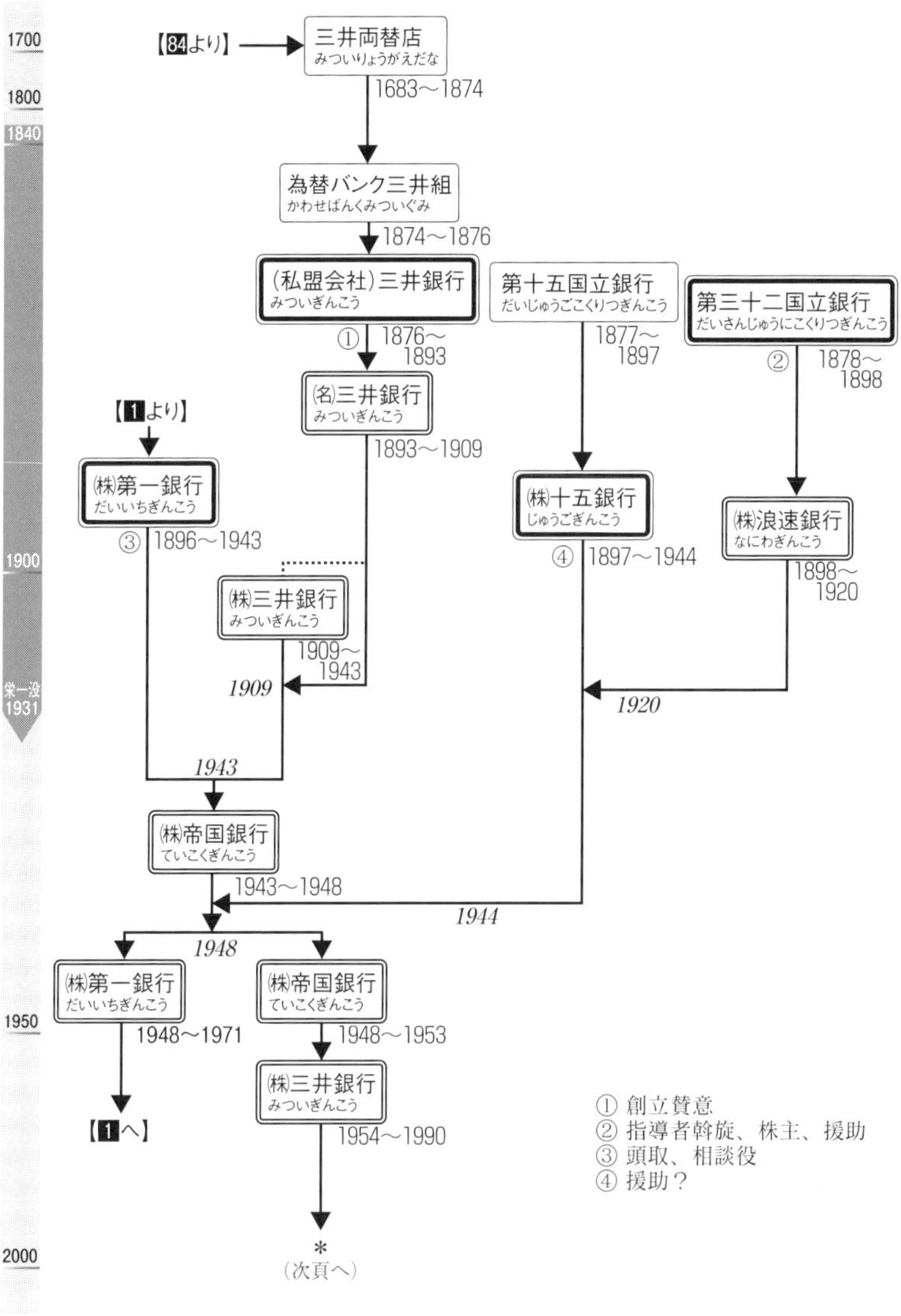
1700
1800
1840
1900
栄一没
1931
1950
2000
【84より】
三井両替店《みついりょうがえだな》
1683～1874
為替バンク三井組《かわせばんくみついぐみ》
1874～1876
(私盟会社)三井銀行《みついぎんこう》
① 1876～1893
第十五国立銀行《だいじゅうごこくりつぎんこう》
1877～1897
第三十二国立銀行《だいさんじゅうにこくりつぎんこう》
② 1878～1898
(名)三井銀行《みついぎんこう》
1893～1909
【1より】
(株)第一銀行《だいいちぎんこう》
③ 1896～1943
(株)十五銀行《じゅうごぎんこう》
④ 1897～1944
(株)浪速銀行《なにわぎんこう》
1898～1920
(株)三井銀行《みついぎんこう》
1909～1943
1909
1920
1943
(株)帝国銀行《ていこくぎんこう》
1943～1948
1944
1948
(株)第一銀行《だいいちぎんこう》
1948～1971
【1へ】
(株)帝国銀行《ていこくぎんこう》
1948～1953
(株)三井銀行《みついぎんこう》
1954～1990
＊
（次頁へ）
① 創立賛意
② 指導者斡旋、株主、援助
③ 頭取、相談役
④ 援助？

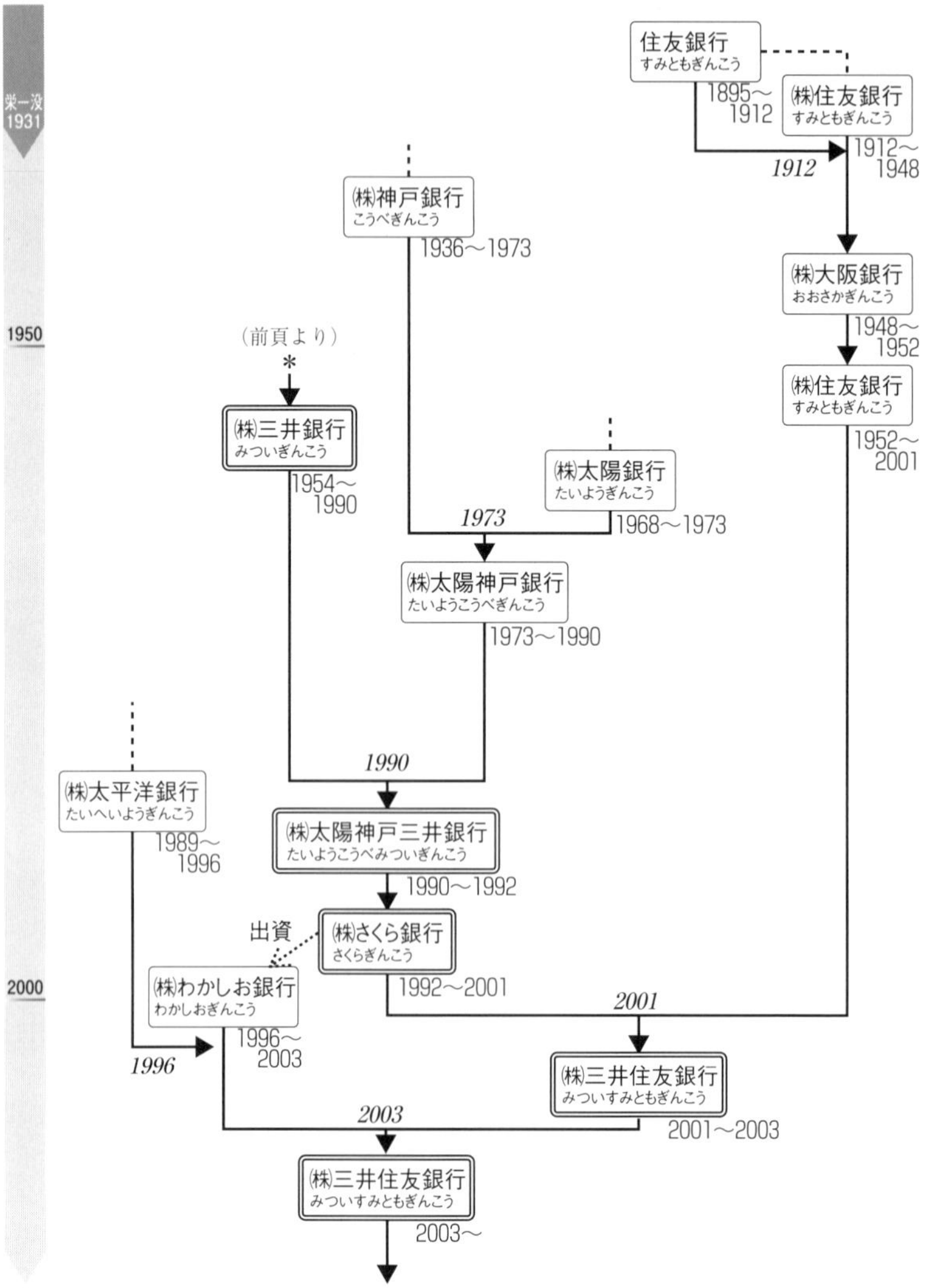
栄一没
1931
1950
2000
住友銀行《すみともぎんこう》
1895〜1912
1912
㈱住友銀行《すみともぎんこう》
1912〜1948
㈱大阪銀行《おおさかぎんこう》
1948〜1952
㈱住友銀行《すみともぎんこう》
1952〜2001
㈱神戸銀行《こうべぎんこう》
1936〜1973
（前頁より）
＊
㈱三井銀行《みついぎんこう》
1954〜1990
㈱太陽銀行《たいようぎんこう》
1968〜1973
1973
㈱太陽神戸銀行《たいようこうべぎんこう》
1973〜1990
1990
㈱太平洋銀行《たいへいようぎんこう》
1989〜1996
㈱太陽神戸三井銀行《たいようこうべみついぎんこう》
1990〜1992
出資
㈱さくら銀行《さくらぎんこう》
1992〜2001
㈱わかしお銀行《わかしおぎんこう》
1996〜2003
1996
2001
㈱三井住友銀行《みついすみともぎんこう》
2001〜2003
2003
㈱三井住友銀行《みついすみともぎんこう》
2003〜

3 銀行：東京貯蓄［金融］

民間の零細な貯蓄預金を資本化するための貯蓄銀行が設立される中、第一国立銀行では三井家との勢力関係から渋沢栄一ら役員の出資により、1892年東京貯蓄銀行を設立しました。栄一は会長となり、1916年までその職を務めました。

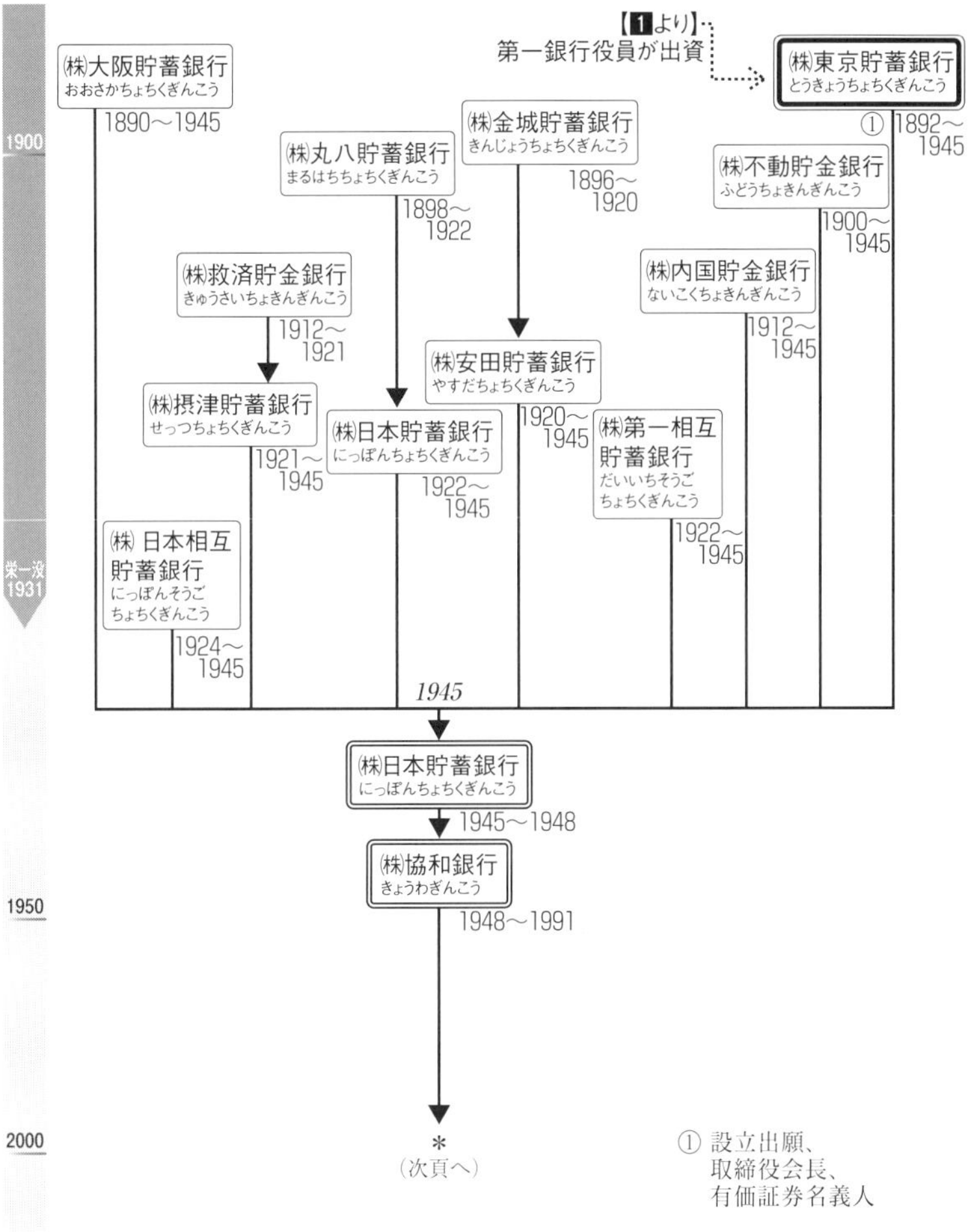
1900
栄一没 1931
1950
2000
【1より】第一銀行役員が出資
㈱東京貯蓄銀行《とうきょうちょちくぎんこう》
① 1892～1945
㈱大阪貯蓄銀行《おおさかちょちくぎんこう》
1890～1945
㈱金城貯蓄銀行《きんじょうちょちくぎんこう》
1896～1920
㈱丸八貯蓄銀行《まるはちちょちくぎんこう》
1898～1922
㈱不動貯金銀行《ふどうちょきんぎんこう》
1900～1945
㈱救済貯金銀行《きゅうさいちょきんぎんこう》
1912～1921
㈱内国貯金銀行《ないこくちょきんぎんこう》
1912～1945
㈱安田貯蓄銀行《やすだちょちくぎんこう》
1920～1945
㈱摂津貯蓄銀行《せっつちょちくぎんこう》
1921～1945
㈱日本貯蓄銀行《にっぽんちょちくぎんこう》
1922～1945
㈱第一相互貯蓄銀行《だいいちそうごちょちくぎんこう》
1922～1945
㈱ 日本相互貯蓄銀行《にっぽんそうごちょちくぎんこう》
1924～1945
1945
㈱日本貯蓄銀行《にっぽんちょちくぎんこう》
1945～1948
㈱協和銀行《きょうわぎんこう》
1948～1991
＊
（次頁へ）
① 設立出願、取締役会長、有価証券名義人

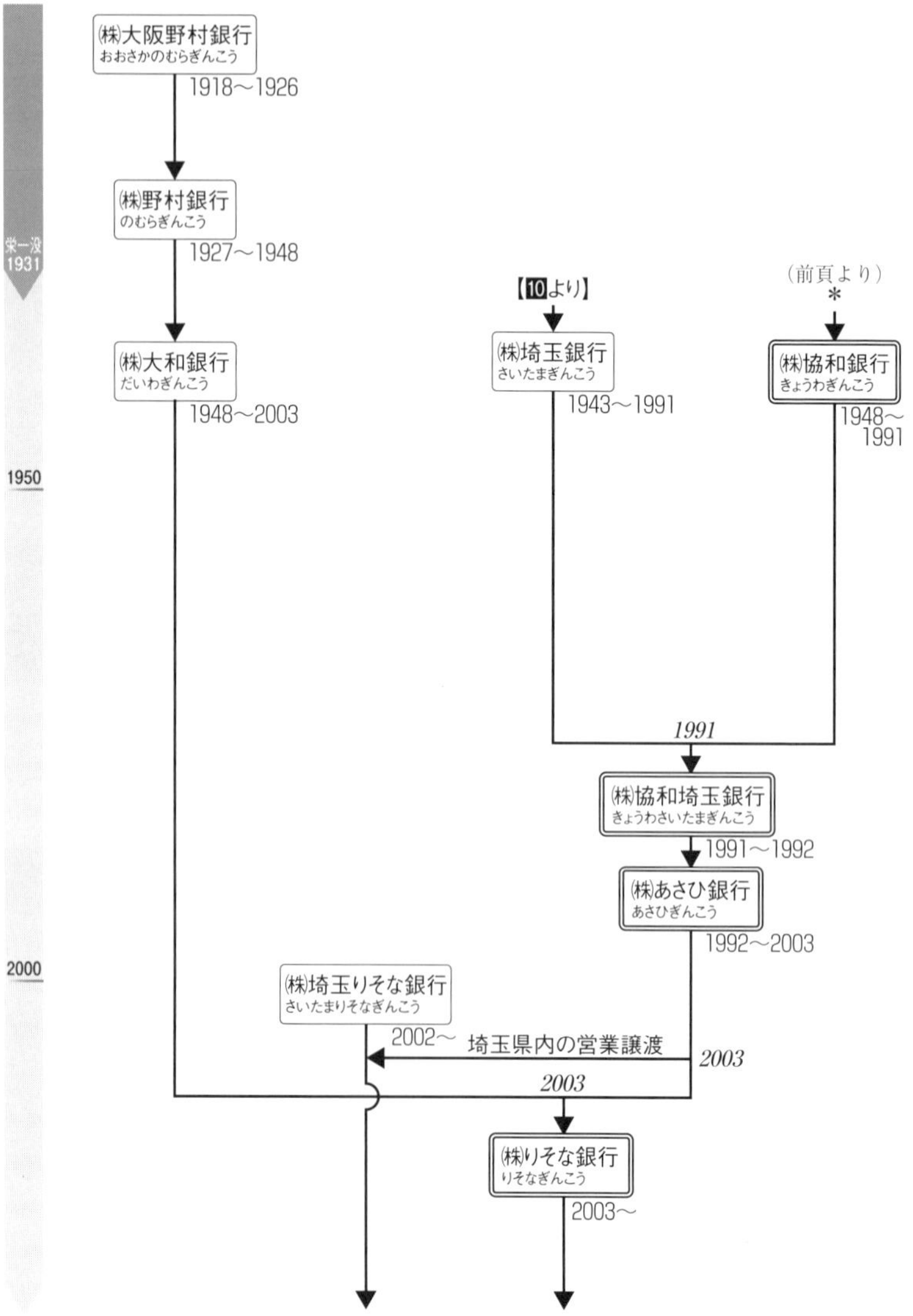
栄一没
1931
1950
2000
㈱大阪野村銀行《おおさかのむらぎんこう》
1918～1926
㈱野村銀行《のむらぎんこう》
1927～1948
㈱大和銀行《だいわぎんこう》
1948～2003
【10より】
㈱埼玉銀行《さいたまぎんこう》
1943～1991
（前頁より）
＊
㈱協和銀行《きょうわぎんこう》
1948～1991
1991
㈱協和埼玉銀行《きょうわさいたまぎんこう》
1991～1992
㈱あさひ銀行《あさひぎんこう》
1992～2003
㈱埼玉りそな銀行《さいたまりそなぎんこう》
2002～
埼玉県内の営業譲渡
2003
2003
㈱りそな銀行《りそなぎんこう》
2003～

4 銀行：横浜正金 ［金融］

横浜の貿易金融は開港以来外国人が独占していましたが、1880年政府の強力な支援の下に外国為替、貿易金融専門銀行として横浜正金銀行が設立されました。渋沢栄一は株主のひとりでした。

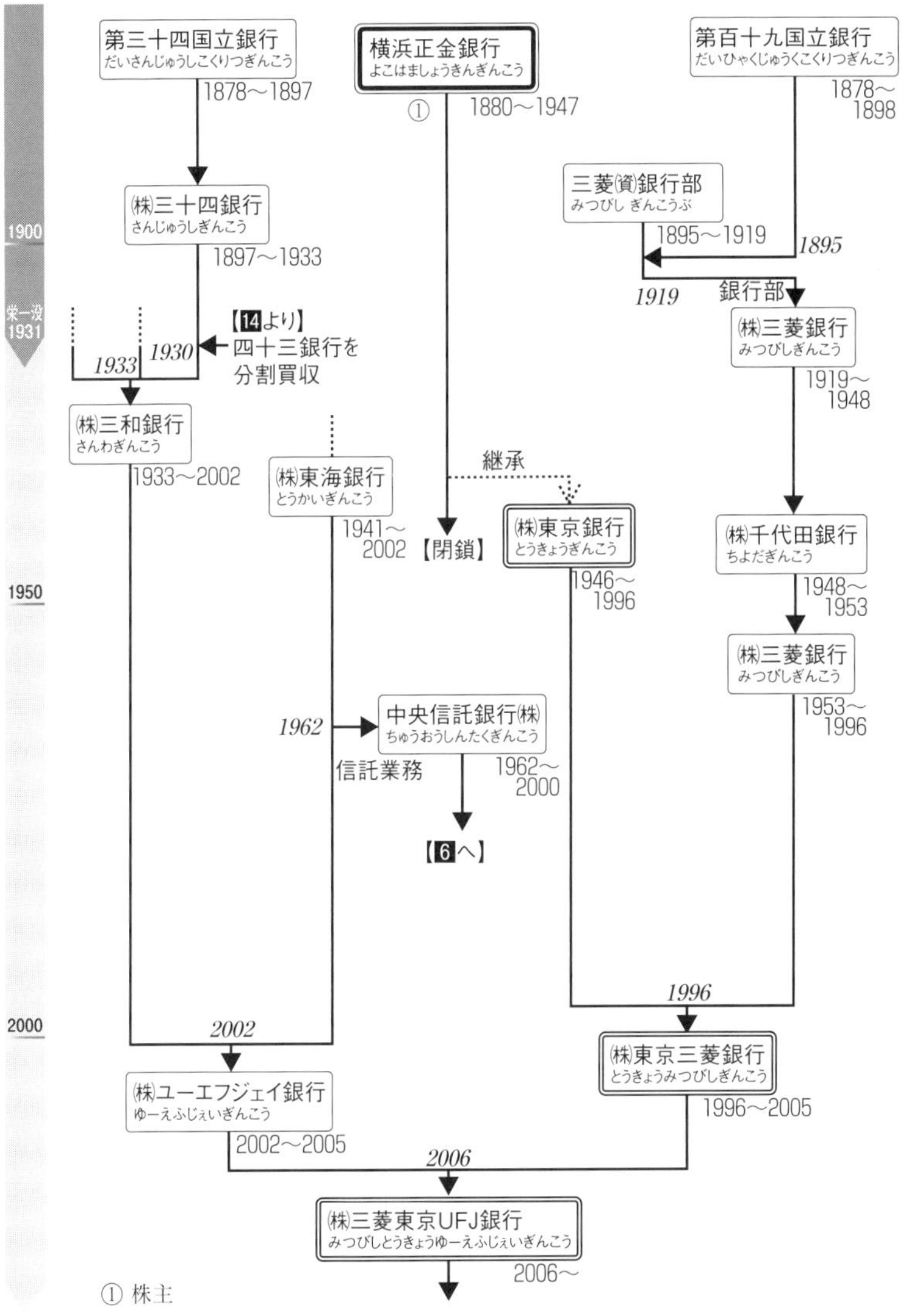
1900
栄一没 1931
1950
2000
第三十四国立銀行《だいさんじゅうしこくりつぎんこう》
1878～1897
㈱三十四銀行《さんじゅうしぎんこう》
1897～1933
【14より】四十三銀行を分割買収
1930
1933
㈱三和銀行《さんわぎんこう》
1933～2002
横浜正金銀行《よこはましょうきんぎんこう》
①
1880～1947
継承
【閉鎖】
㈱東海銀行《とうかいぎんこう》
1941～2002
1962
中央信託銀行㈱《ちゅうおうしんたくぎんこう》
信託業務
1962～2000
【6へ】
㈱東京銀行《とうきょうぎんこう》
1946～1996
第百十九国立銀行《だいひゃくじゅうくこくりつぎんこう》
1878～1898
1895
三菱㈾銀行部《みつびし ぎんこうぶ》
1895～1919
1919
銀行部
㈱三菱銀行《みつびしぎんこう》
1919～1948
㈱千代田銀行《ちよだぎんこう》
1948～1953
㈱三菱銀行《みつびしぎんこう》
1953～1996
1996
㈱東京三菱銀行《とうきょうみつびしぎんこう》
1996～2005
2002
㈱ユーエフジェイ銀行《ゆーえふじぇいぎんこう》
2002～2005
2006
㈱三菱東京UFJ銀行《みつびしとうきょうゆーえふじぇいぎんこう》
2006～
① 株主

5 銀行：帝国商業［金融］

1894年設立の帝国商業銀行では、役員間の軋轢から1908年に会長が郷誠之助に交代しました。渋沢栄一はこの件につき斡旋の労をとり、この年相談役となりました。栄一は1927年、休業中の八十四銀行と中井銀行の整理にも尽力しました。

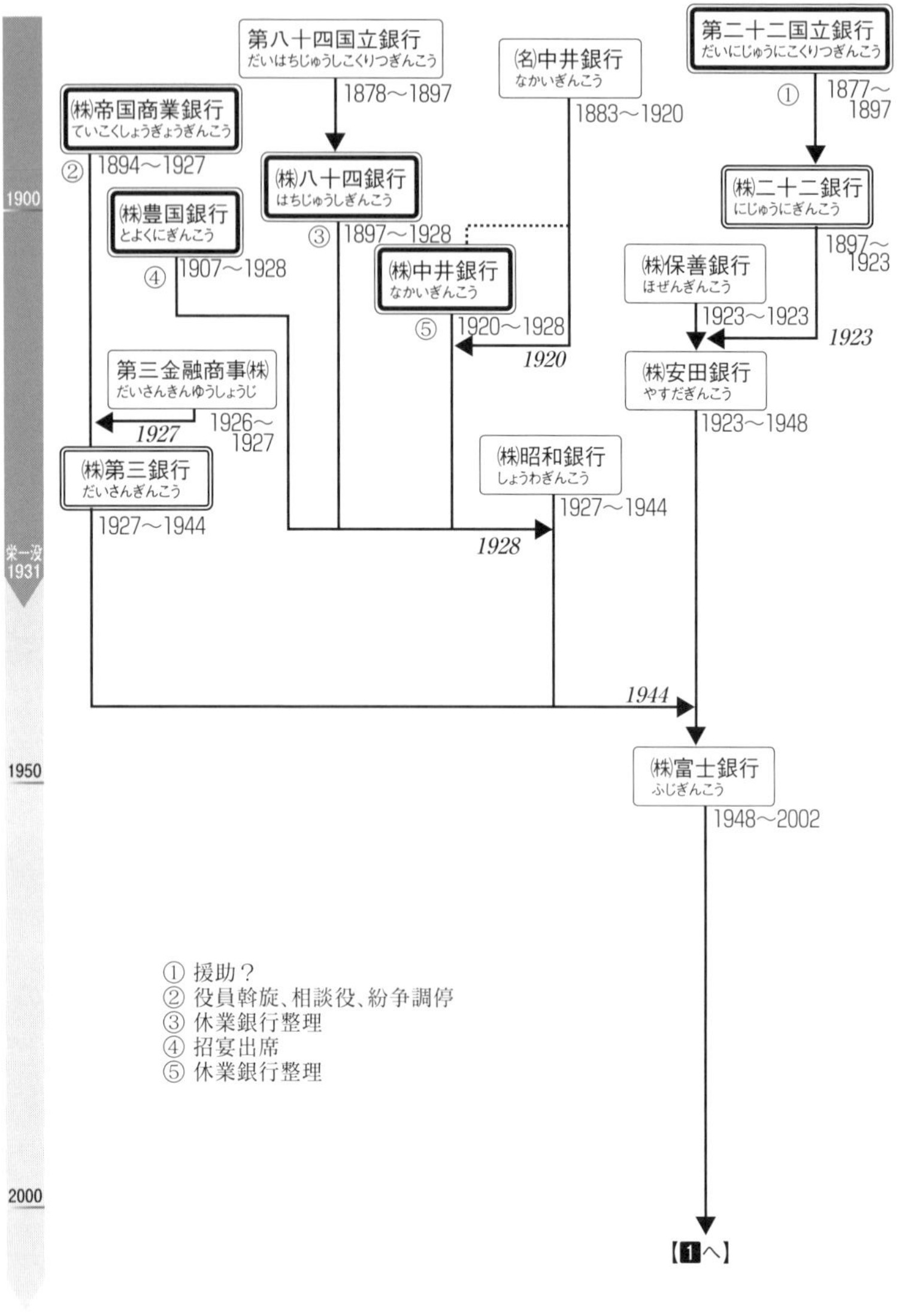
1900
栄一没
1931
1950
2000
第八十四国立銀行《だいはちじゅうしこくりつぎんこう》
1878～1897
㈴中井銀行《なかいぎんこう》
1883～1920
第二十二国立銀行《だいにじゅうにこくりつぎんこう》
① 1877～1897
㈱帝国商業銀行《ていこくしょうぎょうぎんこう》
② 1894～1927
㈱八十四銀行《はちじゅうしぎんこう》
③ 1897～1928
㈱二十二銀行《にじゅうにぎんこう》
1897～1923
㈱豊国銀行《とよくにぎんこう》
④ 1907～1928
㈱中井銀行《なかいぎんこう》
⑤ 1920～1928
1920
㈱保善銀行《ほぜんぎんこう》
1923～1923
1923
㈱安田銀行《やすだぎんこう》
1923～1948
第三金融商事㈱《だいさんきんゆうしょうじ》
1926～1927
1927
㈱第三銀行《だいさんぎんこう》
1927～1944
㈱昭和銀行《しょうわぎんこう》
1927～1944
1928
1944
㈱富士銀行《ふじぎんこう》
1948～2002
【1へ】
① 援助？
② 役員斡旋、相談役、紛争調停
③ 休業銀行整理
④ 招宴出席
⑤ 休業銀行整理

6 銀行：北海道拓殖［金融］

明治以降開拓が進みつつあった北海道の産業開発と振興に寄与するため、北海道拓殖銀行法により1900年特殊銀行として北海道拓殖銀行が創立されました。渋沢栄一は設立委員を務めました。

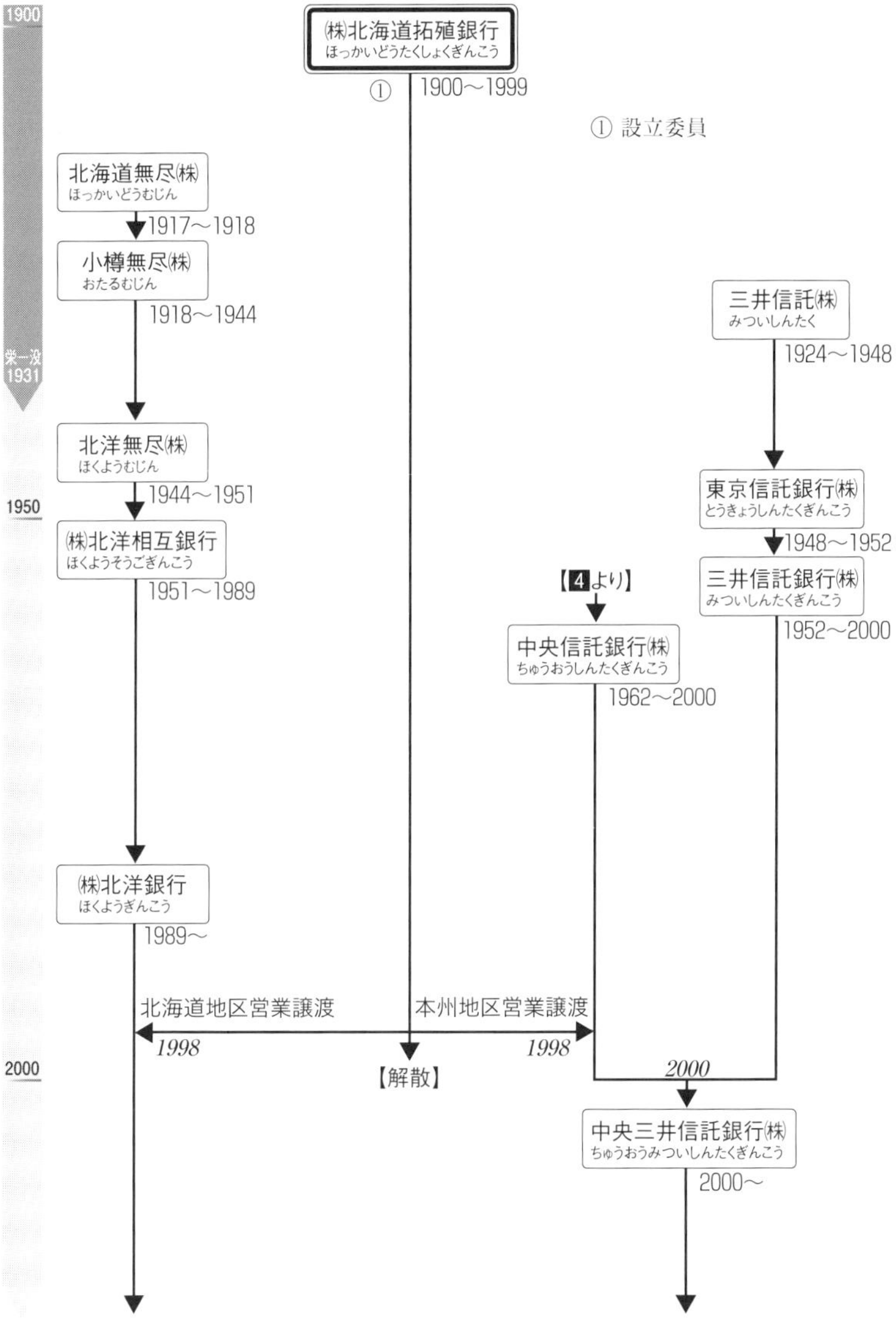
1900
栄一没
1931
1950
2000
㈱北海道拓殖銀行《ほっかいどうたくしょくぎんこう》
① 1900～1999
① 設立委員
北海道無尽㈱《ほっかいどうむじん》
1917～1918
小樽無尽㈱《おたるむじん》
1918～1944
北洋無尽㈱《ほくようむじん》
1944～1951
㈱北洋相互銀行《ほくようそうごぎんこう》
1951～1989
㈱北洋銀行《ほくようぎんこう》
1989～
三井信託㈱《みついしんたく》
1924～1948
東京信託銀行㈱《とうきょうしんたくぎんこう》
1948～1952
三井信託銀行㈱《みついしんたくぎんこう》
1952～2000
【4より】
中央信託銀行㈱《ちゅうおうしんたくぎんこう》
1962～2000
北海道地区営業譲渡
1998
本州地区営業譲渡
1998
【解散】
2000
中央三井信託銀行㈱《ちゅうおうみついしんたくぎんこう》
2000～

7 銀行：東北 A［金融］

青森県の旧弘前藩士らは禄券保全を目的に、第一国立銀行の青森支店開設を図りました。頭取の渋沢栄一はこれを承諾せず独立の銀行発起を勧奨し、士族らは1878年第五十九国立銀行を創立しました。

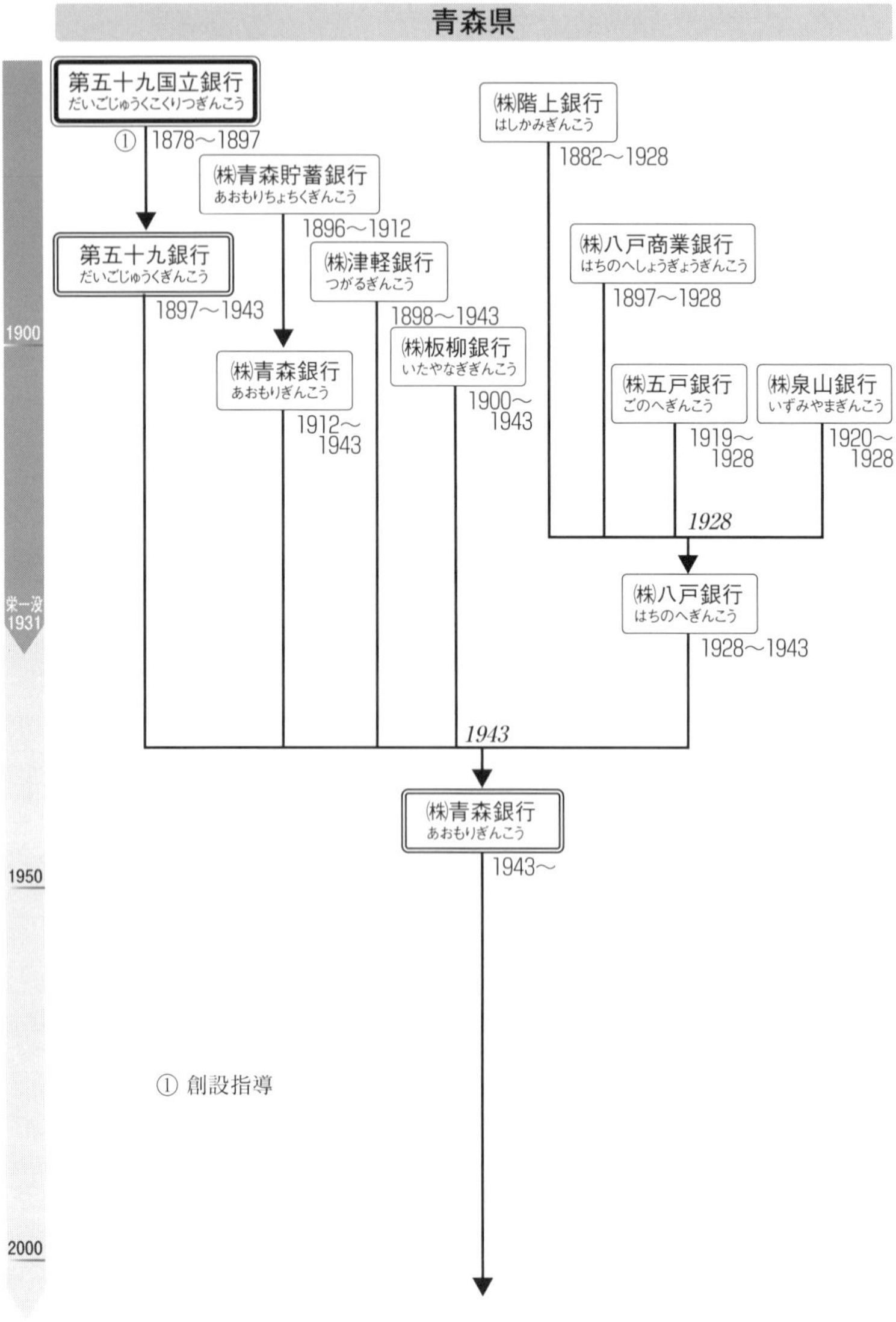
青森県
1900
栄一没
1931
1950
2000
第五十九国立銀行《だいごじゅうくこくりつぎんこう》
① 1878〜1897
第五十九銀行《だいごじゅうくぎんこう》
1897〜1943
㈱青森貯蓄銀行《あおもりちょちくぎんこう》
1896〜1912
㈱青森銀行《あおもりぎんこう》
1912〜1943
㈱津軽銀行《つがるぎんこう》
1898〜1943
㈱板柳銀行《いたやなぎぎんこう》
1900〜1943
㈱階上銀行《はしかみぎんこう》
1882〜1928
㈱八戸商業銀行《はちのへしょうぎょうぎんこう》
1897〜1928
㈱五戸銀行《ごのへぎんこう》
1919〜1928
㈱泉山銀行《いずみやまぎんこう》
1920〜1928
1928
㈱八戸銀行《はちのへぎんこう》
1928〜1943
1943
㈱青森銀行《あおもりぎんこう》
1943〜
① 創設指導

8 銀行：東北 B［金融］

宮城県の士族らは金禄公債を集めて資本金とし、渋沢栄一の指導の下1878年仙台に第七十七国立銀行を創立しました。栄一は第一国立銀行秋田支店を引き継いだ秋田銀行の相談役も引受け、地元の銀行発展に尽力しました。

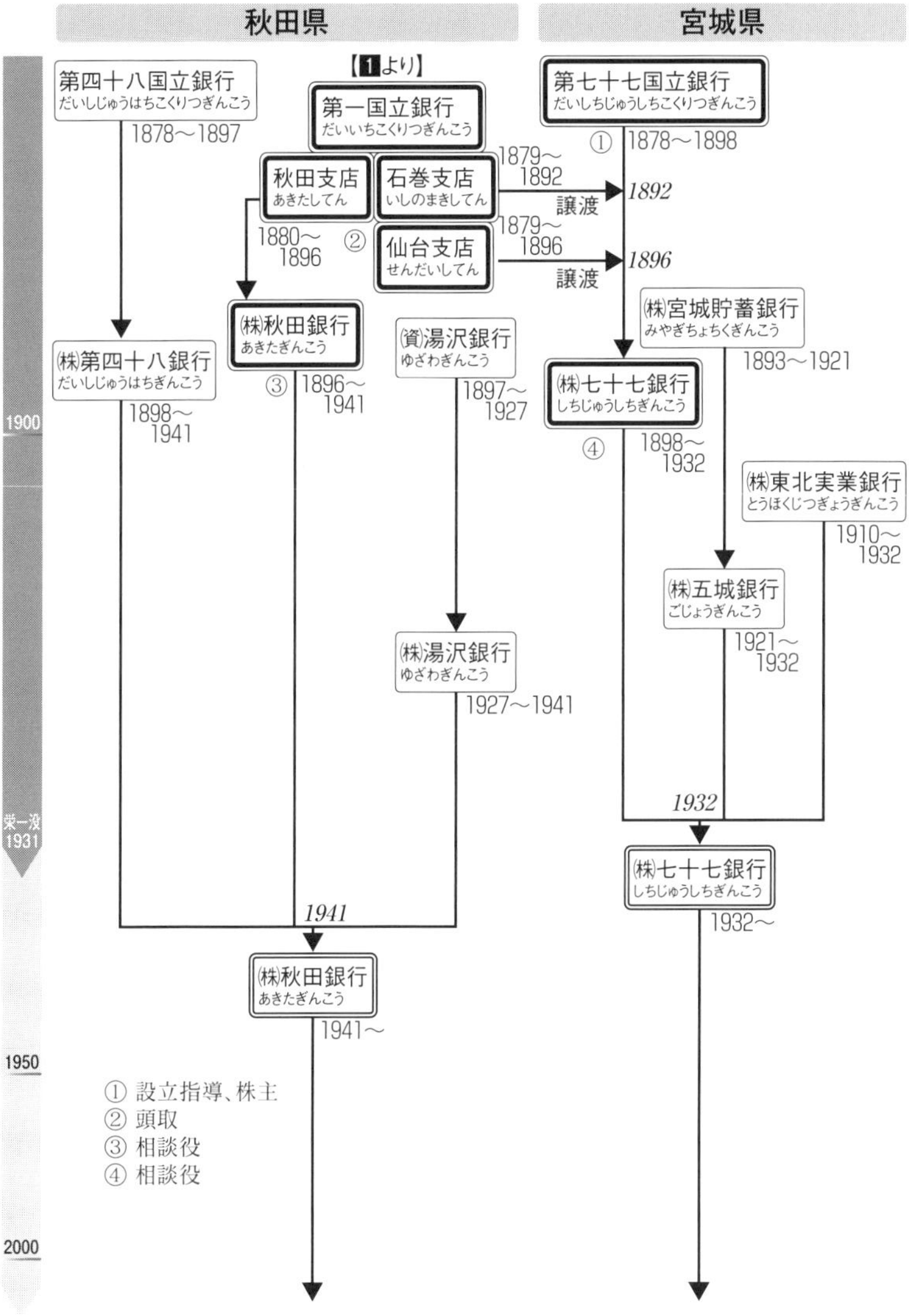
秋田県
宮城県
【1より】
第一国立銀行《だいいちこくりつぎんこう》
第四十八国立銀行《だいしじゅうはちこくりつぎんこう》
1878～1897
㈱第四十八銀行《だいしじゅうはちぎんこう》
1898～1941
秋田支店《あきたしてん》
1880～1896
②
㈱秋田銀行《あきたぎんこう》
③ 1896～1941
石巻支店《いしのまきしてん》
1879～1892
譲渡
1892
仙台支店《せんだいしてん》
1879～1896
譲渡
1896
㈾湯沢銀行《ゆざわぎんこう》
1897～1927
㈱湯沢銀行《ゆざわぎんこう》
1927～1941
1941
㈱秋田銀行《あきたぎんこう》
1941～
第七十七国立銀行《だいしちじゅうしちこくりつぎんこう》
① 1878～1898
㈱宮城貯蓄銀行《みやぎちょちくぎんこう》
1893～1921
㈱七十七銀行《しちじゅうしちぎんこう》
④ 1898～1932
㈱東北実業銀行《とうほくじつぎょうぎんこう》
1910～1932
㈱五城銀行《ごじょうぎんこう》
1921～1932
1932
㈱七十七銀行《しちじゅうしちぎんこう》
1932～
1900
栄一没 1931
1950
2000
① 設立指導、株主
② 頭取
③ 相談役
④ 相談役

9 銀行：関東 A［金融］

1878年前橋の士族有志らが授産事業として設立した第三十九国立銀行は、1898年三十九銀行となりました。群馬県の地場産業である製糸業の盛衰と共に業績が推移し、1902年には渋沢喜作らの依頼で渋沢栄一が援助をしました。

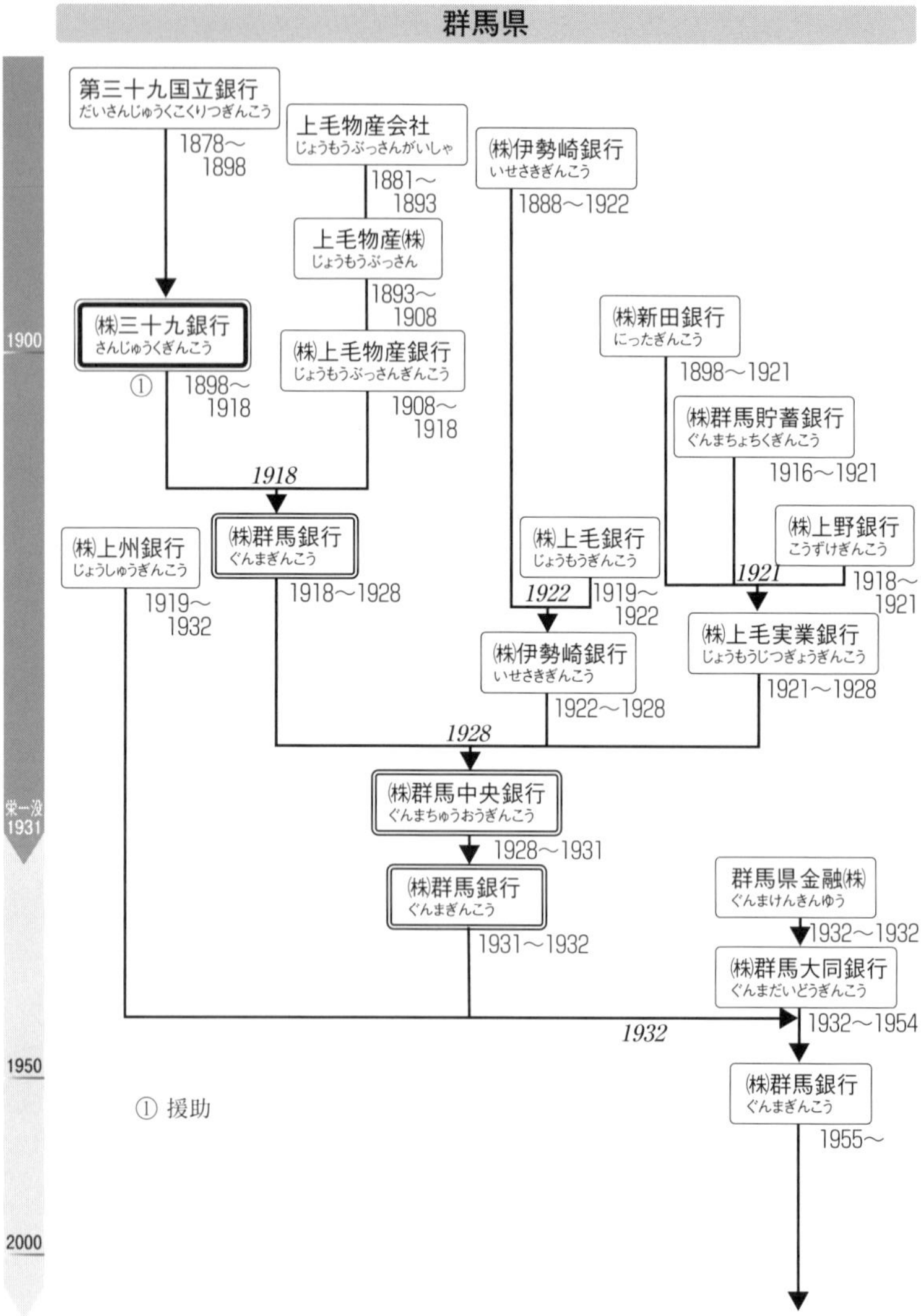
群馬県
1900
栄一没
1931
1950
2000
第三十九国立銀行《だいさんじゅうくこくりつぎんこう》
1878～1898
上毛物産会社《じょうもうぶっさんがいしゃ》
1881～1893
上毛物産㈱《じょうもうぶっさん》
1893～1908
㈱伊勢崎銀行《いせさきぎんこう》
1888～1922
㈱三十九銀行《さんじゅうくぎんこう》
①
1898～1918
㈱上毛物産銀行《じょうもうぶっさんぎんこう》
1908～1918
㈱新田銀行《にったぎんこう》
1898～1921
㈱群馬貯蓄銀行《ぐんまちょちくぎんこう》
1916～1921
1918
㈱上州銀行《じょうしゅうぎんこう》
1919～1932
㈱群馬銀行《ぐんまぎんこう》
1918～1928
㈱上毛銀行《じょうもうぎんこう》
1922
1919～1922
㈱上野銀行《こうずけぎんこう》
1921
1918～1921
㈱伊勢崎銀行《いせさきぎんこう》
1922～1928
㈱上毛実業銀行《じょうもうじつぎょうぎんこう》
1921～1928
1928
㈱群馬中央銀行《ぐんまちゅうおうぎんこう》
1928～1931
㈱群馬銀行《ぐんまぎんこう》
1931～1932
群馬県金融㈱《ぐんまけんきんゆう》
1932～1932
㈱群馬大同銀行《ぐんまだいどうぎんこう》
1932
1932～1954
㈱群馬銀行《ぐんまぎんこう》
1955～
① 援助

10 銀行：関東 B［金融］

埼玉県では明治以降小規模な銀行が数多く設立されました。渋沢栄一は大里郡熊谷町の熊谷銀行の設立に関わり、また入間郡豊岡町の黒須銀行の顧問を務めました。

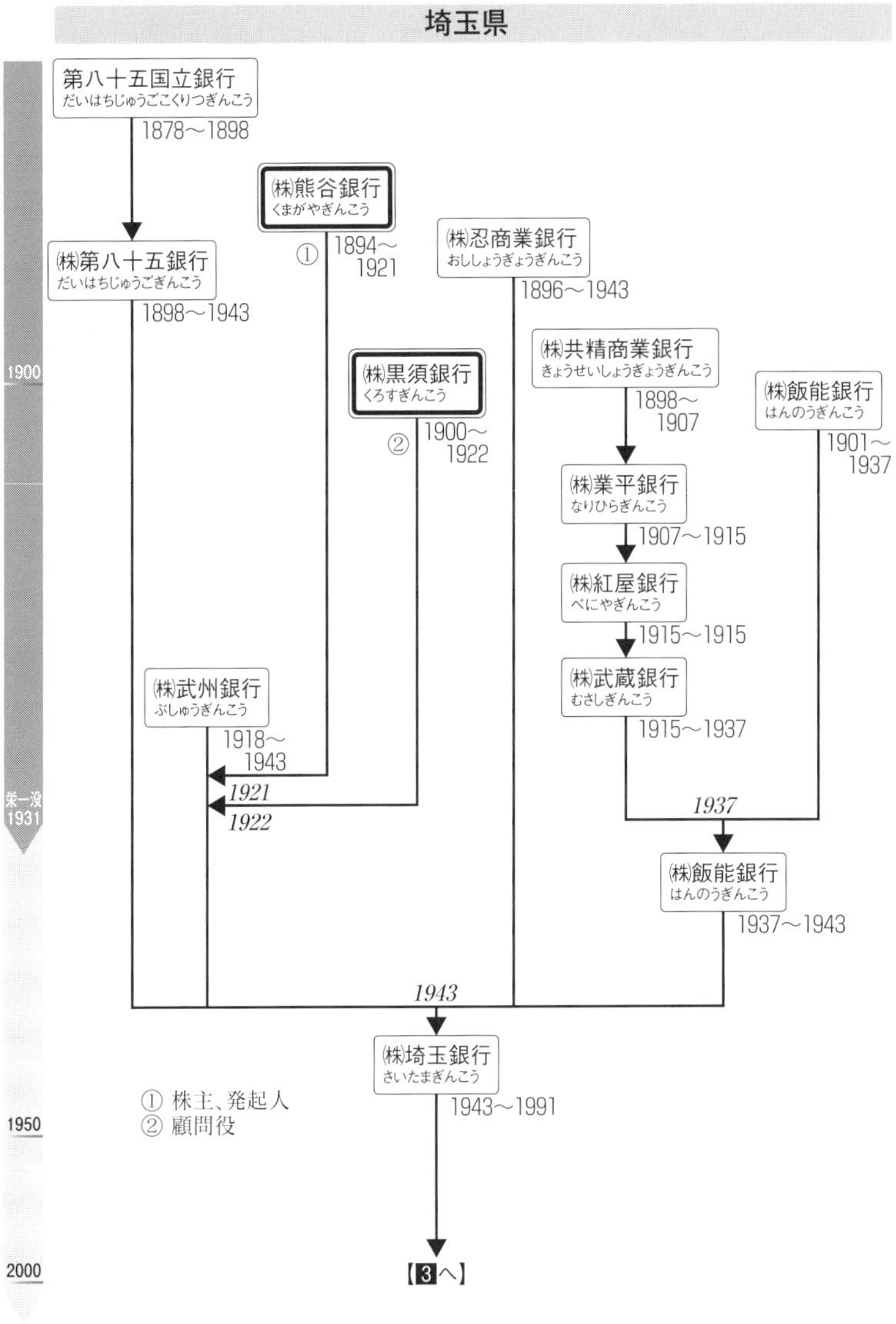
埼玉県
1900
栄一没 1931
1950
2000
第八十五国立銀行《だいはちじゅうごこくりつぎんこう》
1878～1898
㈱第八十五銀行《だいはちじゅうごぎんこう》
1898～1943
㈱熊谷銀行《くまがやぎんこう》
① 1894～1921
㈱忍商業銀行《おししょうぎょうぎんこう》
1896～1943
㈱黒須銀行《くろすぎんこう》
② 1900～1922
㈱共精商業銀行《きょうせいしょうぎょうぎんこう》
1898～1907
㈱飯能銀行《はんのうぎんこう》
1901～1937
㈱業平銀行《なりひらぎんこう》
1907～1915
㈱紅屋銀行《べにやぎんこう》
1915～1915
㈱武蔵銀行《むさしぎんこう》
1915～1937
㈱武州銀行《ぶしゅうぎんこう》
1918～1943
1921
1922
1937
㈱飯能銀行《はんのうぎんこう》
1937～1943
1943
㈱埼玉銀行《さいたまぎんこう》
1943～1991
① 株主、発起人
② 顧問役
【3へ】

11 銀行：中部東海［金融］

渋沢栄一の指導で岐阜県の織物商は第十六国立銀行を、長野県の製糸業者は第十九国立銀行を設立しました。また栄一は山梨県の殖産興業を目的に準備された第十国立銀行の創立も指導しました。

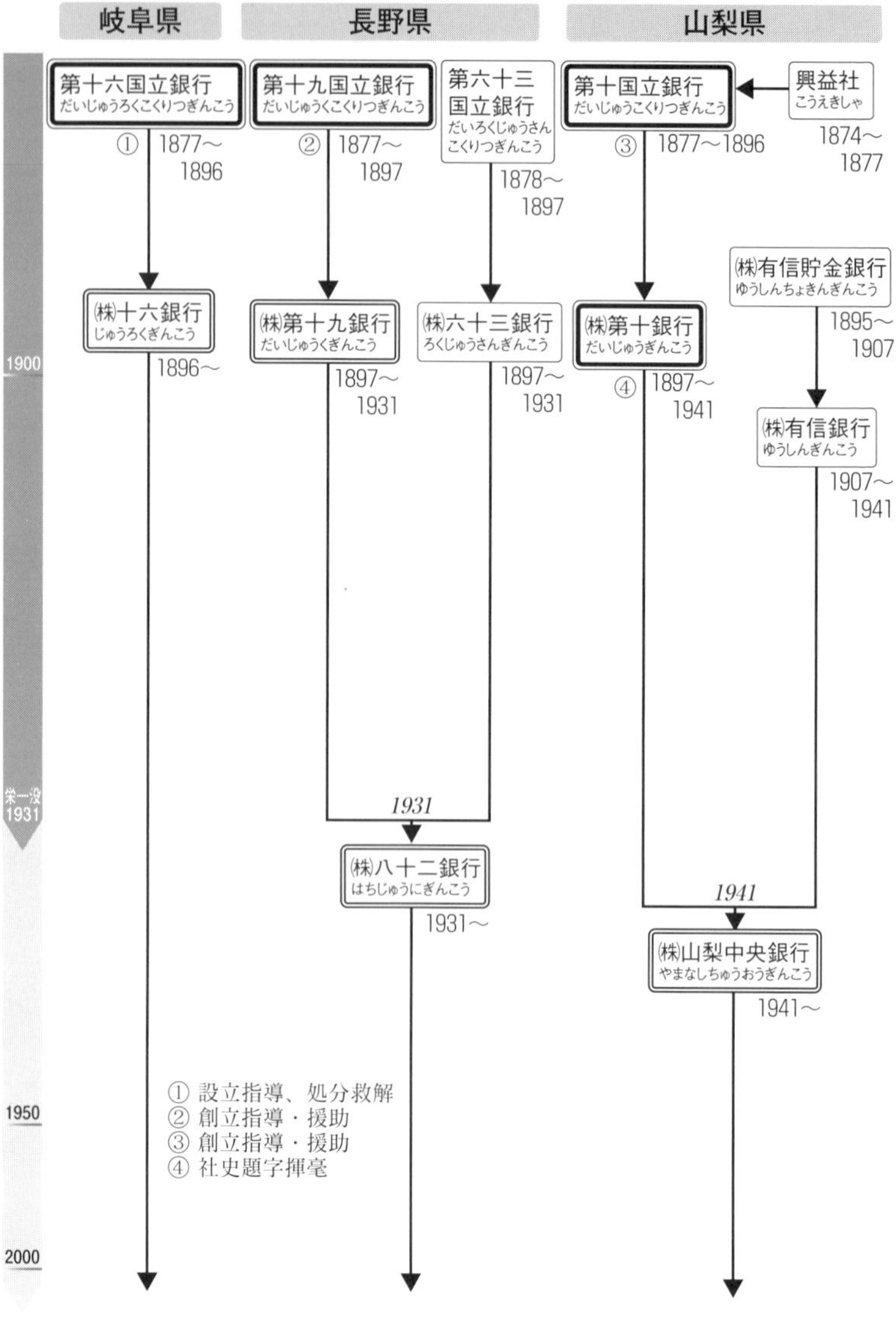
岐阜県
長野県
山梨県
第十六国立銀行《だいじゅうろくこくりつぎんこう》
① 1877～1896
㈱十六銀行《じゅうろくぎんこう》
1896～
第十九国立銀行《だいじゅうくこくりつぎんこう》
② 1877～1897
㈱第十九銀行《だいじゅうくぎんこう》
1897～1931
第六十三国立銀行《だいろくじゅうさんこくりつぎんこう》
1878～1897
㈱六十三銀行《ろくじゅうさんぎんこう》
1897～1931
1931
㈱八十二銀行《はちじゅうにぎんこう》
1931～
第十国立銀行《だいじゅうこくりつぎんこう》
③ 1877～1896
興益社《こうえきしゃ》
1874～1877
㈱第十銀行《だいじゅうぎんこう》
④ 1897～1941
㈱有信貯金銀行《ゆうしんちょきんぎんこう》
1895～1907
㈱有信銀行《ゆうしんぎんこう》
1907～1941
1941
㈱山梨中央銀行《やまなしちゅうおうぎんこう》
1941～
1900
栄一没 1931
1950
2000
① 設立指導、処分救解
② 創立指導・援助
③ 創立指導・援助
④ 社史題字揮毫

12 銀行：北陸 A［金融］

新潟県では戊辰戦争で敗北した長岡藩の三島億二郎が士族救済に奔走し、渋沢栄一の指導で1878年第六十九国立銀行を設立しました。一方富山県の商人らは1895年高岡共立銀行を設立、栄一推薦の支配人大橋半七郎の下で翌年開業しました。

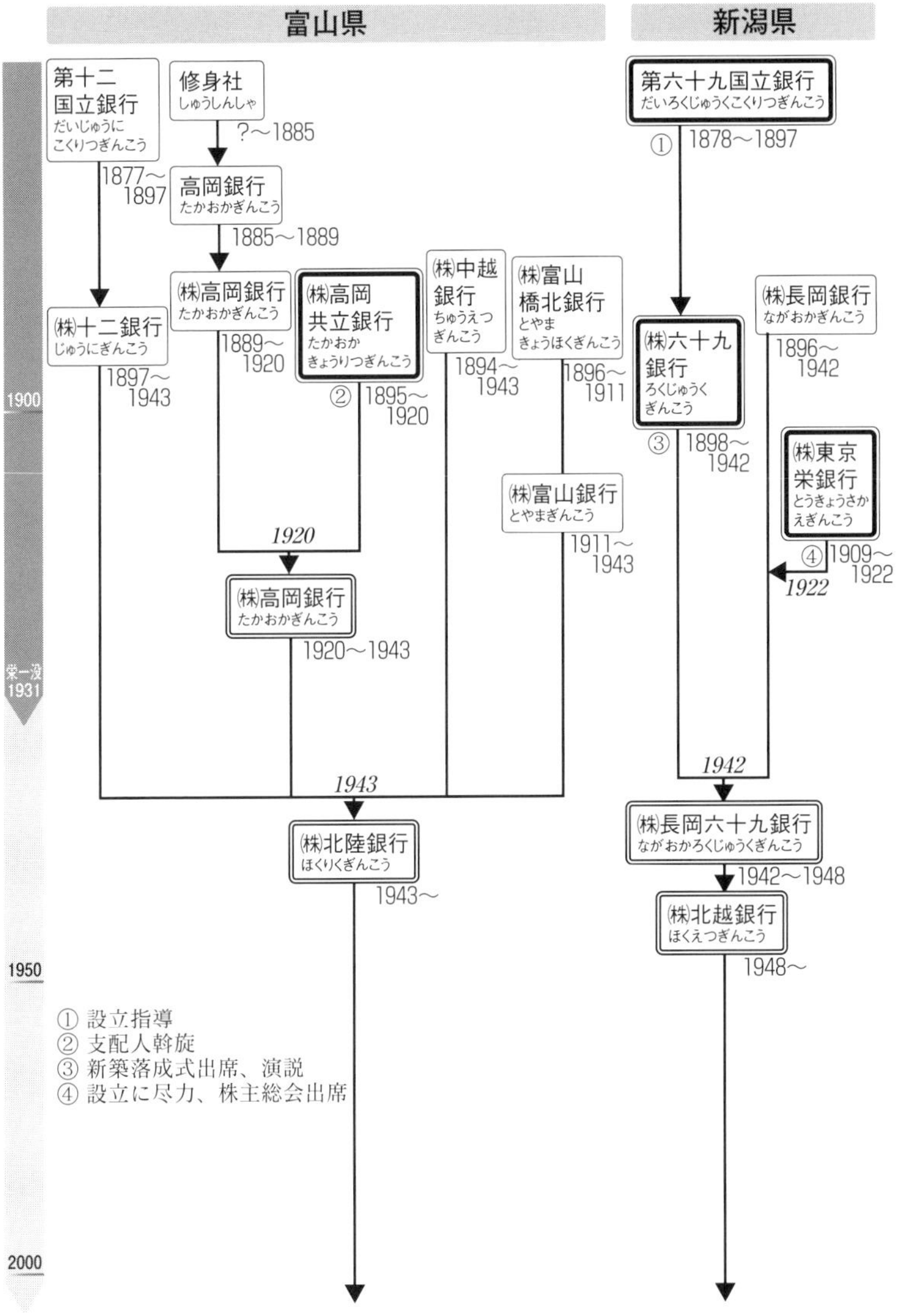
富山県
新潟県
第十二国立銀行《だいじゅうにこくりつぎんこう》
1877～1897
修身社《しゅうしんしゃ》
?～1885
高岡銀行《たかおかぎんこう》
1885～1889
㈱高岡銀行《たかおかぎんこう》
1889～1920
㈱高岡共立銀行《たかおかきょうりつぎんこう》
② 1895～1920
㈱中越銀行《ちゅうえつぎんこう》
1894～1943
㈱富山橋北銀行《とやまきょうほくぎんこう》
1896～1911
㈱富山銀行《とやまぎんこう》
1911～1943
㈱十二銀行《じゅうにぎんこう》
1897～1943
1920
㈱高岡銀行《たかおかぎんこう》
1920～1943
1943
㈱北陸銀行《ほくりくぎんこう》
1943～
第六十九国立銀行《だいろくじゅうくこくりつぎんこう》
① 1878～1897
㈱六十九銀行《ろくじゅうくぎんこう》
③ 1898～1942
㈱長岡銀行《ながおかぎんこう》
1896～1942
㈱東京栄銀行《とうきょうさかえぎんこう》
④ 1909～1922
1922
1942
㈱長岡六十九銀行《ながおかろくじゅうくぎんこう》
1942～1948
㈱北越銀行《ほくえつぎんこう》
1948～
1900
栄一没 1931
1950
2000
① 設立指導
② 支配人斡旋
③ 新築落成式出席、演説
④ 設立に尽力、株主総会出席

13 銀行：北陸 B ［金融］

金沢為替会社を前身とする北陸銀行は、経営不振の際に渋沢栄一の援助を受けました。又第一国立銀行金沢支店の業務を引継いだ加州銀行(旧)は、加賀実業銀行と合併し1917年加州銀行(新)となりました。栄一は役員を斡旋しました。

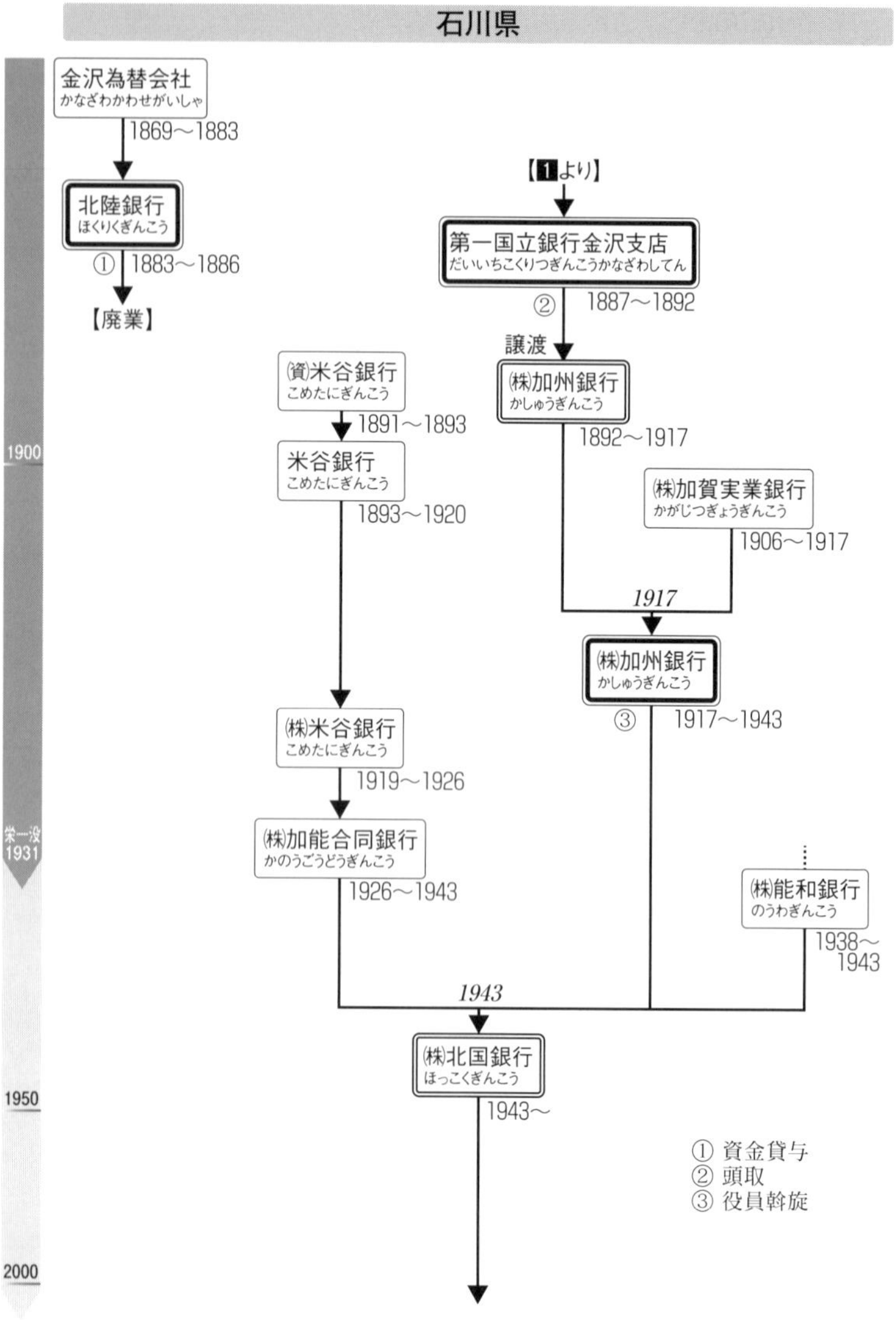
石川県
金沢為替会社《かなざわかわせがいしゃ》
1869～1883
北陸銀行《ほくりくぎんこう》
① 1883～1886
【廃業】
【1より】
第一国立銀行金沢支店《だいいちこくりつぎんこうかなざわしてん》
② 1887～1892
譲渡
㈾米谷銀行《こめたにぎんこう》
1891～1893
米谷銀行《こめたにぎんこう》
1893～1920
㈱加州銀行《かしゅうぎんこう》
1892～1917
㈱加賀実業銀行《かがじつぎょうぎんこう》
1906～1917
1917
㈱加州銀行《かしゅうぎんこう》
③ 1917～1943
㈱米谷銀行《こめたにぎんこう》
1919～1926
㈱加能合同銀行《かのうごうどうぎんこう》
1926～1943
㈱能和銀行《のうわぎんこう》
1938～1943
1943
㈱北国銀行《ほっこくぎんこう》
1943～
① 資金貸与
② 頭取
③ 役員斡旋
1900
栄一没 1931
1950
2000

14 銀行：近畿・四国［金融］

奈良の士族らは渋沢栄一の指導の下、1878年第六十八国立銀行を設立しました。栄一は和歌山の第四十三国立銀行にも関わりました。また徳島に1878年設立の第八十九国立銀行では栄一の斡旋を求め、大蔵省の岩下敏之を役員に迎えました。

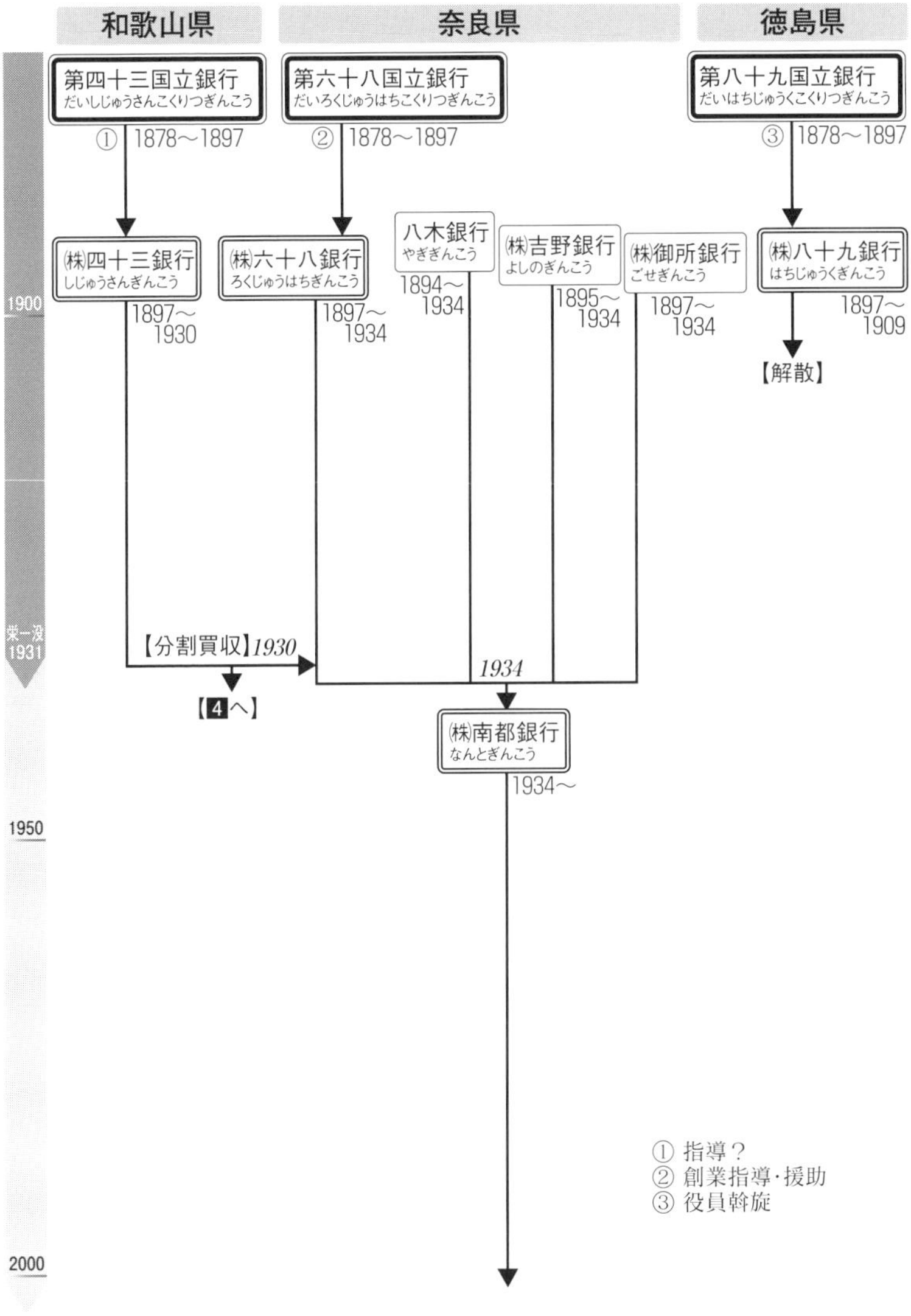
和歌山県
奈良県
徳島県
第四十三国立銀行《だいしじゅうさんこくりつぎんこう》
① 1878～1897
㈱四十三銀行《しじゅうさんぎんこう》
1897～1930
【分割買収】1930
【4へ】
第六十八国立銀行《だいろくじゅうはちこくりつぎんこう》
② 1878～1897
㈱六十八銀行《ろくじゅうはちぎんこう》
1897～1934
八木銀行《やぎぎんこう》
1894～1934
㈱吉野銀行《よしのぎんこう》
1895～1934
㈱御所銀行《ごせぎんこう》
1897～1934
1934
㈱南都銀行《なんとぎんこう》
1934～
第八十九国立銀行《だいはちじゅうくこくりつぎんこう》
③ 1878～1897
㈱八十九銀行《はちじゅうくぎんこう》
1897～1909
【解散】
1900
栄一没 1931
1950
2000
① 指導？
② 創業指導･援助
③ 役員斡旋

15 銀行：九州［金融］

大分の商人らは渋沢栄一の指導を得て1877年第二十三国立銀行を設立しました。一方熊本の士族らが設立の第百三十五国立銀行は、発起人に栄一も加わり1896年九州商業銀行となりました。栄一は長崎の第十八国立銀行設立も指導しました。

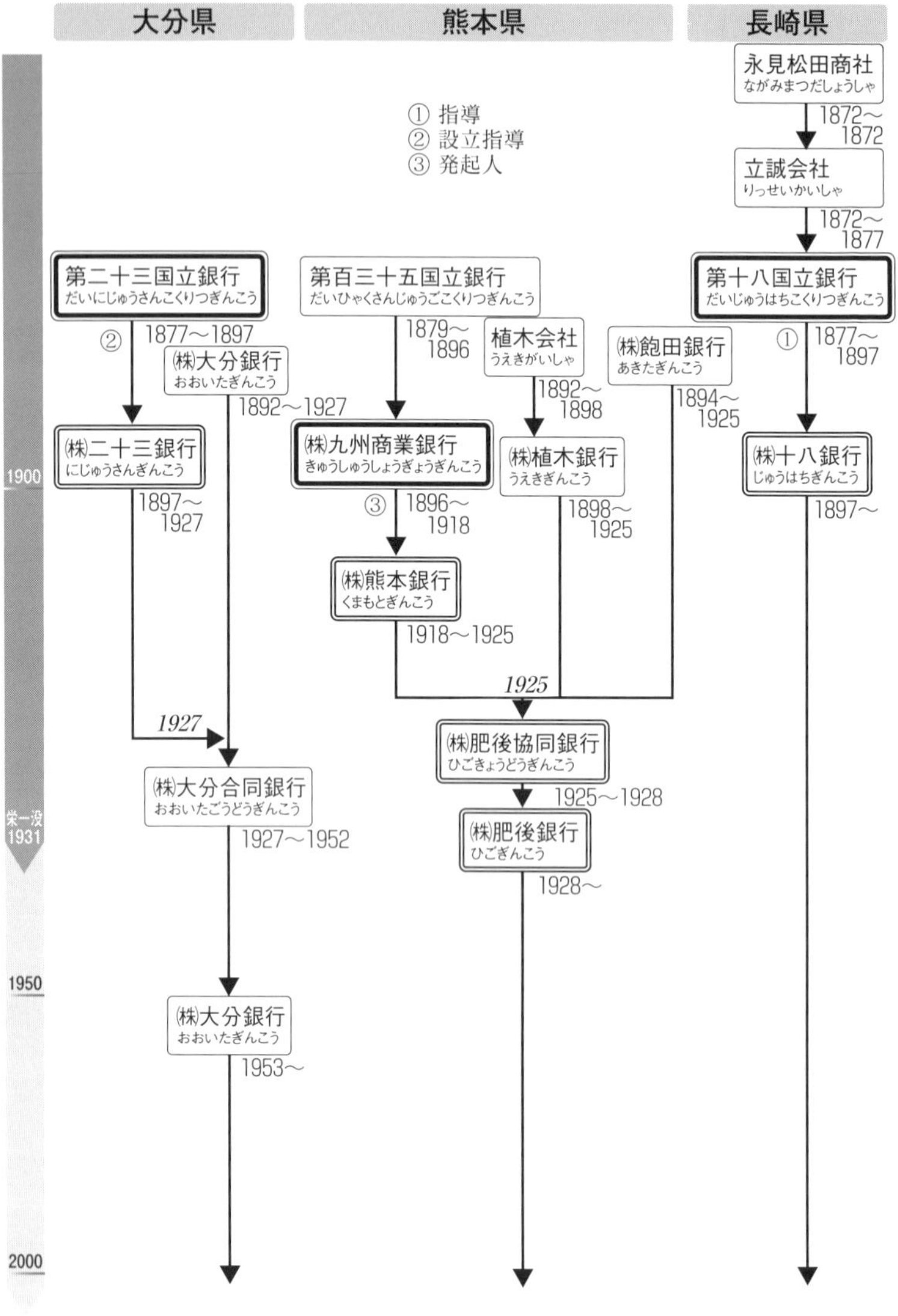
大分県
熊本県
長崎県
永見松田商社《ながみまつだしょうしゃ》
1872〜1872
立誠会社《りっせいかいしゃ》
1872〜1877
① 指導
② 設立指導
③ 発起人
第二十三国立銀行《だいにじゅうさんこくりつぎんこう》
② 1877〜1897
㈱大分銀行《おおいたぎんこう》
1892〜1927
㈱二十三銀行《にじゅうさんぎんこう》
1897〜1927
1927
㈱大分合同銀行《おおいたごうどうぎんこう》
1927〜1952
㈱大分銀行《おおいたぎんこう》
1953〜
第百三十五国立銀行《だいひゃくさんじゅうごこくりつぎんこう》
1879〜1896
植木会社《うえきがいしゃ》
1892〜1898
㈱飽田銀行《あきたぎんこう》
1894〜1925
㈱九州商業銀行《きゅうしゅうしょうぎょうぎんこう》
③ 1896〜1918
㈱植木銀行《うえきぎんこう》
1898〜1925
㈱熊本銀行《くまもとぎんこう》
1918〜1925
1925
㈱肥後協同銀行《ひごきょうどうぎんこう》
1925〜1928
㈱肥後銀行《ひごぎんこう》
1928〜
第十八国立銀行《だいじゅうはちこくりつぎんこう》
① 1877〜1897
㈱十八銀行《じゅうはちぎんこう》
1897〜
1900
栄一没
1931
1950
2000

16 日本銀行・諸銀行［金融］

1882年日本銀行条例により日本銀行が設立され、第一国立銀行頭取の渋沢栄一は割引手形審査のための割引委員となりました。栄一はまた国内だけではなく外地の銀行や、外国資本との提携銀行などの経営にも関わりました。

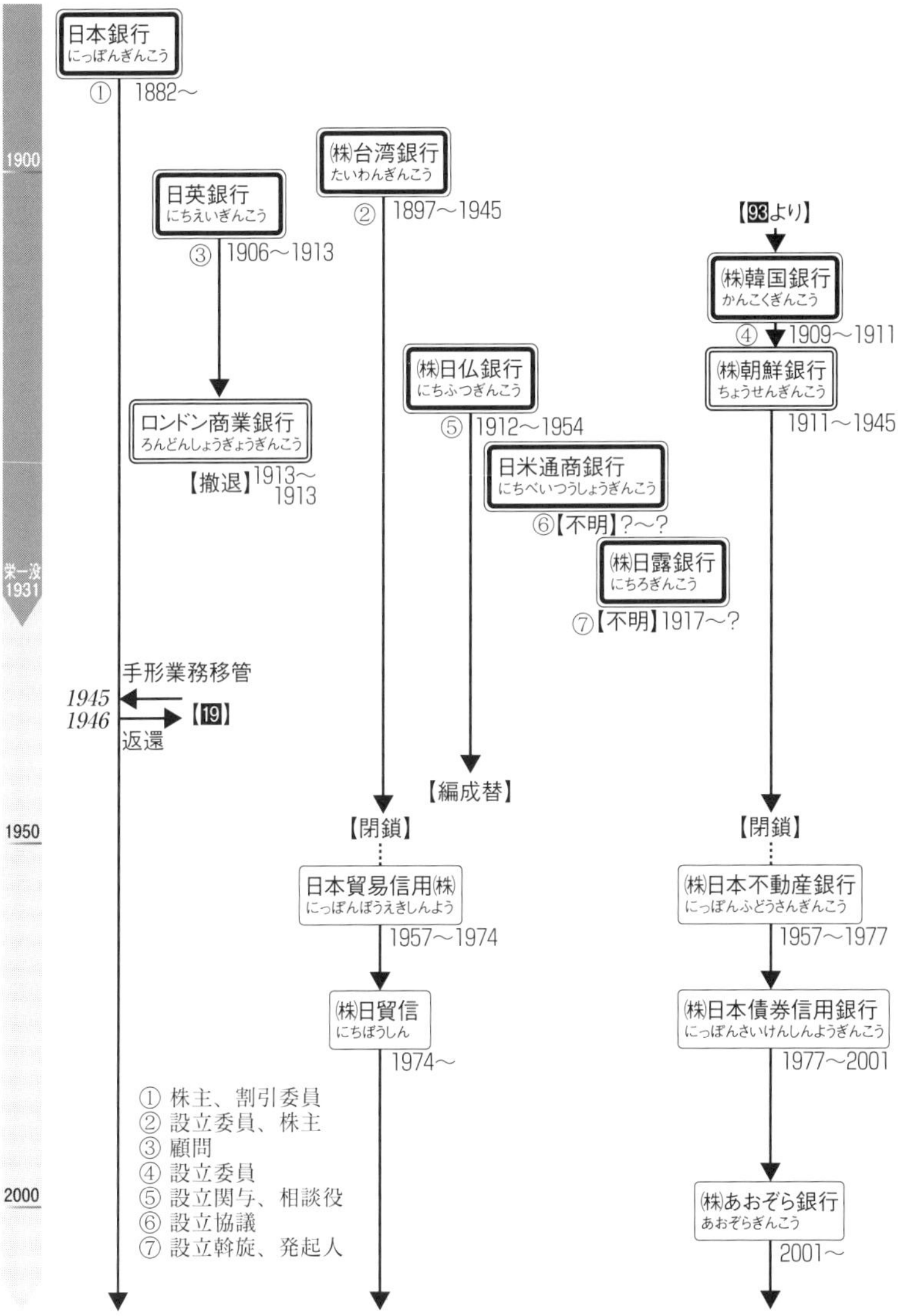
1900
栄一没
1931
1950
2000
日本銀行《にっぽんぎんこう》
① 1882～
㈱台湾銀行《たいわんぎんこう》
② 1897～1945
日英銀行《にちえいぎんこう》
③ 1906～1913
ロンドン商業銀行《ろんどんしょうぎょうぎんこう》
【撤退】1913～1913
【93より】
㈱韓国銀行《かんこくぎんこう》
④ 1909～1911
㈱朝鮮銀行《ちょうせんぎんこう》
1911～1945
㈱日仏銀行《にちふつぎんこう》
⑤ 1912～1954
日米通商銀行《にちべいつうしょうぎんこう》
⑥【不明】?～?
㈱日露銀行《にちろぎんこう》
⑦【不明】1917～?
手形業務移管
1945
1946
【19】
返還
【編成替】
【閉鎖】
日本貿易信用㈱《にっぽんぼうえきしんよう》
1957～1974
㈱日貿信《にちぼうしん》
1974～
【閉鎖】
㈱日本不動産銀行《にっぽんふどうさんぎんこう》
1957～1977
㈱日本債券信用銀行《にっぽんさいけんしんようぎんこう》
1977～2001
㈱あおぞら銀行《あおぞらぎんこう》
2001～
① 株主、割引委員
② 設立委員、株主
③ 顧問
④ 設立委員
⑤ 設立関与、相談役
⑥ 設立協議
⑦ 設立斡旋、発起人

17 銀行団体 A［金融］

渋沢栄一は銀行業者の親睦を図り営業上の利害を協議するため、1877年択善会を組織し会頭を務めました。同会は1880年に同じく親睦組織であった銀行懇親会と共に解散し、新たに東京銀行集会所が設立されました。

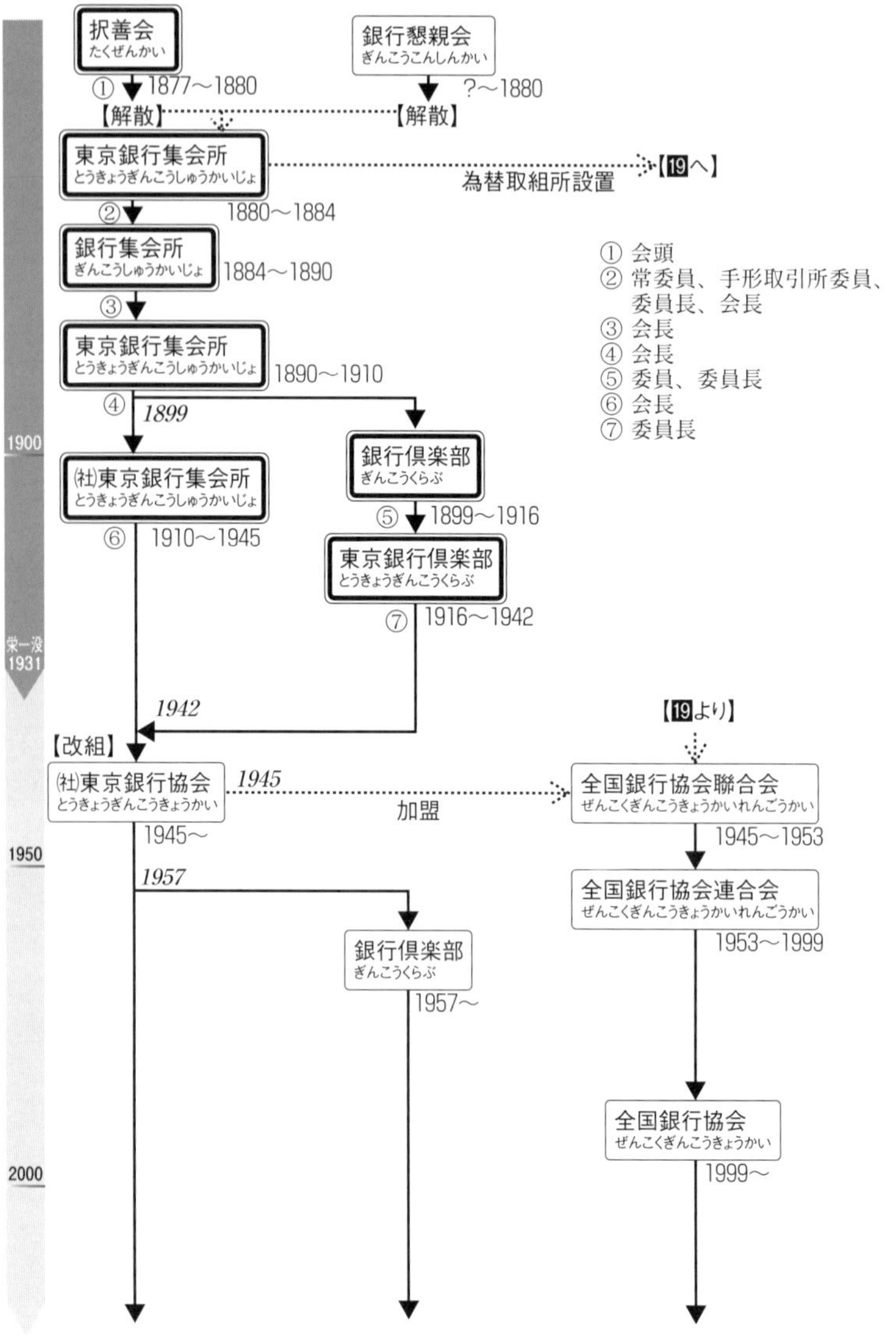

択善会《たくぜんかい》
① 1877～1880
【解散】
銀行懇親会《ぎんこうこんしんかい》
?～1880
【解散】
東京銀行集会所《とうきょうぎんこうしゅうかいじょ》
為替取組所設置
【19へ】
② 1880～1884
銀行集会所《ぎんこうしゅうかいじょ》
1884～1890
③
東京銀行集会所《とうきょうぎんこうしゅうかいじょ》
1890～1910
④ 1899
1900
(社)東京銀行集会所《とうきょうぎんこうしゅうかいじょ》
⑥ 1910～1945
銀行倶楽部《ぎんこうくらぶ》
⑤ 1899～1916
東京銀行倶楽部《とうきょうぎんこうくらぶ》
⑦ 1916～1942
栄一没 1931
1942
【改組】
(社)東京銀行協会《とうきょうぎんこうきょうかい》
1945～
1945
加盟
【19より】
全国銀行協会聯合会《ぜんこくぎんこうきょうかいれんごうかい》
1945～1953
1950
1957
銀行倶楽部《ぎんこうくらぶ》
1957～
全国銀行協会連合会《ぜんこくぎんこうきょうかいれんごうかい》
1953～1999
全国銀行協会《ぜんこくぎんこうきょうかい》
1999～
2000
① 会頭
② 常委員、手形取引所委員、委員長、会長
③ 会長
④ 会長
⑤ 委員、委員長
⑥ 会長
⑦ 委員長

18 銀行団体 B ［金融］

渋沢栄一は東京以外の地域の銀行団体にも関わりました。大阪では1878年栄一が協議会の必要性を勧告し、銀行業者は毎月例会を開催するようになり、翌年には銀行苦楽部と称する集会所が設けられました。

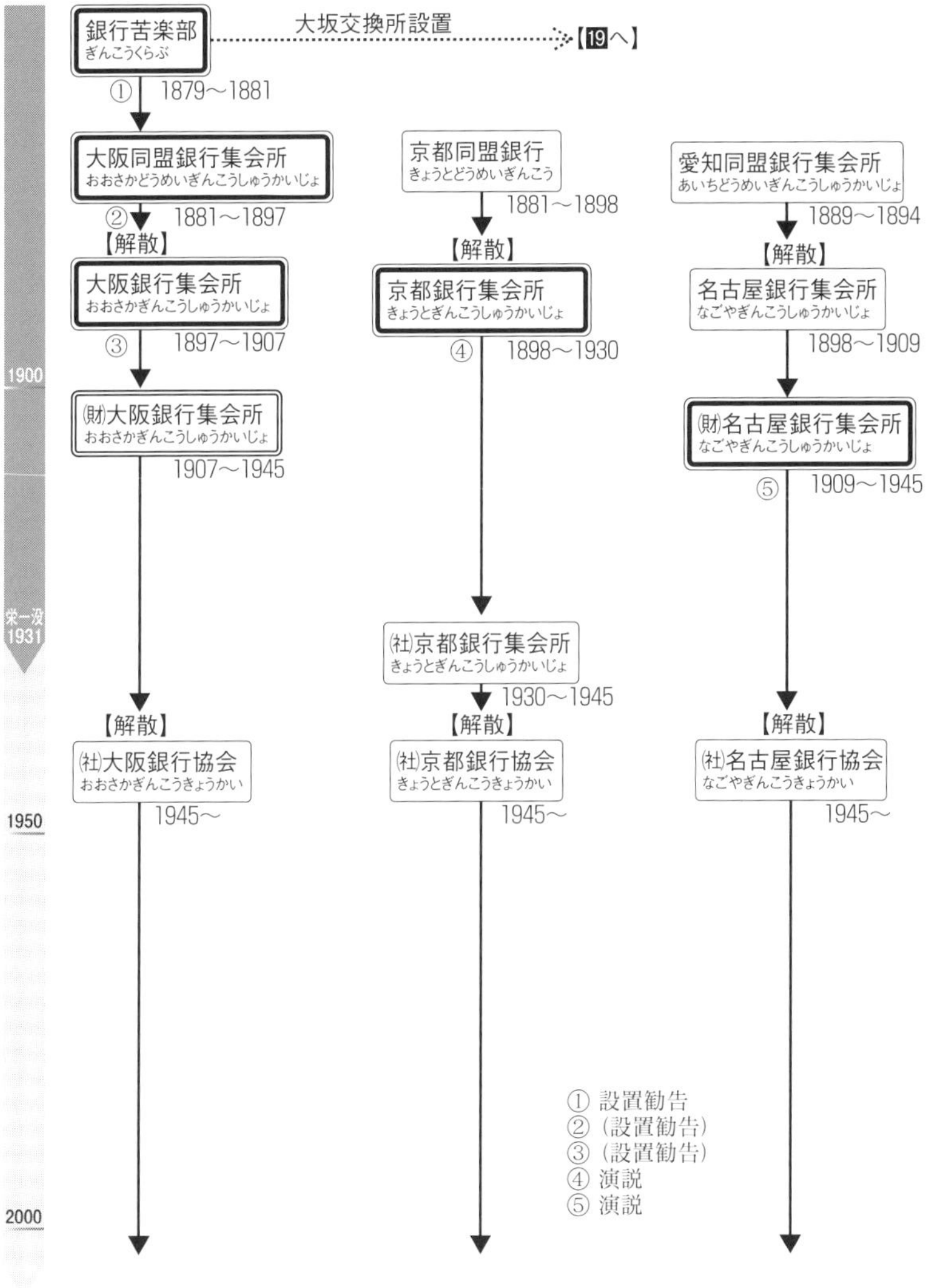
1900
栄一没 1931
1950
2000
銀行苦楽部《ぎんこうくらぶ》
大坂交換所設置
【19へ】
① 1879～1881
大阪同盟銀行集会所《おおさかどうめいぎんこうしゅうかいじょ》
② 1881～1897
【解散】
大阪銀行集会所《おおさかぎんこうしゅうかいじょ》
③ 1897～1907
㈶大阪銀行集会所《おおさかぎんこうしゅうかいじょ》
1907～1945
【解散】
㈳大阪銀行協会《おおさかぎんこうきょうかい》
1945～
京都同盟銀行《きょうとどうめいぎんこう》
1881～1898
【解散】
京都銀行集会所《きょうとぎんこうしゅうかいじょ》
④ 1898～1930
㈳京都銀行集会所《きょうとぎんこうしゅうかいじょ》
1930～1945
【解散】
㈳京都銀行協会《きょうとぎんこうきょうかい》
1945～
愛知同盟銀行集会所《あいちどうめいぎんこうしゅうかいじょ》
1889～1894
【解散】
名古屋銀行集会所《なごやぎんこうしゅうかいじょ》
1898～1909
㈶名古屋銀行集会所《なごやぎんこうしゅうかいじょ》
⑤ 1909～1945
【解散】
㈳名古屋銀行協会《なごやぎんこうきょうかい》
1945～
① 設置勧告
② （設置勧告）
③ （設置勧告）
④ 演説
⑤ 演説

19 手形交換所［金融］

手形取引の利便性を説いていた渋沢栄一の提唱で、1880年東京銀行集会所内に為替取組所が設置されました。これは後に手形取引所となり、1887年には東京手形取引所付属交換所が開設され手形交換を開始しました。

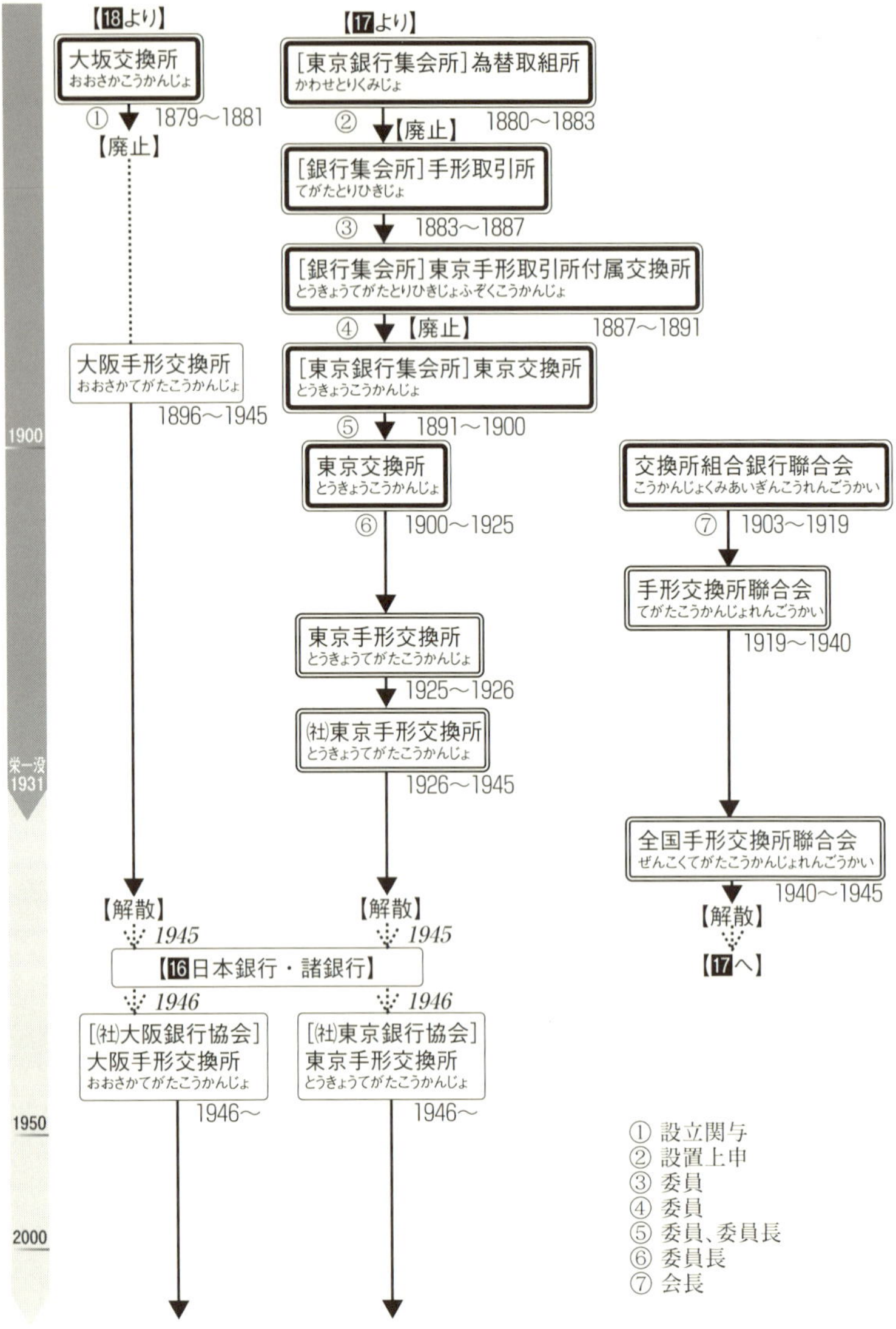
【18より】
大坂交換所《おおさかこうかんじょ》
① 1879～1881
【廃止】
大阪手形交換所《おおさかてがたこうかんじょ》
1896～1945
【17より】
［東京銀行集会所］為替取組所《かわせとりくみじょ》
② 【廃止】 1880～1883
［銀行集会所］手形取引所《てがたとりひきじょ》
③ 1883～1887
［銀行集会所］東京手形取引所付属交換所《とうきょうてがたとりひきじょふぞくこうかんじょ》
④ 【廃止】 1887～1891
［東京銀行集会所］東京交換所《とうきょうこうかんじょ》
⑤ 1891～1900
東京交換所《とうきょうこうかんじょ》
⑥ 1900～1925
東京手形交換所《とうきょうてがたこうかんじょ》
1925～1926
㈳東京手形交換所《とうきょうてがたこうかんじょ》
1926～1945
交換所組合銀行聯合会《こうかんじょくみあいぎんこうれんごうかい》
⑦ 1903～1919
手形交換所聯合会《てがたこうかんじょれんごうかい》
1919～1940
全国手形交換所聯合会《ぜんこくてがたこうかんじょれんごうかい》
1940～1945
【解散】
【17へ】
【解散】 1945
【解散】 1945
【16日本銀行・諸銀行】
1946
1946
［㈳大阪銀行協会］大阪手形交換所《おおさかてがたこうかんじょ》
1946～
［㈳東京銀行協会］東京手形交換所《とうきょうてがたこうかんじょ》
1946～
1900
栄一没 1931
1950
2000
① 設立関与
② 設置上申
③ 委員
④ 委員
⑤ 委員、委員長
⑥ 委員長
⑦ 会長

20 興信所 ［金融］

渋沢栄一ら京浜地区の銀行有力者は、商工業者の資産と営業の状況を調査して信用の発達を助け、銀行や商工業者に営業上の便利を与える目的で、1896年東京興信所を設立しました。

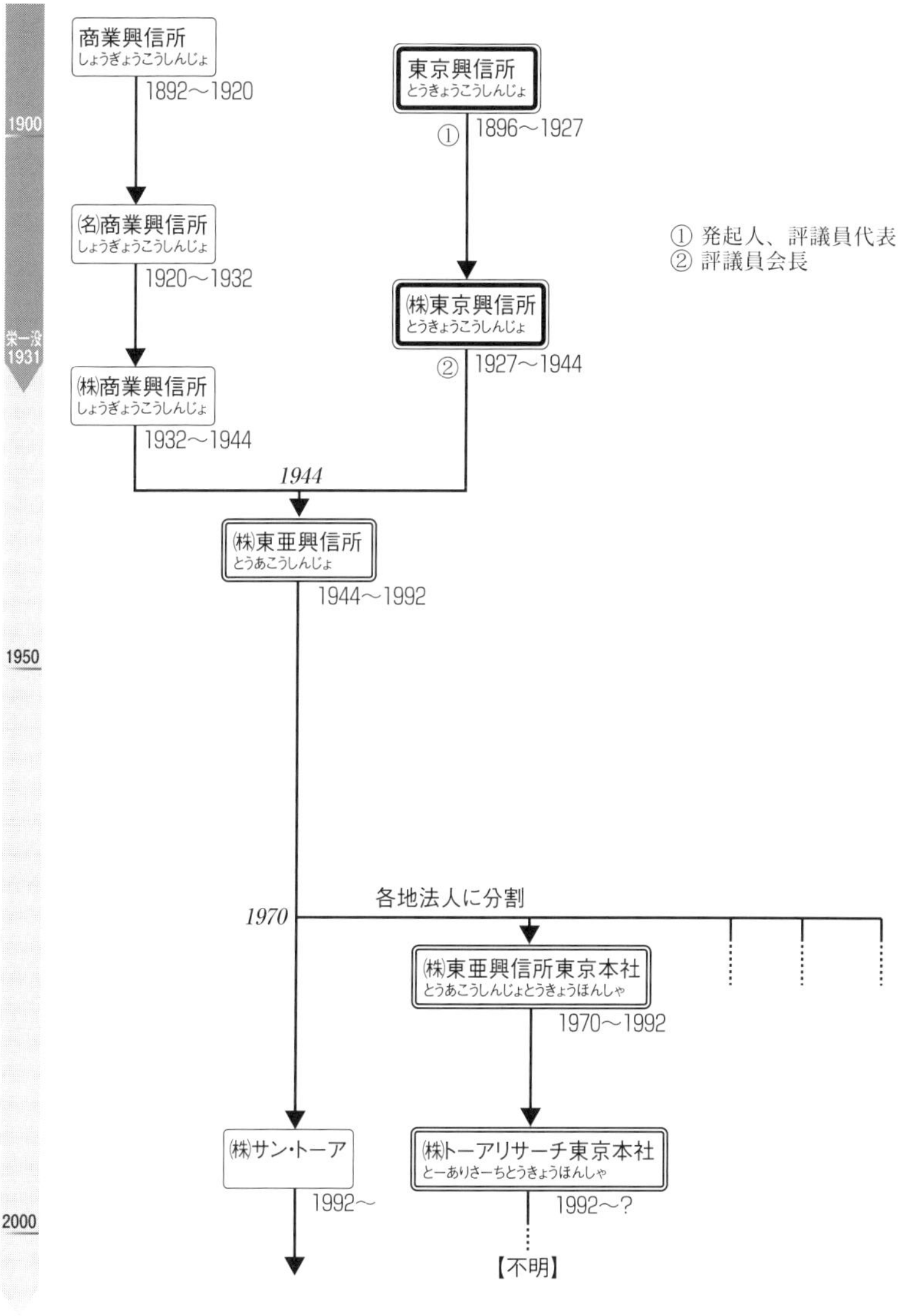
1900
栄一没 1931
1950
2000
商業興信所《しょうぎょうこうしんじょ》
1892～1920
㈴商業興信所《しょうぎょうこうしんじょ》
1920～1932
㈱商業興信所《しょうぎょうこうしんじょ》
1932～1944
東京興信所《とうきょうこうしんじょ》
① 1896～1927
㈱東京興信所《とうきょうこうしんじょ》
② 1927～1944
① 発起人、評議員代表
② 評議員会長
1944
㈱東亜興信所《とうあこうしんじょ》
1944～1992
1970
各地法人に分割
㈱東亜興信所東京本社《とうあこうしんじょとうきょうほんしゃ》
1970～1992
㈱サン・トーア
1992～
㈱トーアリサーチ東京本社《とーありさーちとうきょうほんしゃ》
1992～?
【不明】

21 損害保険 A［金融］

華族の資産運用のために組織された東京鉄道組合は計画が実現せず解散し、その資金は渋沢栄一の提案で海上保険業に出資され、1879年東京海上保険会社が設立されました。栄一は1888年の火災保険会設立にも会友として関わりました。

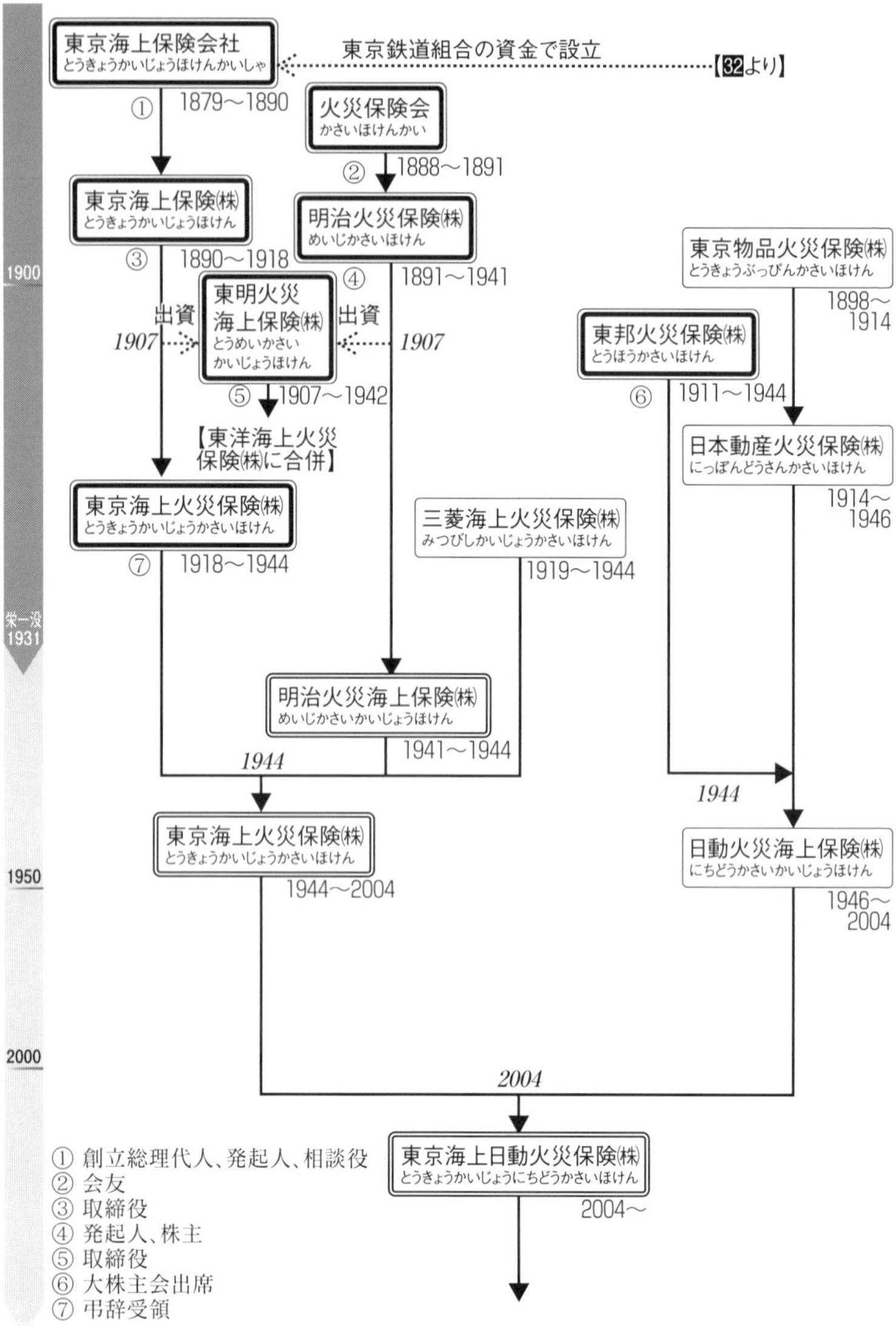

東京海上保険会社《とうきょうかいじょうほけんかいしゃ》
東京鉄道組合の資金で設立
【32より】
① 1879～1890
火災保険会《かさいほけんかい》
② 1888～1891
東京海上保険㈱《とうきょうかいじょうほけん》
明治火災保険㈱《めいじかさいほけん》
東京物品火災保険㈱《とうきょうぶっぴんかさいほけん》
1900
③ 1890～1918
④ 1891～1941
1898～1914
東明火災海上保険㈱《とうめいかさいかいじょうほけん》
出資
出資
1907
1907
東邦火災保険㈱《とうほうかさいほけん》
⑤ 1907～1942
【東洋海上火災保険㈱に合併】
⑥ 1911～1944
日本動産火災保険㈱《にっぽんどうさんかさいほけん》
1914～1946
東京海上火災保険㈱《とうきょうかいじょうかさいほけん》
⑦ 1918～1944
三菱海上火災保険㈱《みつびしかいじょうかさいほけん》
1919～1944
栄一没 1931
明治火災海上保険㈱《めいじかさいかいじょうほけん》
1941～1944
1944
1944
東京海上火災保険㈱《とうきょうかいじょうかさいほけん》
1944～2004
日動火災海上保険㈱《にちどうかさいかいじょうほけん》
1946～2004
1950
2000
2004
東京海上日動火災保険㈱《とうきょうかいじょうにちどうかさいほけん》
2004～
① 創立総理代人、発起人、相談役
② 会友
③ 取締役
④ 発起人、株主
⑤ 取締役
⑥ 大株主会出席
⑦ 弔辞受領

22 損害保険 B［金融］

海上、火災、生命保険に続き、身体の損傷に対する傷害保険の重要性を研究した粟津清亮は、渋沢栄一らの援助を仰ぎ1911年日本傷害保険を設立しました。栄一は1917年の第一火災海上再保険の設立にも、賛成人として関わりました。

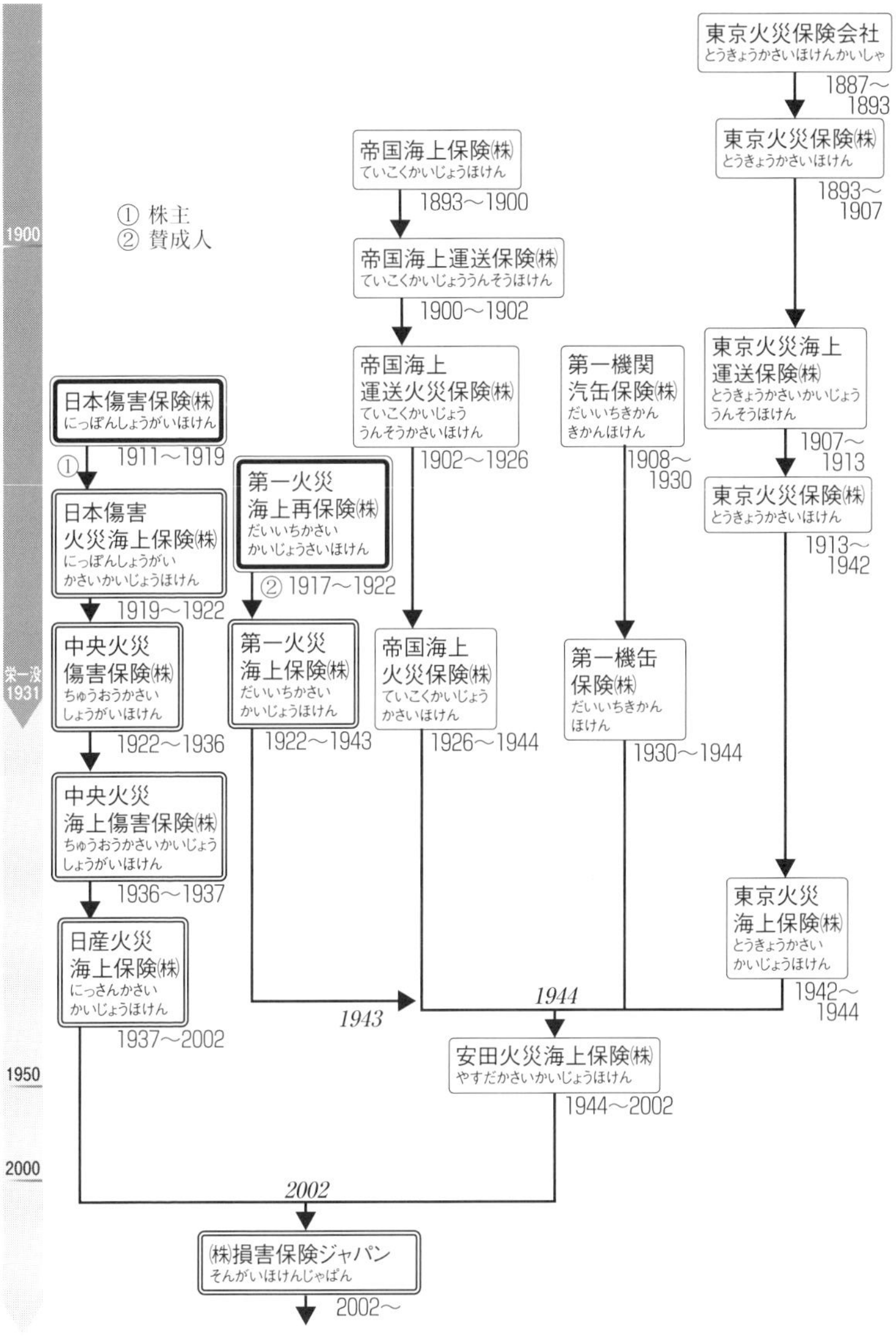
東京火災保険会社《とうきょうかさいほけんかいしゃ》
1887～1893
東京火災保険㈱《とうきょうかさいほけん》
1893～1907
東京火災海上運送保険㈱《とうきょうかさいかいじょううんそうほけん》
1907～1913
東京火災保険㈱《とうきょうかさいほけん》
1913～1942
東京火災海上保険㈱《とうきょうかさいかいじょうほけん》
1942～1944
帝国海上保険㈱《ていこくかいじょうほけん》
1893～1900
帝国海上運送保険㈱《ていこくかいじょううんそうほけん》
1900～1902
帝国海上運送火災保険㈱《ていこくかいじょううんそうかさいほけん》
1902～1926
帝国海上火災保険㈱《ていこくかいじょうかさいほけん》
1926～1944
第一機関汽缶保険㈱《だいいちきかんきかんほけん》
1908～1930
第一機缶保険㈱《だいいちきかんほけん》
1930～1944
① 株主
② 賛成人
日本傷害保険㈱《にっぽんしょうがいほけん》
①
1911～1919
日本傷害火災海上保険㈱《にっぽんしょうがいかさいかいじょうほけん》
1919～1922
中央火災傷害保険㈱《ちゅうおうかさいしょうがいほけん》
1922～1936
中央火災海上傷害保険㈱《ちゅうおうかさいかいじょうしょうがいほけん》
1936～1937
日産火災海上保険㈱《にっさんかさいかいじょうほけん》
1937～2002
第一火災海上再保険㈱《だいいちかさいかいじょうさいほけん》
② 1917～1922
第一火災海上保険㈱《だいいちかさいかいじょうほけん》
1922～1943
1943
1944
安田火災海上保険㈱《やすだかさいかいじょうほけん》
1944～2002
2002
㈱損害保険ジャパン《そんがいほけんじゃぱん》
2002～
1900
栄一没 1931
1950
2000

23 生命保険［金融］

1910年渋沢栄一は縁戚の尾高次郎が社長に就任した東洋生命保険の株主となり、その経営改善のために尽力しました。栄一はまた1911年設立の日本徴兵保険の株主にもなりました。

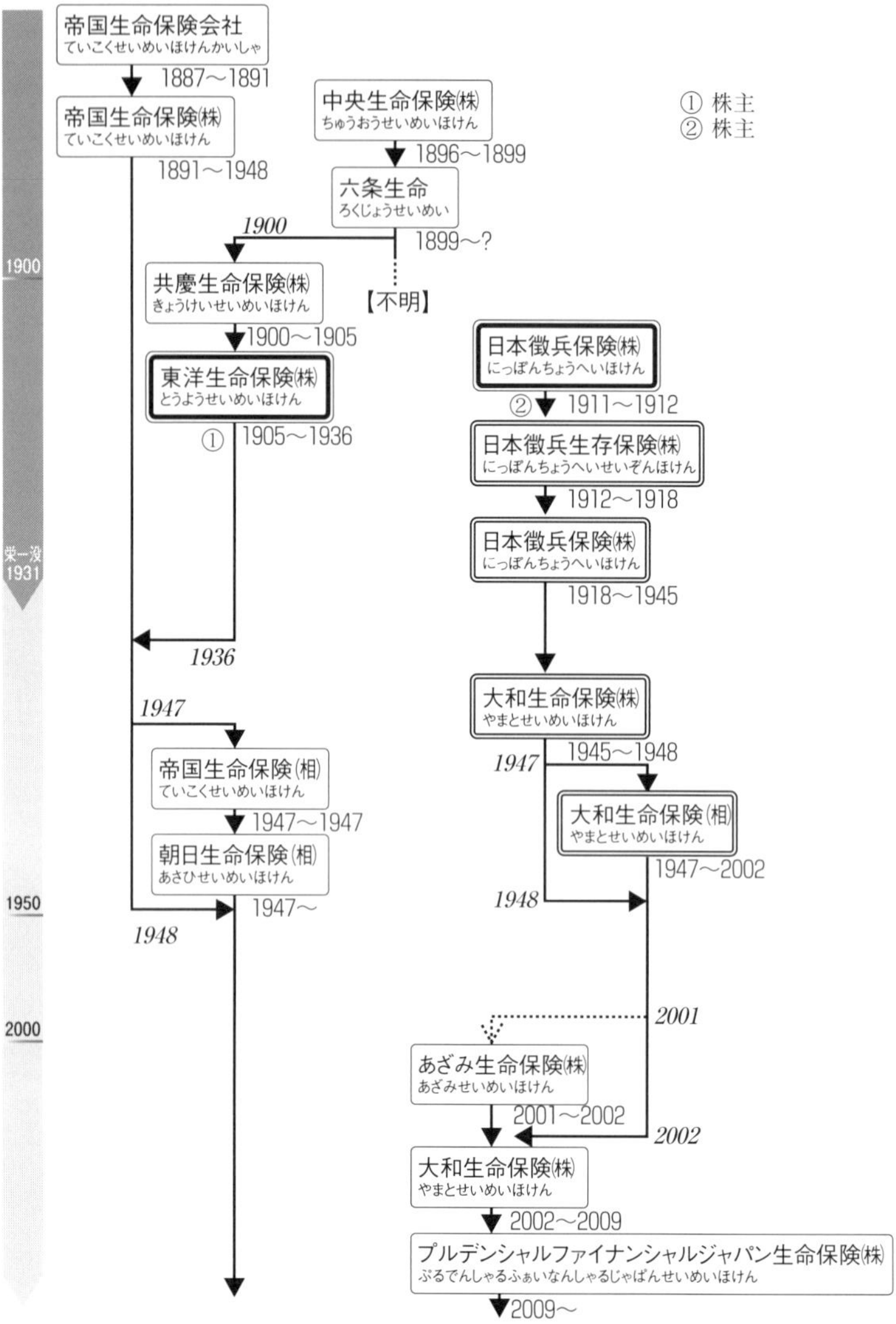
帝国生命保険会社《ていこくせいめいほけんかいしゃ》
1887～1891
帝国生命保険㈱《ていこくせいめいほけん》
1891～1948
中央生命保険㈱《ちゅうおうせいめいほけん》
1896～1899
六条生命《ろくじょうせいめい》
1899～?
1900
【不明】
共慶生命保険㈱《きょうけいせいめいほけん》
1900～1905
東洋生命保険㈱《とうようせいめいほけん》
①
1905～1936
1936
① 株主
② 株主
日本徴兵保険㈱《にっぽんちょうへいほけん》
②
1911～1912
日本徴兵生存保険㈱《にっぽんちょうへいせいぞんほけん》
1912～1918
日本徴兵保険㈱《にっぽんちょうへいほけん》
1918～1945
大和生命保険㈱《やまとせいめいほけん》
1945～1948
1947
大和生命保険(相)《やまとせいめいほけん》
1947～2002
1948
1947
帝国生命保険(相)《ていこくせいめいほけん》
1947～1947
朝日生命保険(相)《あさひせいめいほけん》
1947～
1948
2001
あざみ生命保険㈱《あざみせいめいほけん》
2001～2002
2002
大和生命保険㈱《やまとせいめいほけん》
2002～2009
プルデンシャルファイナンシャルジャパン生命保険㈱《ぷるでんしゃるふぁいなんしゃるじゃぱんせいめいほけん》
2009～
1900
栄一没
1931
1950
2000

24 諸金融機関［金融］

渋沢栄一は1921年に郷里の八基村（やつもとむら）の信用組合（八基信用購買販売組合）総会で講演をしました。一方1925年には関東大震災被災建物の再建を助成する復興建築助成㈱の設立を援助し、発起人となりました。

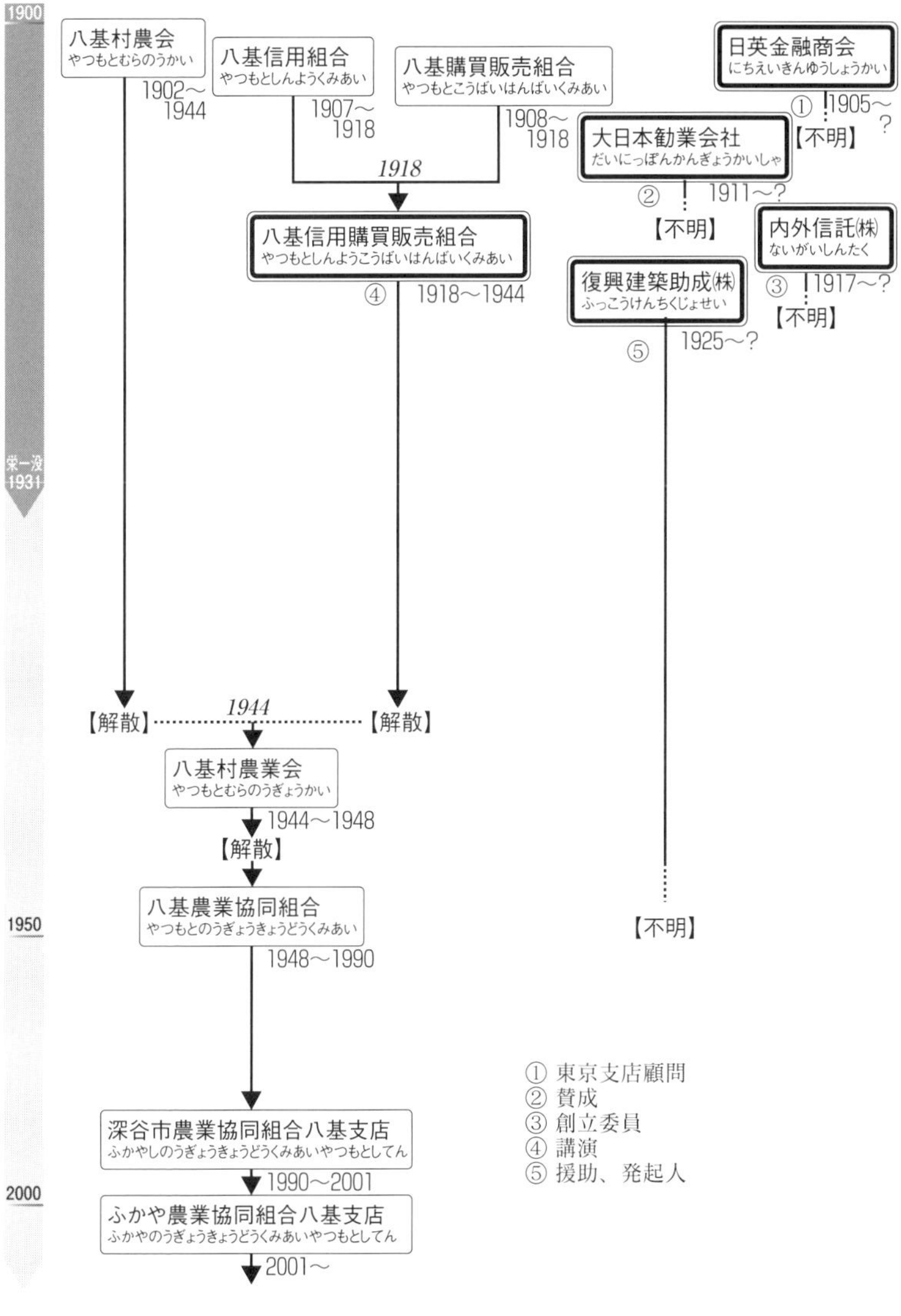
1900
栄一没 1931
1950
2000
八基村農会《やつもとむらのうかい》
1902～1944
八基信用組合《やつもとしんようくみあい》
1907～1918
八基購買販売組合《やつもとこうばいはんばいくみあい》
1908～1918
1918
八基信用購買販売組合《やつもとしんようこうばいはんばいくみあい》
④ 1918～1944
日英金融商会《にちえいきんゆうしょうかい》
① 1905～?
【不明】
大日本勧業会社《だいにっぽんかんぎょうかいしゃ》
② 1911～?
【不明】
内外信託㈱《ないがいしんたく》
③ 1917～?
【不明】
復興建築助成㈱《ふっこうけんちくじょせい》
⑤ 1925～?
【不明】
【解散】
1944
【解散】
八基村農業会《やつもとむらのうぎょうかい》
1944～1948
【解散】
八基農業協同組合《やつもとのうぎょうきょうどうくみあい》
1948～1990
深谷市農業協同組合八基支店《ふかやしのうぎょうきょうどうくみあいやつもとしてん》
1990～2001
ふかや農業協同組合八基支店《ふかやのうぎょうきょうどうくみあいやつもとしてん》
2001～
① 東京支店顧問
② 賛成
③ 創立委員
④ 講演
⑤ 援助、発起人

25 海運 A ［交通・通信］

渋沢栄一が創立に関わった共同運輸会社は岩崎弥太郎を祖とする郵便汽船三菱会社と熾烈な競争を行い、両社共倒れの危機にまで発展しました。時の農商務卿西郷従道らの尽力で両社は合併し、1885年日本郵船会社が誕生しました。

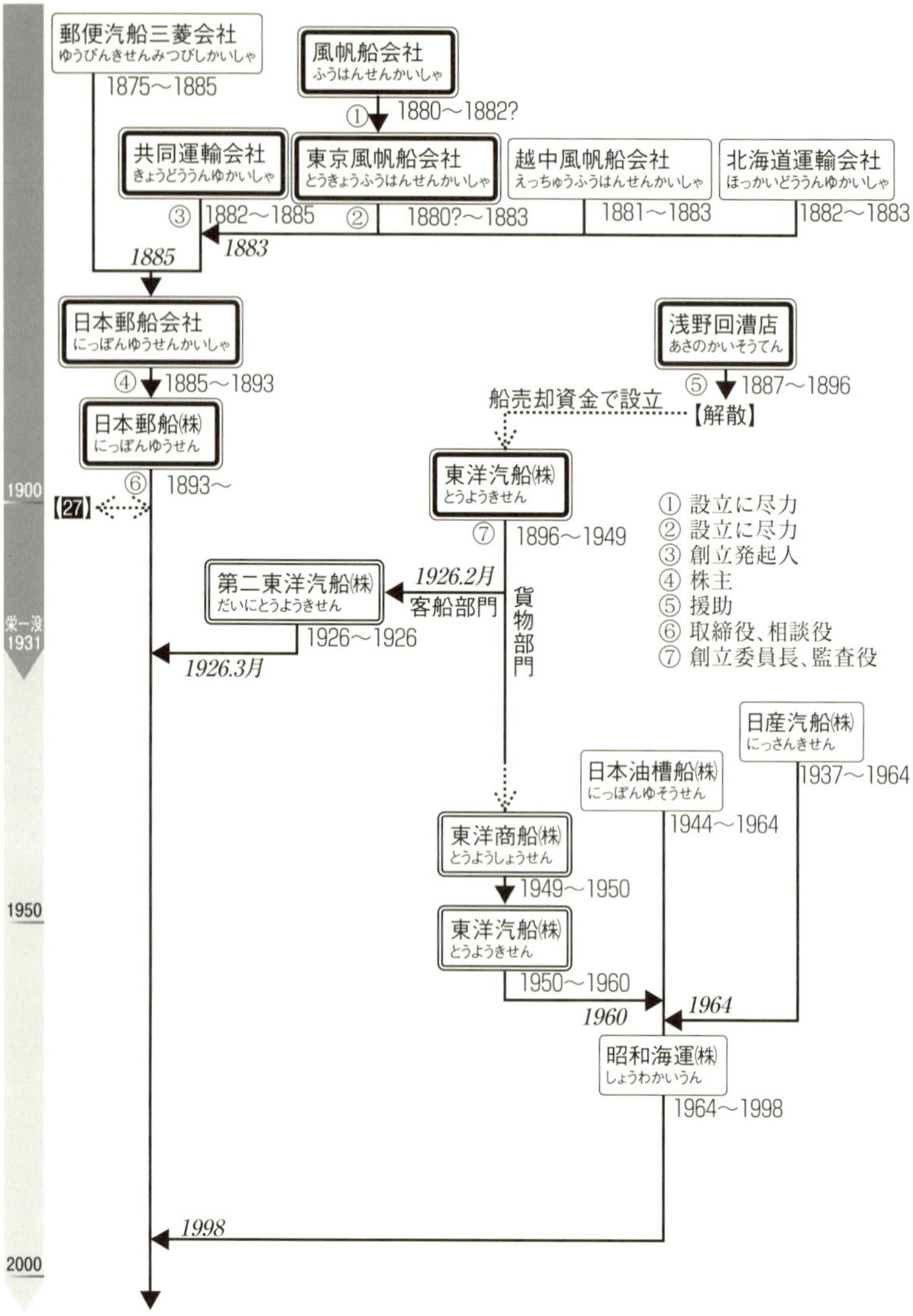
郵便汽船三菱会社《ゆうびんきせんみつびしかいしゃ》
1875〜1885
風帆船会社《ふうはんせんかいしゃ》
①
1880〜1882?
共同運輸会社《きょうどううんゆかいしゃ》
東京風帆船会社《とうきょうふうはんせんかいしゃ》
越中風帆船会社《えっちゅうふうはんせんかいしゃ》
北海道運輸会社《ほっかいどううんゆかいしゃ》
③
1882〜1885
②
1880?〜1883
1881〜1883
1882〜1883
1883
1885
日本郵船会社《にっぽんゆうせんかいしゃ》
④
1885〜1893
日本郵船㈱《にっぽんゆうせん》
⑥
1893〜
【27】
浅野回漕店《あさのかいそうてん》
⑤
1887〜1896
船売却資金で設立
【解散】
東洋汽船㈱《とうようきせん》
⑦
1896〜1949
① 設立に尽力
② 設立に尽力
③ 創立発起人
④ 株主
⑤ 援助
⑥ 取締役、相談役
⑦ 創立委員長、監査役
第二東洋汽船㈱《だいにとうようきせん》
1926.2月
客船部門
貨物部門
1926〜1926
1926.3月
日産汽船㈱《にっさんきせん》
1937〜1964
日本油槽船㈱《にっぽんゆそうせん》
1944〜1964
東洋商船㈱《とうようしょうせん》
1949〜1950
東洋汽船㈱《とうようきせん》
1950〜1960
1960
1964
昭和海運㈱《しょうわかいうん》
1964〜1998
1998
1900
栄一没
1931
1950
2000

26 海運 B ［交通・通信］

東京湾及び近海には多数の小海運会社が分立して競争していましたが、平野富二設立の東京平野汽船組合など４社が1889年合併して東京湾汽船会社が設立されました。渋沢栄一は株主になりました。

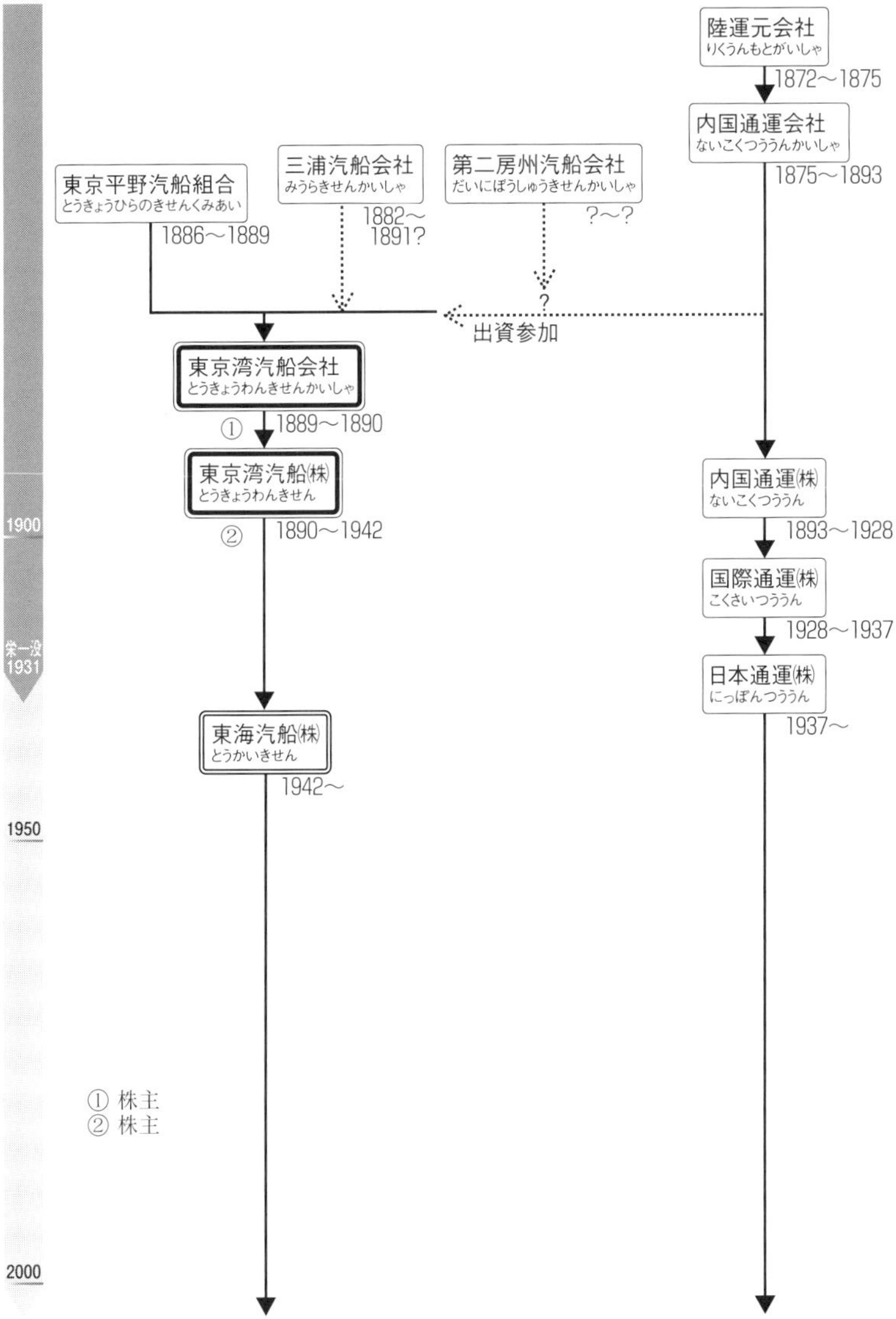
陸運元会社《りくうんもとがいしゃ》
1872～1875
内国通運会社《ないこくつううんかいしゃ》
1875～1893
東京平野汽船組合《とうきょうひらのきせんくみあい》
1886～1889
三浦汽船会社《みうらきせんかいしゃ》
1882～1891?
第二房州汽船会社《だいにぼうしゅうきせんかいしゃ》
?～?
?
出資参加
東京湾汽船会社《とうきょうわんきせんかいしゃ》
① 1889～1890
東京湾汽船㈱《とうきょうわんきせん》
② 1890～1942
東海汽船㈱《とうかいきせん》
1942～
内国通運㈱《ないこくつううん》
1893～1928
国際通運㈱《こくさいつううん》
1928～1937
日本通運㈱《にっぽんつううん》
1937～
1900
栄一没 1931
1950
2000
① 株主
② 株主

27 海運Ｃ［交通・通信］

中国の揚子江に進出していた日本の汽船会社４社は、外国汽船会社に対抗するため政府の勧誘により航路を合併し、1907年に日清汽船㈱を設立しました。渋沢栄一は政府から創立委員を委嘱され、設立に尽力しました。

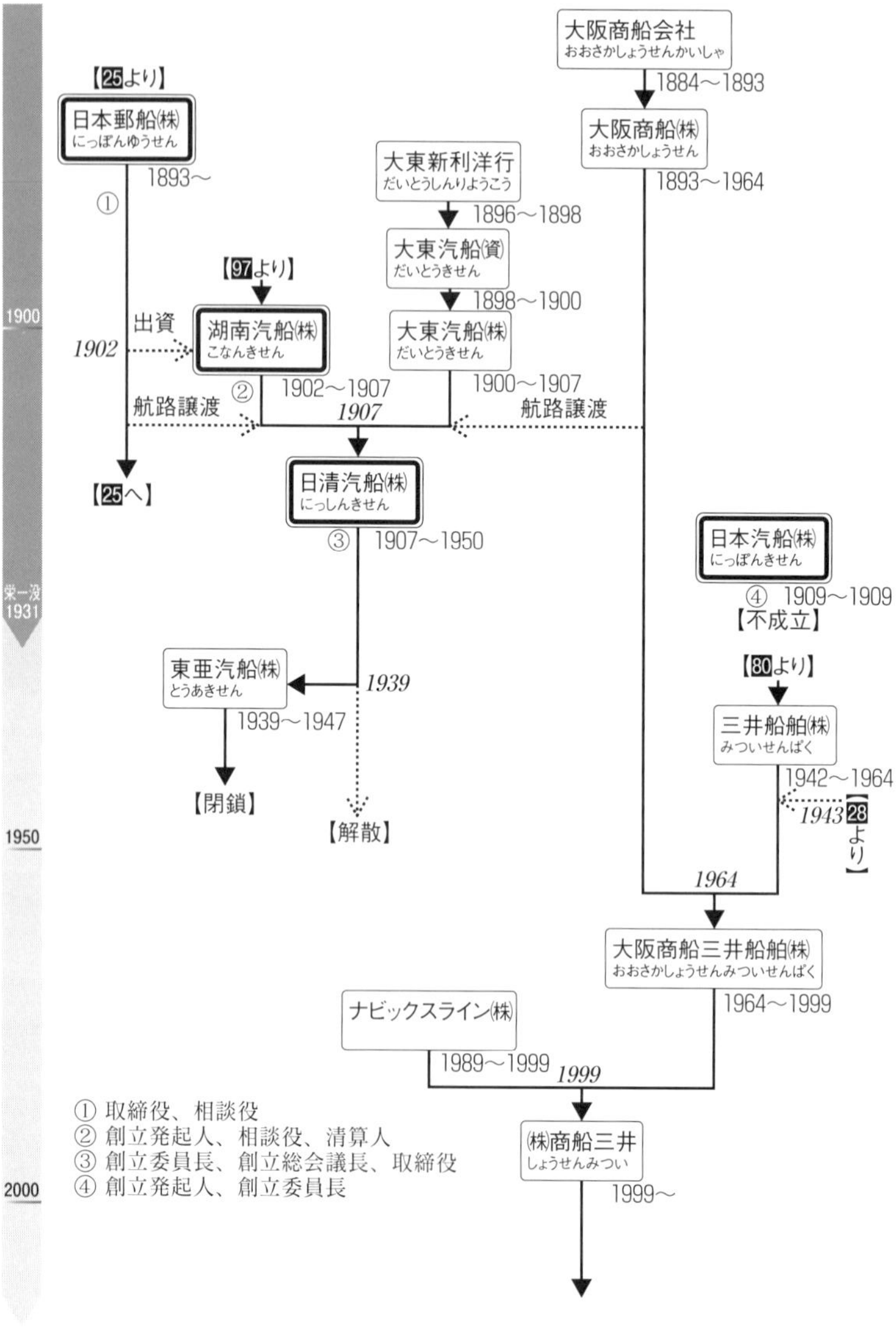

1900
栄一没 1931
1950
2000
【25より】
日本郵船㈱《にっぽんゆうせん》
1893～
①
【25へ】
【97より】
出資
1902
湖南汽船㈱《こなんきせん》
②
1902～1907
航路譲渡
大東新利洋行《だいとうしんりようこう》
1896～1898
大東汽船㈾《だいとうきせん》
1898～1900
大東汽船㈱《だいとうきせん》
1900～1907
1907
航路譲渡
大阪商船会社《おおさかしょうせんかいしゃ》
1884～1893
大阪商船㈱《おおさかしょうせん》
1893～1964
日清汽船㈱《にっしんきせん》
③
1907～1950
1939
東亜汽船㈱《とうあきせん》
1939～1947
【閉鎖】
【解散】
日本汽船㈱《にっぽんきせん》
④
1909～1909
【不成立】
【80より】
三井船舶㈱《みついせんぱく》
1942～1964
1943
【28より】
1964
大阪商船三井船舶㈱《おおさかしょうせんみついせんぱく》
1964～1999
ナビックスライン㈱
1989～1999
1999
㈱商船三井《しょうせんみつい》
1999～
① 取締役、相談役
② 創立発起人、相談役、清算人
③ 創立委員長、創立総会議長、取締役
④ 創立発起人、創立委員長

28 陸運：北海道 A ［交通・通信］

北海道の石炭資源開発と鉄道運輸を目的として、北海道庁理事官堀基を創立委員長に1889年北海道炭礦鉄道会社が設立されました。渋沢栄一は発起人に加わり、後に常議員を務め同社の発展に尽力しました。

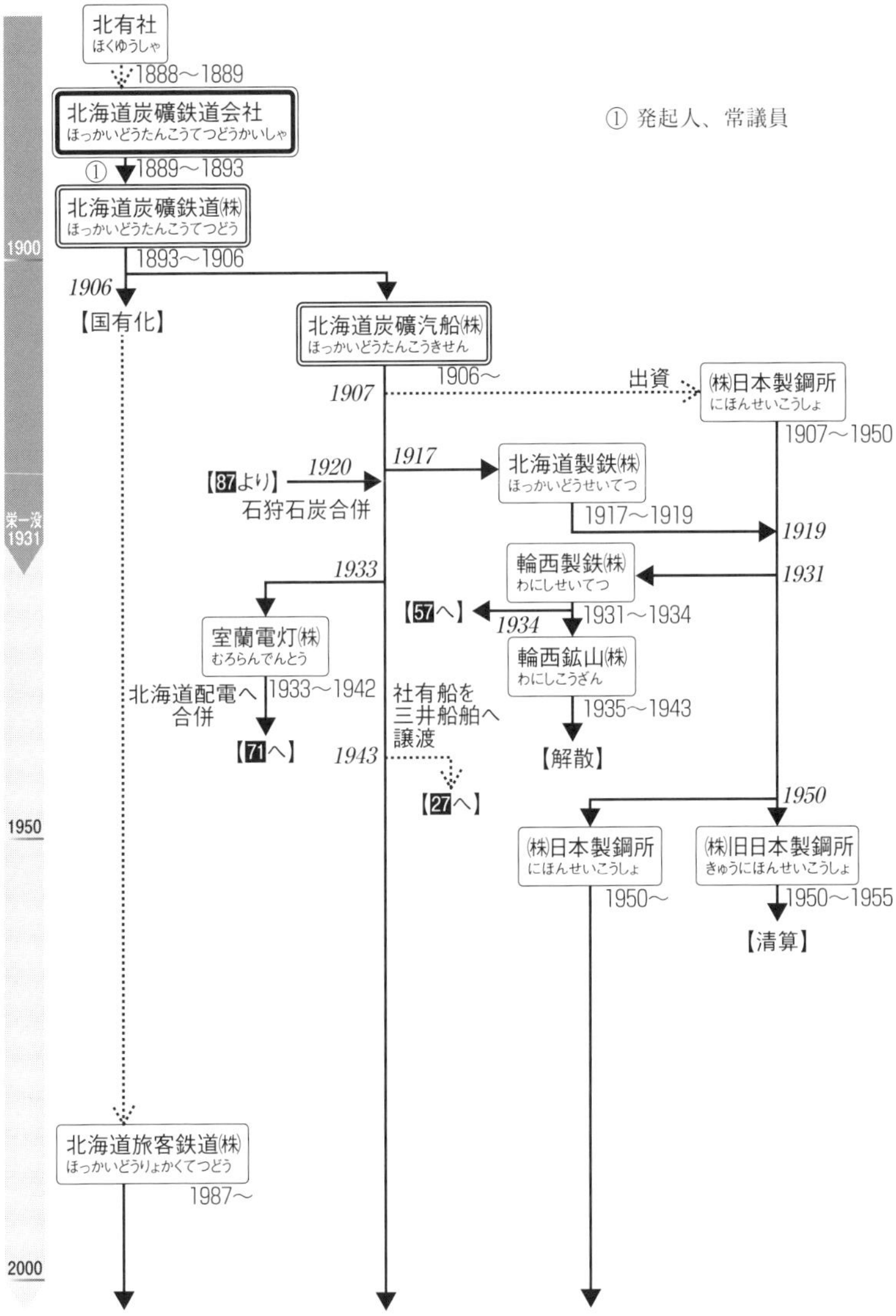
1900
栄一没 1931
1950
2000
北有社《ほくゆうしゃ》
1888～1889
北海道炭礦鉄道会社《ほっかいどうたんこうてつどうかいしゃ》
① 発起人、常議員
① 1889～1893
北海道炭礦鉄道㈱《ほっかいどうたんこうてつどう》
1893～1906
1906
【国有化】
北海道炭礦汽船㈱《ほっかいどうたんこうきせん》
1906～
1907
出資
㈱日本製鋼所《にほんせいこうしょ》
1907～1950
1917
北海道製鉄㈱《ほっかいどうせいてつ》
1917～1919
1919
【87より】 1920
石狩石炭合併
1931
輪西製鉄㈱《わにしせいてつ》
1933
【57へ】 1934
1931～1934
室蘭電灯㈱《むろらんでんとう》
輪西鉱山㈱《わにしこうざん》
北海道配電へ合併
1933～1942
【71へ】
社有船を三井船舶へ譲渡
1943
【27へ】
1935～1943
【解散】
1950
㈱日本製鋼所《にほんせいこうしょ》
1950～
㈱旧日本製鋼所《きゅうにほんせいこうしょ》
1950～1955
【清算】
北海道旅客鉄道㈱《ほっかいどうりょかくてつどう》
1987～

29 陸運：北海道 B ［交通・通信］

小樽・函館間の鉄道として1895年発起された北海道鉄道は、渋沢栄一らが発起人に加わり1896年函樽鉄道と改称し再請願、1900年認可され北海道鉄道と再改称して設立されました。栄一はまた1897年設立の函館馬車鉄道の株主となりました。

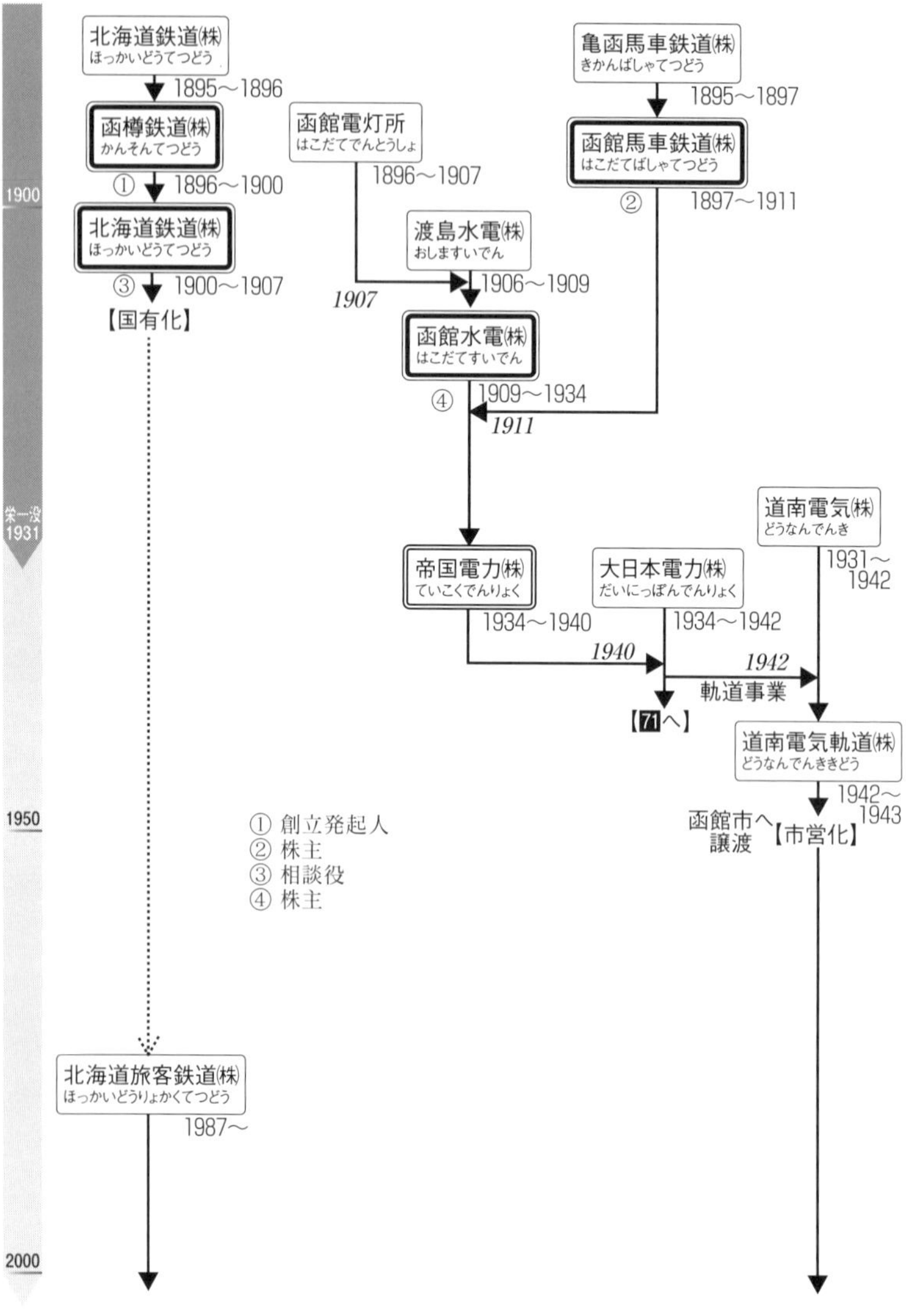
1900
栄一没 1931
1950
2000
北海道鉄道《ほっかいどうてつどう》(株)
1895～1896
函樽鉄道《かんそんてつどう》(株)
① 1896～1900
北海道鉄道《ほっかいどうてつどう》(株)
③ 1900～1907
【国有化】
北海道旅客鉄道《ほっかいどうりょかくてつどう》(株)
1987～
函館電灯所《はこだてでんとうしょ》
1896～1907
1907
渡島水電《おしますいでん》(株)
1906～1909
函館水電《はこだてすいでん》(株)
④ 1909～1934
1911
亀函馬車鉄道《きかんばしゃてつどう》(株)
1895～1897
函館馬車鉄道《はこだてばしゃてつどう》(株)
② 1897～1911
帝国電力《ていこくでんりょく》(株)
1934～1940
1940
大日本電力《だいにっぽんでんりょく》(株)
1934～1942
【71へ】
1942
軌道事業
道南電気《どうなんでんき》(株)
1931～1942
道南電気軌道《どうなんでんききどう》(株)
1942～1943
函館市へ譲渡
【市営化】
① 創立発起人
② 株主
③ 相談役
④ 株主

30 陸運：東日本 A［交通・通信］

渋沢栄一は東京・青森間の日本鉄道、宇都宮・日光間の日光鉄道、直江津・新潟間の北越鉄道、郡山・新潟間の岩越鉄道など、東日本のいくつもの鉄道会社の設立計画に関わりました。

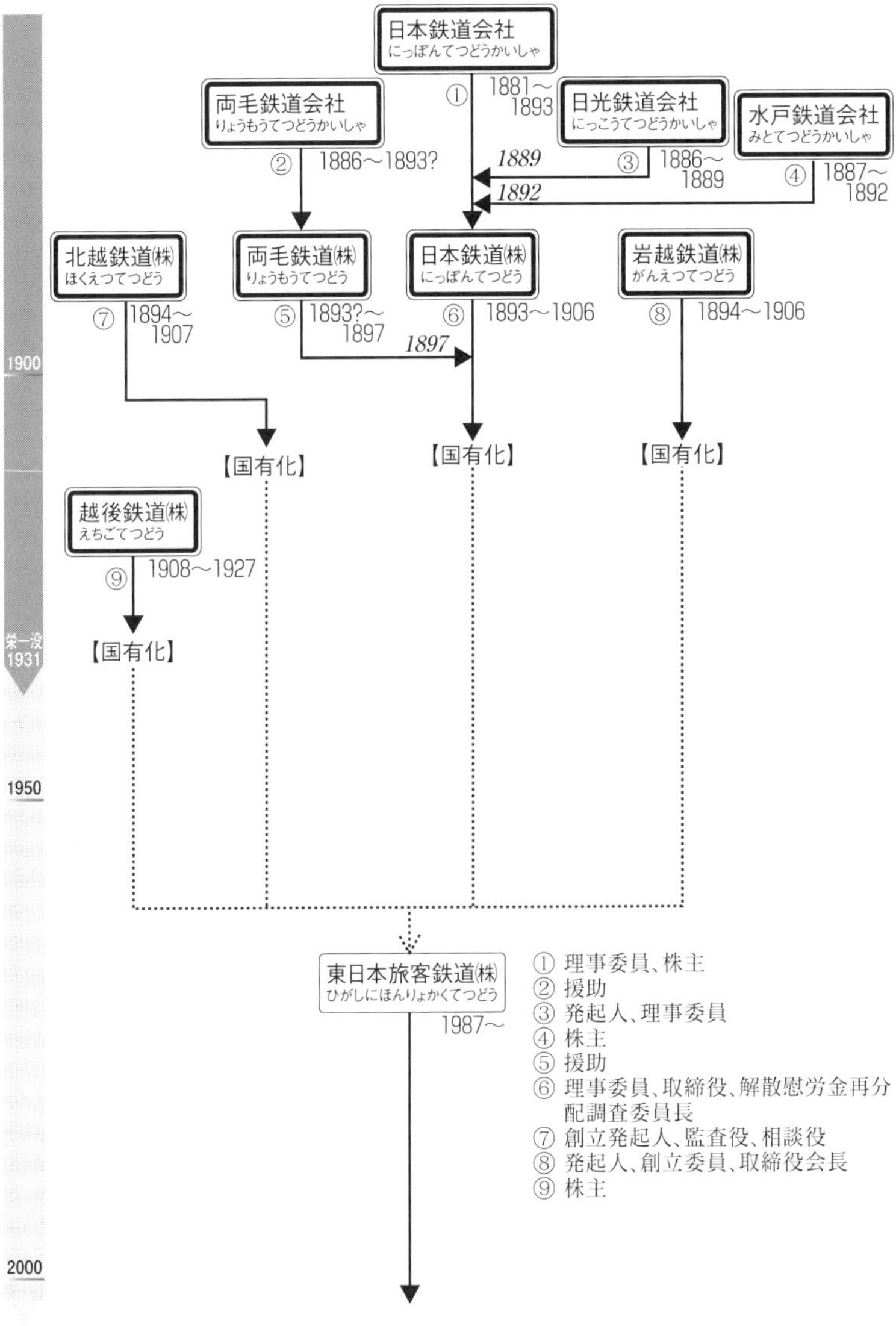
1900
栄一没 1931
1950
2000
日本鉄道会社《にっぽんてつどうかいしゃ》
① 1881〜1893
両毛鉄道会社《りょうもうてつどうかいしゃ》
② 1886〜1893?
日光鉄道会社《にっこうてつどうかいしゃ》
③ 1886〜1889
1889
水戸鉄道会社《みとてつどうかいしゃ》
④ 1887〜1892
1892
北越鉄道㈱《ほくえつてつどう》
⑦ 1894〜1907
両毛鉄道㈱《りょうもうてつどう》
⑤ 1893?〜1897
1897
日本鉄道㈱《にっぽんてつどう》
⑥ 1893〜1906
岩越鉄道㈱《がんえつてつどう》
⑧ 1894〜1906
【国有化】
【国有化】
【国有化】
越後鉄道㈱《えちごてつどう》
⑨ 1908〜1927
【国有化】
東日本旅客鉄道㈱《ひがしにほんりょかくてつどう》
1987〜
① 理事委員、株主
② 援助
③ 発起人、理事委員
④ 株主
⑤ 援助
⑥ 理事委員、取締役、解散慰労金再分配調査委員長
⑦ 創立発起人、監査役、相談役
⑧ 発起人、創立委員、取締役会長
⑨ 株主

31 陸運：東日本 B ［交通・通信］

山岳地帯で交通不便な秩父と熊谷の有力者は上州館林・秩父間の鉄道敷設計画を立て、1893年上武鉄道を発起しました。その後経営難に際しては渋沢栄一の指導を仰ぎました。栄一は東北から北関東の他の鉄道会社設立にも尽力しました。

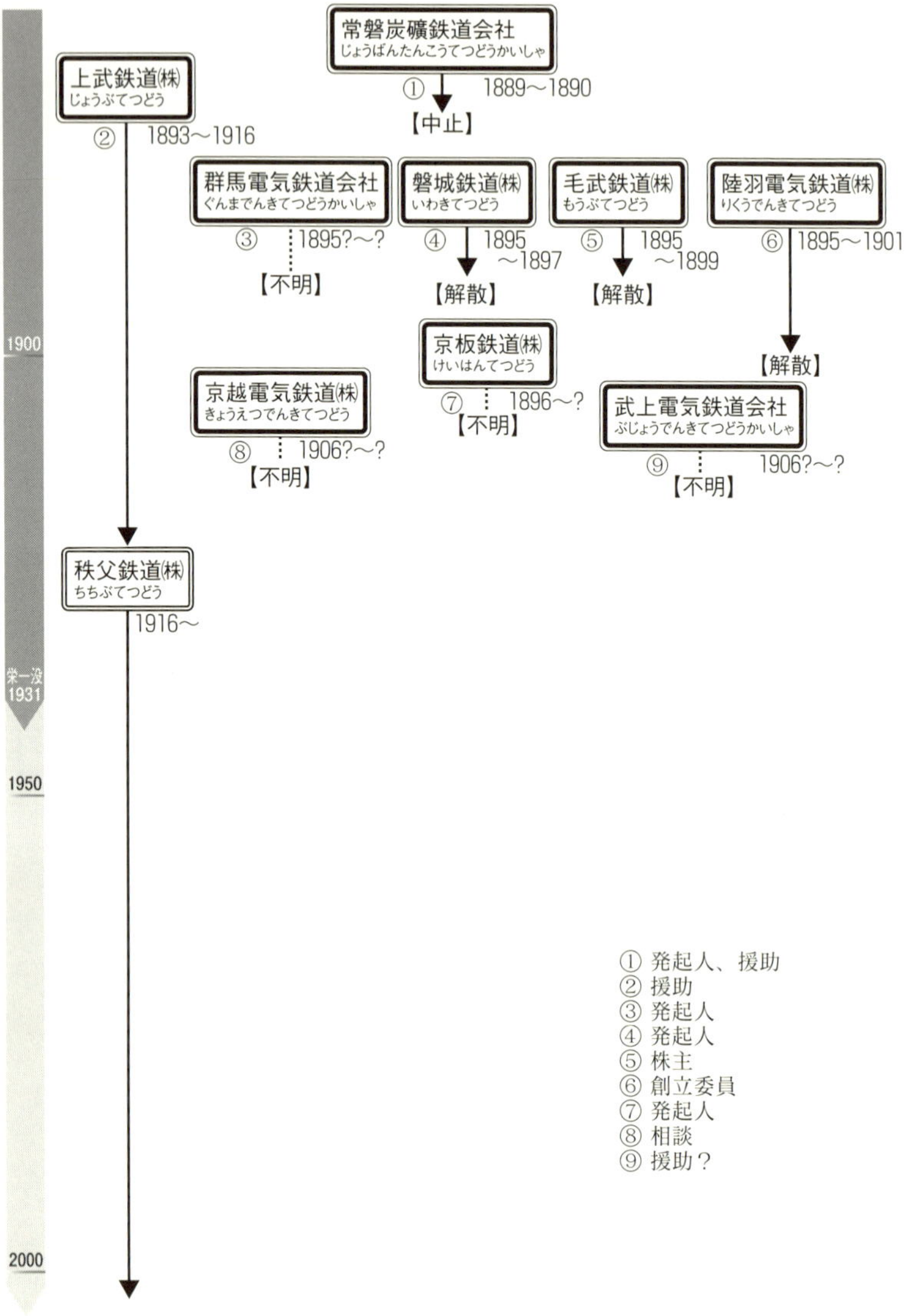
常磐炭礦鉄道会社
じょうばんたんこうてつどうかいしゃ
① 1889～1890
【中止】
上武鉄道㈱
じょうぶてつどう
② 1893～1916
群馬電気鉄道会社
ぐんまでんきてつどうかいしゃ
③ 1895?～?
【不明】
磐城鉄道㈱
いわきてつどう
④ 1895～1897
【解散】
毛武鉄道㈱
もうぶてつどう
⑤ 1895～1899
【解散】
陸羽電気鉄道㈱
りくうでんきてつどう
⑥ 1895～1901
【解散】
京板鉄道㈱
けいはんてつどう
⑦ 1896～?
【不明】
京越電気鉄道㈱
きょうえつでんきてつどう
⑧ 1906?～?
【不明】
武上電気鉄道会社
ぶじょうでんきてつどうかいしゃ
⑨ 1906?～?
【不明】
秩父鉄道㈱
ちちぶてつどう
1916～
1900
栄一没
1931
1950
2000
① 発起人、援助
② 援助
③ 発起人
④ 発起人
⑤ 株主
⑥ 創立委員
⑦ 発起人
⑧ 相談
⑨ 援助？

32 陸運：東京A ［交通・通信］

渋沢栄一ら設立の東京鉄道組合は新橋・横浜間の官営鉄道払下げを目論みましたが実現しませんでした。その後栄一は東京の市街鉄道整備事業に尽力し、多くの鉄道会社に関わりました。それらは1906年東京鉄道に統合されました。

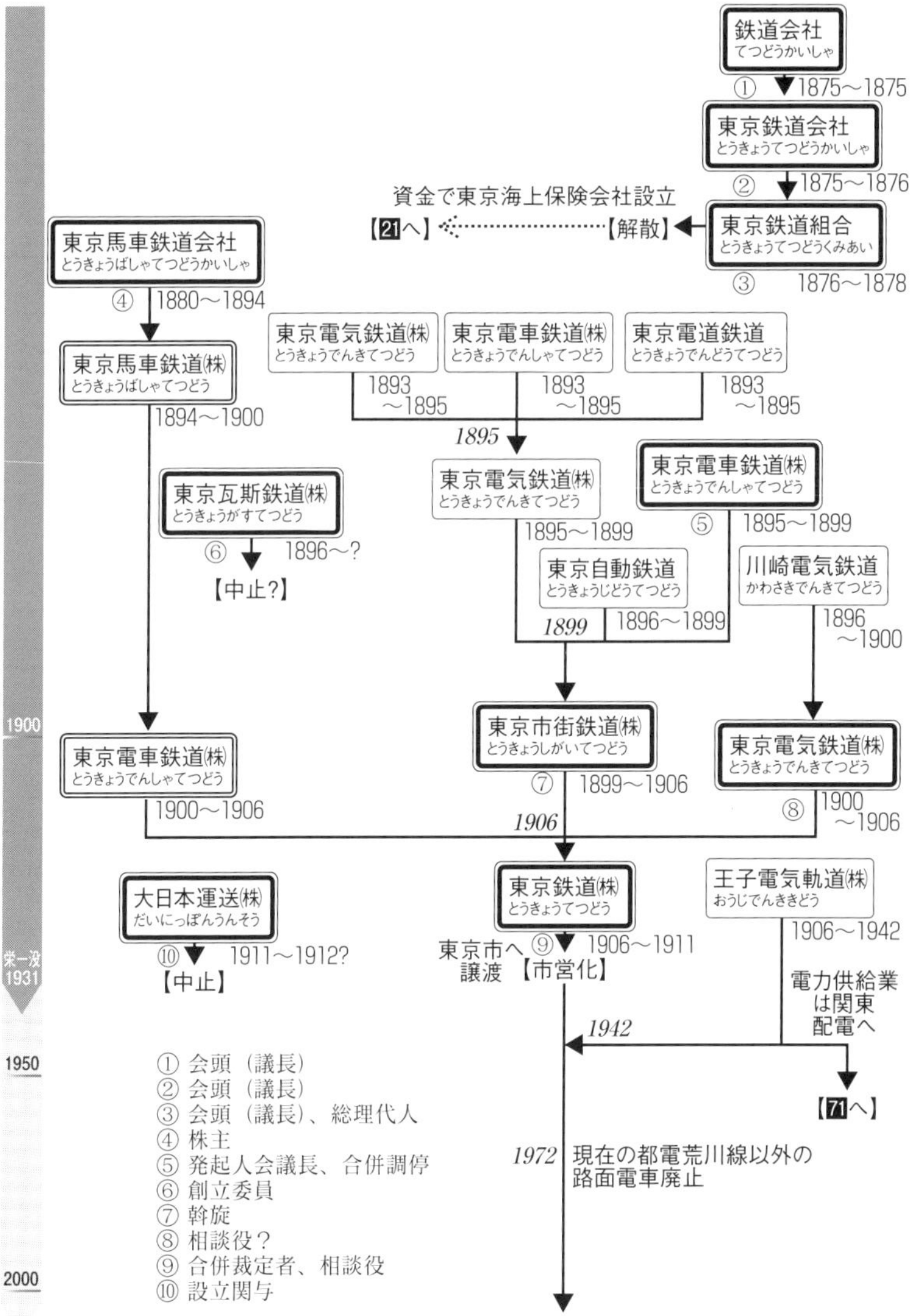
鉄道会社《てつどうかいしゃ》
① 1875〜1875
東京鉄道会社《とうきょうてつどうかいしゃ》
② 1875〜1876
資金で東京海上保険会社設立
【21へ】
【解散】
東京鉄道組合《とうきょうてつどうくみあい》
③ 1876〜1878
東京馬車鉄道会社《とうきょうばしゃてつどうかいしゃ》
④ 1880〜1894
東京馬車鉄道㈱《とうきょうばしゃてつどう》
1894〜1900
東京電気鉄道㈱《とうきょうでんきてつどう》
1893〜1895
東京電車鉄道㈱《とうきょうでんしゃてつどう》
1893〜1895
東京電道鉄道《とうきょうでんどうてつどう》
1893〜1895
1895
東京電気鉄道㈱《とうきょうでんきてつどう》
1895〜1899
東京電車鉄道㈱《とうきょうでんしゃてつどう》
⑤ 1895〜1899
東京瓦斯鉄道㈱《とうきょうがすてつどう》
⑥ 1896〜?
【中止?】
東京自動鉄道《とうきょうじどうてつどう》
1896〜1899
川崎電気鉄道《かわさきでんきてつどう》
1896〜1900
1899
東京市街鉄道㈱《とうきょうしがいてつどう》
⑦ 1899〜1906
東京電車鉄道㈱《とうきょうでんしゃてつどう》
1900〜1906
東京電気鉄道㈱《とうきょうでんきてつどう》
⑧ 1900〜1906
1906
東京鉄道㈱《とうきょうてつどう》
⑨ 1906〜1911
東京市へ譲渡
【市営化】
大日本運送㈱《だいにっぽんうんそう》
⑩ 1911〜1912?
【中止】
王子電気軌道㈱《おうじでんききどう》
1906〜1942
電力供給業は関東配電へ
1942
【71へ】
1972 現在の都電荒川線以外の路面電車廃止
1900
栄一没 1931
1950
2000

① 会頭（議長）
② 会頭（議長）
③ 会頭（議長）、総理代人
④ 株主
⑤ 発起人会議長、合併調停
⑥ 創立委員
⑦ 斡旋
⑧ 相談役？
⑨ 合併裁定者、相談役
⑩ 設立関与

33 陸運：東京Ｂ［交通・通信］

渋沢栄一は東京地下鉄道敷設計画を立てた早川徳次らを後援し、1917年東京軽便地下鉄道が設立されました。また栄一らが設立の田園都市㈱は1922年鉄道事業を分離し、目黒蒲田電鉄が設立されました。

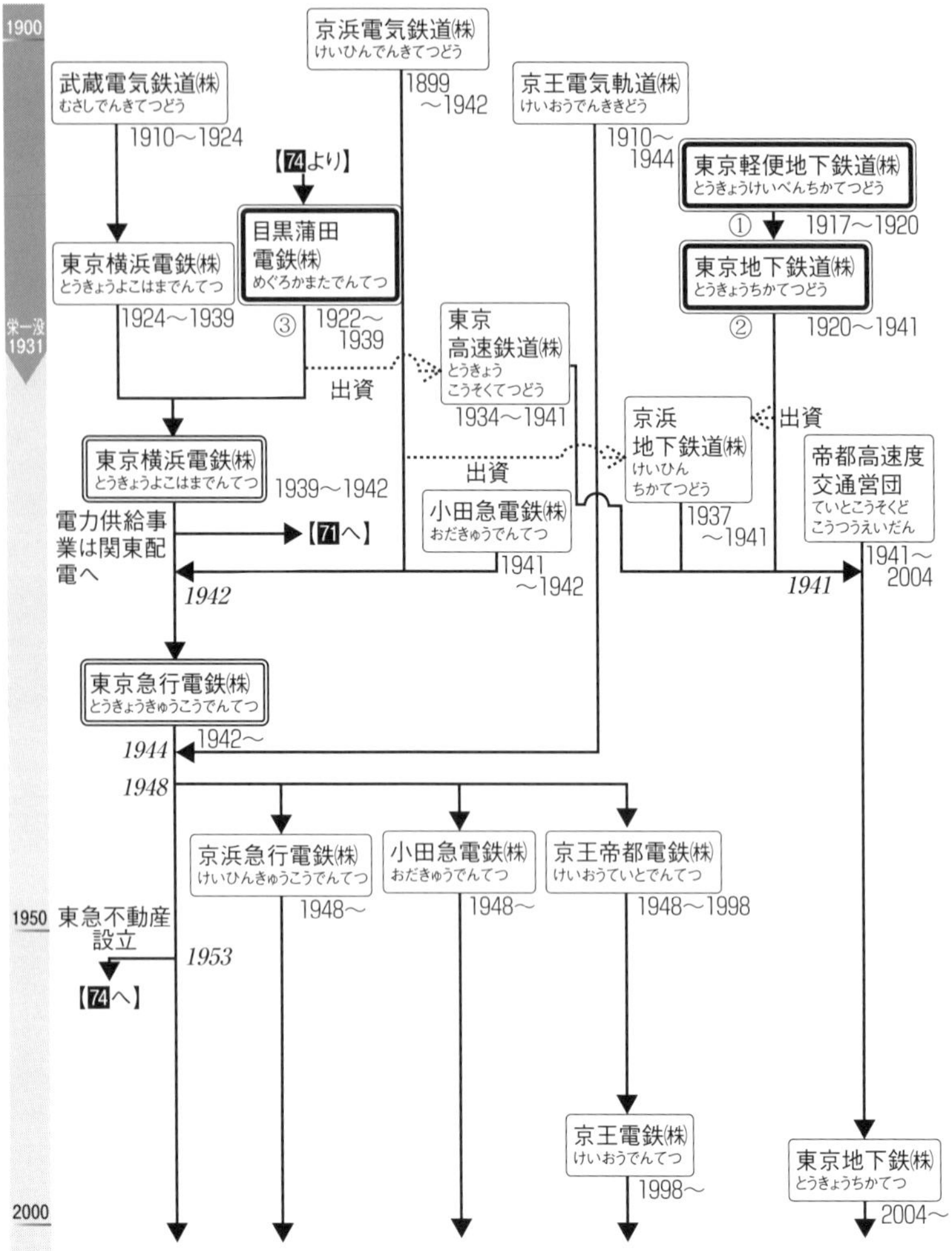
1900
栄一没 1931
1950
2000
京浜電気鉄道㈱《けいひんでんきてつどう》
1899〜1942
武蔵電気鉄道㈱《むさしでんきてつどう》
1910〜1924
京王電気軌道㈱《けいおうでんききどう》
1910〜1944
東京軽便地下鉄道㈱《とうきょうけいべんちかてつどう》
① 1917〜1920
東京地下鉄道㈱《とうきょうちかてつどう》
② 1920〜1941
【74より】
目黒蒲田電鉄㈱《めぐろかまたでんてつ》
③ 1922〜1939
東京横浜電鉄㈱《とうきょうよこはまでんてつ》
1924〜1939
東京高速鉄道㈱《とうきょうこうそくてつどう》
1934〜1941
出資
京浜地下鉄道㈱《けいひんちかてつどう》
1937〜1941
出資
帝都高速度交通営団《ていとこうそくどこうつうえいだん》
1941〜2004
東京横浜電鉄㈱《とうきょうよこはまでんてつ》
1939〜1942
電力供給事業は関東配電へ
【71へ】
小田急電鉄㈱《おだきゅうでんてつ》
1941〜1942
1942
1941
東京急行電鉄㈱《とうきょうきゅうこうでんてつ》
1942〜
1944
1948
京浜急行電鉄㈱《けいひんきゅうこうでんてつ》
1948〜
小田急電鉄㈱《おだきゅうでんてつ》
1948〜
京王帝都電鉄㈱《けいおうていとでんてつ》
1948〜1998
東急不動産設立
1953
【74へ】
京王電鉄㈱《けいおうでんてつ》
1998〜
東京地下鉄㈱《とうきょうちかてつ》
2004〜

① 斡旋後援
② 斡旋後援
③ 開通式出席、会長渋沢秀雄

34 陸運：東海 ［交通・通信］

伊勢神宮参拝者の便を図るため渋沢栄一は発起人の一人として1889年津・小俣村間の参宮鉄道敷設を申請、翌年免許を受けました。また栄一は富士・甲府間を結ぶ富士身延電鉄の設立を支援する等、東海地区の鉄道会社創立に尽力しました。

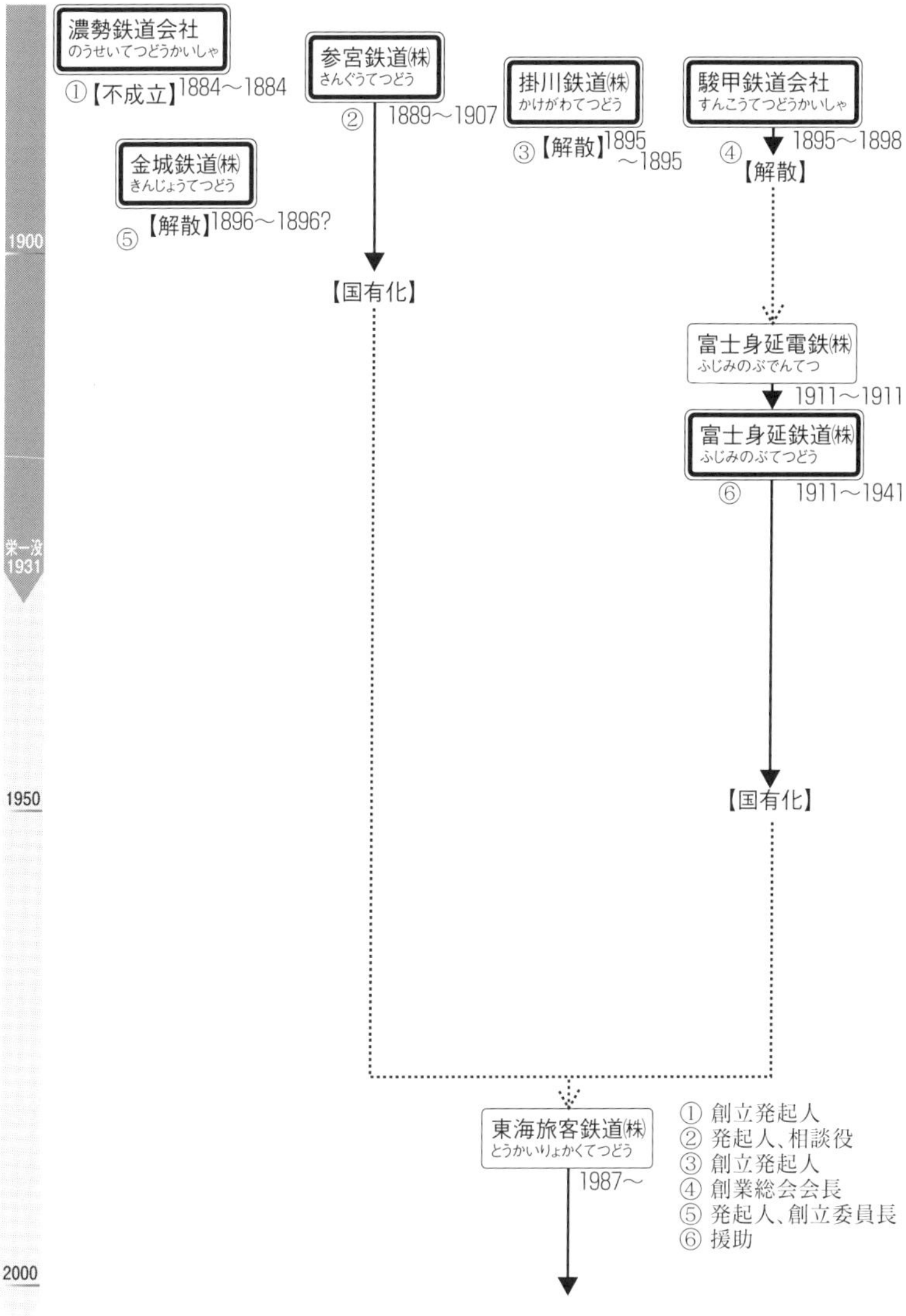

1900
栄一没 1931
1950
2000
濃勢鉄道会社《のうせいてつどうかいしゃ》
①【不成立】1884～1884
金城鉄道㈱《きんじょうてつどう》
⑤【解散】1896～1896?
参宮鉄道㈱《さんぐうてつどう》
② 1889～1907
【国有化】
掛川鉄道㈱《かけがわてつどう》
③【解散】1895～1895
駿甲鉄道会社《すんこうてつどうかいしゃ》
④ 1895～1898
【解散】
富士身延電鉄㈱《ふじみのぶでんてつ》
1911～1911
富士身延鉄道㈱《ふじみのぶてつどう》
⑥ 1911～1941
【国有化】
東海旅客鉄道㈱《とうかいりょかくてつどう》
1987～
① 創立発起人
② 発起人、相談役
③ 創立発起人
④ 創業総会会長
⑤ 発起人、創立委員長
⑥ 援助

35 陸運：西日本A［交通・通信］

京都・大阪間の電気鉄道敷設計画が田中源太郎ら大阪側と渋沢栄一ら東京側にあり、合流して1903年畿内電気鉄道の名称で許可申請しました。1906年創立総会で社名を京阪電気鉄道と改め、1910年大阪天満橋・京都五条大橋間が開通しました。

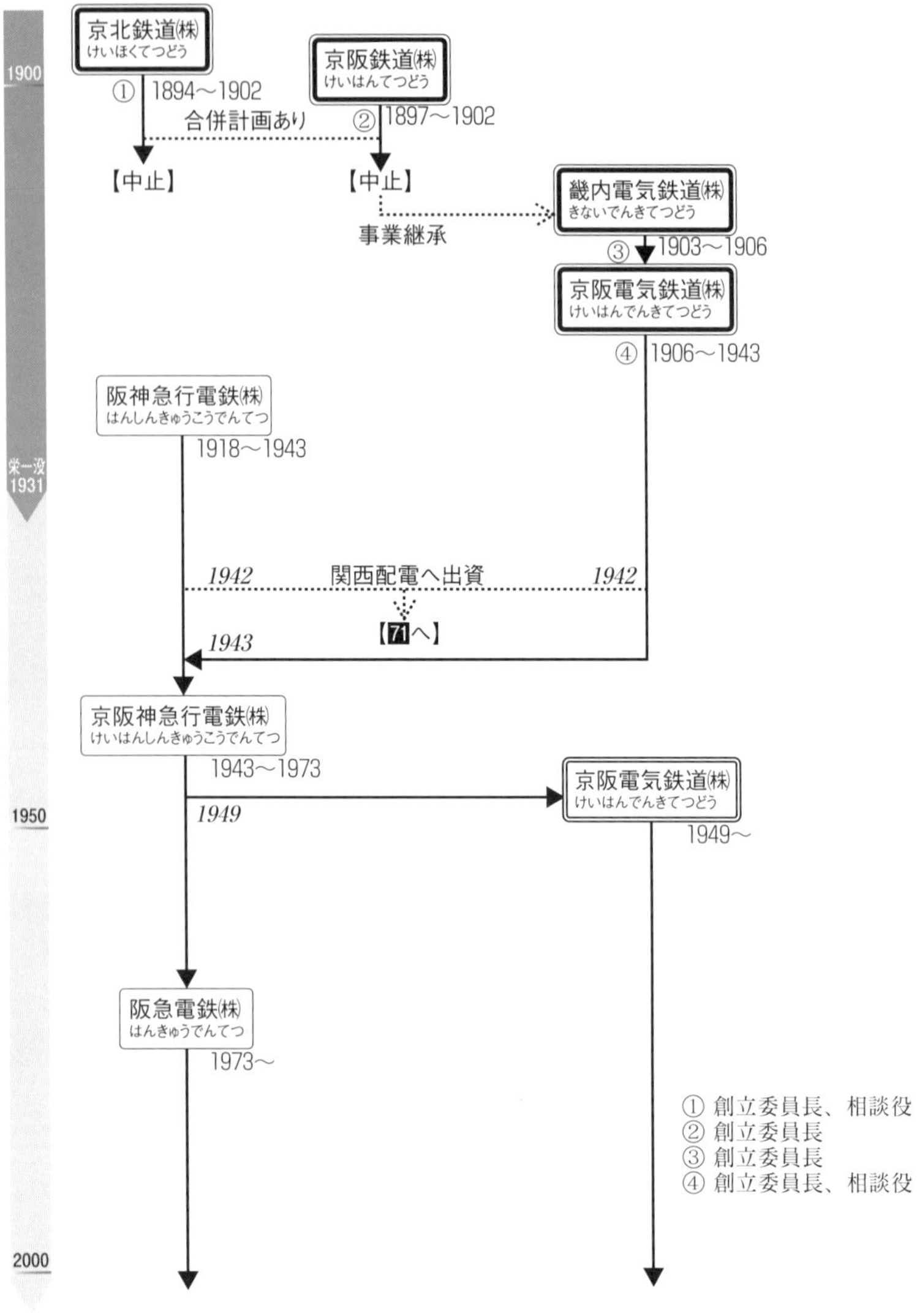
1900
栄一没
1931
1950
2000
京北鉄道㈱《けいほくてつどう》
① 1894～1902
京阪鉄道㈱《けいはんてつどう》
② 1897～1902
合併計画あり
【中止】
【中止】
事業継承
畿内電気鉄道㈱《きないでんきてつどう》
③ 1903～1906
京阪電気鉄道㈱《けいはんでんきてつどう》
④ 1906～1943
阪神急行電鉄㈱《はんしんきゅうこうでんてつ》
1918～1943
1942
関西配電へ出資
1942
【71へ】
1943
京阪神急行電鉄㈱《けいはんしんきゅうこうでんてつ》
1943～1973
1949
京阪電気鉄道㈱《けいはんでんきてつどう》
1949～
阪急電鉄㈱《はんきゅうでんてつ》
1973～
① 創立委員長、相談役
② 創立委員長
③ 創立委員長
④ 創立委員長、相談役

36 陸運：西日本 B ［交通・通信］

渋沢栄一は京都・兵庫県但馬間に計画の京都鉄道、大阪湾に注ぐ安治川沿いに計画の西成鉄道、神戸市内を循環する神戸電気鉄道、広島・松江間に計画の両山鉄道など、西日本各地の鉄道事業に関わりました。

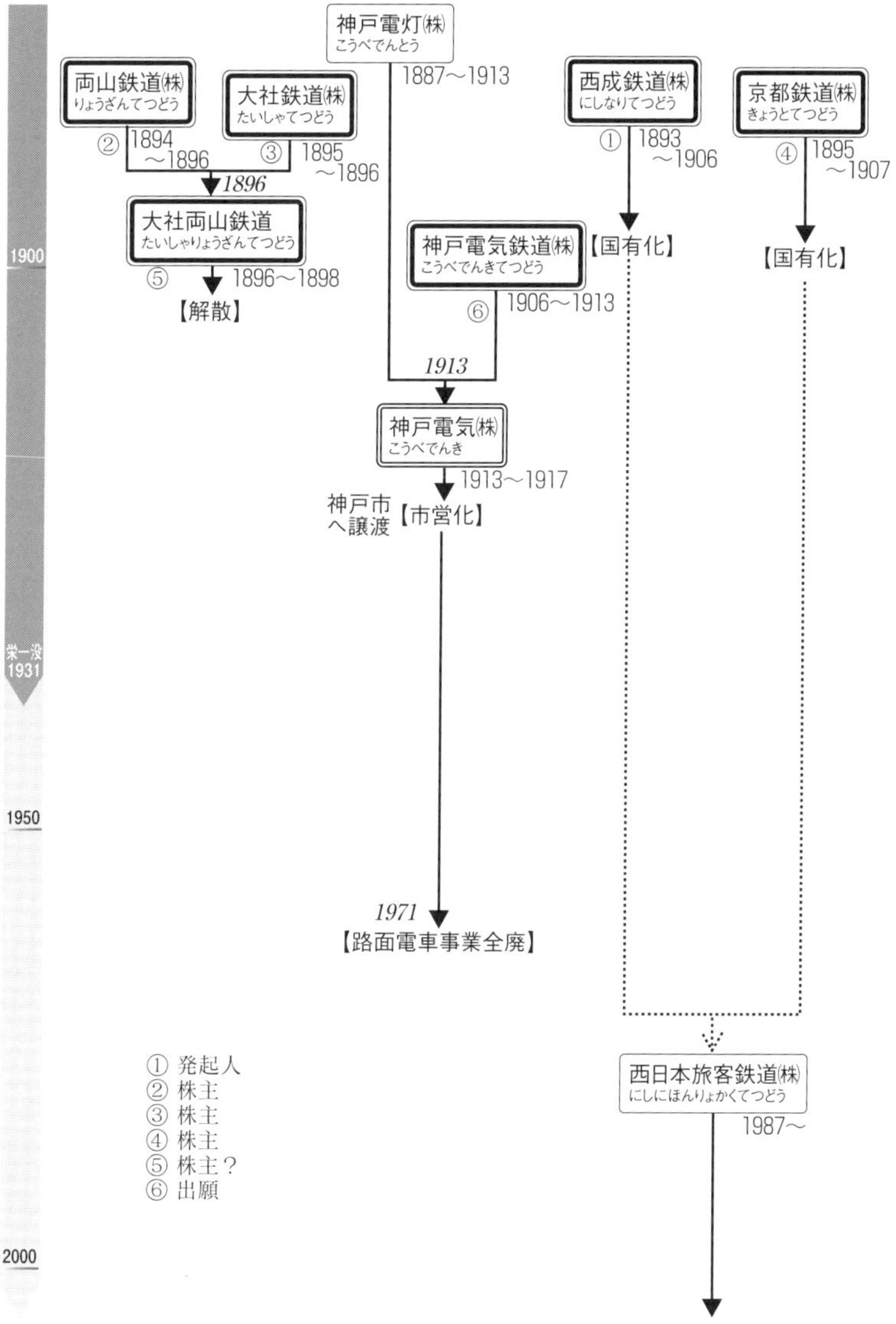
1900
栄一没
1931
1950
2000
神戸電灯㈱《こうべでんとう》
1887～1913
両山鉄道㈱《りょうざんてつどう》
② 1894～1896
大社鉄道㈱《たいしゃてつどう》
③ 1895～1896
1896
大社両山鉄道《たいしゃりょうざんてつどう》
⑤ 1896～1898
【解散】
西成鉄道㈱《にしなりてつどう》
① 1893～1906
【国有化】
京都鉄道㈱《きょうとてつどう》
④ 1895～1907
【国有化】
神戸電気鉄道㈱《こうべでんきてつどう》
⑥ 1906～1913
1913
神戸電気㈱《こうべでんき》
1913～1917
神戸市へ譲渡【市営化】
1971
【路面電車事業全廃】
西日本旅客鉄道㈱《にしにほんりょかくてつどう》
1987～
① 発起人
② 株主
③ 株主
④ 株主
⑤ 株主？
⑥ 出願

37 陸運：九州・台湾 ［交通・通信］

九州筑豊地方には石炭輸送を主目的に多くの鉄道が敷設され、渋沢栄一も株主や相談役として関わりました。栄一は台湾鉄道創立にも尽力しましたが資金調達ならず会社は解散。1899年公布の官制で台湾の鉄道事業は全て官営となりました。

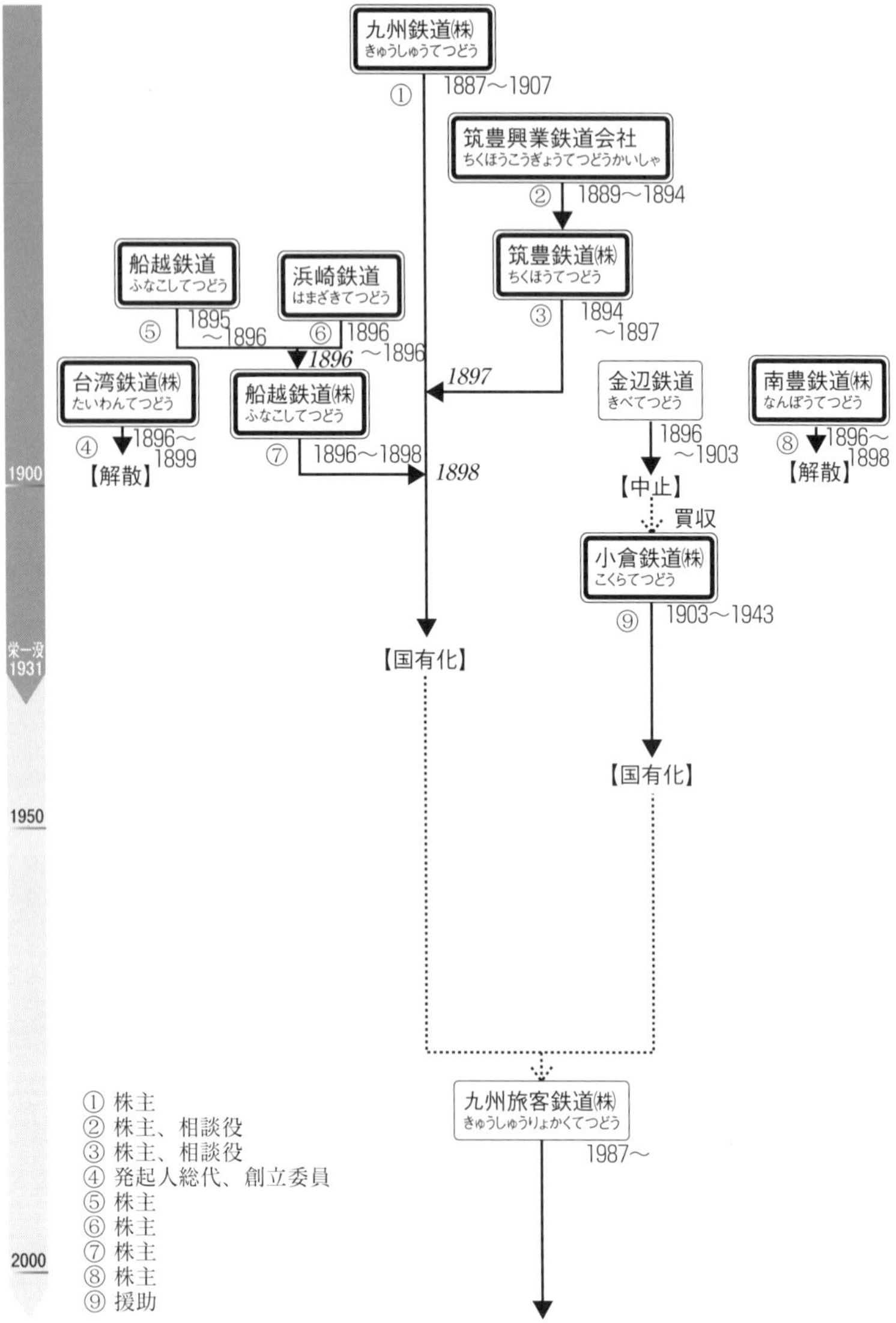
九州鉄道㈱《きゅうしゅうてつどう》
① 1887～1907
筑豊興業鉄道会社《ちくほうこうぎょうてつどうかいしゃ》
② 1889～1894
筑豊鉄道㈱《ちくほうてつどう》
③ 1894～1897
1897
船越鉄道《ふなこしてつどう》
⑤ 1895～1896
浜崎鉄道《はまざきてつどう》
⑥ 1896～1896
1896
台湾鉄道㈱《たいわんてつどう》
④ 1896～1899
【解散】
船越鉄道㈱《ふなこしてつどう》
⑦ 1896～1898
1898
金辺鉄道《きべてつどう》
1896～1903
【中止】
買収
南豊鉄道㈱《なんぼうてつどう》
⑧ 1896～1898
【解散】
小倉鉄道㈱《こくらてつどう》
⑨ 1903～1943
【国有化】
【国有化】
九州旅客鉄道㈱《きゅうしゅうりょかくてつどう》
1987～
1900
栄一没 1931
1950
2000
① 株主
② 株主、相談役
③ 株主、相談役
④ 発起人総代、創立委員
⑤ 株主
⑥ 株主
⑦ 株主
⑧ 株主
⑨ 援助

38 **航空**［交通・通信］

第一次大戦を契機に民間航空事業の振興が叫ばれ、政府の航空輸送会社設立準備調査委員会での審議を経て1928年日本航空輸送㈱が設立されました。渋沢栄一は調査委員会委員長として、また会社創立委員長として設立に尽力しました。

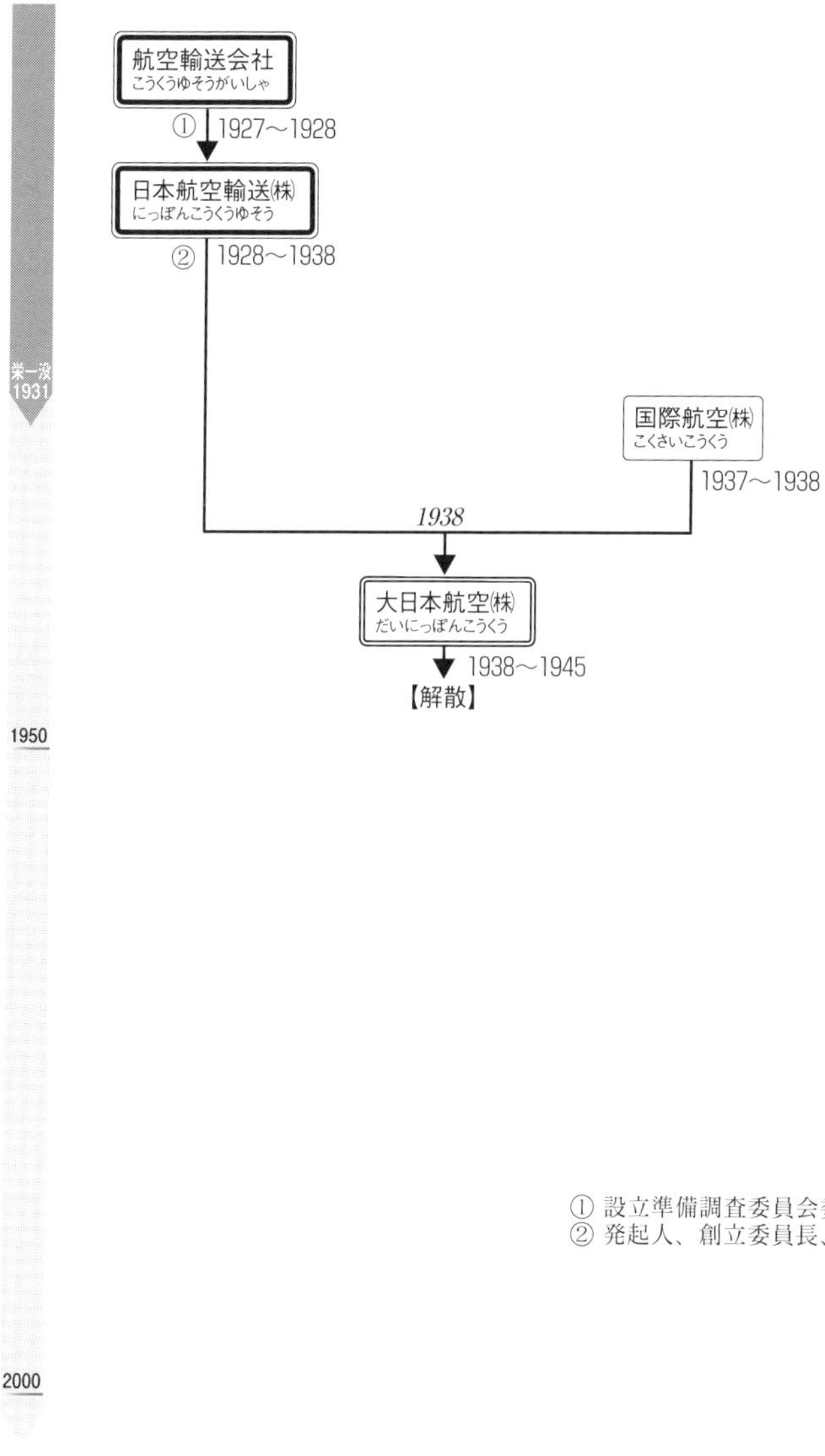
航空輸送会社《こうくうゆそうがいしゃ》
① 1927～1928
日本航空輸送㈱《にっぽんこうくうゆそう》
② 1928～1938
国際航空㈱《こくさいこうくう》
1937～1938
1938
大日本航空㈱《だいにっぽんこうくう》
1938～1945
【解散】
栄一没
1931
1950
2000

① 設立準備調査委員会委員長
② 発起人、創立委員長、株主

39 通信 ［交通・通信］

渋沢栄一らは日米の通信状態改善を目指し1919年海底電線による日米電信㈱設立を計画しました。その後無線による通信へと変更し、栄一を設立委員長に1925年日本無線電信㈱が設立されました。

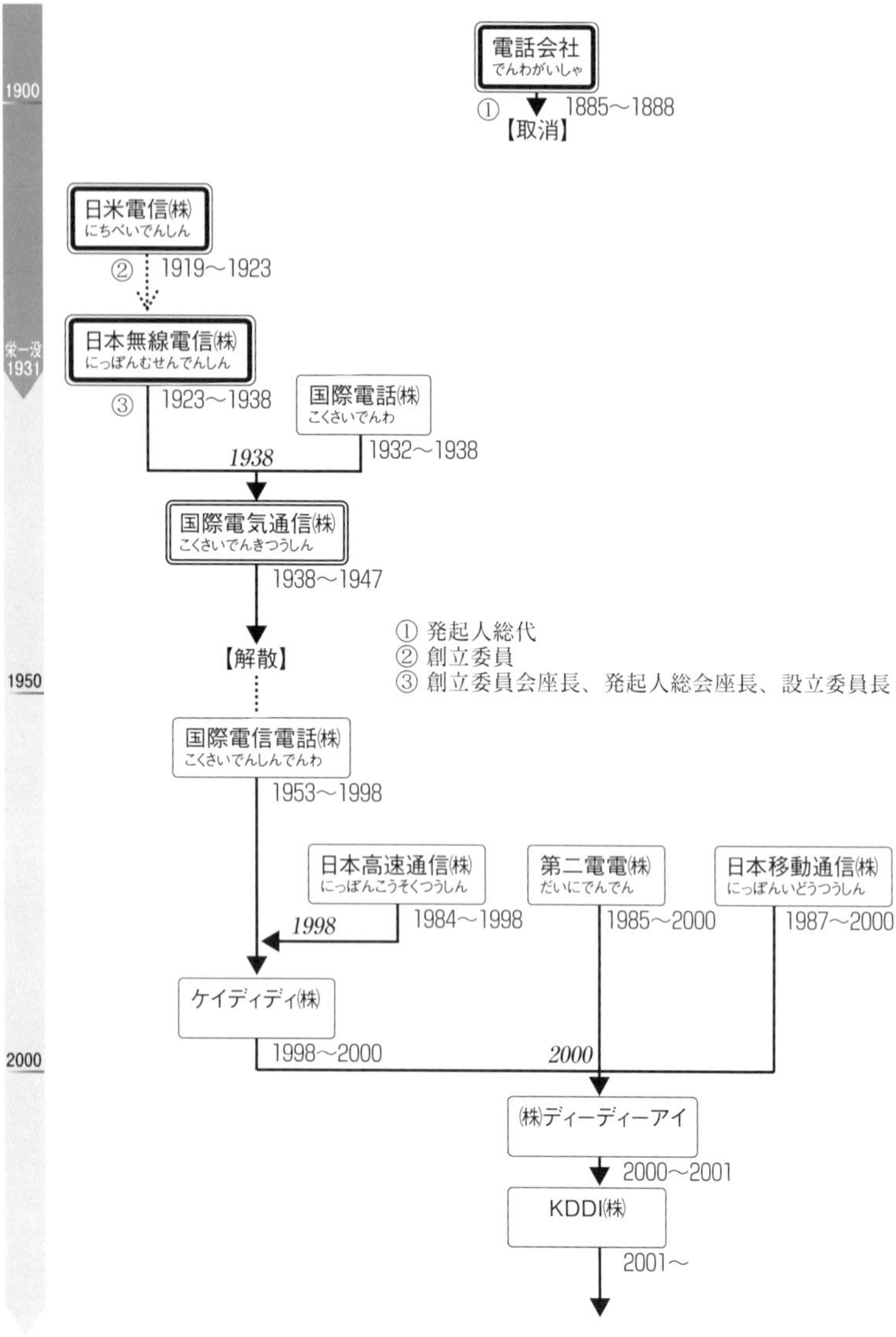
1900
1950
2000
栄一没 1931
電話会社《でんわがいしゃ》
① 1885〜1888
【取消】
日米電信㈱《にちべいでんしん》
② 1919〜1923
日本無線電信㈱《にっぽんむせんでんしん》
③ 1923〜1938
国際電話㈱《こくさいでんわ》
1932〜1938
1938
国際電気通信㈱《こくさいでんきつうしん》
1938〜1947
【解散】
① 発起人総代
② 創立委員
③ 創立委員会座長、発起人総会座長、設立委員長
国際電信電話㈱《こくさいでんしんでんわ》
1953〜1998
日本高速通信㈱《にっぽんこうそくつうしん》
1984〜1998
1998
第二電電㈱《だいにでんでん》
1985〜2000
日本移動通信㈱《にっぽんいどうつうしん》
1987〜2000
ケイディディ㈱
1998〜2000
2000
㈱ディーディーアイ
2000〜2001
KDDI㈱
2001〜

40 綿業 ［商工業：織維］

大規模な紡績会社設立を企図した渋沢栄一は英国留学中の山辺丈夫に紡績業の実態調査を要請。紡績技術も学んだ山辺が帰国し1882年大阪紡績会社を創立しました。同社は後に栄一が創設に関わった三重紡績と合併し東洋紡績となりました。

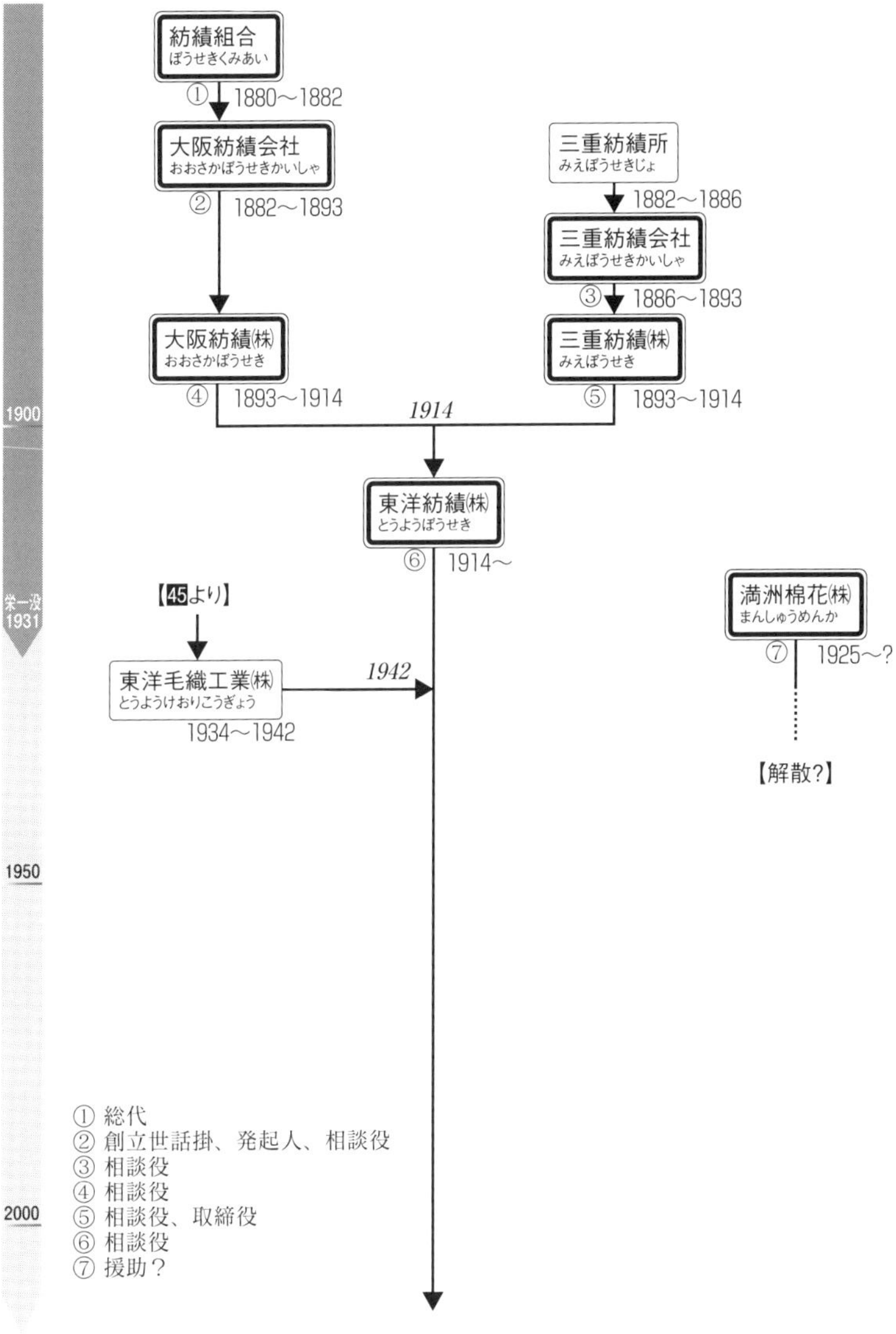
紡績組合《ぼうせきくみあい》
① 1880～1882
大阪紡績会社《おおさかぼうせきかいしゃ》
② 1882～1893
大阪紡績㈱《おおさかぼうせき》
④ 1893～1914
三重紡績所《みえぼうせきじょ》
1882～1886
三重紡績会社《みえぼうせきかいしゃ》
③ 1886～1893
三重紡績㈱《みえぼうせき》
⑤ 1893～1914
1914
東洋紡績㈱《とうようぼうせき》
⑥ 1914～
【45より】
東洋毛織工業㈱《とうようけおりこうぎょう》
1934～1942
1942
満洲棉花㈱《まんしゅうめんか》
⑦ 1925～?
【解散?】
1900
栄一没 1931
1950
2000
① 総代
② 創立世話掛、発起人、相談役
③ 相談役
④ 相談役
⑤ 相談役、取締役
⑥ 相談役
⑦ 援助？

41 蚕糸絹織業 A ［商工業：繊維］

織物が盛んな京都で大規模な洋式設備を持った織物会社創立の機運が高まる中、1886年から会社設立を企画した渋沢栄一らは、翌年京都府営織物工場である織殿（おりどの）の払下げを受け京都織物会社を開業しました。

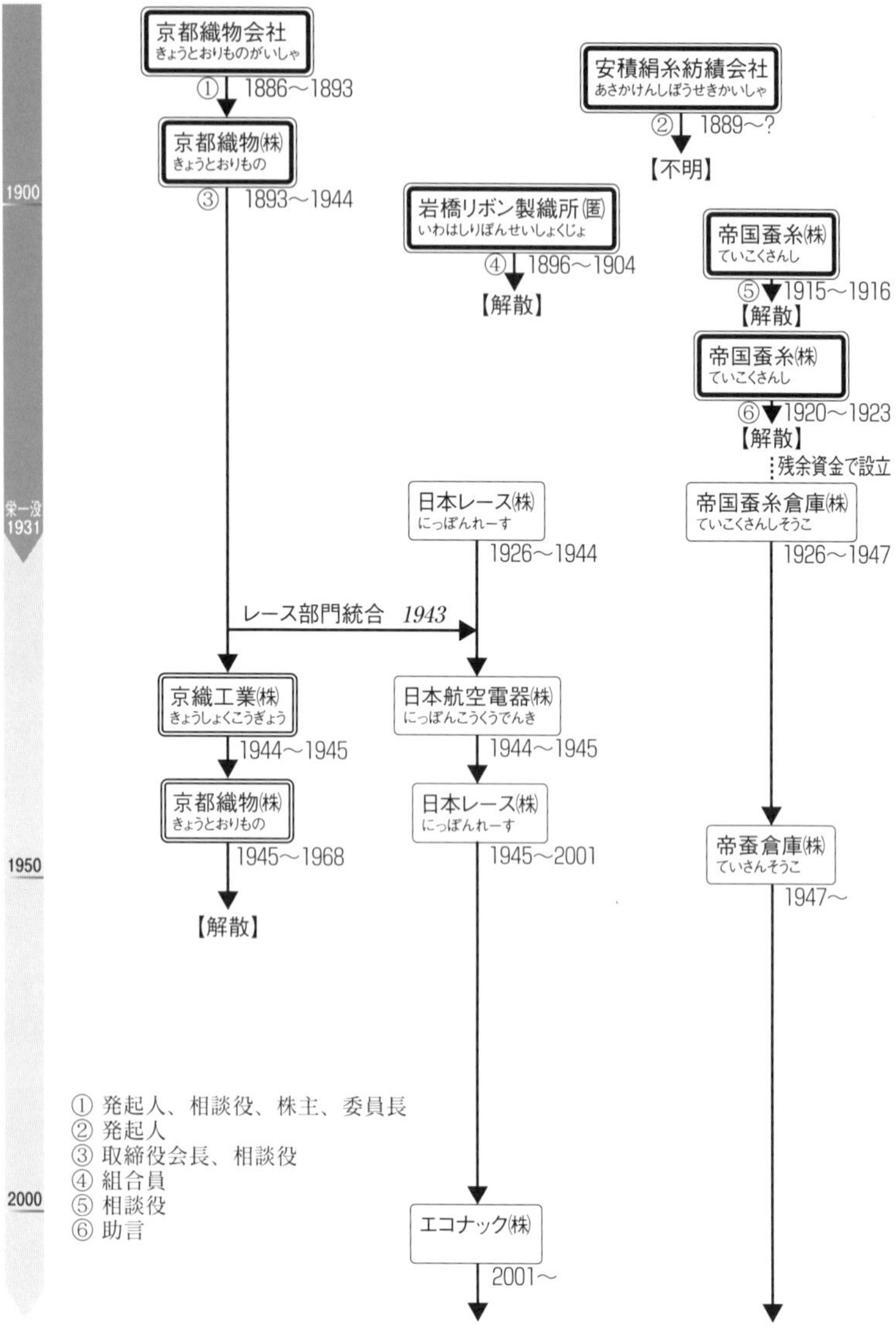
1900
栄一没 1931
1950
2000
京都織物会社《きょうとおりものがいしゃ》
① 1886～1893
京都織物㈱《きょうとおりもの》
③ 1893～1944
安積絹糸紡績会社《あさかけんしぼうせきかいしゃ》
② 1889～?
【不明】
岩橋リボン製織所㈾《いわはしりぼんせいしょくじょ》
④ 1896～1904
【解散】
帝国蚕糸㈱《ていこくさんし》
⑤ 1915～1916
【解散】
帝国蚕糸㈱《ていこくさんし》
⑥ 1920～1923
【解散】
残余資金で設立
日本レース㈱《にっぽんれーす》
1926～1944
帝国蚕糸倉庫㈱《ていこくさんしそうこ》
1926～1947
レース部門統合 1943
京織工業㈱《きょうしょくこうぎょう》
1944～1945
日本航空電器㈱《にっぽんこうくうでんき》
1944～1945
京都織物㈱《きょうとおりもの》
1945～1968
【解散】
日本レース㈱《にっぽんれーす》
1945～2001
帝蚕倉庫㈱《ていさんそうこ》
1947～
エコナック㈱
2001～
① 発起人、相談役、株主、委員長
② 発起人
③ 取締役会長、相談役
④ 組合員
⑤ 相談役
⑥ 助言

42 蚕糸絹織業 B ［商工業：繊維］

渋沢栄一は大蔵少丞の時に製糸場事務主任として1872年の官営富岡製糸場設立に尽力し、従兄の尾高惇忠を場長としました。その後1877年に井上馨らの富岡製糸場払下計画に関与しましたが、実現しませんでした（1893年三井組に払下）。

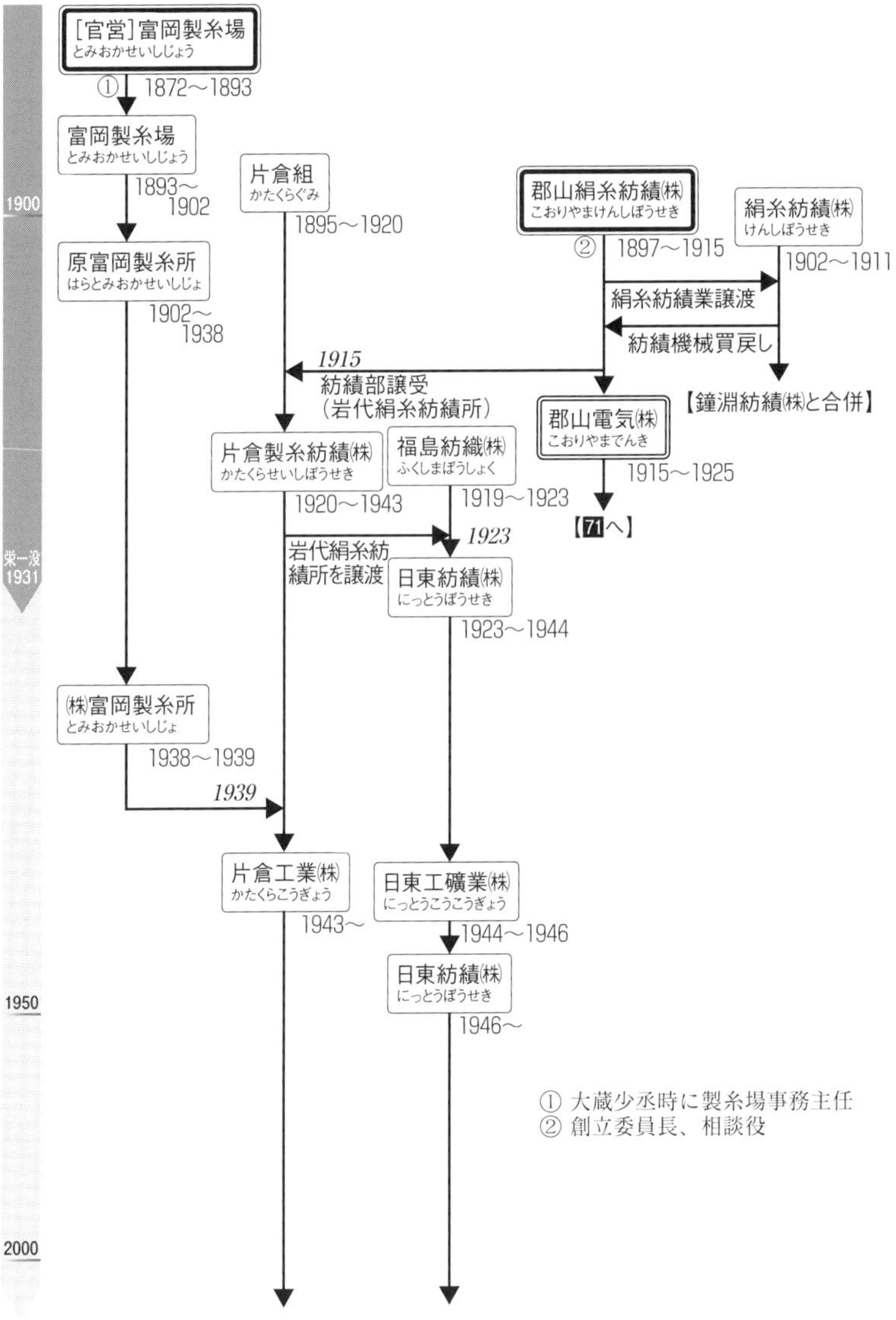

1900
栄一没 1931
1950
2000
[官営]富岡製糸場《とみおかせいしじょう》
① 1872～1893
富岡製糸場《とみおかせいしじょう》
1893～1902
原富岡製糸所《はらとみおかせいしじょ》
1902～1938
㈱富岡製糸所《とみおかせいしじょ》
1938～1939
1939
片倉組《かたくらぐみ》
1895～1920
1915
紡績部譲受
（岩代絹糸紡績所）
片倉製糸紡績㈱《かたくらせいしぼうせき》
1920～1943
岩代絹糸紡績所を譲渡
片倉工業㈱《かたくらこうぎょう》
1943～
郡山絹糸紡績㈱《こおりやまけんしぼうせき》
② 1897～1915
絹糸紡績業譲渡
紡績機械買戻し
絹糸紡績㈱《けんしぼうせき》
1902～1911
【鐘淵紡績㈱と合併】
郡山電気㈱《こおりやまでんき》
1915～1925
【71へ】
福島紡織㈱《ふくしまぼうしょく》
1919～1923
1923
日東紡績㈱《にっとうぼうせき》
1923～1944
日東工礦業㈱《にっとうこうこうぎょう》
1944～1946
日東紡績㈱《にっとうぼうせき》
1946～
① 大蔵少丞時に製糸場事務主任
② 創立委員長、相談役

43 製麻業 ［商工業：繊維］

明治期に日本各地に設立された製麻会社は日清戦争後の不況を乗り切るために合同し、1907年帝国製麻が設立されました。渋沢栄一は北海道、下野、帝国の各製麻会社に関わりました。

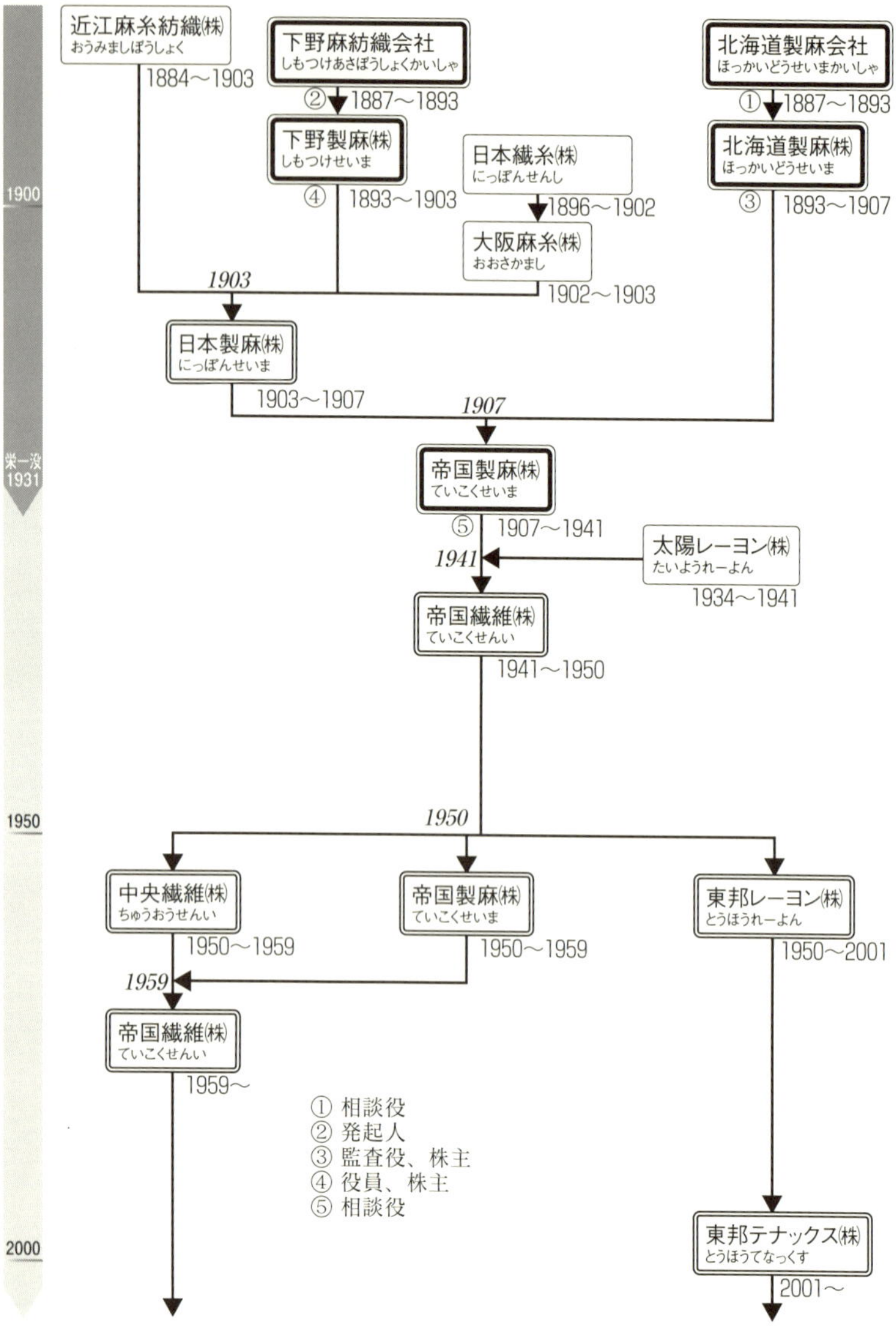
1900
栄一没 1931
1950
2000
近江麻糸紡織㈱《おうみましぼうしょく》
1884〜1903
下野麻紡織会社《しもつけあさぼうしょくかいしゃ》
② 1887〜1893
下野製麻㈱《しもつけせいま》
④ 1893〜1903
日本織糸㈱《にっぽんせんし》
1896〜1902
大阪麻糸㈱《おおさかまし》
1902〜1903
北海道製麻会社《ほっかいどうせいまかいしゃ》
① 1887〜1893
北海道製麻㈱《ほっかいどうせいま》
③ 1893〜1907
1903
日本製麻㈱《にっぽんせいま》
1903〜1907
1907
帝国製麻㈱《ていこくせいま》
⑤ 1907〜1941
太陽レーヨン㈱《たいようれーよん》
1934〜1941
1941
帝国繊維㈱《ていこくせんい》
1941〜1950
1950
中央繊維㈱《ちゅうおうせんい》
1950〜1959
帝国製麻㈱《ていこくせいま》
1950〜1959
東邦レーヨン㈱《とうほうれーよん》
1950〜2001
1959
帝国繊維㈱《ていこくせんい》
1959〜
東邦テナックス㈱《とうほうてなっくす》
2001〜
① 相談役
② 発起人
③ 監査役、株主
④ 役員、株主
⑤ 相談役

44 毛織物業 A ［商工業：繊維］

日清戦争後に輸入モスリン（薄地ウール）の国内需要が急増し、国産品で対応するため1896年東京モスリン紡織が設立、渋沢栄一は株主となりました。栄一は1913年官営千住製絨所の払下げ運動をしましたが、成功しませんでした。

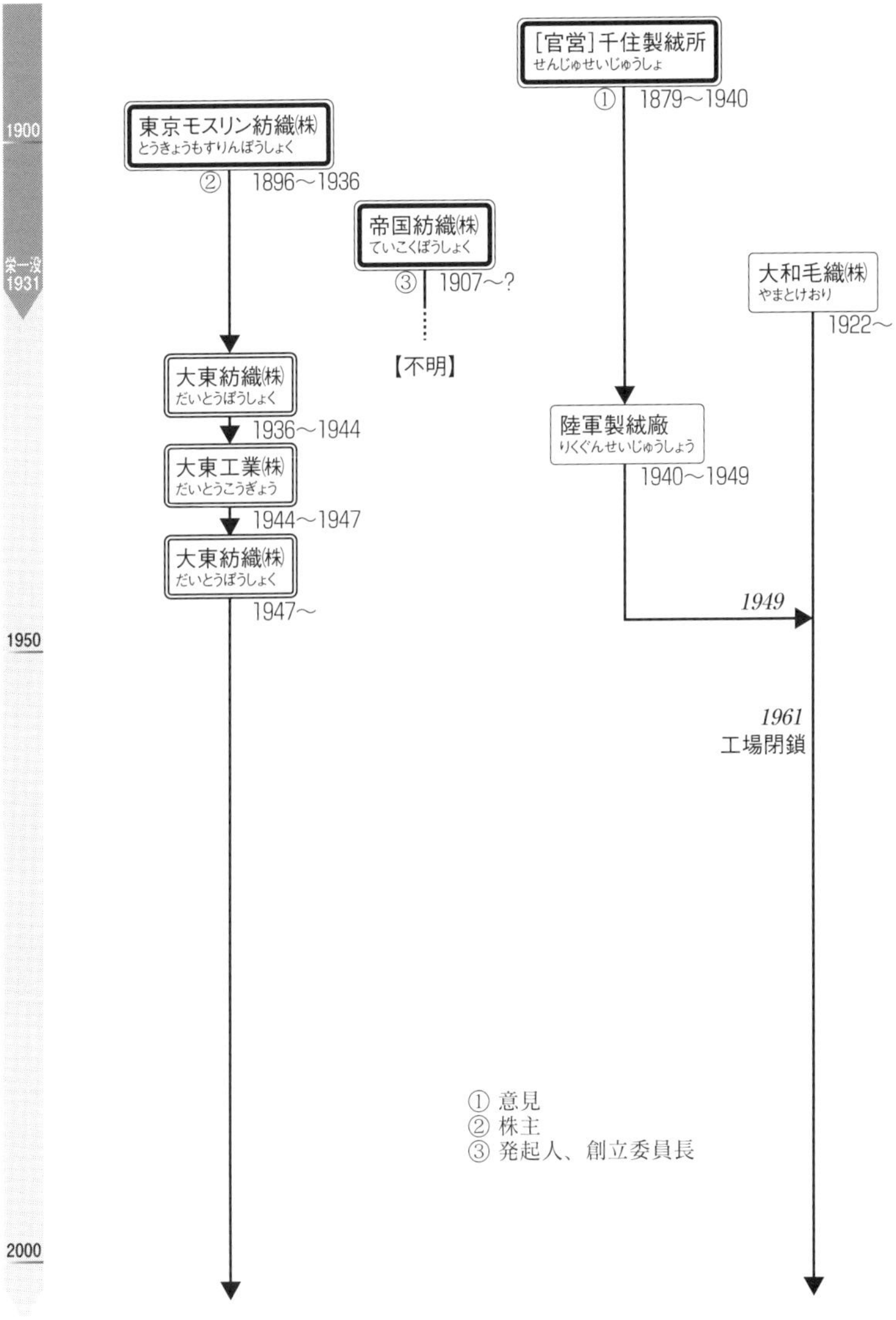

1900
栄一没 1931
1950
2000
［官営］千住製絨所《せんじゅせいじゅうしょ》
① 1879～1940
東京モスリン紡織㈱《とうきょうもすりんぼうしょく》
② 1896～1936
帝国紡織㈱《ていこくぼうしょく》
③ 1907～?
【不明】
大和毛織㈱《やまとけおり》
1922～
大東紡織㈱《だいとうぼうしょく》
1936～1944
大東工業㈱《だいとうこうぎょう》
1944～1947
大東紡織㈱《だいとうぼうしょく》
1947～
陸軍製絨廠《りくぐんせいじゅうしょう》
1940～1949
1949
1961
工場閉鎖
① 意見
② 株主
③ 発起人、創立委員長

45 毛織物業B・製帽業［商工業：繊維］

洋風化が進む中で渡欧した益田孝は帽子の国産化を着想し、渋沢栄一らと共に1889年日本製帽会社を設立しました。一方、古毛織物を再利用して供給し輸入品を抑制するため、栄一は大倉喜八郎らと共に1906年東京毛織物を設立しました。

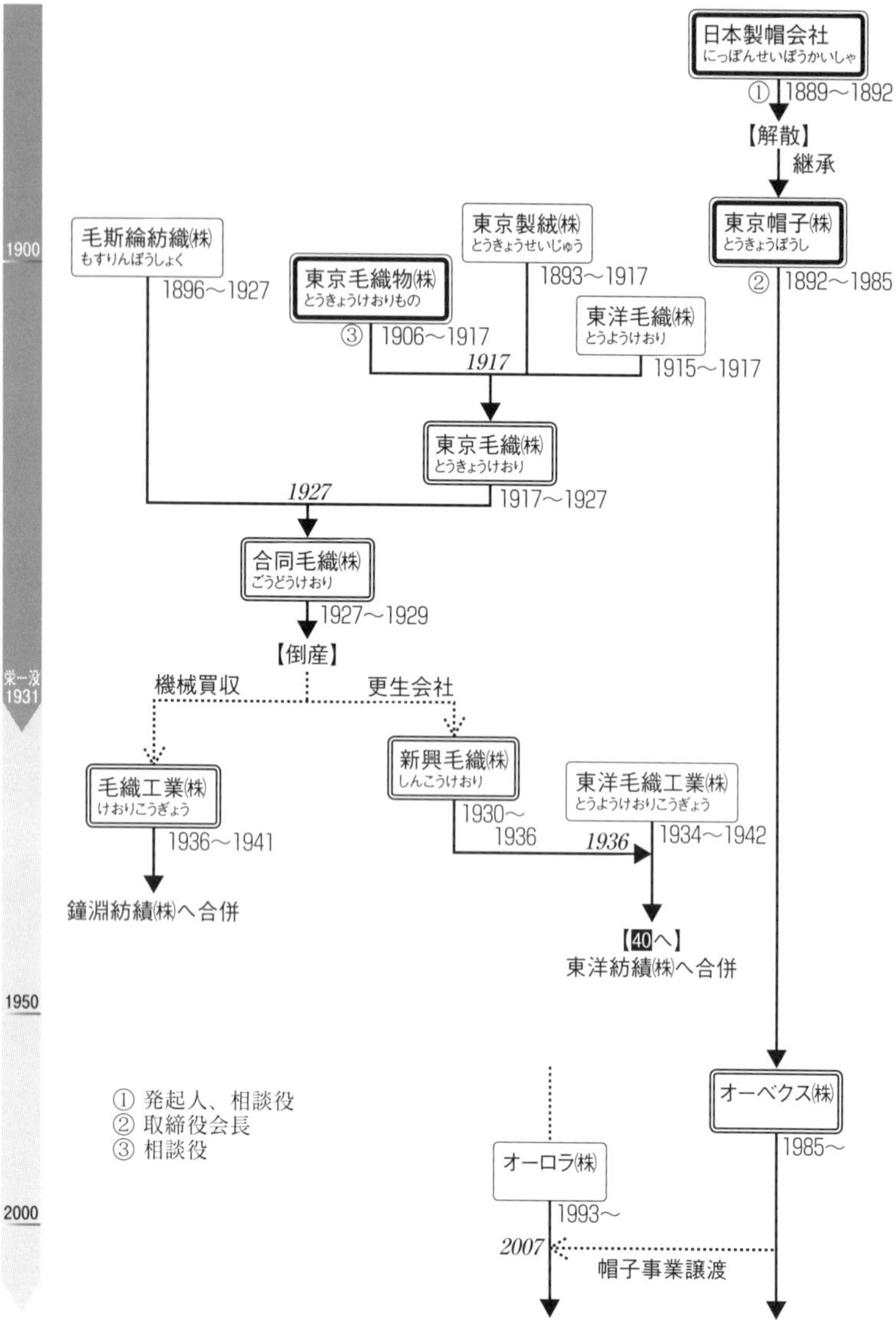
1900
栄一没 1931
1950
2000
日本製帽会社《にっぽんせいぼうかいしゃ》
① 1889〜1892
【解散】
継承
東京帽子㈱《とうきょうぼうし》
② 1892〜1985
毛斯綸紡織㈱《もすりんぼうしょく》
1896〜1927
東京製絨㈱《とうきょうせいじゅう》
1893〜1917
東京毛織物㈱《とうきょうけおりもの》
③ 1906〜1917
東洋毛織㈱《とうようけおり》
1915〜1917
1917
東京毛織㈱《とうきょうけおり》
1917〜1927
1927
合同毛織㈱《ごうどうけおり》
1927〜1929
【倒産】
機械買収
更生会社
毛織工業㈱《けおりこうぎょう》
1936〜1941
鐘淵紡績㈱へ合併
新興毛織㈱《しんこうけおり》
1930〜1936
東洋毛織工業㈱《とうようけおりこうぎょう》
1934〜1942
1936
【40へ】
東洋紡績㈱へ合併
① 発起人、相談役
② 取締役会長
③ 相談役
オーベクス㈱
1985〜
オーロラ㈱
1993〜
2007
帽子事業譲渡

46 製紙業 ［商工業：紙パルプ］

大蔵省で紙幣類印刷用の国産洋紙が必要であること、また国の発展に新聞や書籍の印刷が不可欠であることを痛感した渋沢栄一は、三井組などと合本組織の会社設立を計画し、1872年抄紙会社の設立を出願、翌年認可されました。

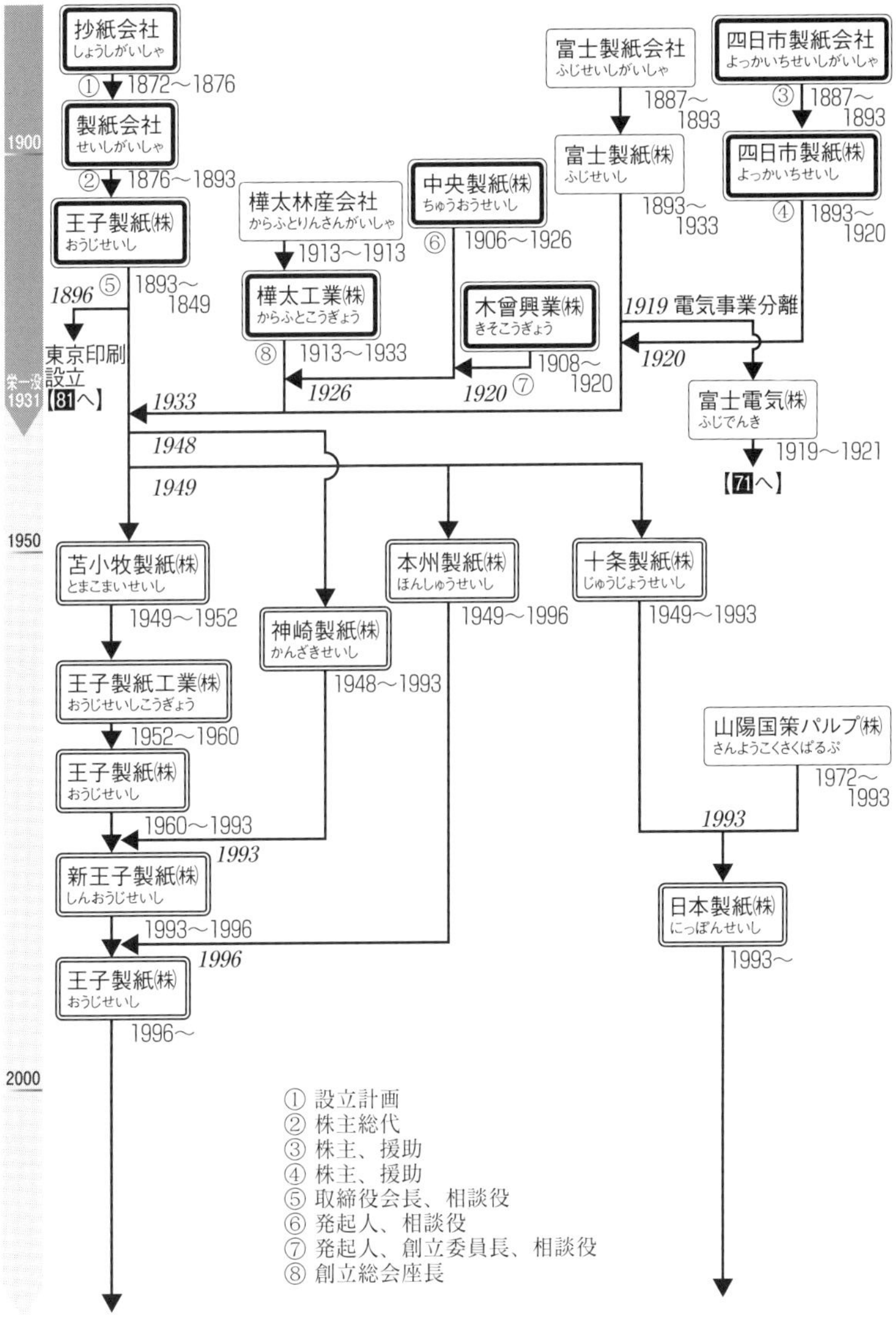
1900
栄一没 1931
1950
2000
抄紙会社《しょうしがいしゃ》
① 1872〜1876
製紙会社《せいしがいしゃ》
② 1876〜1893
王子製紙㈱《おうじせいし》
1896 ⑤ 1893〜1849
東京印刷設立【81へ】
樺太林産会社《からふとりんさんがいしゃ》
1913〜1913
樺太工業㈱《からふとこうぎょう》
⑧ 1913〜1933
1926
中央製紙㈱《ちゅうおうせいし》
⑥ 1906〜1926
木曾興業㈱《きそこうぎょう》
1908〜1920
1920 ⑦
富士製紙会社《ふじせいしがいしゃ》
1887〜1893
富士製紙㈱《ふじせいし》
1893〜1933
四日市製紙会社《よっかいちせいしがいしゃ》
③ 1887〜1893
四日市製紙㈱《よっかいちせいし》
④ 1893〜1920
1919 電気事業分離
1920
富士電気㈱《ふじでんき》
1919〜1921
【71へ】
1933
1948
1949
苫小牧製紙㈱《とまこまいせいし》
1949〜1952
王子製紙工業㈱《おうじせいしこうぎょう》
1952〜1960
王子製紙㈱《おうじせいし》
1960〜1993
神崎製紙㈱《かんざきせいし》
1948〜1993
1993
新王子製紙㈱《しんおうじせいし》
1993〜1996
本州製紙㈱《ほんしゅうせいし》
1949〜1996
1996
王子製紙㈱《おうじせいし》
1996〜
十条製紙㈱《じゅうじょうせいし》
1949〜1993
山陽国策パルプ㈱《さんようこくさくぱるぷ》
1972〜1993
1993
日本製紙㈱《にっぽんせいし》
1993〜
① 設立計画
② 株主総代
③ 株主、援助
④ 株主、援助
⑤ 取締役会長、相談役
⑥ 発起人、相談役
⑦ 発起人、創立委員長、相談役
⑧ 創立総会座長

47 製革業［商工業：皮革］

西村勝三経営の依田西村組の製革製靴事業が不振に陥った折、瓦斯事業などを西村と共に行っていた渋沢栄一はその窮状を救い出資して事業を再興しました。

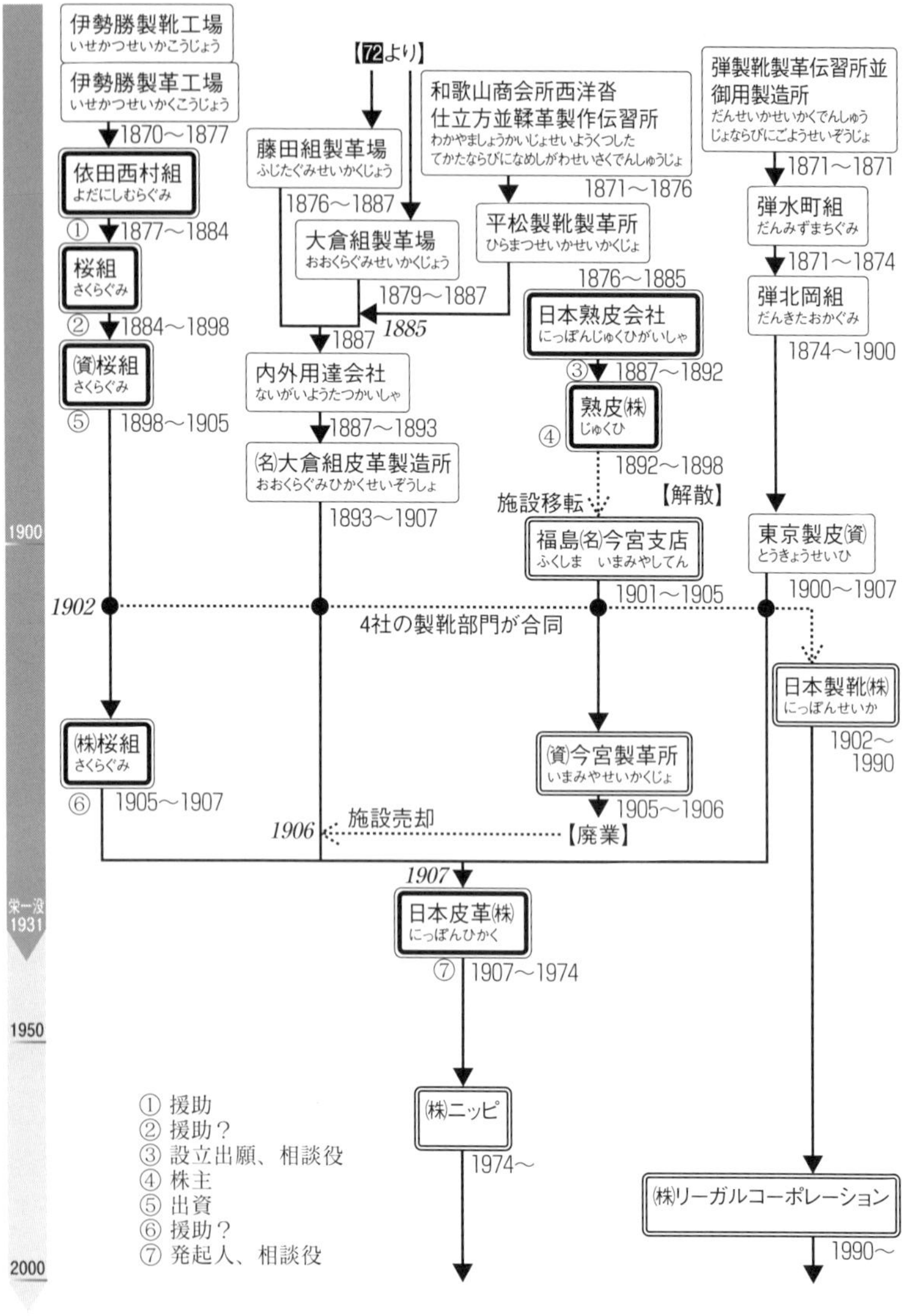
伊勢勝製靴工場《いせかつせいかこうじょう》
伊勢勝製革工場《いせかつせいかくこうじょう》
1870～1877
依田西村組《よだにしむらぐみ》
① 1877～1884
桜組《さくらぐみ》
② 1884～1898
㈾桜組《さくらぐみ》
⑤ 1898～1905
【72より】
藤田組製革場《ふじたぐみせいかくじょう》
1876～1887
大倉組製革場《おおくらぐみせいかくじょう》
1879～1887
和歌山商会所西洋沓仕立方並鞣革製作伝習所《わかやましょうかいじょせいようくつしたてかたならびになめしがわせいさくでんしゅうじょ》
1871～1876
平松製靴製革所《ひらまつせいかせいかくじょ》
1885
1887
内外用達会社《ないがいようたつかいしゃ》
1887～1893
㈴大倉組皮革製造所《おおくらぐみひかくせいぞうしょ》
1893～1907
1876～1885
日本熟皮会社《にっぽんじゅくひがいしゃ》
③ 1887～1892
熟皮㈱《じゅくひ》
④ 1892～1898
【解散】
施設移転
福島《ふくしま》㈴今宮支店《いまみやしてん》
1901～1905
弾製靴製革伝習所並御用製造所《だんせいかせいかくでんしゅうじょならびにごようせいぞうじょ》
1871～1871
弾水町組《だんみずまちぐみ》
1871～1874
弾北岡組《だんきたおかぐみ》
1874～1900
東京製皮㈾《とうきょうせいひ》
1900～1907
1900
1902
4社の製靴部門が合同
日本製靴㈱《にっぽんせいか》
1902～1990
㈱桜組《さくらぐみ》
⑥ 1905～1907
㈾今宮製革所《いまみやせいかくじょ》
1905～1906
【廃業】
施設売却
1906
1907
日本皮革㈱《にっぽんひかく》
⑦ 1907～1974
栄一没 1931
1950
㈱ニッピ
1974～
㈱リーガルコーポレーション
1990～
2000
① 援助
② 援助？
③ 設立出願、相談役
④ 株主
⑤ 出資
⑥ 援助？
⑦ 発起人、相談役

48 製糖業 A ［商工業：食品］

南洋の糖業事情を調査した渋沢栄一は内外産砂糖を精製販売する精糖業起業を図り、大阪の松本重太郎らと共に1895年日本精糖を設立しました。一方欧米で糖業研究を学んだ相馬半治は栄一らの協力で1906年台南に明治製糖を設立しました。

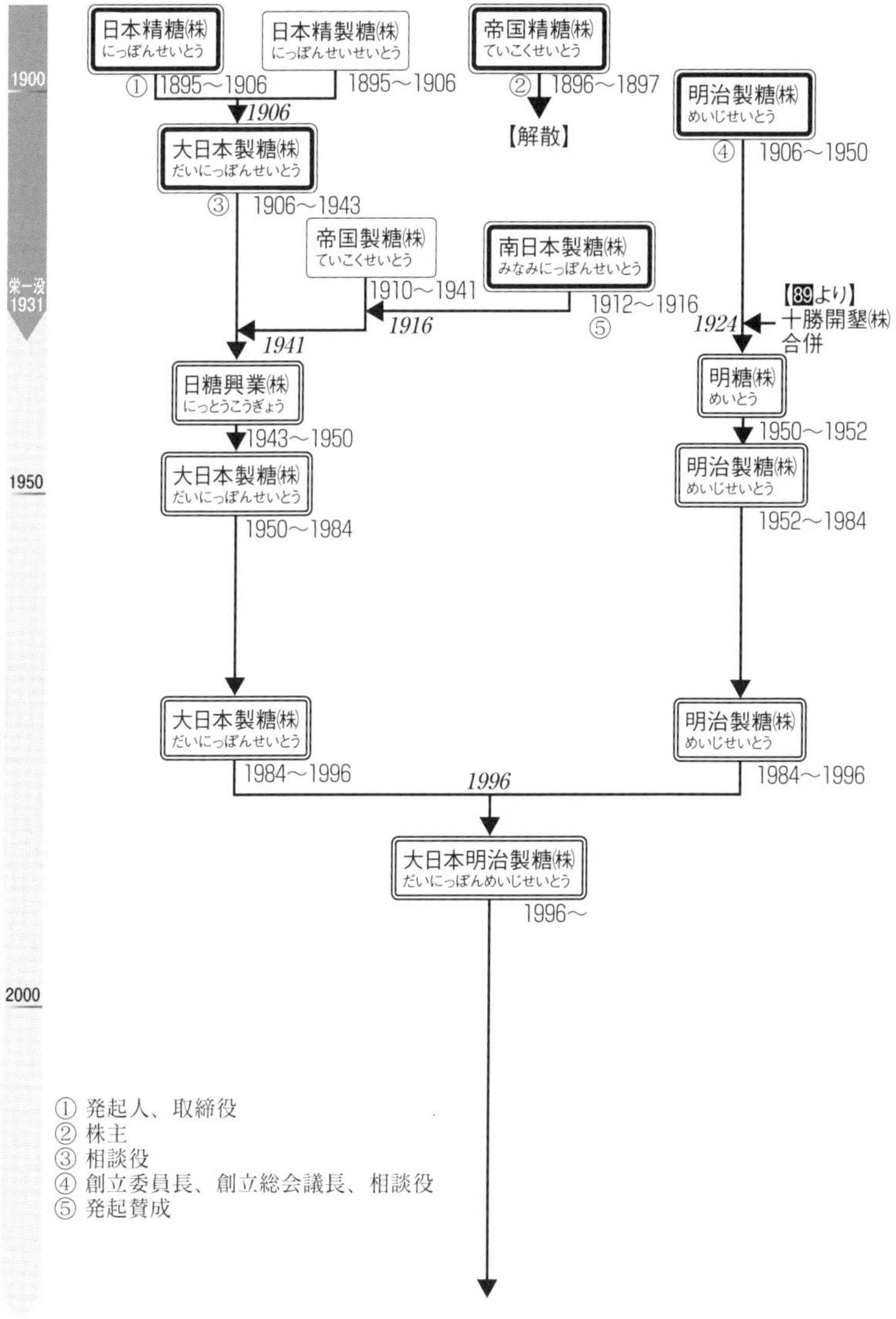
1900
栄一没 1931
1950
2000
日本精糖《にっぽんせいとう》㈱
① 1895〜1906
日本精製糖《にっぽんせいせいとう》㈱
1895〜1906
帝国精糖《ていこくせいとう》㈱
② 1896〜1897
【解散】
1906
大日本製糖《だいにっぽんせいとう》㈱
③ 1906〜1943
帝国製糖《ていこくせいとう》㈱
1910〜1941
南日本製糖《みなみにっぽんせいとう》㈱
1912〜1916
⑤
1916
1941
明治製糖《めいじせいとう》㈱
④ 1906〜1950
【89より】
十勝開墾㈱
合併
1924
日糖興業《にっとうこうぎょう》㈱
1943〜1950
大日本製糖《だいにっぽんせいとう》㈱
1950〜1984
明糖《めいとう》㈱
1950〜1952
明治製糖《めいじせいとう》㈱
1952〜1984
大日本製糖《だいにっぽんせいとう》㈱
1984〜1996
明治製糖《めいじせいとう》㈱
1984〜1996
1996
大日本明治製糖《だいにっぽんめいじせいとう》㈱
1996〜

① 発起人、取締役
② 株主
③ 相談役
④ 創立委員長、創立総会議長、相談役
⑤ 発起賛成

49 製糖業 B［商工業：食品］

渋沢栄一は沖縄県八重山諸島の石垣島における甘蔗（サトウキビ）耕作と砂糖製造販売のため、1895年八重山糖業㈱を鳥海清左衛門らと設立しました。同社は業績不振で解散、その製造機械は台湾製糖㈱に引き継がれました。

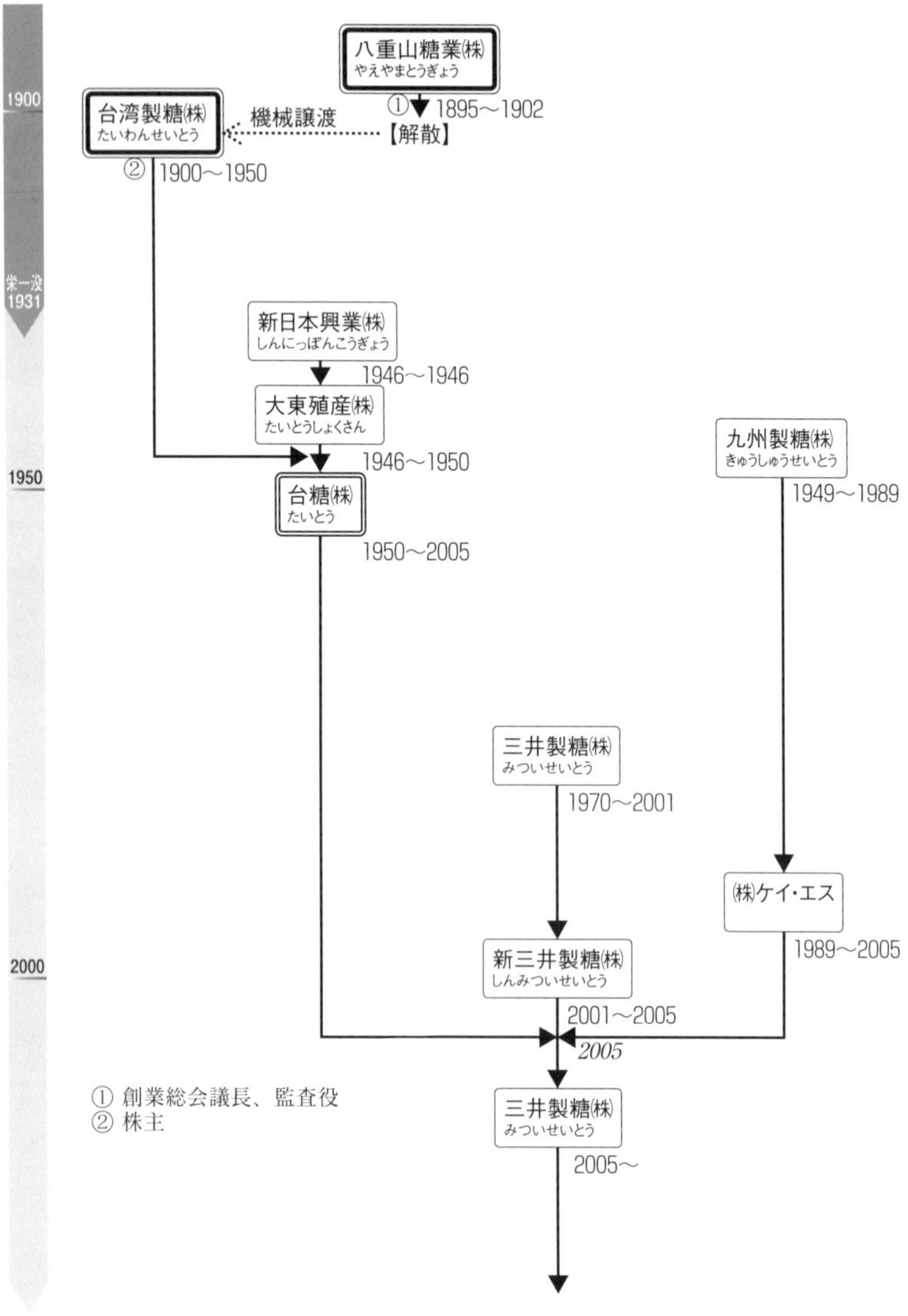
1900
栄一没
1931
1950
2000
八重山糖業《やえやまとうぎょう》㈱
① 1895〜1902
【解散】
機械譲渡
台湾製糖《たいわんせいとう》㈱
② 1900〜1950
新日本興業《しんにっぽんこうぎょう》㈱
1946〜1946
大東殖産《たいとうしょくさん》㈱
1946〜1950
台糖《たいとう》㈱
1950〜2005
九州製糖《きゅうしゅうせいとう》㈱
1949〜1989
三井製糖《みついせいとう》㈱
1970〜2001
㈱ケイ・エス
1989〜2005
新三井製糖《しんみついせいとう》㈱
2001〜2005
2005
三井製糖《みついせいとう》㈱
2005〜
① 創業総会議長、監査役
② 株主

50 麦酒醸造業 ［商工業：食品］

渋沢栄一は岩崎弥之助らと共に1885年ジャパン・ブリュワリーの設立に出資しました。また浅野総一郎らと共に大倉組が払下げを受けた札幌麦酒醸造場を買収して1887年札幌麦酒会社を開業しました。

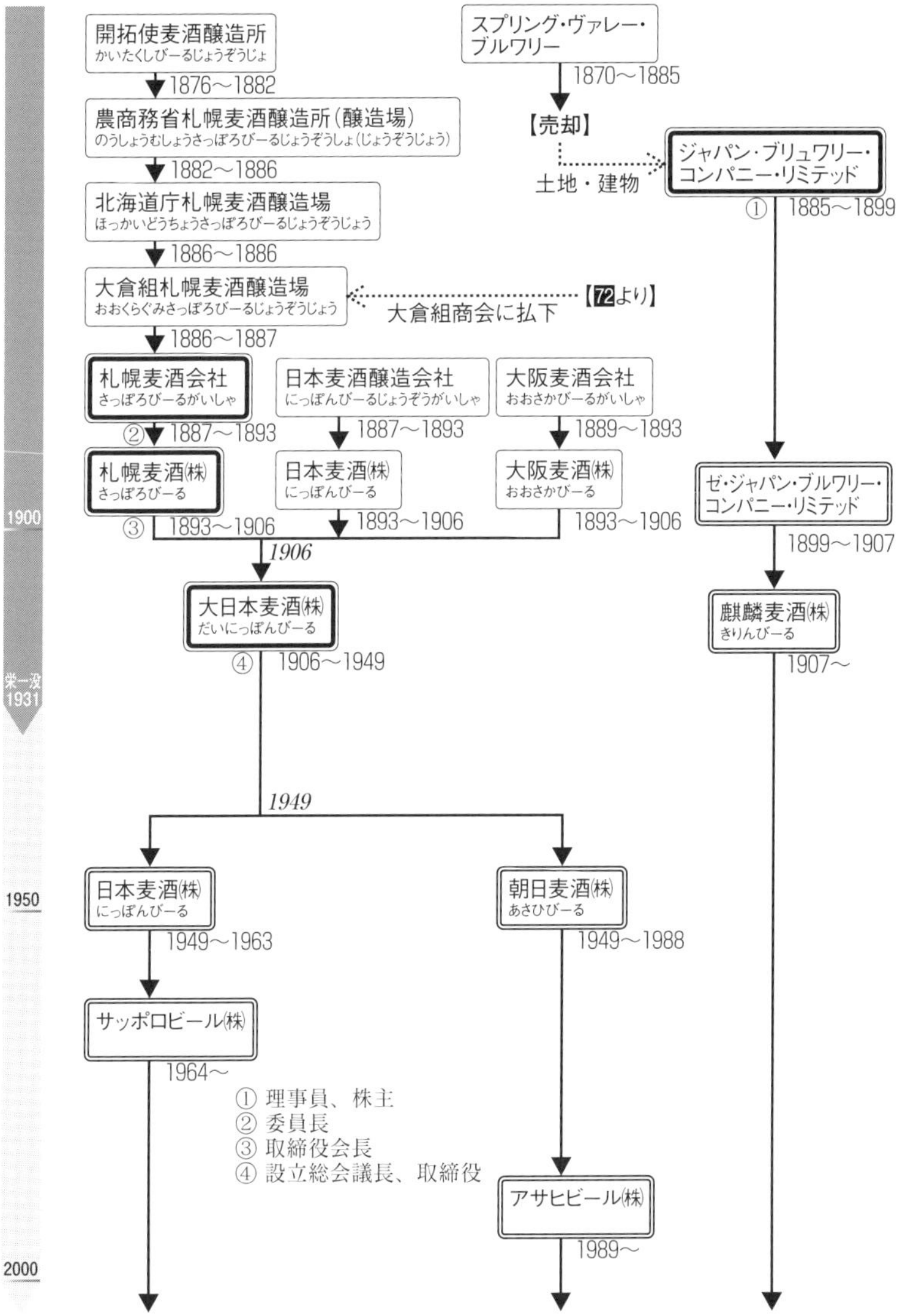
開拓使麦酒醸造所《かいたくしびーるじょうぞうじょ》
1876～1882
農商務省札幌麦酒醸造所（醸造場）《のうしょうむしょうさっぽろびーるじょうぞうしょ（じょうぞうじょう）》
1882～1886
北海道庁札幌麦酒醸造場《ほっかいどうちょうさっぽろびーるじょうぞうじょう》
1886～1886
大倉組札幌麦酒醸造場《おおくらぐみさっぽろびーるじょうぞうじょう》
大倉組商会に払下
【72より】
1886～1887
札幌麦酒会社《さっぽろびーるがいしゃ》
②1887～1893
札幌麦酒㈱《さっぽろびーる》
③1893～1906
日本麦酒醸造会社《にっぽんびーるじょうぞうがいしゃ》
1887～1893
日本麦酒㈱《にっぽんびーる》
1893～1906
大阪麦酒会社《おおさかびーるがいしゃ》
1889～1893
大阪麦酒㈱《おおさかびーる》
1893～1906
1906
大日本麦酒㈱《だいにっぽんびーる》
④1906～1949
1949
日本麦酒㈱《にっぽんびーる》
1949～1963
サッポロビール㈱
1964～
朝日麦酒㈱《あさひびーる》
1949～1988
アサヒビール㈱
1989～
スプリング・ヴァレー・ブルワリー
1870～1885
【売却】
土地・建物
ジャパン・ブリュワリー・コンパニー・リミテッド
①1885～1899
ゼ・ジャパン・ブルワリー・コンパニー・リミテッド
1899～1907
麒麟麦酒㈱《きりんびーる》
1907～
1900
栄一没1931
1950
2000
① 理事員、株主
② 委員長
③ 取締役会長
④ 設立総会議長、取締役

51 陶器製造業 ［商工業：窯業］

渋沢栄一は1890年に、お雇い外国人ゴットフリート・ワグネルが発明した旭焼を製造する旭焼組合を組織しました。またワグネルを顧問に加藤友太郎が創業した友玉園製陶所は1907年匿名組合となり、栄一は組合員として後援しました。

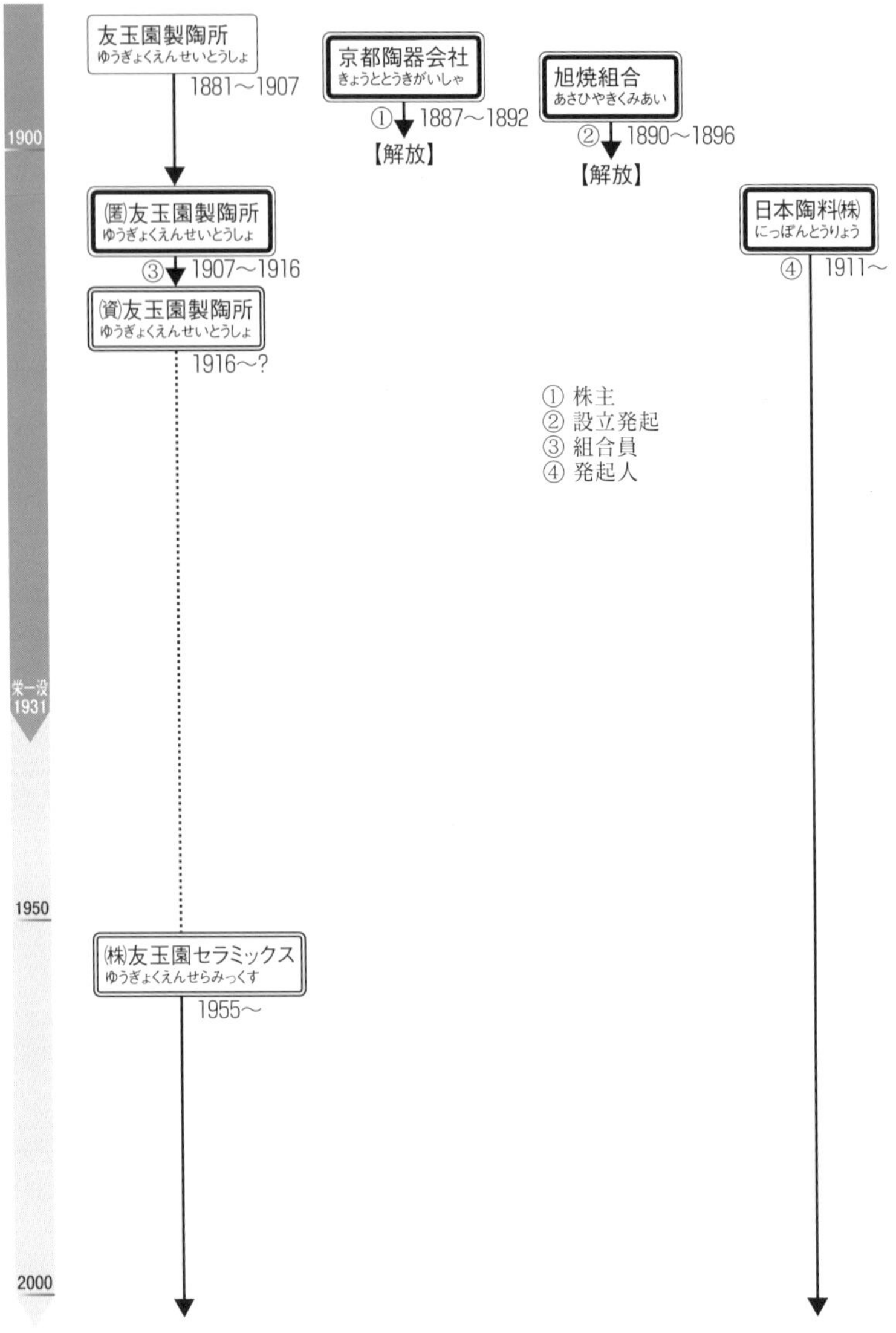
1900
栄一没
1931
1950
2000
友玉園製陶所《ゆうぎょくえんせいとうしょ》
1881～1907
京都陶器会社《きょうとうきがいしゃ》
① 1887～1892
【解放】
旭焼組合《あさひやきくみあい》
② 1890～1896
【解放】
㊩友玉園製陶所《ゆうぎょくえんせいとうしょ》
③ 1907～1916
日本陶料㈱《にっぽんとうりょう》
④ 1911～
㈾友玉園製陶所《ゆうぎょくえんせいとうしょ》
1916～?
① 株主
② 設立発起
③ 組合員
④ 発起人
㈱友玉園セラミックス《ゆうぎょくえんせらみっくす》
1955～

52 硝子製造業 ［商工業：窯業］

渋沢栄一は磐城硝子、品川硝子、東洋硝子製造などいくつかの硝子会社に関わりましたが、いずれも成功しませんでした。田中栄八郎設立の田中工場は後に東洋硝子となり栄一長男篤二が株主になりましたが、この会社も1925年解散しました。

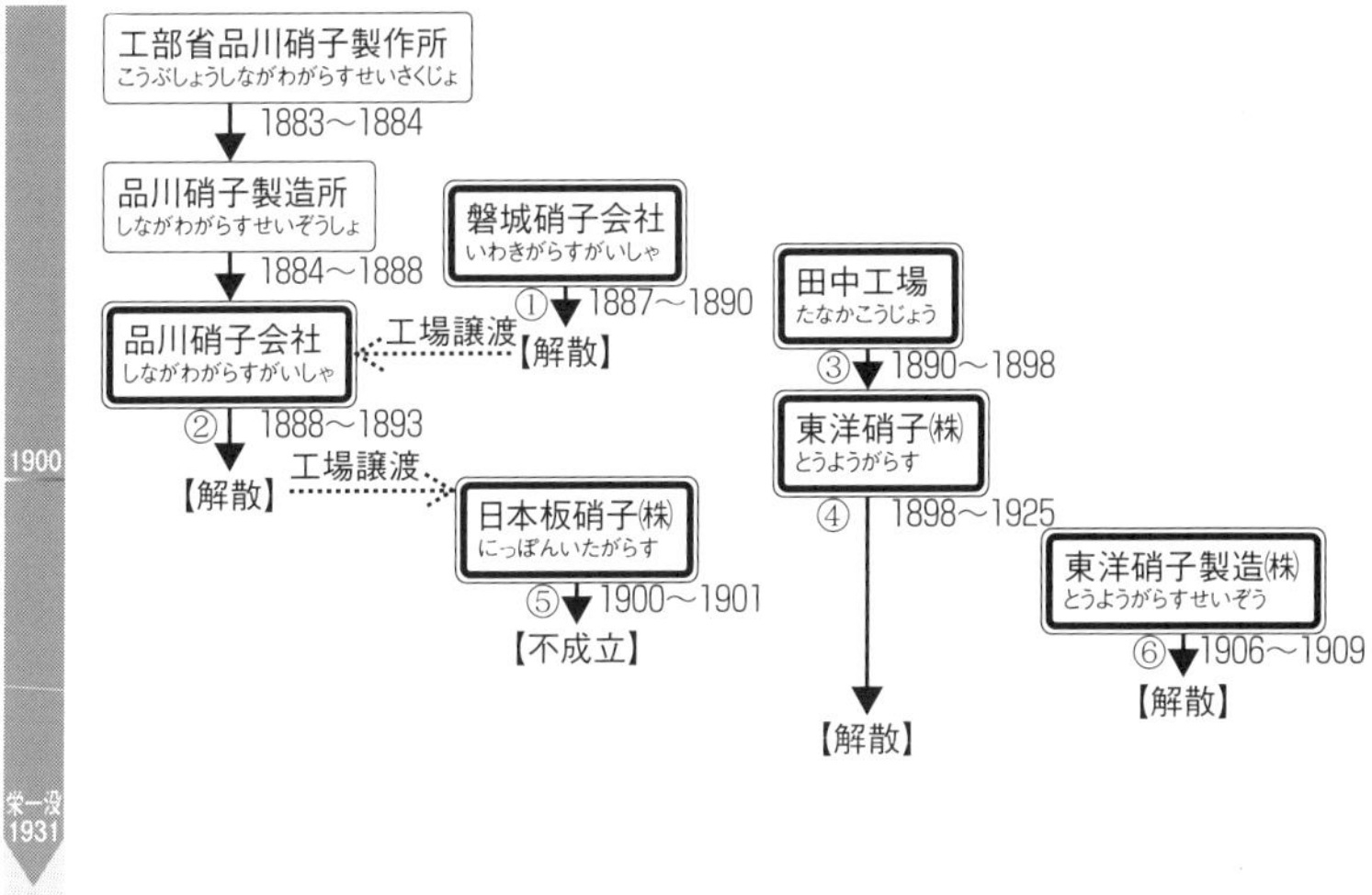
工部省品川硝子製作所《こうぶしょうしながわがらすせいさくじょ》
1883～1884
品川硝子製造所《しながわがらすせいぞうしょ》
1884～1888
品川硝子会社《しながわがらすがいしゃ》
②1888～1893
【解散】
工場譲渡
磐城硝子会社《いわきがらすがいしゃ》
①1887～1890
工場譲渡
【解散】
日本板硝子㈱《にっぽんいたがらす》
⑤1900～1901
【不成立】
田中工場《たなかこうじょう》
③1890～1898
東洋硝子㈱《とうようがらす》
④1898～1925
【解散】
東洋硝子製造㈱《とうようがらすせいぞう》
⑥1906～1909
【解散】
1900
栄一没
1931

1950

2000

① 設立発起
② 相談役
③ 援助？
④ 援助？、篤二が株主
⑤ 設立賛同
⑥ 相談役、顧問

53 煉瓦製造業［商工業：窯業］

西村勝三は渋沢栄一の援助でガス発生炉用の耐火煉瓦（白煉瓦）の製造を始め、1884年伊勢勝白煉瓦製造所を設立しました（伊勢勝は西村の通称）。一方で栄一は1887年日本煉瓦製造会社を設立し、故郷深谷に煉瓦製造工場を開業しました。

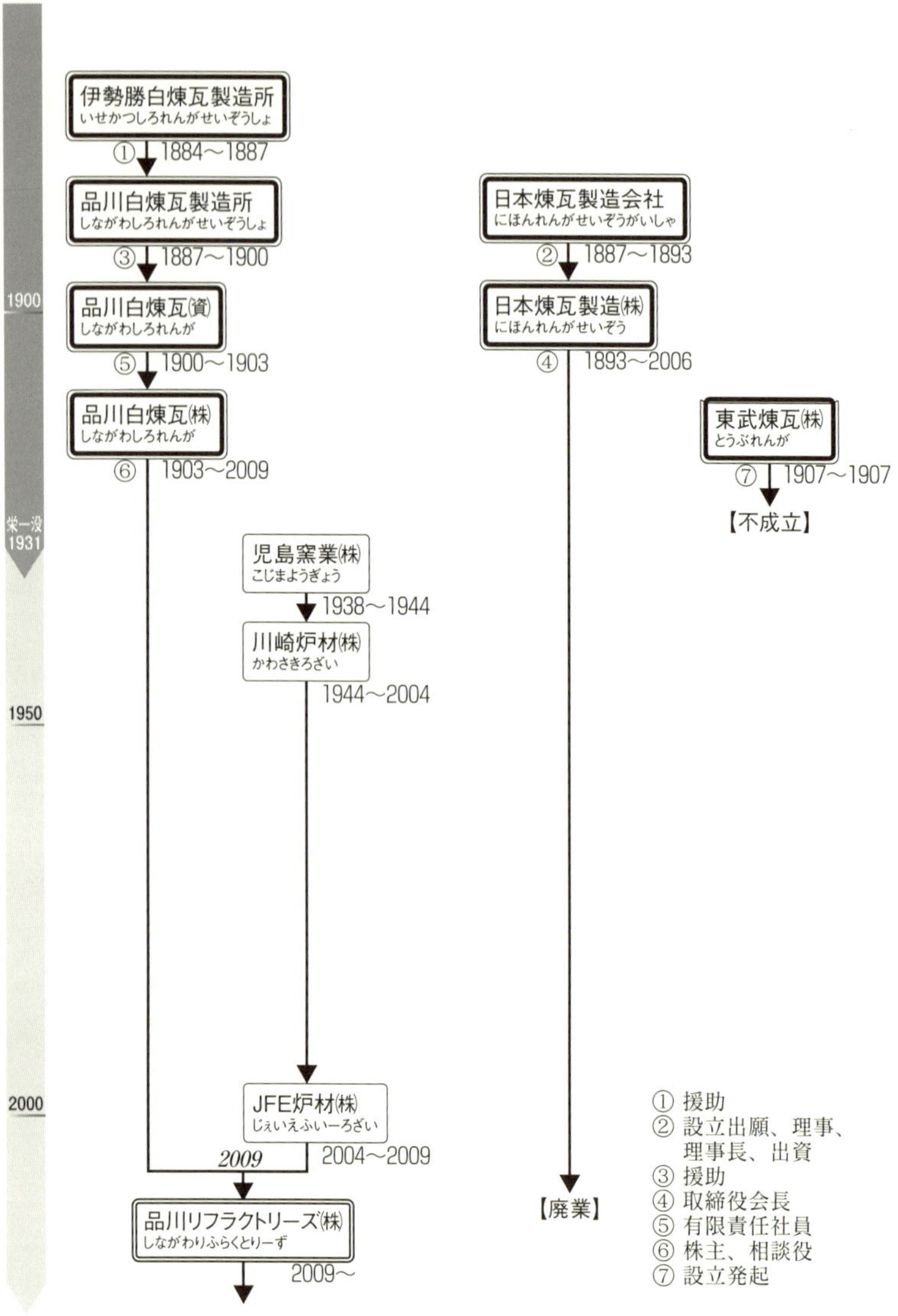

1900
栄一没
1931
1950
2000
伊勢勝白煉瓦製造所《いせかつしろれんがせいぞうしょ》
① 1884～1887
品川白煉瓦製造所《しながわしろれんがせいぞうしょ》
③ 1887～1900
品川白煉瓦(資)《しながわしろれんが》
⑤ 1900～1903
品川白煉瓦(株)《しながわしろれんが》
⑥ 1903～2009
日本煉瓦製造会社《にほんれんがせいぞうがいしゃ》
② 1887～1893
日本煉瓦製造(株)《にほんれんがせいぞう》
④ 1893～2006
【廃業】
東武煉瓦(株)《とうぶれんが》
⑦ 1907～1907
【不成立】
児島窯業(株)《こじまようぎょう》
1938～1944
川崎炉材(株)《かわさきろざい》
1944～2004
JFE炉材(株)《じぇいえふいーろざい》
2004～2009
2009
品川リフラクトリーズ(株)《しながわりふらくとりーず》
2009～
① 援助
② 設立出願、理事、理事長、出資
③ 援助
④ 取締役会長
⑤ 有限責任社員
⑥ 株主、相談役
⑦ 設立発起

54 セメント製造業 〔商工業．窯業〕

浅野総一郎は王子の製紙会社へ石炭を納めていたことから渋沢栄一に見出され、栄一の紹介で官営セメント工場の払下げを受け、1884年浅野工場を設立しました。栄一はこの他諸井恒平が1923年設立した秩父セメントなども援助しました。

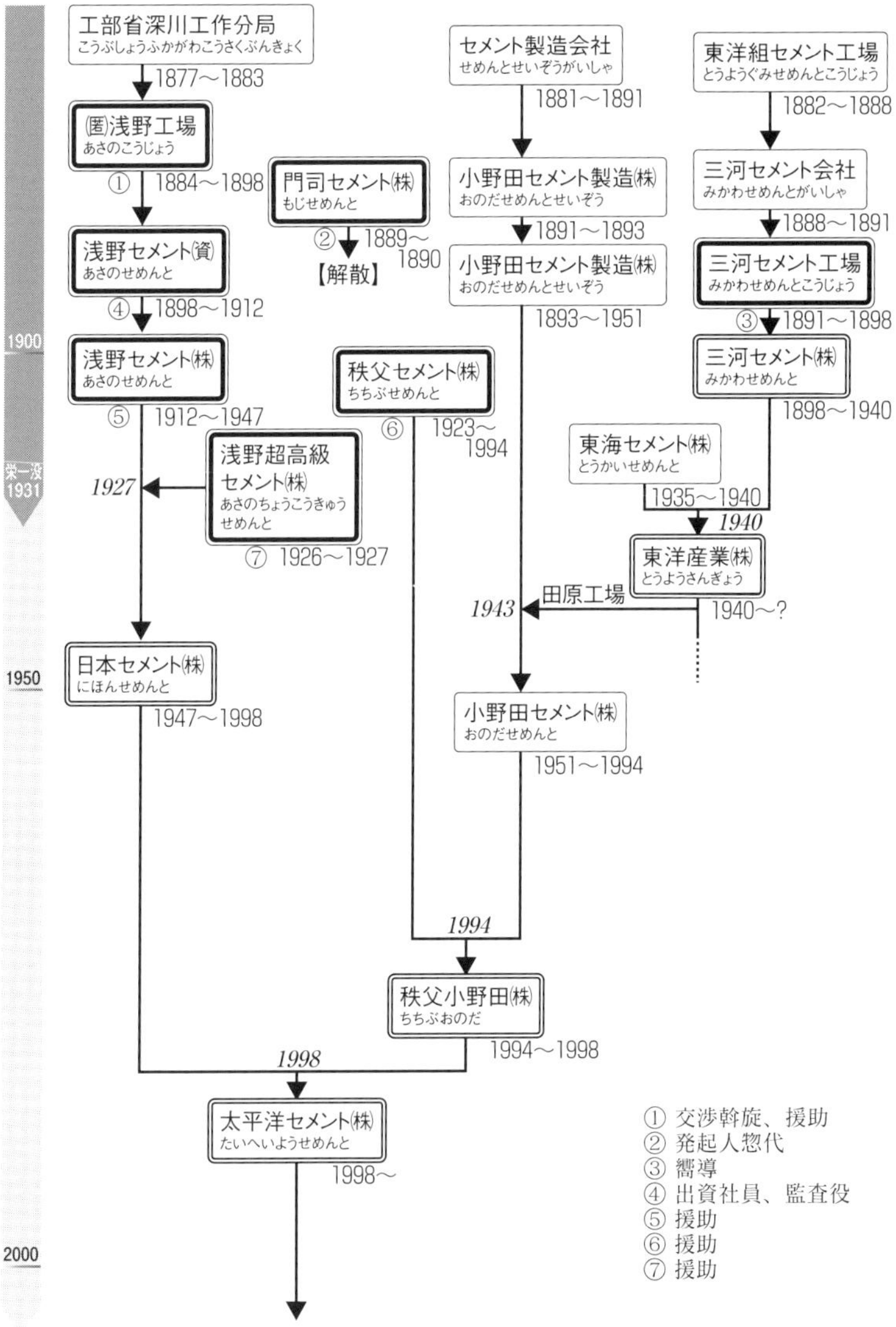
1900
栄一没 1931
1950
2000
工部省深川工作分局《こうぶしょうふかがわこうさくぶんきょく》
1877～1883
㈴浅野工場《あさのこうじょう》
① 1884～1898
浅野セメント㈾《あさのせめんと》
④ 1898～1912
浅野セメント㈱《あさのせめんと》
⑤ 1912～1947
1927
浅野超高級セメント㈱《あさのちょうこうきゅうせめんと》
⑦ 1926～1927
日本セメント㈱《にほんせめんと》
1947～1998
門司セメント㈱《もじせめんと》
② 1889～1890
【解散】
秩父セメント㈱《ちちぶせめんと》
⑥ 1923～1994
セメント製造会社《せめんとせいぞうがいしゃ》
1881～1891
小野田セメント製造㈱《おのだせめんとせいぞう》
1891～1893
小野田セメント製造㈱《おのだせめんとせいぞう》
1893～1951
東洋組セメント工場《とうようぐみせめんとこうじょう》
1882～1888
三河セメント会社《みかわせめんとがいしゃ》
1888～1891
三河セメント工場《みかわせめんとこうじょう》
③ 1891～1898
三河セメント㈱《みかわせめんと》
1898～1940
東海セメント㈱《とうかいせめんと》
1935～1940
1940
東洋産業㈱《とうようさんぎょう》
1940～?
田原工場
1943
小野田セメント㈱《おのだせめんと》
1951～1994
1994
秩父小野田㈱《ちちぶおのだ》
1994～1998
1998
太平洋セメント㈱《たいへいようせめんと》
1998～
① 交渉斡旋、援助
② 発起人惣代
③ 嚮導
④ 出資社員、監査役
⑤ 援助
⑥ 援助
⑦ 援助

55 製綱・製錬業 ［商工業：鉄鋼］

海運が盛んになり軍艦や商船用綱具の需要が増大し、渋沢栄一らは1887年船舶用ロープ製造販売の東京製綱会社を設立しました。東京府下大島町の分工場は後に大島製鋼所に、筑豊地方の小倉分工場は後に浅野小倉製鋼所となりました。

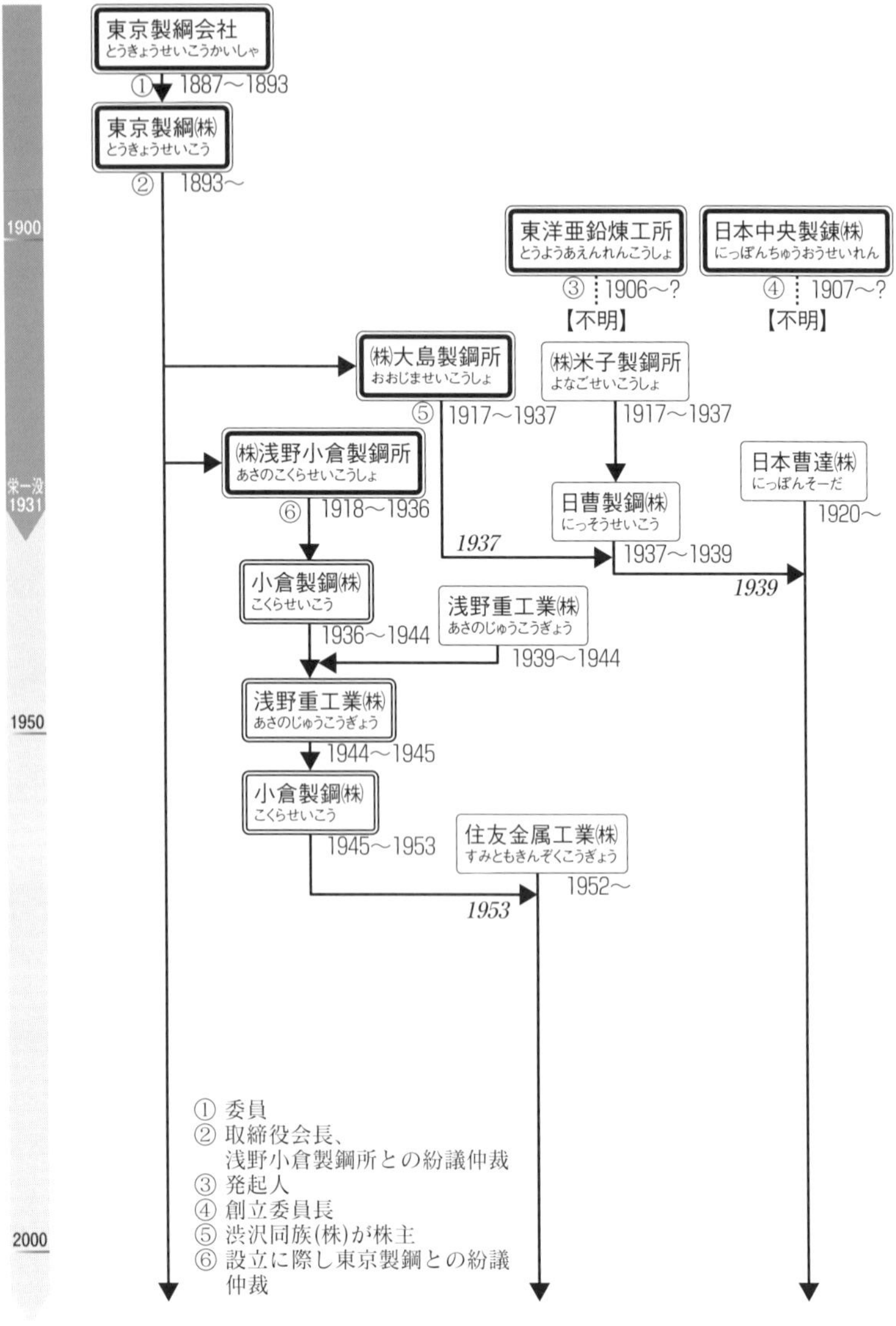
1900
栄一没 1931
1950
2000
東京製綱会社《とうきょうせいこうかいしゃ》
① 1887～1893
東京製綱㈱《とうきょうせいこう》
② 1893～
東洋亜鉛煉工所《とうようあえんれんこうしょ》
③ 1906～?
【不明】
日本中央製錬㈱《にっぽんちゅうおうせいれん》
④ 1907～?
【不明】
㈱大島製鋼所《おおじませいこうしょ》
⑤ 1917～1937
㈱米子製鋼所《よなごせいこうしょ》
1917～1937
㈱浅野小倉製鋼所《あさのこくらせいこうしょ》
⑥ 1918～1936
日曹製鋼㈱《にっそうせいこう》
1937
1937～1939
日本曹達㈱《にっぽんそーだ》
1920～
1939
小倉製鋼㈱《こくらせいこう》
1936～1944
浅野重工業㈱《あさのじゅうこうぎょう》
1939～1944
浅野重工業㈱《あさのじゅうこうぎょう》
1944～1945
小倉製鋼㈱《こくらせいこう》
1945～1953
住友金属工業㈱《すみともきんぞくこうぎょう》
1952～
1953
① 委員
② 取締役会長、
浅野小倉製鋼所との紛議仲裁
③ 発起人
④ 創立委員長
⑤ 渋沢同族(株)が株主
⑥ 設立に際し東京製鋼との紛議
仲裁

56 鉄鋼 A ［商工業：鉄鋼］

ガス・水道事業の発展に伴い鋼管製造事業が有望になり、1912年日本鋼管が創立されました。渋沢栄一は事業に賛同して多方面に協力を要請し、発起人に名を連ねました。又浅野総一郎経営の浅野製鉄所との紛議の際は仲裁役を務めました。

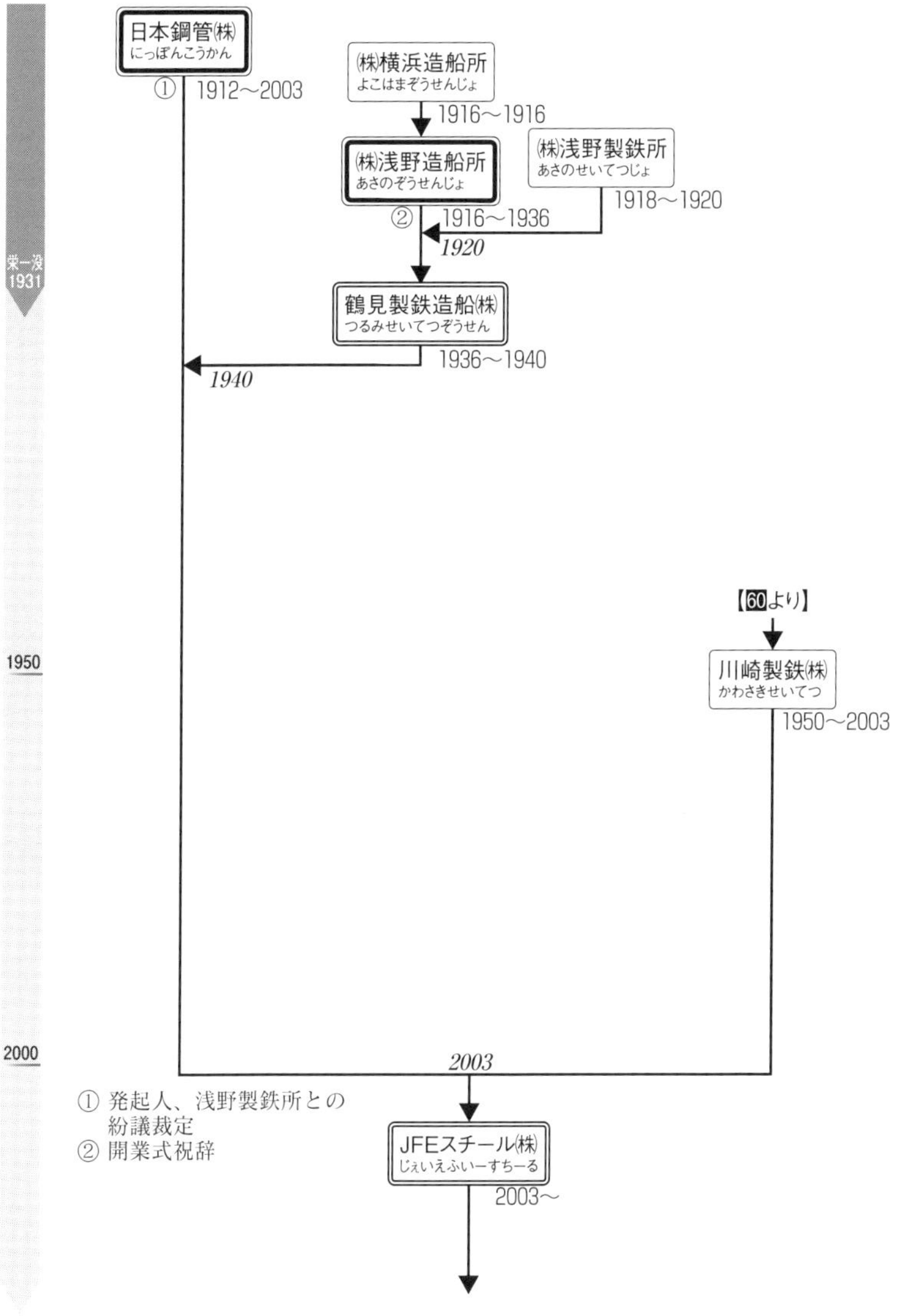

栄一没 1931
1950
2000
日本鋼管《にっぽんこうかん》㈱
① 1912～2003
㈱横浜造船所《よこはまぞうせんじょ》
1916～1916
㈱浅野造船所《あさのぞうせんじょ》
② 1916～1936
㈱浅野製鉄所《あさのせいてつじょ》
1918～1920
1920
鶴見製鉄造船《つるみせいてつぞうせん》㈱
1936～1940
1940
【60より】
川崎製鉄《かわさきせいてつ》㈱
1950～2003
2003
JFEスチール《じぇいえふいーすちーる》㈱
2003～
① 発起人、浅野製鉄所との紛議裁定
② 開業式祝辞

57 鉄鋼 B ［商工業：鉄鋼］

欧米での見聞から製鉄事業の重要性を痛感した渋沢栄一は、中国桃冲鉄山の鉱石を原料とした東洋製鉄を中野武営らと1916年に設立しました。又栄一は中国産銑鉄での製鋼事業を目的に1917年設立された九州製鋼の株主になりました。

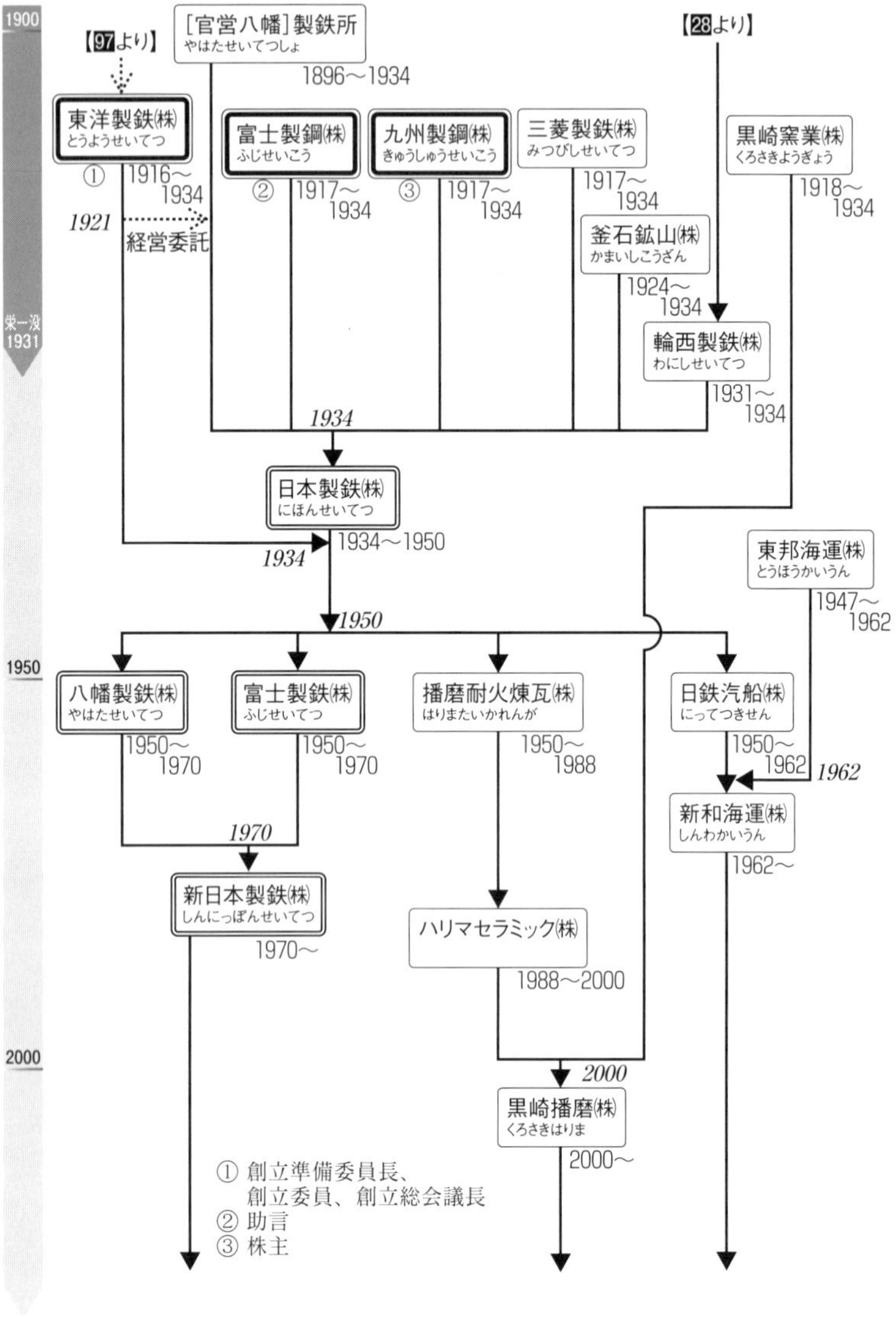
1900
栄一没 1931
1950
2000
【97より】
【28より】
［官営八幡］製鉄所《やはたせいてつしょ》
1896～1934
東洋製鉄(株)《とうようせいてつ》
① 1916～1934
1921
経営委託
富士製鋼(株)《ふじせいこう》
② 1917～1934
九州製鋼(株)《きゅうしゅうせいこう》
③ 1917～1934
三菱製鉄(株)《みつびしせいてつ》
1917～1934
釜石鉱山(株)《かまいしこうざん》
1924～1934
黒崎窯業(株)《くろさきようぎょう》
1918～1934
輪西製鉄(株)《わにしせいてつ》
1931～1934
1934
日本製鉄(株)《にほんせいてつ》
1934～1950
1934
東邦海運(株)《とうほうかいうん》
1947～1962
1950
八幡製鉄(株)《やはたせいてつ》
1950～1970
富士製鉄(株)《ふじせいてつ》
1950～1970
播磨耐火煉瓦(株)《はりまたいかれんが》
1950～1988
日鉄汽船(株)《にってつきせん》
1950～1962
1962
新和海運(株)《しんわかいうん》
1962～
1970
新日本製鉄(株)《しんにっぽんせいてつ》
1970～
ハリマセラミック(株)
1988～2000
2000
黒崎播磨(株)《くろさきはりま》
2000～
① 創立準備委員長、
創立委員、創立総会議長
② 助言
③ 株主

58 造船・船渠業 A［商工業：輸送用機器］

石川島平野造船所創設者平野富二の懇請により造船業の重要性を認識した渋沢栄一は、1889年石川島造船所の設立に尽力しました。同社が1893年株式会社に改組し東京石川島造船所となった時からは、栄一が取締役会長を務めました。

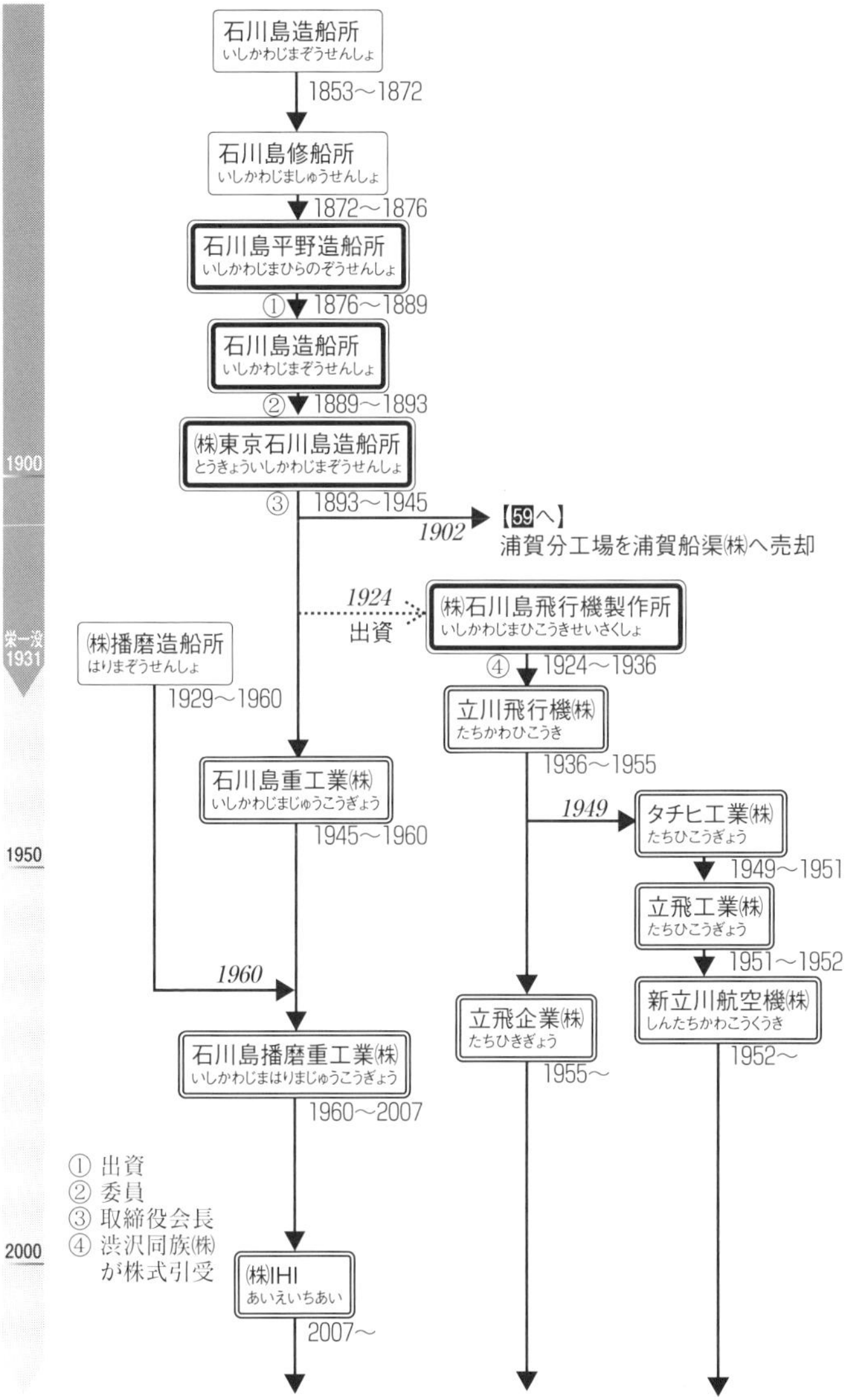
1900
栄一没
1931
1950
2000
石川島造船所《いしかわじまぞうせんしょ》
1853～1872
石川島修船所《いしかわじましゅうせんしょ》
1872～1876
石川島平野造船所《いしかわじまひらのぞうせんしょ》
①1876～1889
石川島造船所《いしかわじまぞうせんしょ》
②1889～1893
㈱東京石川島造船所《とうきょういしかわじまぞうせんしょ》
③1893～1945
1902
【59へ】
浦賀分工場を浦賀船渠㈱へ売却
1924
出資
㈱石川島飛行機製作所《いしかわじまひこうきせいさくしょ》
④1924～1936
立川飛行機㈱《たちかわひこうき》
1936～1955
1949
タチヒ工業㈱《たちひこうぎょう》
1949～1951
立飛工業㈱《たちひこうぎょう》
1951～1952
新立川航空機㈱《しんたちかわこうくうき》
1952～
立飛企業㈱《たちひきぎょう》
1955～
㈱播磨造船所《はりまぞうせんしょ》
1929～1960
石川島重工業㈱《いしかわじまじゅうこうぎょう》
1945～1960
1960
石川島播磨重工業㈱《いしかわじまはりまじゅうこうぎょう》
1960～2007
㈱IHI《あいえいちあい》
2007～
① 出資
② 委員
③ 取締役会長
④ 渋沢同族㈱が株式引受

59 造船・船渠業B［商工業：輸送用機器］

浦賀船渠は1902年東京石川島造船所浦賀分工場の買収を機に渋沢栄一との関係が強まり、経営不振に陥った際栄一の尽力で再建しました。一方函館の実業家らは栄一らの援助と政府の補助金を得て、1896年函館船渠を設立しました。

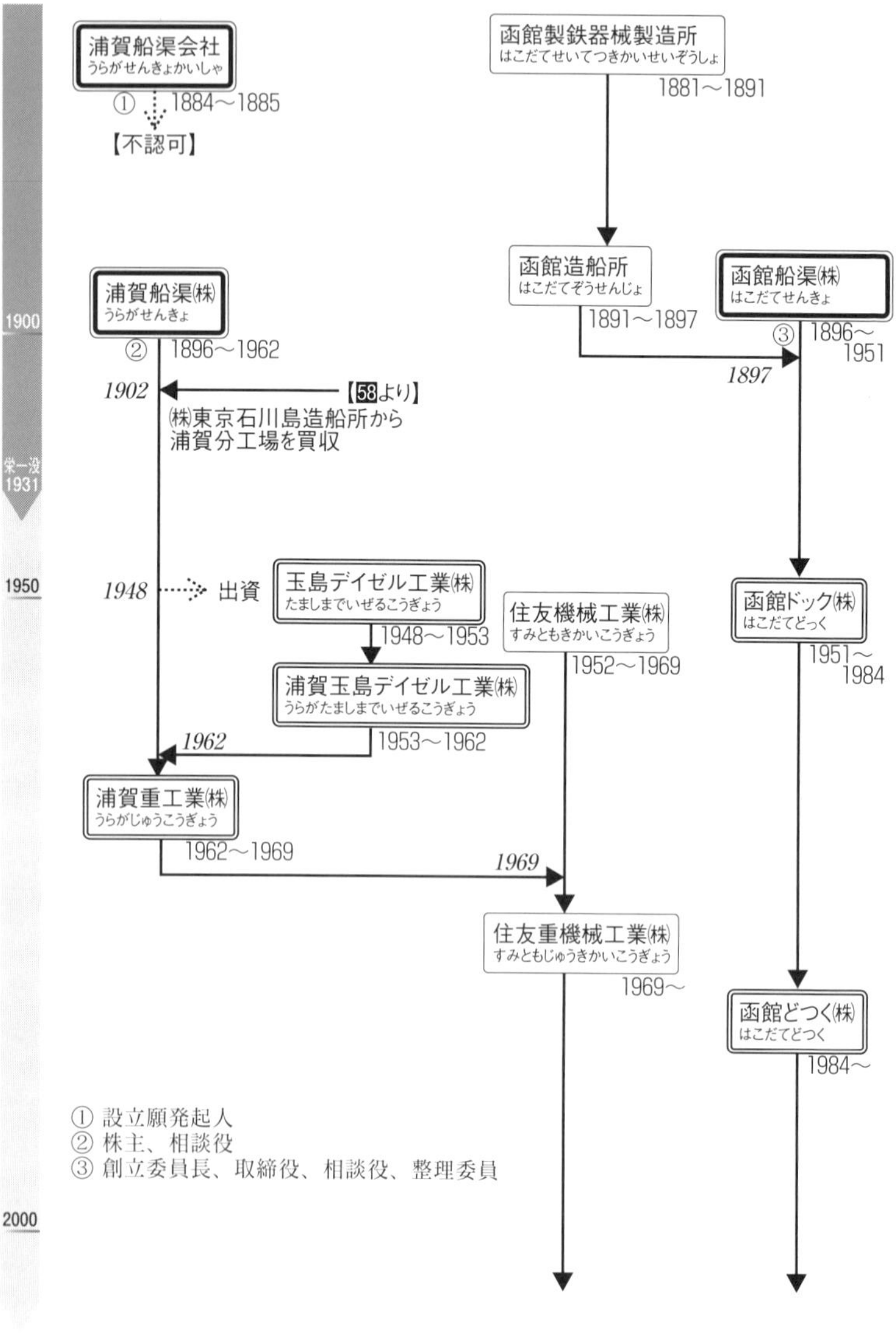
1900
栄一没 1931
1950
2000
浦賀船渠会社《うらがせんきょかいしゃ》
① 1884～1885
【不認可】
浦賀船渠㈱《うらがせんきょ》
② 1896～1962
1902
【58より】
㈱東京石川島造船所から浦賀分工場を買収
1948 出資
玉島デイゼル工業㈱《たましまでいぜるこうぎょう》
1948～1953
浦賀玉島デイゼル工業㈱《うらがたましまでいぜるこうぎょう》
1953～1962
1962
浦賀重工業㈱《うらがじゅうこうぎょう》
1962～1969
1969
住友機械工業㈱《すみともきかいこうぎょう》
1952～1969
住友重機械工業㈱《すみともじゅうきかいこうぎょう》
1969～
函館製鉄器械製造所《はこだてせいてつきかいせいぞうしょ》
1881～1891
函館造船所《はこだてぞうせんじょ》
1891～1897
1897
函館船渠㈱《はこだてせんきょ》
③ 1896～1951
函館ドック㈱《はこだてどっく》
1951～1984
函館どつく㈱《はこだてどっく》
1984～

① 設立願発起人
② 株主、相談役
③ 創立委員長、取締役、相談役、整理委員

60 汽車・自動車製造業 ［商工業：輸送用機器］

渋沢栄一は元鉄道局技師平岡熙の汽車製造業起業に協力、益田孝らと共に匿名組合を組織して1890年平岡工場を開業しました。一方元鉄道庁長官井上勝の汽車製造業起業を援助し、創立委員となって1896年汽車製造合資会社を設立しました。

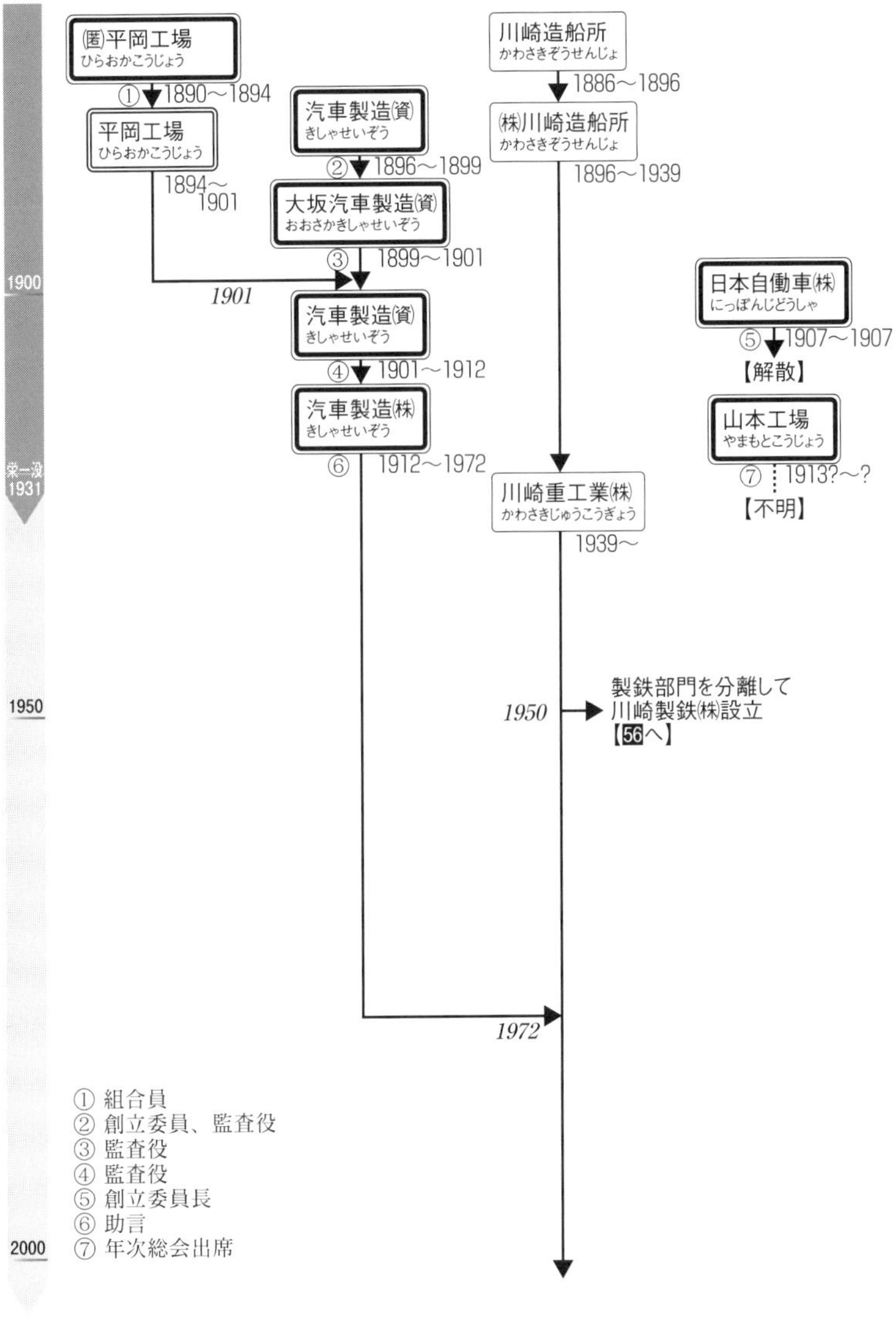
1900
栄一没 1931
1950
2000
㈲平岡工場《ひらおかこうじょう》
① 1890～1894
平岡工場《ひらおかこうじょう》
1894～1901
1901
汽車製造㈾《きしゃせいぞう》
② 1896～1899
大坂汽車製造㈾《おおさかきしゃせいぞう》
③ 1899～1901
汽車製造㈾《きしゃせいぞう》
④ 1901～1912
汽車製造㈱《きしゃせいぞう》
⑥ 1912～1972
1972
川崎造船所《かわさきぞうせんじょ》
1886～1896
㈱川崎造船所《かわさきぞうせんじょ》
1896～1939
川崎重工業㈱《かわさきじゅうこうぎょう》
1939～
1950
製鉄部門を分離して
川崎製鉄㈱設立
【56へ】
日本自働車㈱《にっぽんじどうしゃ》
⑤ 1907～1907
【解散】
山本工場《やまもとこうじょう》
⑦ 1913?～?
【不明】
① 組合員
② 創立委員、監査役
③ 監査役
④ 監査役
⑤ 創立委員長
⑥ 助言
⑦ 年次総会出席

61 人造肥料業 ［商工業：化学］

食料生産増加のため化学肥料の国内製造を目指した渋沢栄一は農商務省技師高峰譲吉らと協議を重ね、1887年東京人造肥料会社を設立しました。また栄一は山口県小野田で化学薬品を製造する日本舎密製造の発起人に名を連ねました。

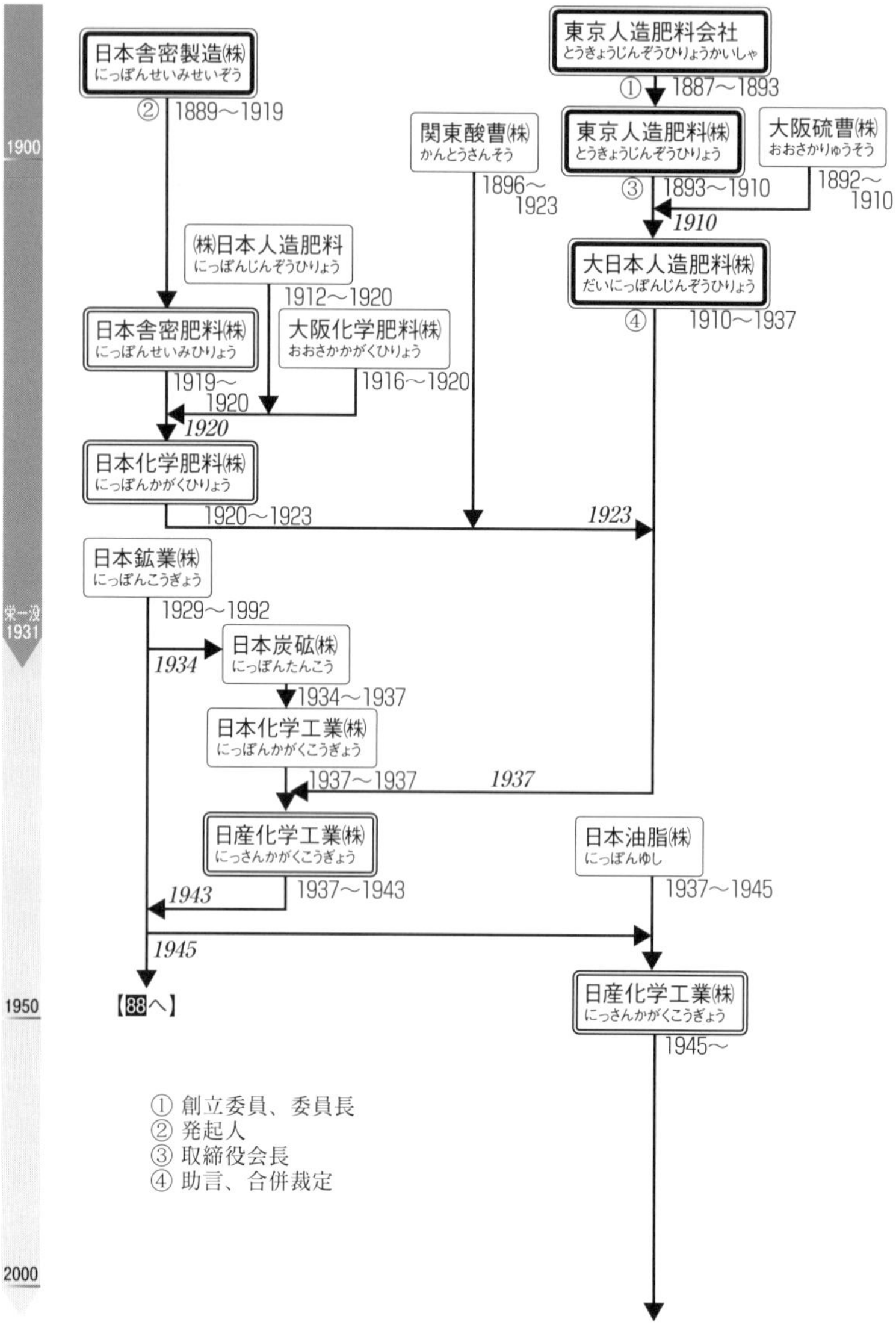
1900
1950
2000
栄一没 1931
日本舎密製造㈱《にっぽんせいみせいぞう》
② 1889～1919
東京人造肥料会社《とうきょうじんぞうひりょうかいしゃ》
① 1887～1893
関東酸曹㈱《かんとうさんそう》
1896～1923
東京人造肥料㈱《とうきょうじんぞうひりょう》
③ 1893～1910
大阪硫曹㈱《おおさかりゅうそう》
1892～1910
1910
㈱日本人造肥料《にっぽんじんぞうひりょう》
1912～1920
大日本人造肥料㈱《だいにっぽんじんぞうひりょう》
④ 1910～1937
日本舎密肥料㈱《にっぽんせいみひりょう》
1919～1920
大阪化学肥料㈱《おおさかかがくひりょう》
1916～1920
1920
日本化学肥料㈱《にっぽんかがくひりょう》
1920～1923
1923
日本鉱業㈱《にっぽんこうぎょう》
1929～1992
1934
日本炭砿㈱《にっぽんたんこう》
1934～1937
日本化学工業㈱《にっぽんかがくこうぎょう》
1937～1937
1937
日産化学工業㈱《にっさんかがくこうぎょう》
1937～1943
1943
日本油脂㈱《にっぽんゆし》
1937～1945
1945
【88へ】
日産化学工業㈱《にっさんかがくこうぎょう》
1945～
① 創立委員、委員長
② 発起人
③ 取締役会長
④ 助言、合併裁定

62 製薬業 ［商工業：化学］

渋沢栄一は1887年設立の東京薬品会社の顧問を一時務めましたがこの会社は解散しました。一方1899年設立の医薬品販売業三共商店は業容拡大し1913年株式会社となりました。社長に高峰譲吉が就任、栄一は役員を推薦するなど援助しました。

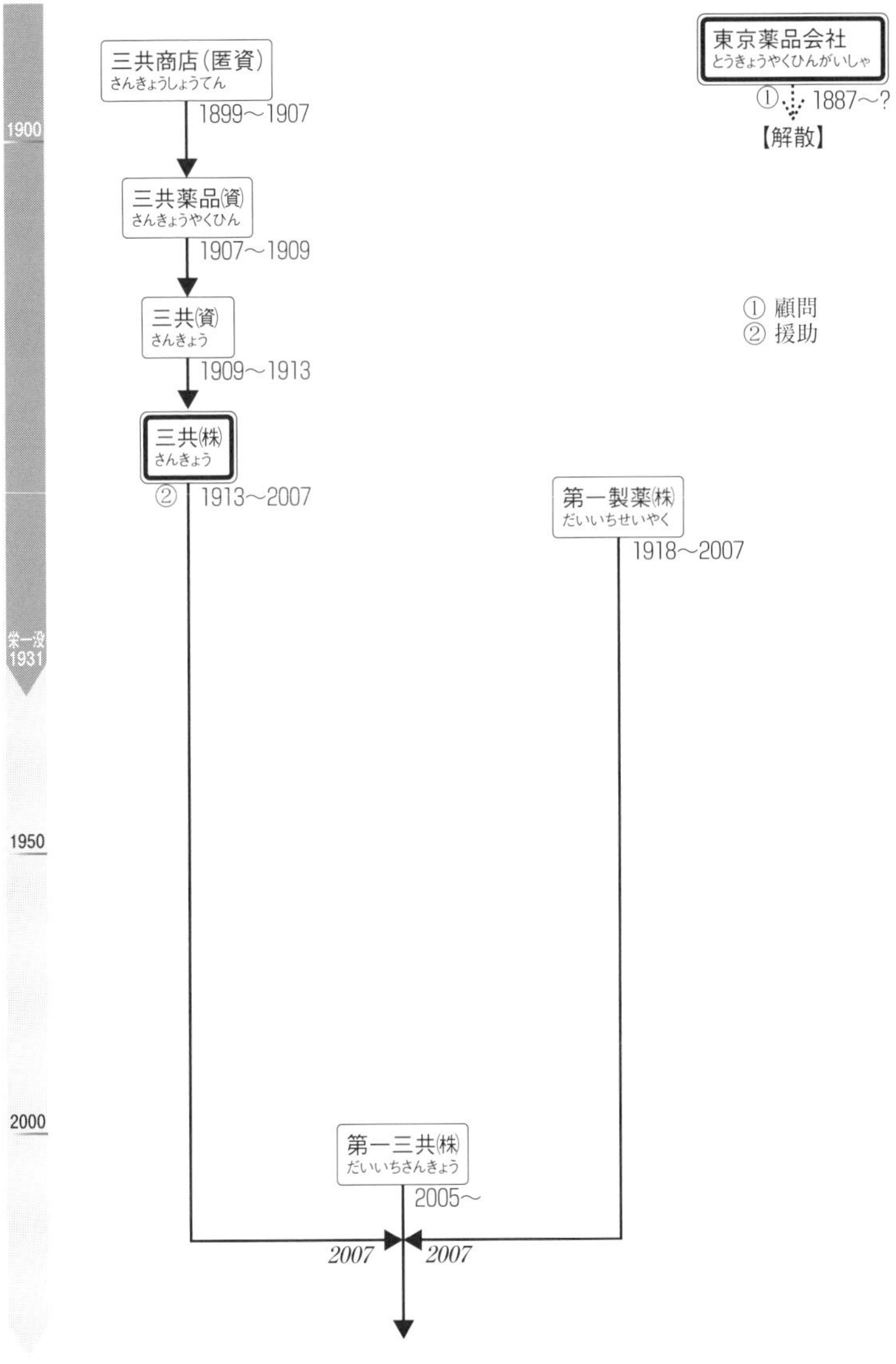
1900
栄一没 1931
1950
2000
三共商店(匿資)《さんきょうしょうてん》
1899〜1907
三共薬品㈾《さんきょうやくひん》
1907〜1909
三共㈾《さんきょう》
1909〜1913
三共㈱《さんきょう》
②
1913〜2007
東京薬品会社《とうきょうやくひんがいしゃ》
①
1887〜?
【解散】
① 顧問
② 援助
第一製薬㈱《だいいちせいやく》
1918〜2007
第一三共㈱《だいいちさんきょう》
2005〜
2007
2007

63 化学工業 A ［商工業：化学］

渋沢栄一は1907年大倉喜八郎らと共に、ヨード・明礬・カリウム肥料等を製造する日本化学工業を発起しました。一方1915年には団琢磨らと共に硫酸アンモニアを製造する電気化学工業を発起しました。

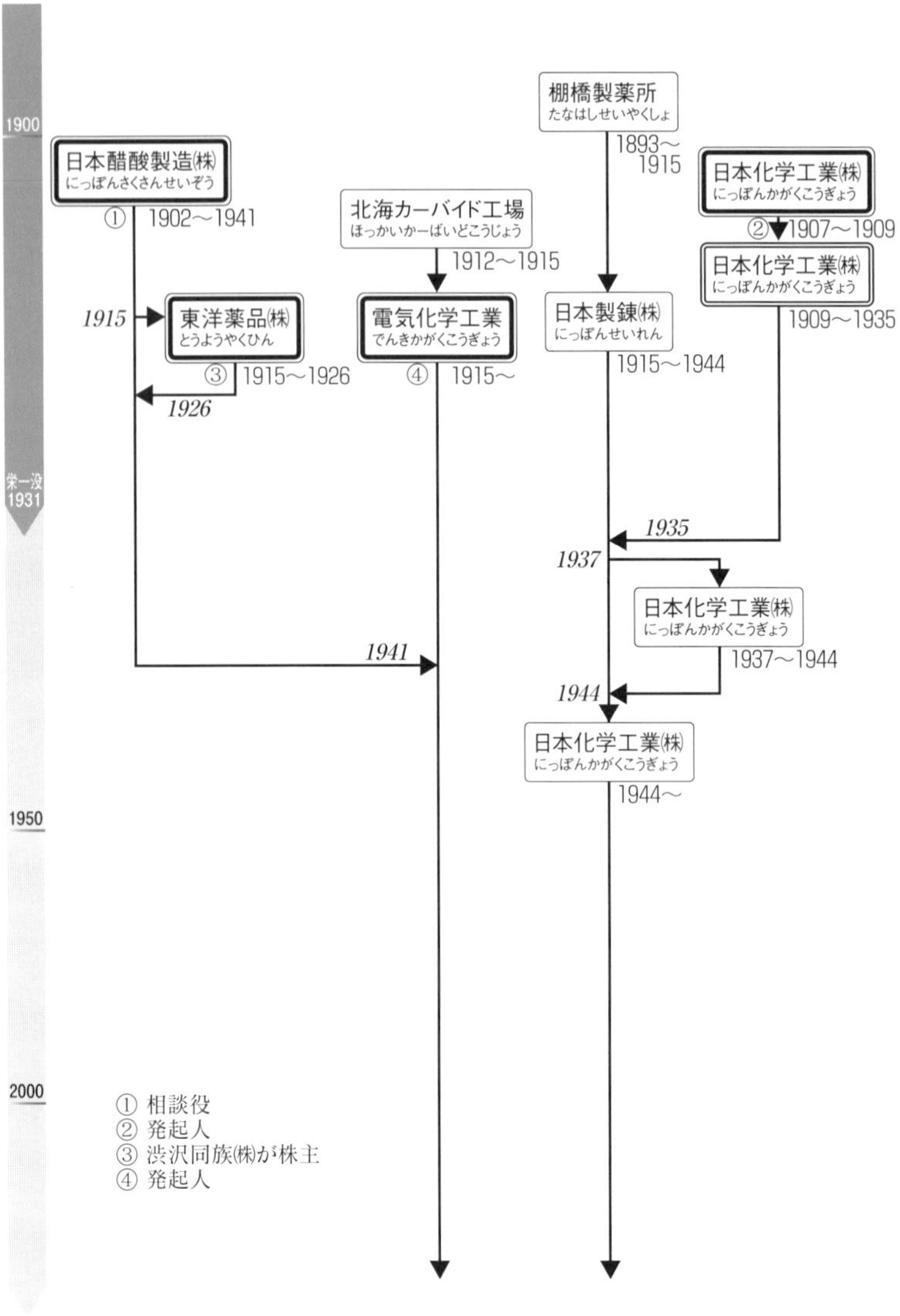
1900
栄一没 1931
1950
2000
日本醋酸製造《にっぽんさくさんせいぞう》㈱
① 1902～1941
1915
東洋薬品《とうようやくひん》㈱
③ 1915～1926
1926
1941
北海カーバイド工場《ほっかいかーばいどこうじょう》
1912～1915
電気化学工業《でんきかがくこうぎょう》
④ 1915～
棚橋製薬所《たなはしせいやくしょ》
1893～1915
日本製錬《にっぽんせいれん》㈱
1915～1944
日本化学工業《にっぽんかがくこうぎょう》㈱
② 1907～1909
日本化学工業《にっぽんかがくこうぎょう》㈱
1909～1935
1935
1937
日本化学工業《にっぽんかがくこうぎょう》㈱
1937～1944
1944
日本化学工業《にっぽんかがくこうぎょう》㈱
1944～
① 相談役
② 発起人
③ 渋沢同族㈱が株主
④ 発起人

64 化学工業 B ［商工業：化学］

日清戦争後、台湾の樟脳を原料に多くのセルロイド会社が設立されました。渋沢栄一は1908年三井家の資本で設立された堺セルロイドの発起人を務めました。その後原料不足から８社が合併し、1919年に大日本セルロイドが発足しました。

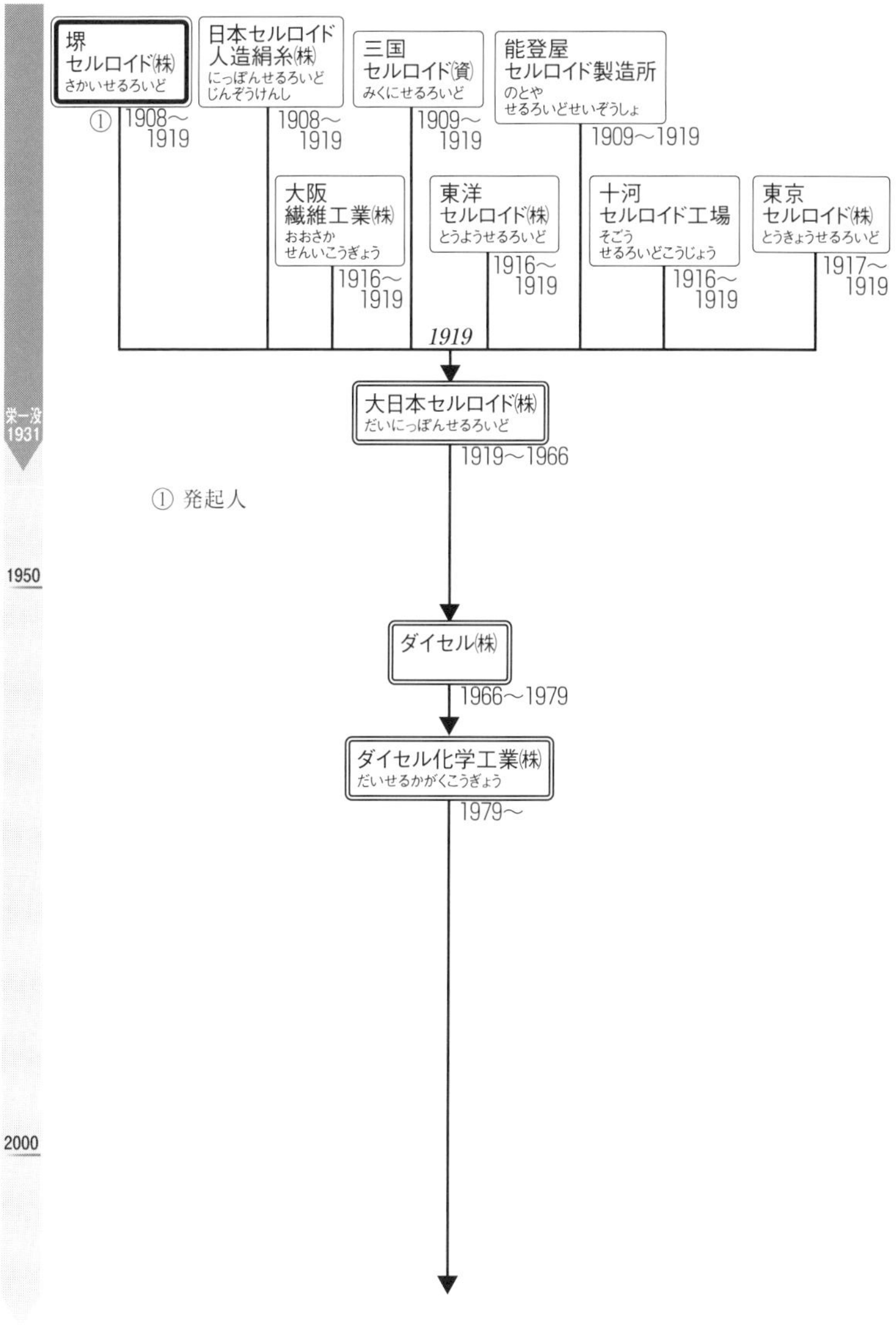
堺
セルロイド㈱
さかいせるろいど
① 1908～1919
日本セルロイド人造絹糸㈱
にっぽんせるろいどじんぞうけんし
1908～1919
三国セルロイド㈾
みくにせるろいど
1909～1919
能登屋セルロイド製造所
のとやせるろいどせいぞうしょ
1909～1919
大阪繊維工業㈱
おおさかせんいこうぎょう
1916～1919
東洋セルロイド㈱
とうようせるろいど
1916～1919
十河セルロイド工場
そごうせるろいどこうじょう
1916～1919
東京セルロイド㈱
とうきょうせるろいど
1917～1919
1919
大日本セルロイド㈱
だいにっぽんせるろいど
1919～1966
① 発起人
ダイセル㈱
1966～1979
ダイセル化学工業㈱
だいせるかがくこうぎょう
1979～
栄一没
1931
1950
2000

65 化学工業 C［商工業：化学］

渋沢栄一は高峰譲吉らの提唱する国民科学研究所設立案に賛同し、この案を継いだ1917年の㈶理化学研究所設立に尽力しました。同研究所の発明品を事業化するために、栄一らの企画で1927年理化学興業㈱が設立されました。

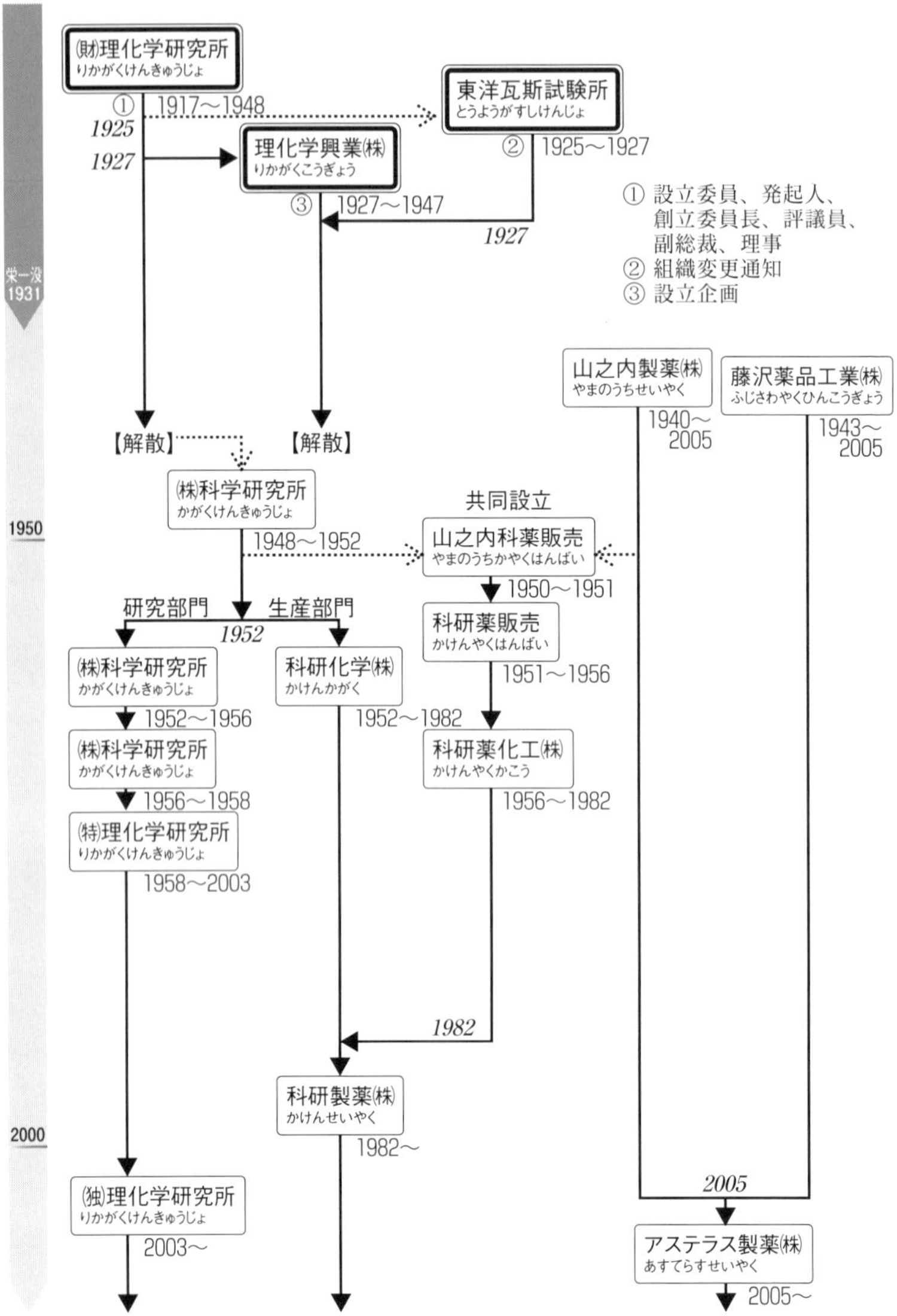
栄一没 1931
1950
2000
㈶理化学研究所《りかがくけんきゅうじょ》
① 1917～1948
1925
1927
東洋瓦斯試験所《とうようがすしけんじょ》
② 1925～1927
理化学興業㈱《りかがくこうぎょう》
③ 1927～1947
1927
① 設立委員、発起人、創立委員長、評議員、副総裁、理事
② 組織変更通知
③ 設立企画
【解散】
【解散】
山之内製薬㈱《やまのうちせいやく》
1940～2005
藤沢薬品工業㈱《ふじさわやくひんこうぎょう》
1943～2005
㈱科学研究所《かがくけんきゅうじょ》
1948～1952
共同設立
山之内科薬販売《やまのうちかやくはんばい》
1950～1951
研究部門
生産部門
1952
科研薬販売《かけんやくはんばい》
1951～1956
㈱科学研究所《かがくけんきゅうじょ》
1952～1956
科研化学㈱《かけんかがく》
1952～1982
㈱科学研究所《かがくけんきゅうじょ》
1956～1958
科研薬化工㈱《かけんやくかこう》
1956～1982
㈵理化学研究所《りかがくけんきゅうじょ》
1958～2003
1982
科研製薬㈱《かけんせいやく》
1982～
2005
㈱理化学研究所《りかがくけんきゅうじょ》
2003～
アステラス製薬㈱《あすてらすせいやく》
2005～

66 瓦斯 A「商工業：ガス」

公益事業遂行のため発足した東京会議所は1873年瓦斯掛を設けてガス事業に乗り出し、翌年初めて東京にガス灯が点灯しました。渋沢栄一は会議所が東京府に移管され更にガス事業が民間に払い下げられた後も、事業に深く関わりました。

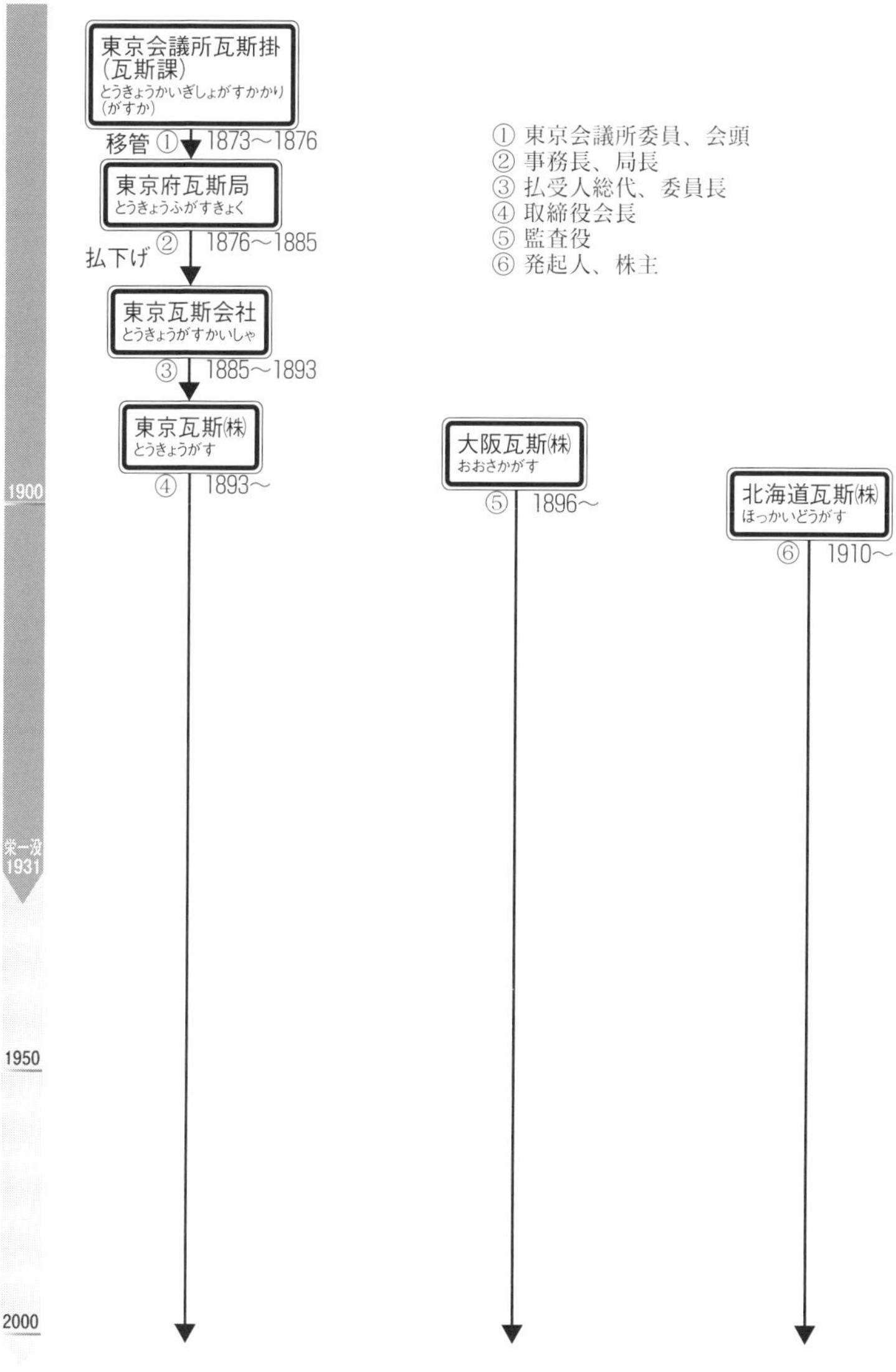
東京会議所瓦斯掛（瓦斯課）《とうきょうかいぎしょがすかかり（がすか）》
移管 ① 1873〜1876
東京府瓦斯局《とうきょうふがすきょく》
払下げ ② 1876〜1885
東京瓦斯会社《とうきょうがすかいしゃ》
③ 1885〜1893
東京瓦斯㈱《とうきょうがす》
④ 1893〜
大阪瓦斯㈱《おおさかがす》
⑤ 1896〜
北海道瓦斯㈱《ほっかいどうがす》
⑥ 1910〜
① 東京会議所委員、会頭
② 事務長、局長
③ 払受人総代、委員長
④ 取締役会長
⑤ 監査役
⑥ 発起人、株主
1900
栄一没 1931
1950
2000

67 瓦斯 B ［商工業：ガス］

名古屋では日露戦争後の好況期にガス事業に意欲を燃やしていた奥田正香ら財界人がガス会社の設立を計画、東京の渋沢栄一らが発起に加わり1906年名古屋瓦斯を設立しました。また栄一は九州の門司瓦斯設立にも関わりました。

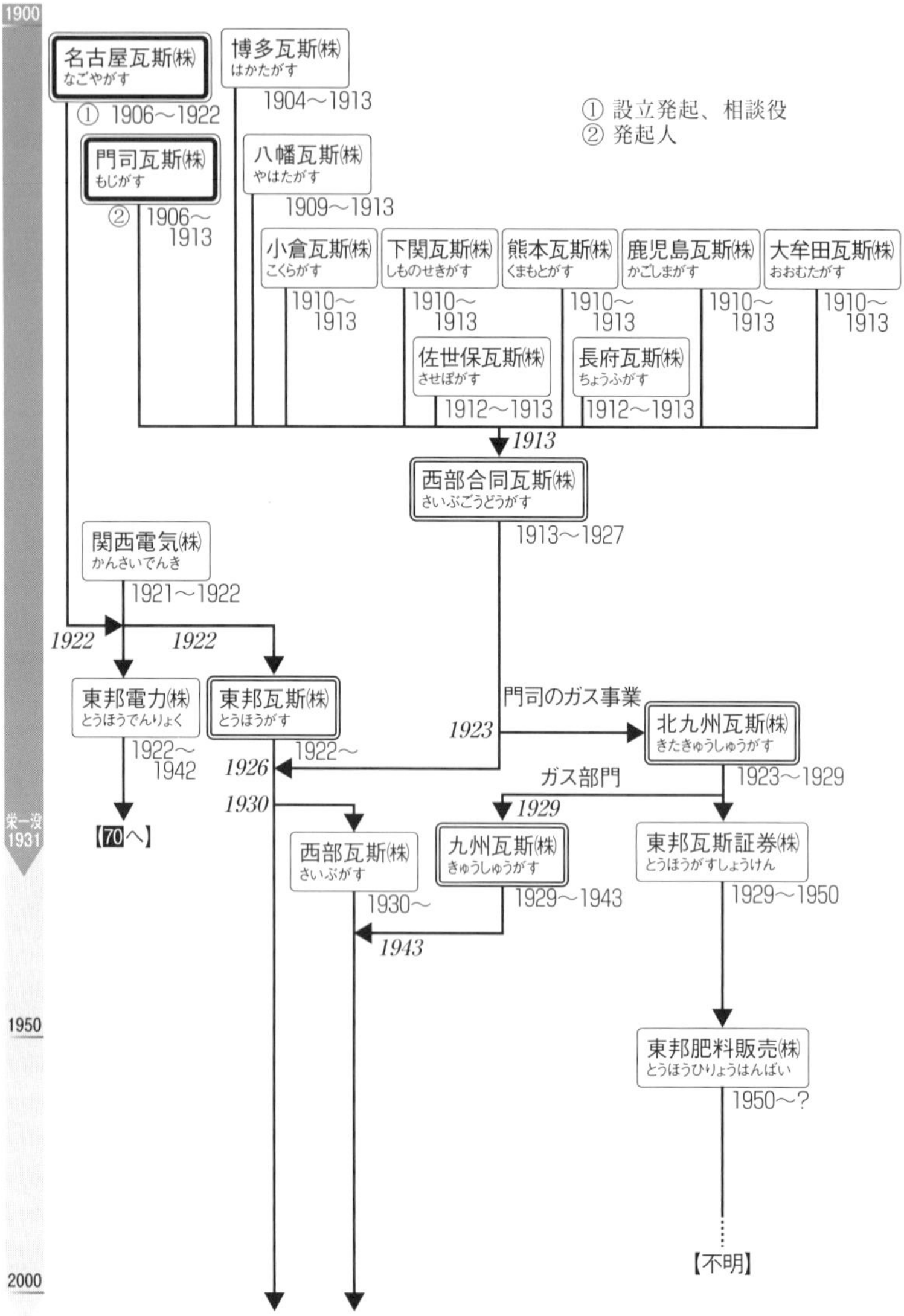
1900
名古屋瓦斯《なごやがす》㈱
① 1906〜1922
博多瓦斯《はかたがす》㈱
1904〜1913
① 設立発起、相談役
② 発起人
門司瓦斯《もじがす》㈱
② 1906〜1913
八幡瓦斯《やはたがす》㈱
1909〜1913
小倉瓦斯《こくらがす》㈱
1910〜1913
下関瓦斯《しものせきがす》㈱
1910〜1913
熊本瓦斯《くまもとがす》㈱
1910〜1913
鹿児島瓦斯《かごしまがす》㈱
1910〜1913
大牟田瓦斯《おおむたがす》㈱
1910〜1913
佐世保瓦斯《させぼがす》㈱
1912〜1913
長府瓦斯《ちょうふがす》㈱
1912〜1913
1913
西部合同瓦斯《さいぶごうどうがす》㈱
1913〜1927
関西電気《かんさいでんき》㈱
1921〜1922
1922
1922
東邦電力《とうほうでんりょく》㈱
1922〜1942
【70へ】
東邦瓦斯《とうほうがす》㈱
1922〜
門司のガス事業
1923
北九州瓦斯《きたきゅうしゅうがす》㈱
1923〜1929
1926
ガス部門
1929
1930
西部瓦斯《さいぶがす》㈱
1930〜
九州瓦斯《きゅうしゅうがす》㈱
1929〜1943
1943
東邦瓦斯証券《とうほうがすしょうけん》㈱
1929〜1950
栄一没
1931
1950
東邦肥料販売《とうほうひりょうはんばい》㈱
1950〜?
【不明】
2000

68 電気 A ［商工業：電力］

明治初期に工部大学校の英国人教師及び学生は実業家に電気事業創設を提案、それを受け渋沢栄一らは1882年東京電灯会社を設立し、東京に火力発電所を建設して電力供給を始めました。栄一はその後各地の電力会社設立に尽力しました。

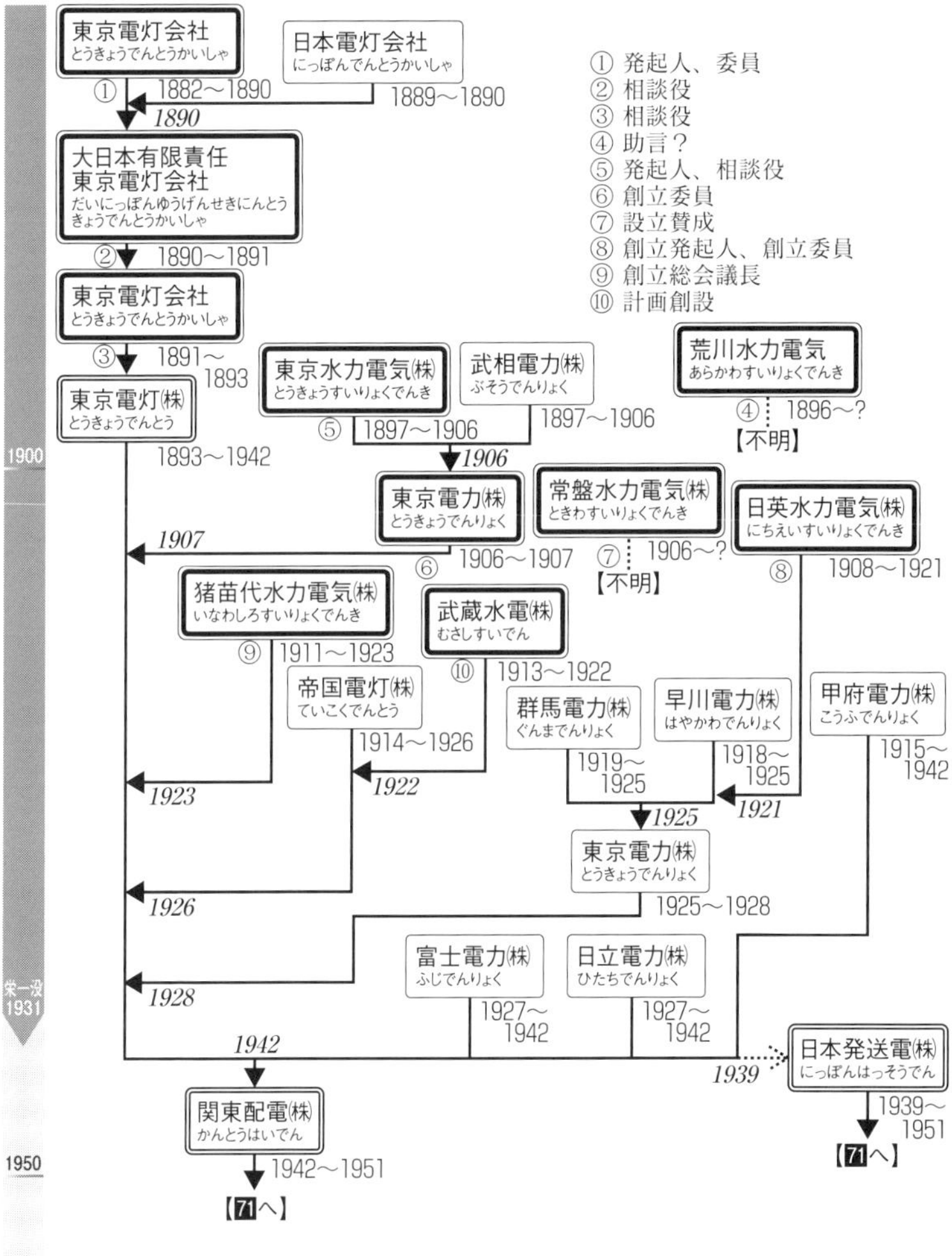
東京電灯会社《とうきょうでんとうかいしゃ》
① 1882〜1890
日本電灯会社《にっぽんでんとうかいしゃ》
1889〜1890
1890
大日本有限責任東京電灯会社《だいにっぽんゆうげんせきにんとうきょうでんとうかいしゃ》
② 1890〜1891
東京電灯会社《とうきょうでんとうかいしゃ》
③ 1891〜1893
東京電灯㈱《とうきょうでんとう》
1893〜1942
東京水力電気㈱《とうきょうすいりょくでんき》
⑤ 1897〜1906
武相電力㈱《ぶそうでんりょく》
1897〜1906
1906
東京電力㈱《とうきょうでんりょく》
⑥ 1906〜1907
1907
荒川水力電気《あらかわすいりょくでんき》
④ 1896〜?
【不明】
常盤水力電気㈱《ときわすいりょくでんき》
⑦ 1906〜?
【不明】
日英水力電気㈱《にちえいすいりょくでんき》
⑧ 1908〜1921
猪苗代水力電気㈱《いなわしろすいりょくでんき》
⑨ 1911〜1923
1923
武蔵水電㈱《むさしすいでん》
⑩ 1913〜1922
1922
帝国電灯㈱《ていこくでんとう》
1914〜1926
1926
群馬電力㈱《ぐんまでんりょく》
1919〜1925
早川電力㈱《はやかわでんりょく》
1918〜1925
1921
1925
甲府電力㈱《こうふでんりょく》
1915〜1942
東京電力㈱《とうきょうでんりょく》
1925〜1928
1928
富士電力㈱《ふじでんりょく》
1927〜1942
日立電力㈱《ひたちでんりょく》
1927〜1942
1942
1939
日本発送電㈱《にっぽんはっそうでん》
1939〜1951
【71へ】
関東配電㈱《かんとうはいでん》
1942〜1951
【71へ】
① 発起人、委員
② 相談役
③ 相談役
④ 助言？
⑤ 発起人、相談役
⑥ 創立委員
⑦ 設立賛成
⑧ 創立発起人、創立委員
⑨ 創立総会議長
⑩ 計画創設
1900
栄一没 1931
1950

69 電気 B［商工業：電力］

広島の豪商松本清助は黒瀬川の水力を利用した電力事業を計画、渋沢栄一らの支援を受け1897年広島水力電気を設立しました。栄一は晩年まで同社の経営を支援しました。

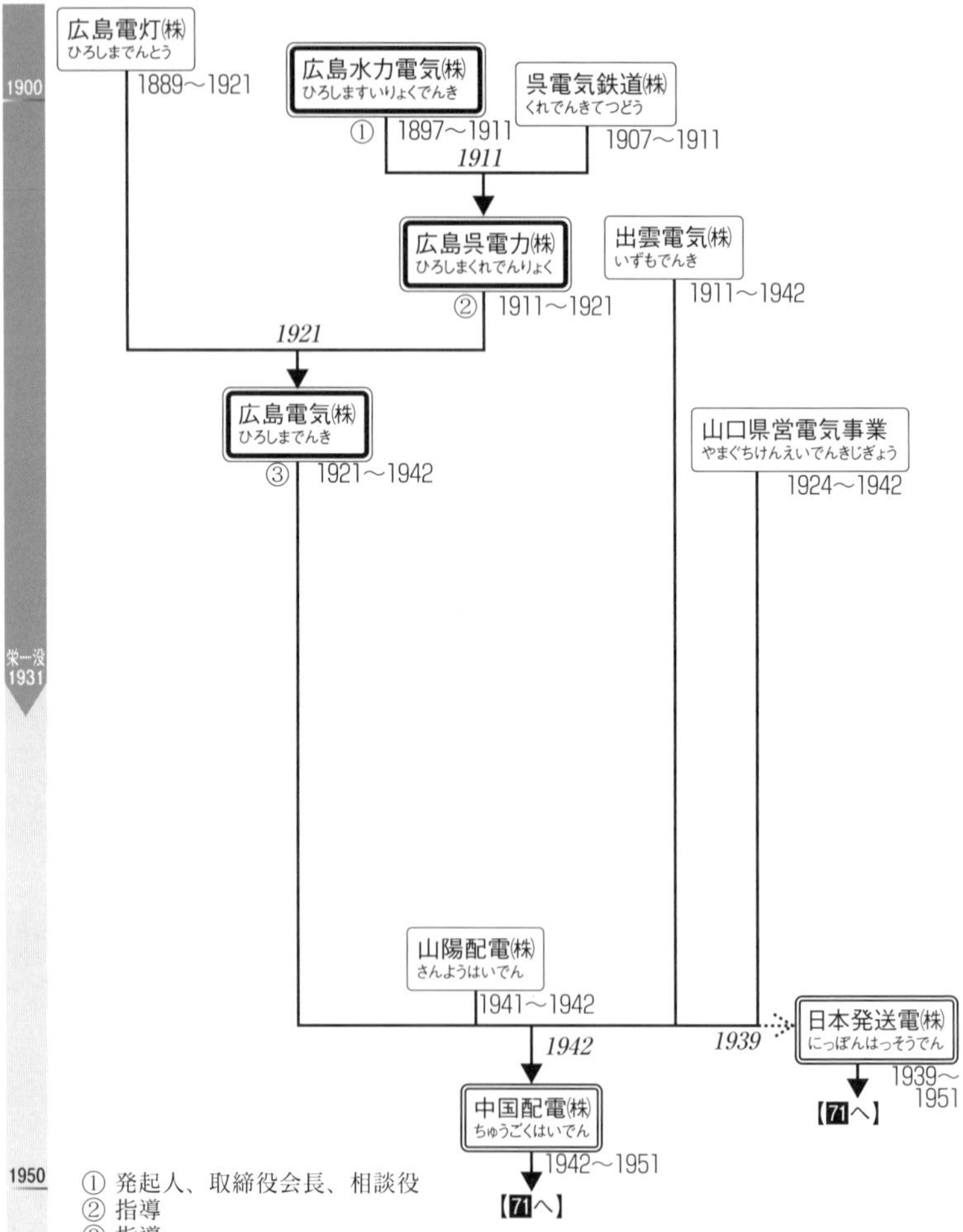
1900
栄一没
1931
1950
広島電灯《ひろしまでんとう》(株)
1889〜1921
広島水力電気《ひろしますいりょくでんき》(株)
① 1897〜1911
呉電気鉄道《くれでんきてつどう》(株)
1907〜1911
1911
広島呉電力《ひろしまくれでんりょく》(株)
② 1911〜1921
出雲電気《いずもでんき》(株)
1911〜1942
1921
広島電気《ひろしまでんき》(株)
③ 1921〜1942
山口県営電気事業《やまぐちけんえいでんきじぎょう》
1924〜1942
山陽配電《さんようはいでん》(株)
1941〜1942
1942
1939
日本発送電《にっぽんはっそうでん》(株)
1939〜1951
【71へ】
中国配電《ちゅうごくはいでん》(株)
1942〜1951
【71へ】

① 発起人、取締役会長、相談役
② 指導
③ 指導

70 電気 C ［商工業：電力］

名古屋の有力な実業家奥田正香や上遠野富之助らは木曽川の水力を利用して発電し名古屋市内外に供給することを計画、協同して1906年名古屋電力を創立し、渋沢栄一らを相談役に迎えました。

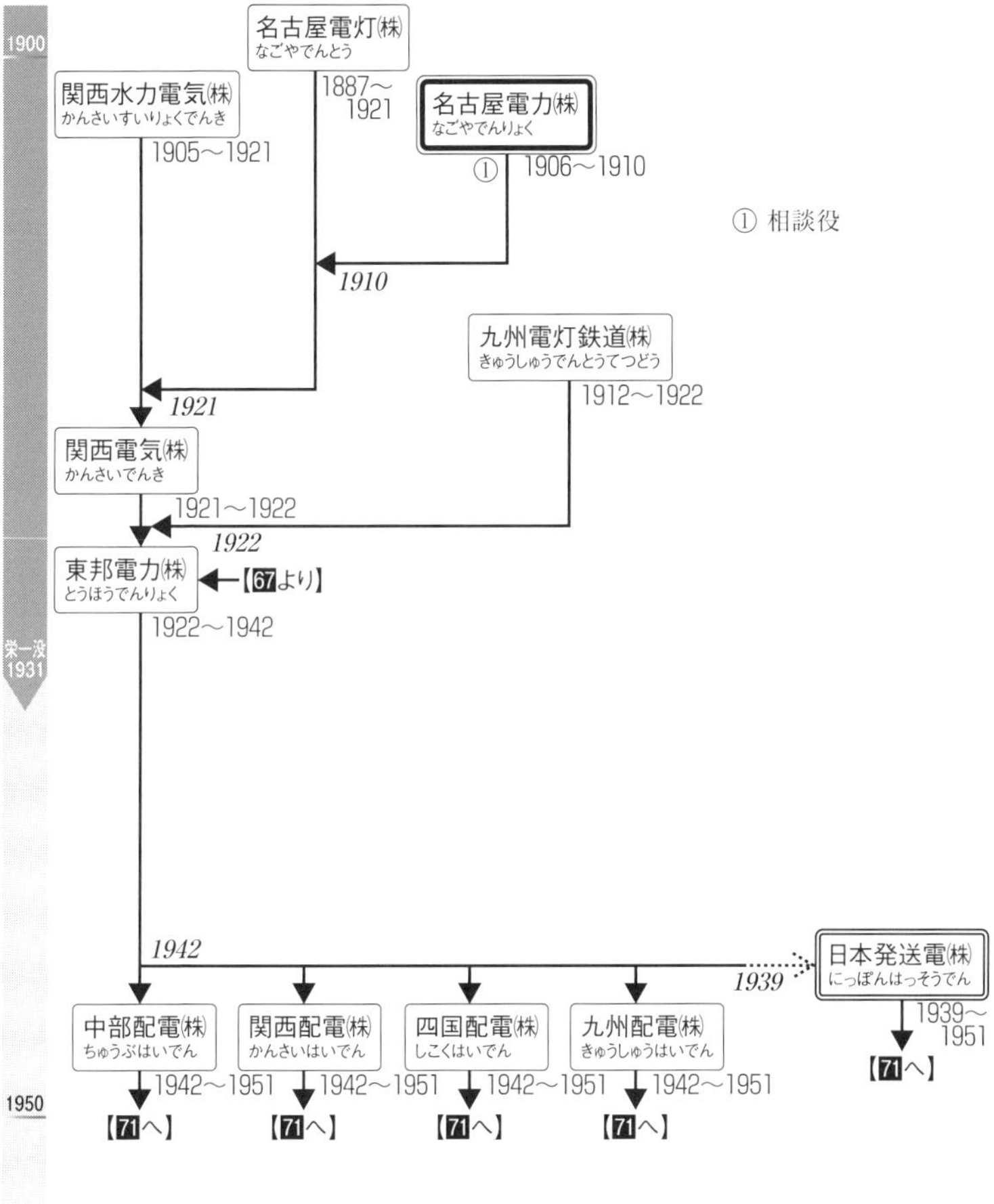
1900
名古屋電灯(株)《なごやでんとう》
1887〜1921
関西水力電気(株)《かんさいすいりょくでんき》
1905〜1921
名古屋電力(株)《なごやでんりょく》
① 1906〜1910
① 相談役
1910
九州電灯鉄道(株)《きゅうしゅうでんとうてつどう》
1912〜1922
1921
関西電気(株)《かんさいでんき》
1921〜1922
1922
東邦電力(株)《とうほうでんりょく》
【67より】
1922〜1942
栄一没 1931
1942
日本発送電(株)《にっぽんはっそうでん》
1939
1939〜1951
【71へ】
中部配電(株)《ちゅうぶはいでん》
1942〜1951
【71へ】
関西配電(株)《かんさいはいでん》
1942〜1951
【71へ】
四国配電(株)《しこくはいでん》
1942〜1951
【71へ】
九州配電(株)《きゅうしゅうはいでん》
1942〜1951
【71へ】
1950

71 電気D［商工業：電力］

各地に起こった民間電力会社の発電・送電事業は、国策により1939年設立された日本発送電㈱に統合されました。配電事業は1942年全国９つの配電会社に統合されました。

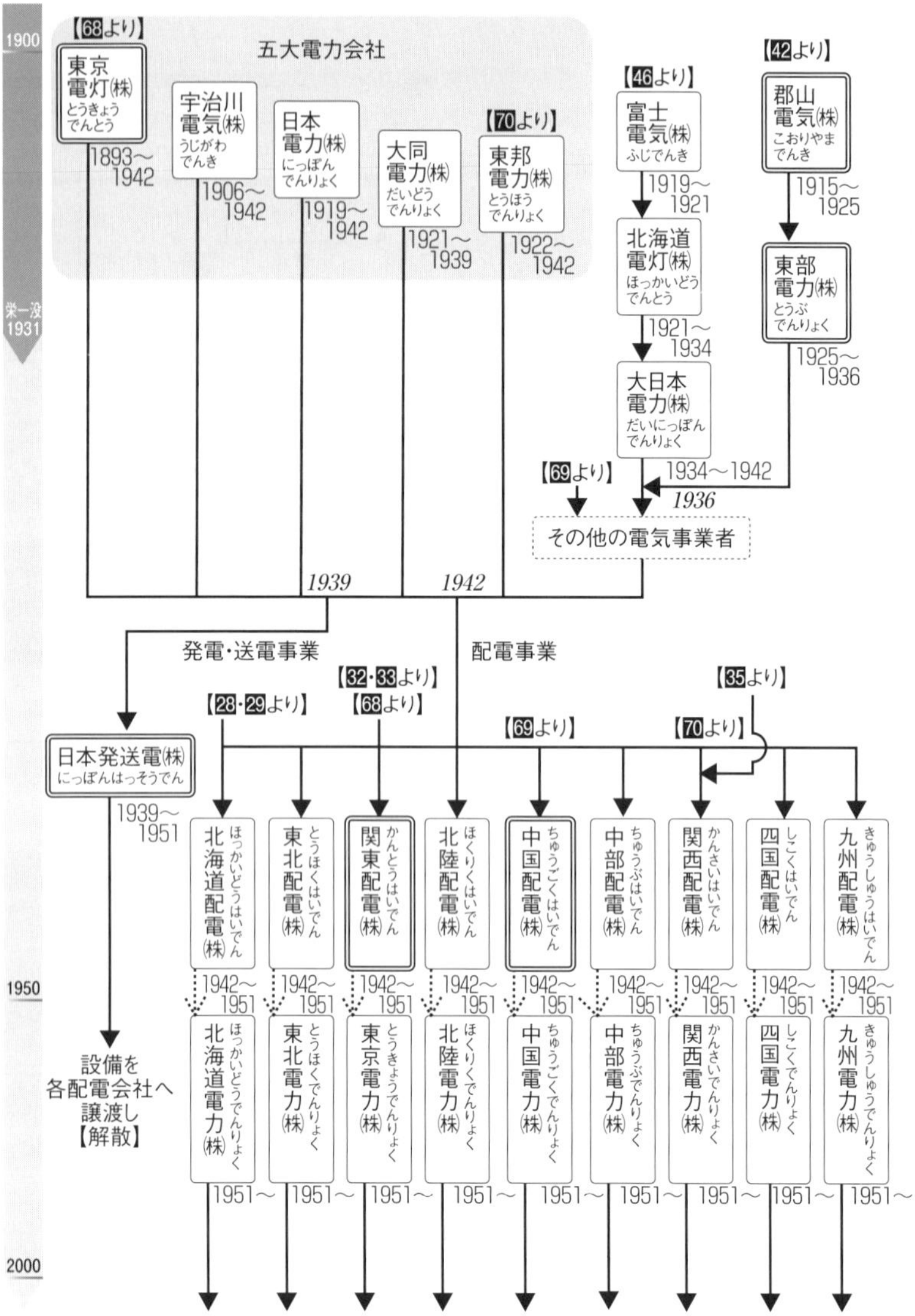
1900
栄一没 1931
1950
2000
五大電力会社
【68より】
東京電灯《とうきょうでんとう》㈱
1893〜1942
宇治川電気《うじがわでんき》㈱
1906〜1942
日本電力《にっぽんでんりょく》㈱
1919〜1942
大同電力《だいどうでんりょく》㈱
1921〜1939
【70より】
東邦電力《とうほうでんりょく》㈱
1922〜1942
【46より】
富士電気《ふじでんき》㈱
1919〜1921
北海道電灯《ほっかいどうでんとう》㈱
1921〜1934
大日本電力《だいにっぽんでんりょく》㈱
1934〜1942
【42より】
郡山電気《こおりやまでんき》㈱
1915〜1925
東部電力《とうぶでんりょく》㈱
1925〜1936
1936
【69より】
その他の電気事業者
1939
1942
発電・送電事業
配電事業
日本発送電《にっぽんはっそうでん》㈱
1939〜1951
設備を各配電会社へ譲渡し【解散】
【28・29より】
【32・33より】
【68より】
【69より】
【70より】
【35より】
北海道配電《ほっかいどうはいでん》㈱
東北配電《とうほくはいでん》㈱
関東配電《かんとうはいでん》㈱
北陸配電《ほくりくはいでん》㈱
中国配電《ちゅうごくはいでん》㈱
中部配電《ちゅうぶはいでん》㈱
関西配電《かんさいはいでん》㈱
四国配電《しこくはいでん》㈱
九州配電《きゅうしゅうはいでん》㈱
1942〜1951
北海道電力《ほっかいどうでんりょく》㈱
東北電力《とうほくでんりょく》㈱
東京電力《とうきょうでんりょく》㈱
北陸電力《ほくりくでんりょく》㈱
中国電力《ちゅうごくでんりょく》㈱
中部電力《ちゅうぶでんりょく》㈱
関西電力《かんさいでんりょく》㈱
四国電力《しこくでんりょく》㈱
九州電力《きゅうしゅうでんりょく》㈱
1951〜

72 土木 ［商工業：建設］

大倉組商会を創立した大倉喜八郎は土木建設請負業に進出し、渋沢栄一、藤田組の藤田伝三郎と共に1887年日本土木会社を設立しました。

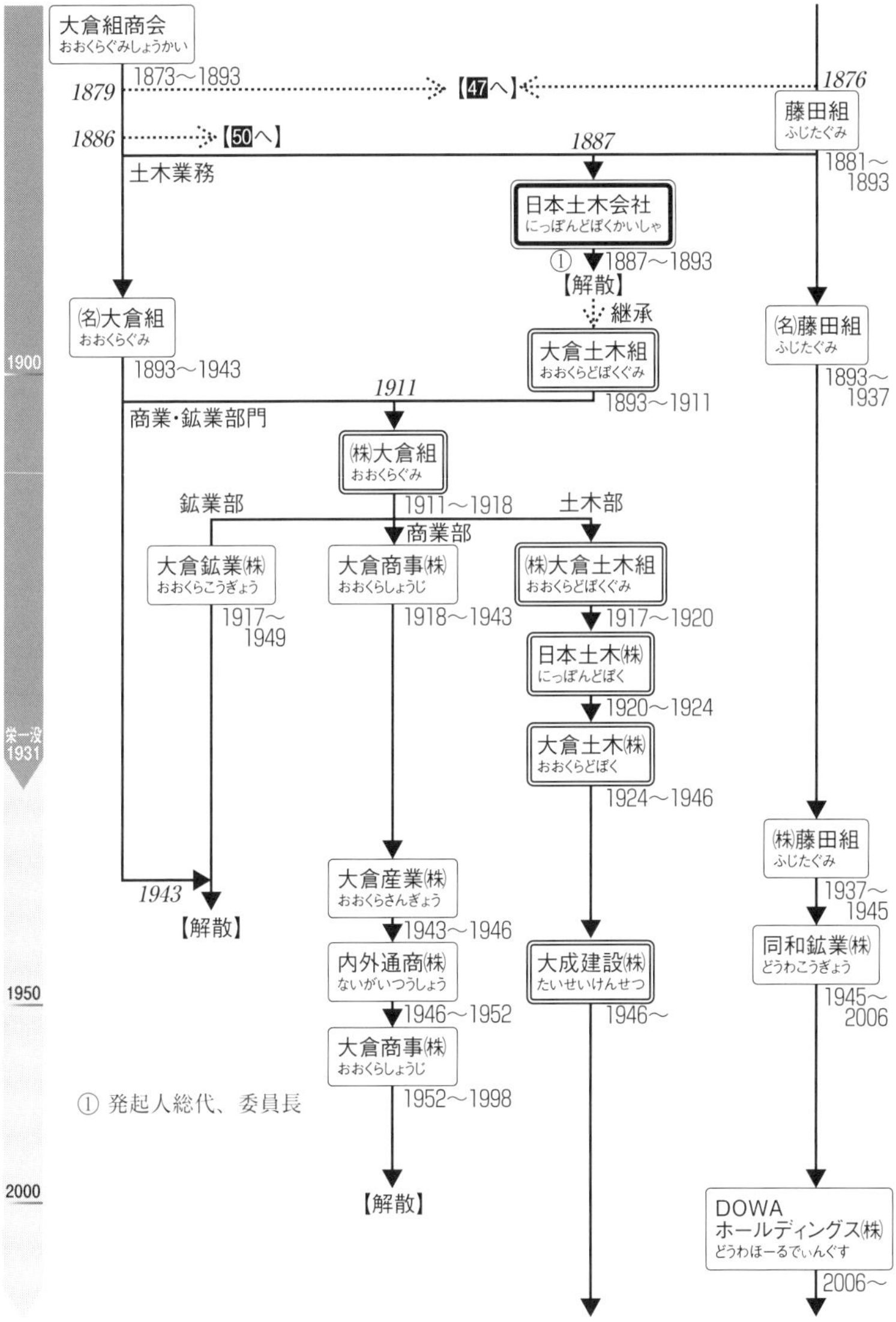
大倉組商会《おおくらぐみしょうかい》
1873〜1893
1879
【47へ】
1876
藤田組《ふじたぐみ》
1886
【50へ】
1887
1881〜1893
土木業務
日本土木会社《にっぽんどぼくかいしゃ》
① 1887〜1893
【解散】
継承
㈴大倉組《おおくらぐみ》
1893〜1943
大倉土木組《おおくらどぼくぐみ》
1893〜1911
㈴藤田組《ふじたぐみ》
1893〜1937
1900
1911
商業・鉱業部門
㈱大倉組《おおくらぐみ》
1911〜1918
鉱業部
商業部
土木部
大倉鉱業㈱《おおくらこうぎょう》
1917〜1949
大倉商事㈱《おおくらしょうじ》
1918〜1943
㈱大倉土木組《おおくらどぼくぐみ》
1917〜1920
日本土木㈱《にっぽんどぼく》
1920〜1924
栄一没 1931
大倉土木㈱《おおくらどぼく》
1924〜1946
㈱藤田組《ふじたぐみ》
1937〜1945
1943
【解散】
大倉産業㈱《おおくらさんぎょう》
1943〜1946
同和鉱業㈱《どうわこうぎょう》
1945〜2006
内外通商㈱《ないがいつうしょう》
1946〜1952
大成建設㈱《たいせいけんせつ》
1946〜
1950
大倉商事㈱《おおくらしょうじ》
1952〜1998
① 発起人総代、委員長
2000
【解散】
DOWAホールディングス㈱《どうわほーるでぃんぐす》
2006〜

73 築港 ［商工業：建設］

渋沢栄一らの支援を受け事業展開していた浅野総一郎は東京湾に近代的な港の建築を計画し、1908年埋立事業を出願して鶴見埋立組合を設立しました。栄一はこの他東北から九州に至る各地の築港会社の設立を支援しました。

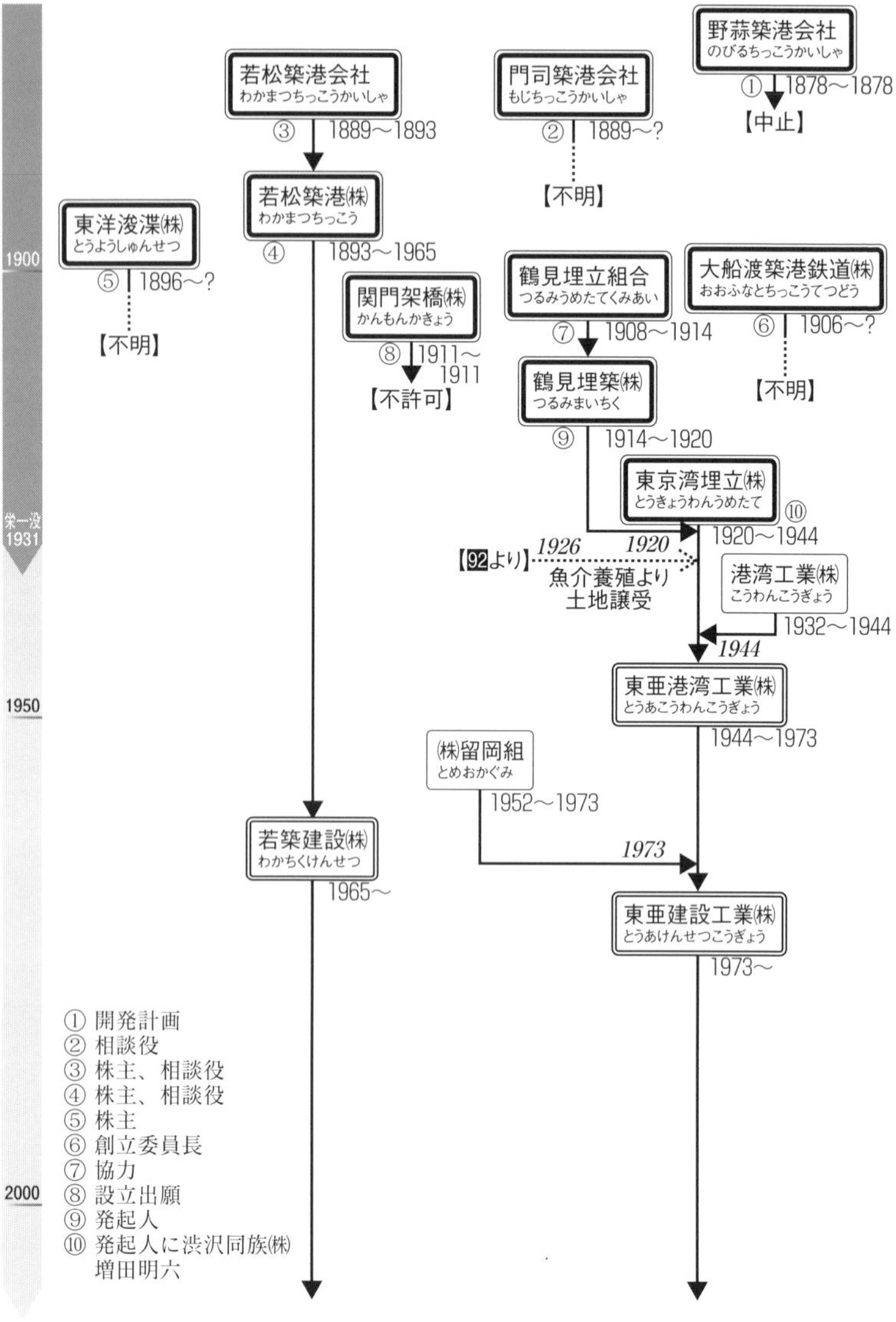
1900
栄一没 1931
1950
2000
野蒜築港会社《のびるちっこうかいしゃ》
① 1878～1878
【中止】
若松築港会社《わかまつちっこうかいしゃ》
③ 1889～1893
門司築港会社《もじちっこうかいしゃ》
② 1889～?
【不明】
若松築港㈱《わかまつちっこう》
④ 1893～1965
東洋浚渫㈱《とうようしゅんせつ》
⑤ 1896～?
【不明】
関門架橋㈱《かんもんかきょう》
⑧ 1911～1911
【不許可】
鶴見埋立組合《つるみうめたてくみあい》
⑦ 1908～1914
大船渡築港鉄道㈱《おおふなとちっこうてつどう》
⑥ 1906～?
【不明】
鶴見埋築㈱《つるみまいちく》
⑨ 1914～1920
東京湾埋立㈱《とうきょうわんうめたて》
⑩ 1920～1944
【92より】 1926 1920
魚介養殖より
土地譲受
港湾工業㈱《こうわんこうぎょう》
1932～1944
1944
東亜港湾工業㈱《とうあこうわんこうぎょう》
1944～1973
㈱留岡組《とめおかぐみ》
1952～1973
1973
若築建設㈱《わかちくけんせつ》
1965～
東亜建設工業㈱《とうあけんせつこうぎょう》
1973～
① 開発計画
② 相談役
③ 株主、相談役
④ 株主、相談役
⑤ 株主
⑥ 創立委員長
⑦ 協力
⑧ 設立出願
⑨ 発起人
⑩ 発起人に渋沢同族㈱
増田明六

74 土地会社 ［商工業：建設］

渋沢栄一、中野武営らは東京市郊外で田園都市経営の土地会社を設立する計画を進め、1916年田園都市㈱を設立しました。また栄一は益田孝らと設立した耕牧舎の資産を引継ぎ、1928年に別荘分譲の仙石原地所を設立しました。

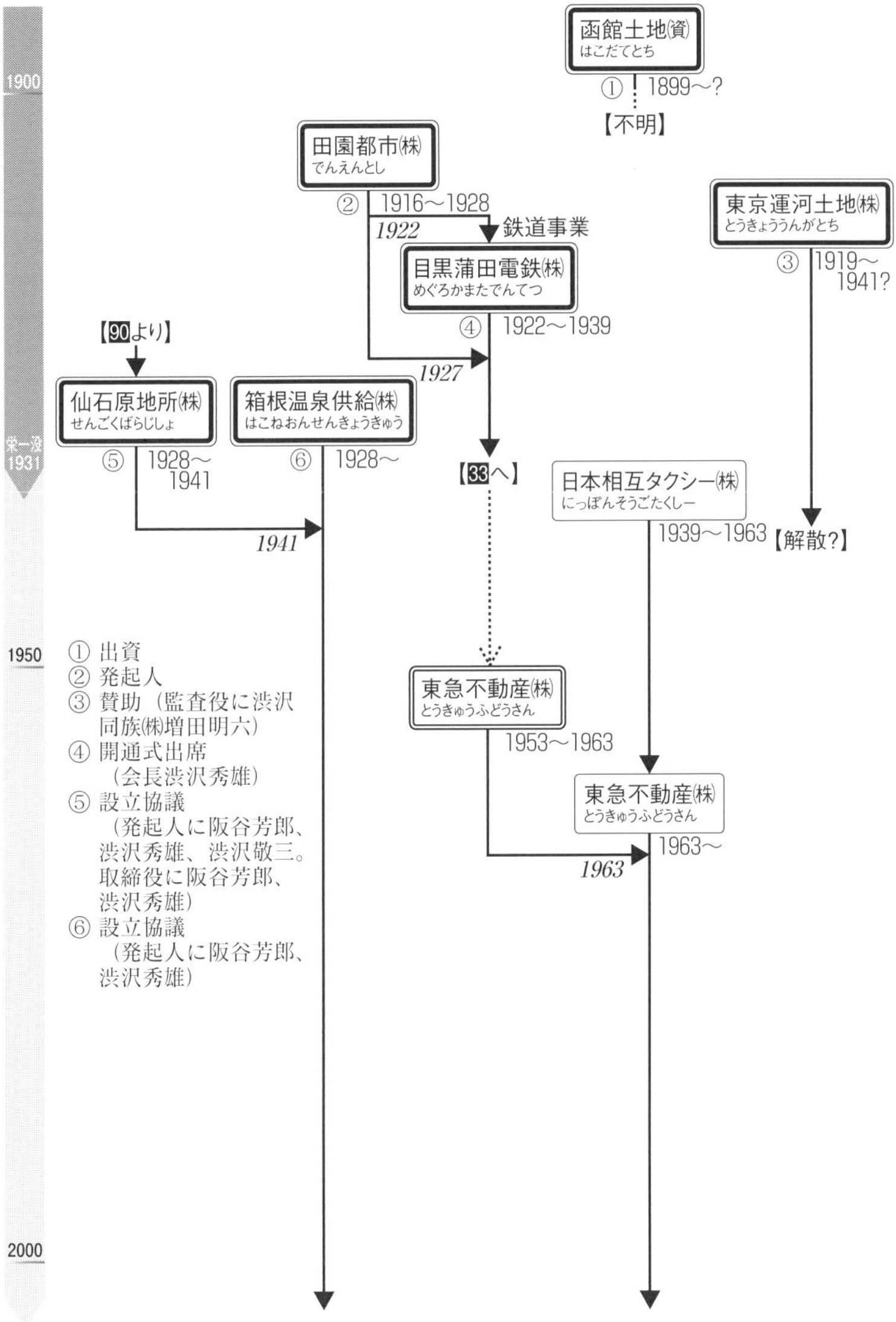

1900
1950
2000
栄一没 1931
函館土地㈾
はこだてとち
① 1899〜?
【不明】
田園都市㈱
でんえんとし
② 1916〜1928
1922
鉄道事業
目黒蒲田電鉄㈱
めぐろかまたでんてつ
④ 1922〜1939
1927
【33へ】
東京運河土地㈱
とうきょううんがとち
③ 1919〜1941?
【解散?】
【90より】
仙石原地所㈱
せんごくばらじしょ
⑤ 1928〜1941
1941
箱根温泉供給㈱
はこねおんせんきょうきゅう
⑥ 1928〜
日本相互タクシー㈱
にっぽんそうごたくしー
1939〜1963
東急不動産㈱
とうきゅうふどうさん
1953〜1963
1963
東急不動産㈱
とうきゅうふどうさん
1963〜
① 出資
② 発起人
③ 賛助（監査役に渋沢同族㈱増田明六）
④ 開通式出席（会長渋沢秀雄）
⑤ 設立協議（発起人に阪谷芳郎、渋沢秀雄、渋沢敬三。取締役に阪谷芳郎、渋沢秀雄）
⑥ 設立協議（発起人に阪谷芳郎、渋沢秀雄）

75 取引所：東京 ［商工業：取引所］

渋沢栄一は株式や商品取引を行う取引所制度の整備にも尽力しました。1886年頃東京米商会所、東京株式取引所においては投機本位の取引が問題となり、栄一らは制度の改革を目指して様々な努力を行いましたが中々実を結びませんでした。

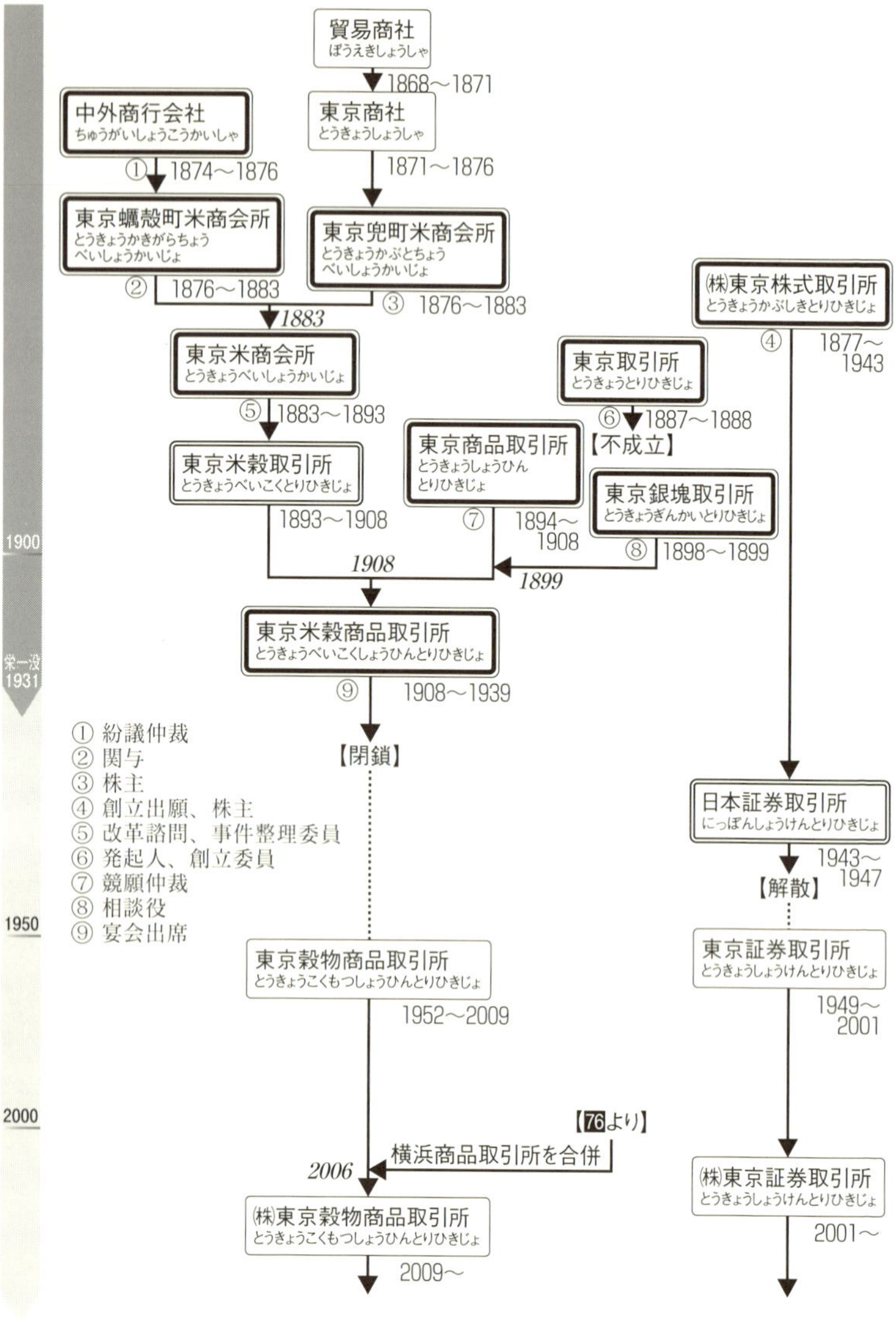
1900
栄一没
1931
1950
2000
貿易商社《ぼうえきしょうしゃ》
1868～1871
東京商社《とうきょうしょうしゃ》
1871～1876
中外商行会社《ちゅうがいしょうこうかいしゃ》
① 1874～1876
東京蠣殻町米商会所《とうきょうかきがらちょうべいしょうかいじょ》
② 1876～1883
東京兜町米商会所《とうきょうかぶとちょうべいしょうかいじょ》
③ 1876～1883
1883
東京米商会所《とうきょうべいしょうかいじょ》
⑤ 1883～1893
東京米穀取引所《とうきょうべいこくとりひきじょ》
1893～1908
㈱東京株式取引所《とうきょうかぶしきとりひきじょ》
④ 1877～1943
東京取引所《とうきょうとりひきじょ》
⑥ 1887～1888
【不成立】
東京商品取引所《とうきょうしょうひんとりひきじょ》
⑦ 1894～1908
東京銀塊取引所《とうきょうぎんかいとりひきじょ》
⑧ 1898～1899
1899
1908
東京米穀商品取引所《とうきょうべいこくしょうひんとりひきじょ》
⑨ 1908～1939
【閉鎖】
日本証券取引所《にっぽんしょうけんとりひきじょ》
1943～1947
【解散】
東京穀物商品取引所《とうきょうこくもつしょうひんとりひきじょ》
1952～2009
東京証券取引所《とうきょうしょうけんとりひきじょ》
1949～2001
【76より】
横浜商品取引所を合併
2006
㈱東京穀物商品取引所《とうきょうこくもつしょうひんとりひきじょ》
2009～
㈱東京証券取引所《とうきょうしょうけんとりひきじょ》
2001～
① 紛議仲裁
② 関与
③ 株主
④ 創立出願、株主
⑤ 改革諮問、事件整理委員
⑥ 発起人、創立委員
⑦ 競願仲裁
⑧ 相談役
⑨ 宴会出席

76 取引所：横浜 ［商工業：取引所］

取引所制度の整備に尽力していた渋沢栄一は、開港後貿易港となった横浜で1877年渋沢喜作らと横浜洋銀取引所設立を出願、洋銀仲買業者らの紛議を仲裁し1879年に同所を開業しました。栄一は1899年横浜の各取引所合併交渉にも関わりました。

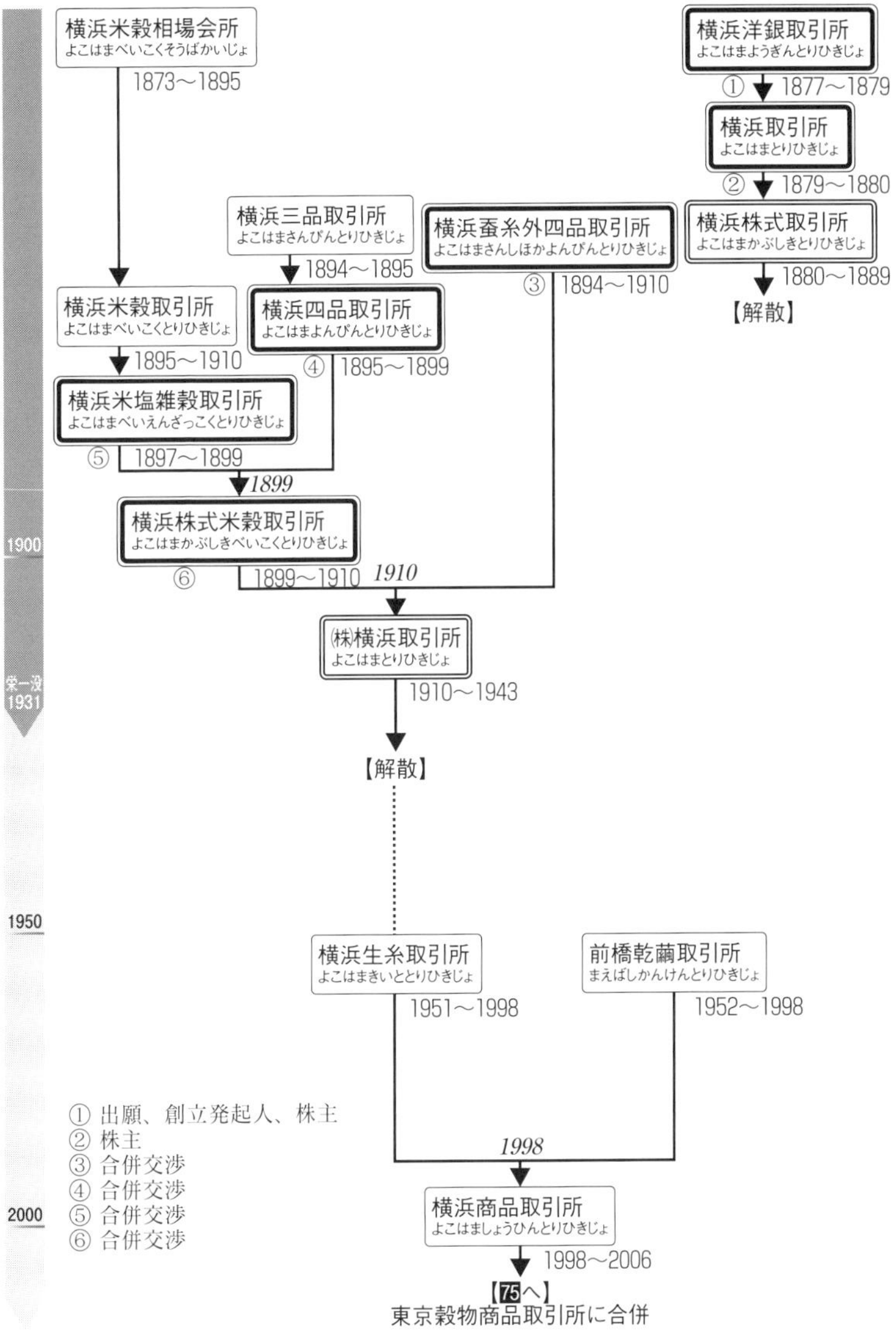
横浜米穀相場会所《よこはまべいこくそうばかいじょ》
1873〜1895
横浜洋銀取引所《よこはまようぎんとりひきじょ》
① 1877〜1879
横浜取引所《よこはまとりひきじょ》
② 1879〜1880
横浜三品取引所《よこはまさんぴんとりひきじょ》
1894〜1895
横浜蚕糸外四品取引所《よこはまさんしほかよんぴんとりひきじょ》
③ 1894〜1910
横浜株式取引所《よこはまかぶしきとりひきじょ》
1880〜1889
【解散】
横浜米穀取引所《よこはまべいこくとりひきじょ》
1895〜1910
横浜四品取引所《よこはまよんぴんとりひきじょ》
④ 1895〜1899
横浜米塩雑穀取引所《よこはまべいえんざっこくとりひきじょ》
⑤ 1897〜1899
1899
横浜株式米穀取引所《よこはまかぶしきべいこくとりひきじょ》
⑥ 1899〜1910
1910
1900
㈱横浜取引所《よこはまとりひきじょ》
1910〜1943
栄一没 1931
【解散】
1950
横浜生糸取引所《よこはまきいととりひきじょ》
1951〜1998
前橋乾繭取引所《まえばしかんけんとりひきじょ》
1952〜1998
① 出願、創立発起人、株主
② 株主
③ 合併交渉
④ 合併交渉
⑤ 合併交渉
⑥ 合併交渉
1998
2000
横浜商品取引所《よこはましょうひんとりひきじょ》
1998〜2006
【75へ】
東京穀物商品取引所に合併

77 取引所：大阪 ［商工業：取引所］

1878年五代友厚らは渋沢栄一の後援を受け、大阪株式取引所を創立しました。同年栄一は大阪堂島米商会所の依頼で、無記名公債証書を証拠金に代用する件で大蔵卿大隈重信への幹旋の労をとりました。

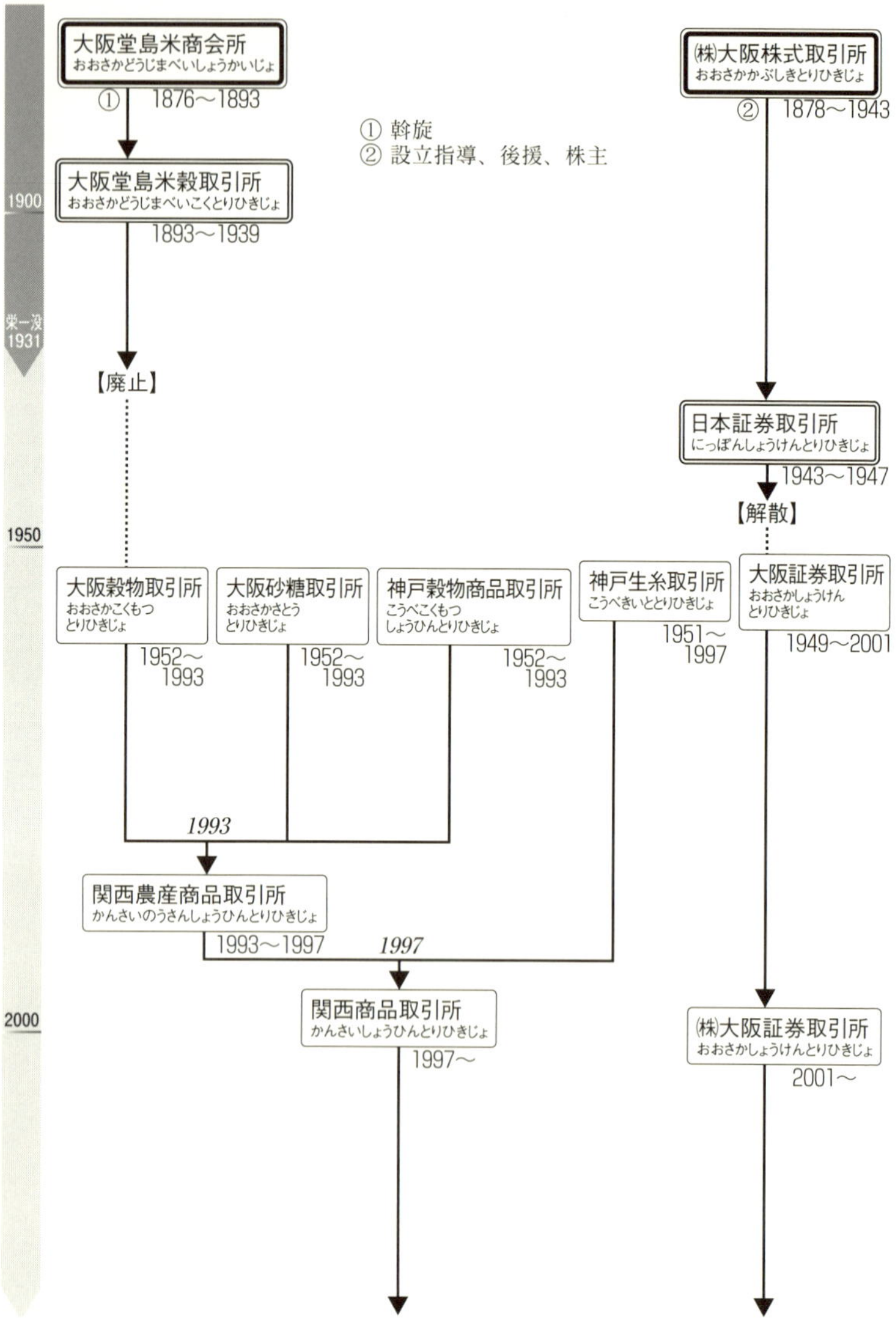
1900
栄一没
1931
1950
2000
大阪堂島米商会所《おおさかどうじまべいしょうかいじょ》
① 1876～1893
大阪堂島米穀取引所《おおさかどうじまべいこくとりひきじょ》
1893～1939
【廃止】
① 幹旋
② 設立指導、後援、株主
㈱大阪株式取引所《おおさかかぶしきとりひきじょ》
② 1878～1943
日本証券取引所《にっぽんしょうけんとりひきじょ》
1943～1947
【解散】
大阪穀物取引所《おおさかこくもつとりひきじょ》
1952～1993
大阪砂糖取引所《おおさかさとうとりひきじょ》
1952～1993
神戸穀物商品取引所《こうべこくもつしょうひんとりひきじょ》
1952～1993
神戸生糸取引所《こうべきいととりひきじょ》
1951～1997
大阪証券取引所《おおさかしょうけんとりひきじょ》
1949～2001
1993
関西農産商品取引所《かんさいのうさんしょうひんとりひきじょ》
1993～1997
1997
関西商品取引所《かんさいしょうひんとりひきじょ》
1997～
㈱大阪証券取引所《おおさかしょうけんとりひきじょ》
2001～

78 倉庫業 ［商工業：倉庫］

渋沢栄一は倉庫業と保管貨物担保の金融業を目的に、1879年新潟に北越商会を設立しました。東京でも1882年倉庫会社及び均融会社を起こしましたが、いずれも業績不振で解散しました。1897年には深川の渋沢家土蔵に倉庫部を開業しました。

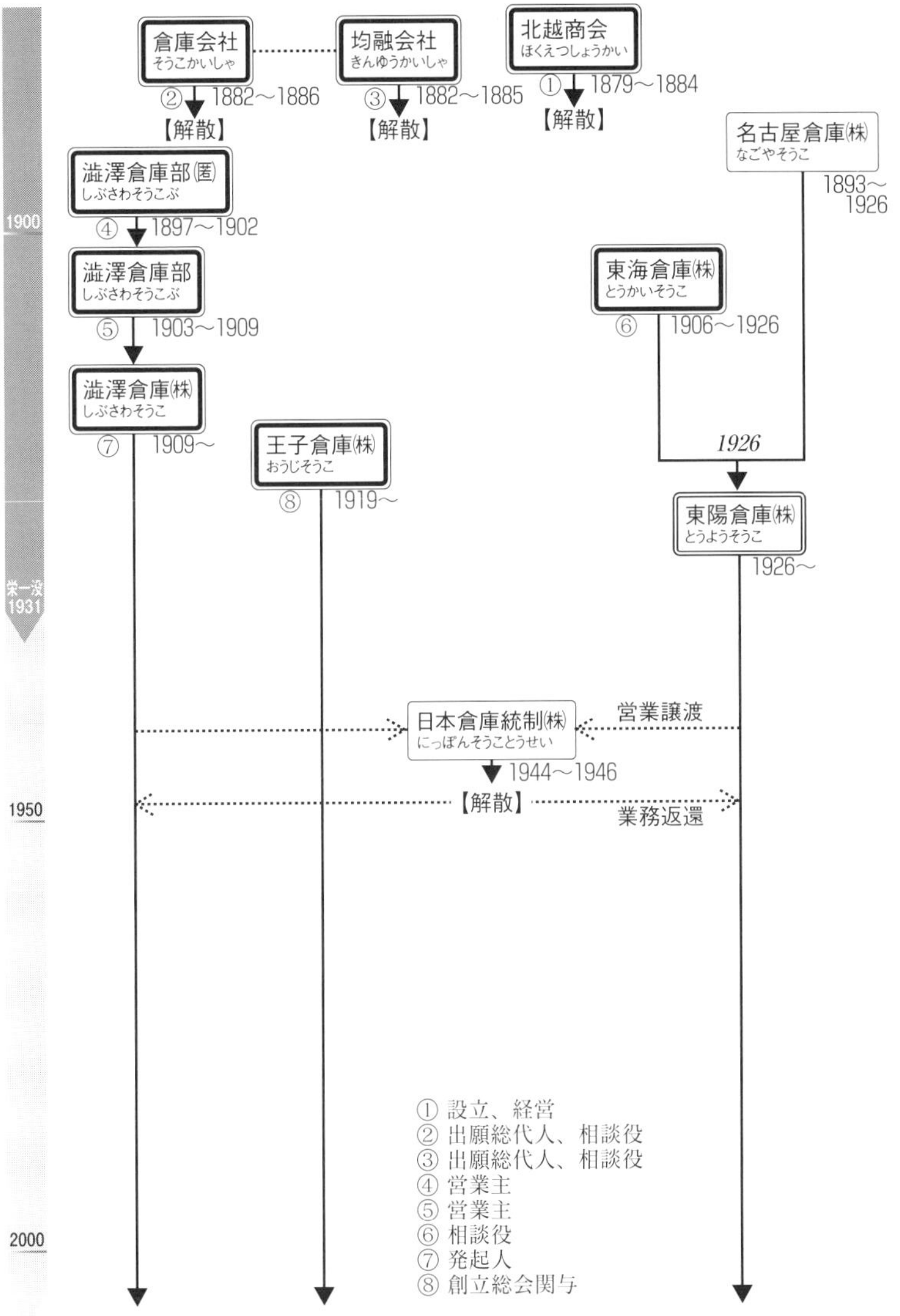
1900
栄一没 1931
1950
2000
倉庫会社《そうこかいしゃ》
② 1882～1886
【解散】
均融会社《きんゆうかいしゃ》
③ 1882～1885
【解散】
北越商会《ほくえつしょうかい》
① 1879～1884
【解散】
名古屋倉庫㈱《なごやそうこ》
1893～1926
澁澤倉庫部㊣《しぶさわそうこぶ》
④ 1897～1902
澁澤倉庫部《しぶさわそうこぶ》
⑤ 1903～1909
澁澤倉庫㈱《しぶさわそうこ》
⑦ 1909～
東海倉庫㈱《とうかいそうこ》
⑥ 1906～1926
1926
王子倉庫㈱《おうじそうこ》
⑧ 1919～
東陽倉庫㈱《とうようそうこ》
1926～
日本倉庫統制㈱《にっぽんそうことうせい》
営業譲渡
1944～1946
【解散】
業務返還
① 設立、経営
② 出願総代人、相談役
③ 出願総代人、相談役
④ 営業主
⑤ 営業主
⑥ 相談役
⑦ 発起人
⑧ 創立総会関与

79 ホテル業 ［商工業：ホテル］

明治期に外国の賓客接待のための近代ホテルとして渋沢栄一らは1887年東京ホテルを設立、しかし近くに同名のホテルがあり帝国ホテルと改称しました。また栄一は同時期に日光ホテルと京都の常盤ホテルの開業を支援しました。

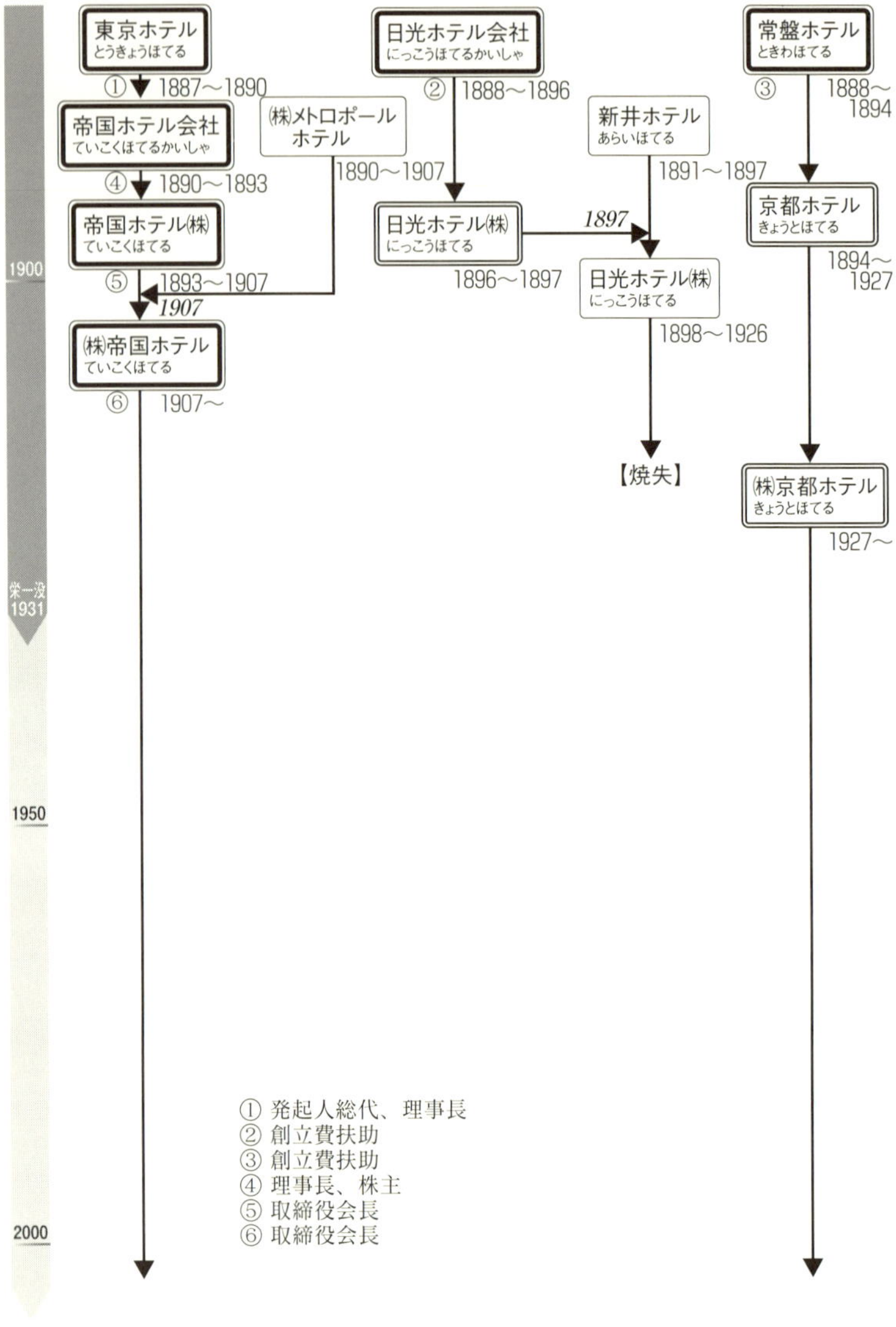
1900
栄一没 1931
1950
2000
東京ホテル《とうきょうほてる》
① 1887～1890
帝国ホテル会社《ていこくほてるかいしゃ》
④ 1890～1893
帝国ホテル㈱《ていこくほてる》
⑤ 1893～1907
㈱メトロポールホテル
1890～1907
1907
㈱帝国ホテル《ていこくほてる》
⑥ 1907～
日光ホテル会社《にっこうほてるかいしゃ》
② 1888～1896
日光ホテル㈱《にっこうほてる》
1896～1897
1897
新井ホテル《あらいほてる》
1891～1897
日光ホテル㈱《にっこうほてる》
1898～1926
【焼失】
常盤ホテル《ときわほてる》
③ 1888～1894
京都ホテル《きょうとほてる》
1894～1927
㈱京都ホテル《きょうとほてる》
1927～
① 発起人総代、理事長
② 創立費扶助
③ 創立費扶助
④ 理事長、株主
⑤ 取締役会長
⑥ 取締役会長

80 貿易 ［商工業：貿易］

渋沢栄一は九州米を外国に輸出するため、大倉喜八郎らと1887年日本輸出米商社を設立しました。その他に栄一は晩年まで各種貿易会社の設立に尽力しましたが、その多くは業績不振で解散しました。

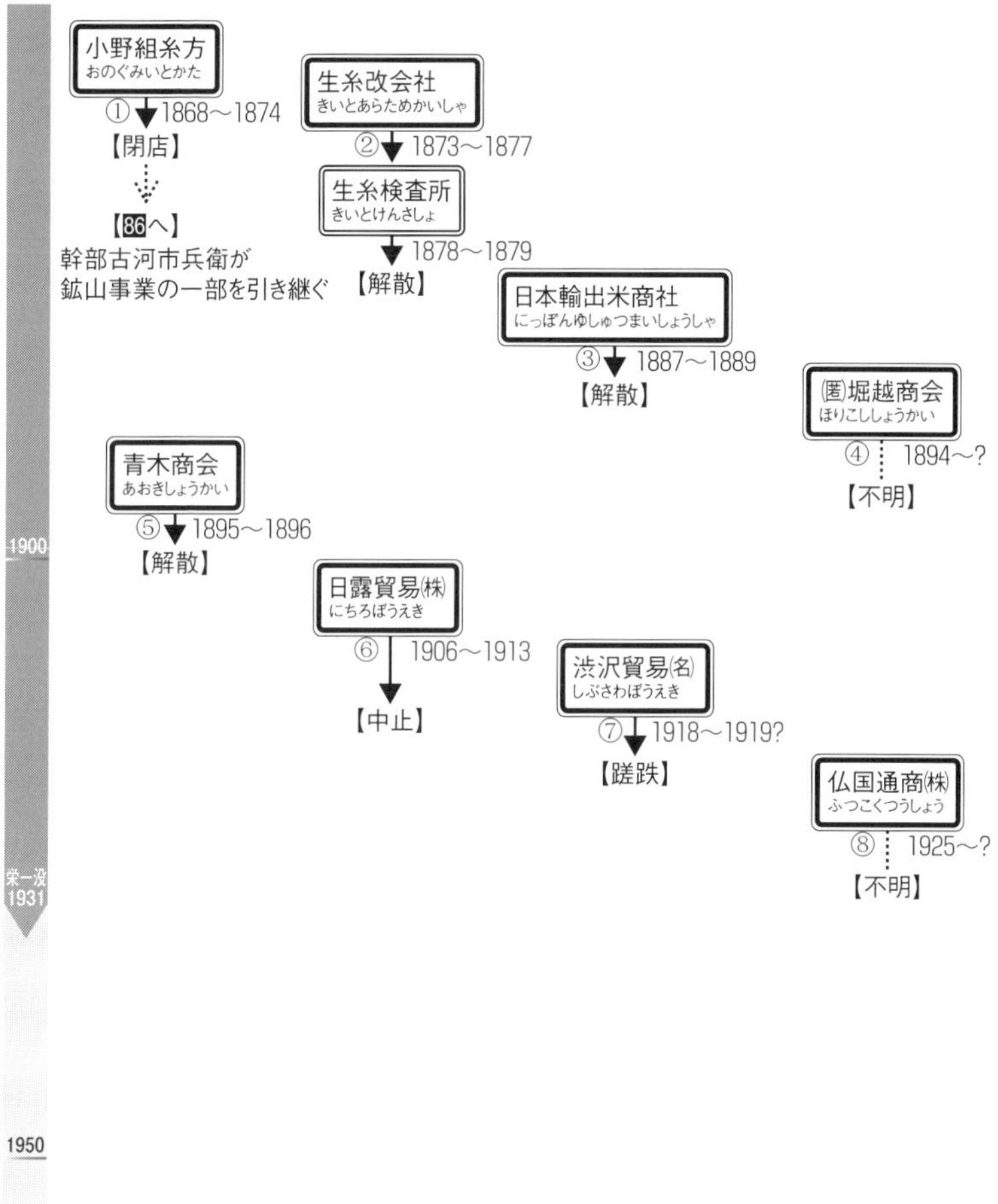
小野組糸方《おのぐみいとかた》
① 1868～1874
【閉店】
【86へ】
幹部古河市兵衛が
鉱山事業の一部を引き継ぐ
生糸改会社《きいとあらためかいしゃ》
② 1873～1877
生糸検査所《きいとけんさしょ》
1878～1879
【解散】
日本輸出米商社《にっぽんゆしゅつまいしょうしゃ》
③ 1887～1889
【解散】
㊣堀越商会《ほりこししょうかい》
④ 1894～?
【不明】
青木商会《あおきしょうかい》
⑤ 1895～1896
【解散】
日露貿易㈱《にちろぼうえき》
⑥ 1906～1913
【中止】
渋沢貿易㈴《しぶさわぼうえき》
⑦ 1918～1919?
【蹉跌】
仏国通商㈱《ふつこくつうしょう》
⑧ 1925～?
【不明】
1900
栄一没
1931
1950
2000

① 援助、監督
② 仕官時に設立。存続に尽力
③ 発起
④ 出資、監督
⑤ 資金貸付
⑥ 発起人
⑦ 訓示、整理
⑧ 設立協議

81 印刷業［諸商工業］

1876年佐久間貞一らは活版印刷の秀英舎を設立、渋沢栄一の援助で製紙会社東京分社印刷工場の印刷機械を借用して操業しました。第一国立銀行内にあったこの東京分社印刷工場は後に独立し、星野錫らの発起で東京印刷となりました。

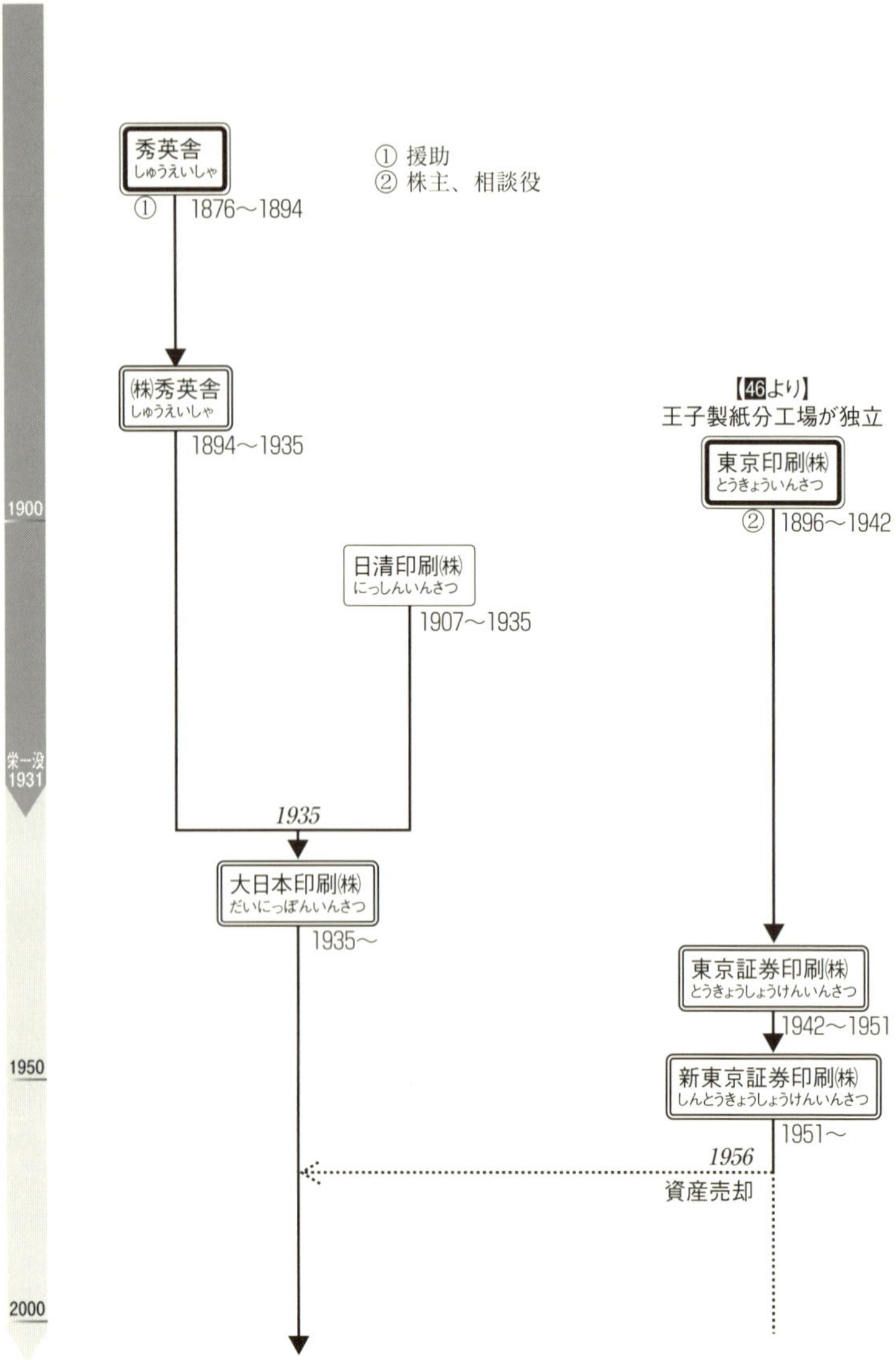
① 援助
② 株主、相談役
秀英舎《しゅうえいしゃ》
① 1876～1894
㈱秀英舎《しゅうえいしゃ》
1894～1935
【46より】
王子製紙分工場が独立
東京印刷㈱《とうきょういんさつ》
② 1896～1942
日清印刷㈱《にっしんいんさつ》
1907～1935
1900
栄一没
1931
1935
大日本印刷㈱《だいにっぽんいんさつ》
1935～
東京証券印刷㈱《とうきょうしょうけんいんさつ》
1942～1951
新東京証券印刷㈱《しんとうきょうしょうけんいんさつ》
1951～
1956
資産売却
1950
2000

82 電気機器製造業 ［諸商工業］

沖牙太郎経営の電気機器製造販売業沖商会は1907年に合資会社となりました。渋沢栄一は浅野総一郎らと共に有限責任社員として関わりました。栄一はまた渡辺嘉一らと電気機器製造販売の東洋電機を発起しました。

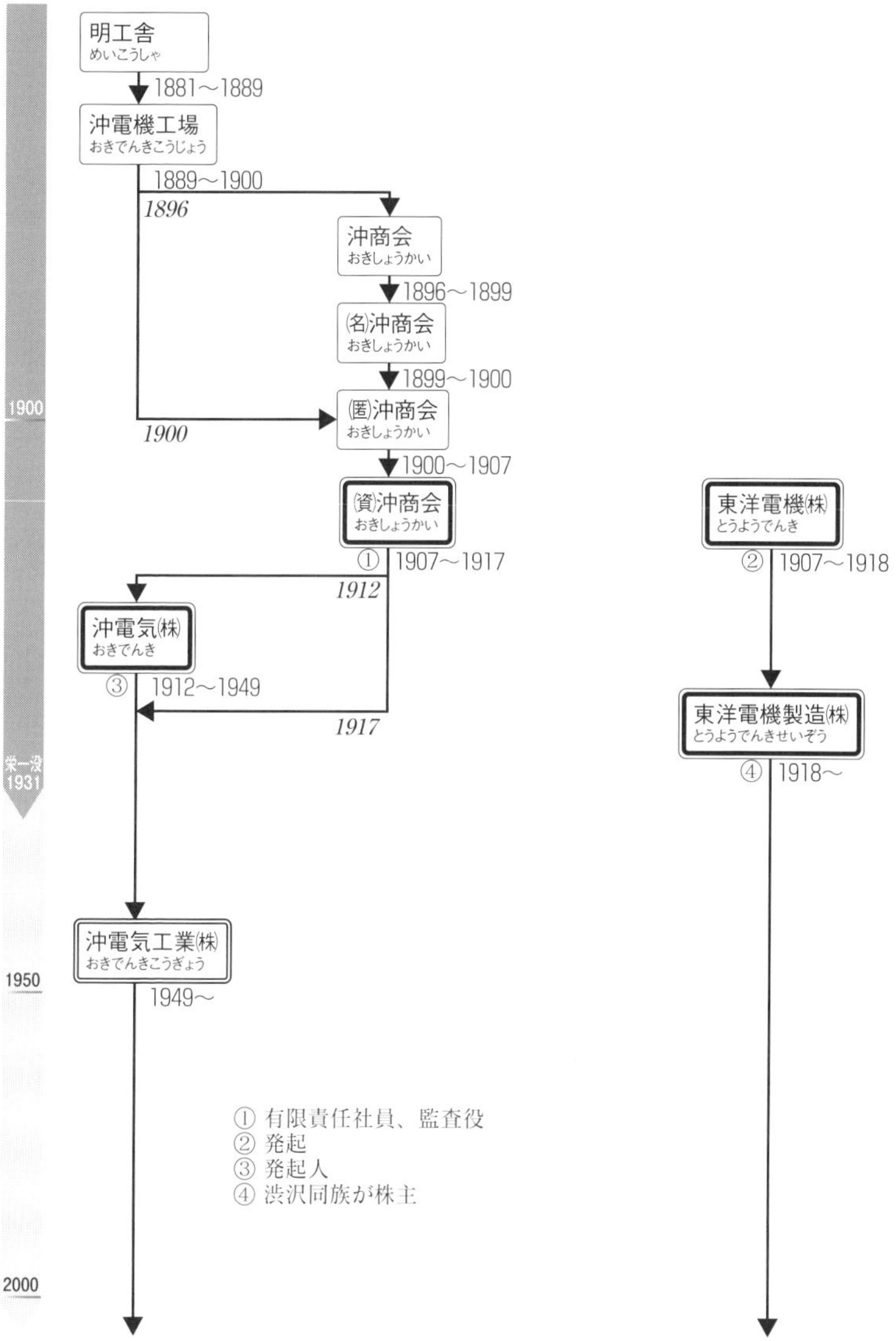
明工舎《めいこうしゃ》
1881～1889
沖電機工場《おきでんきこうじょう》
1889～1900
1896
沖商会《おきしょうかい》
1896～1899
(名)沖商会《おきしょうかい》
1899～1900
1900
(匿)沖商会《おきしょうかい》
1900～1907
(資)沖商会《おきしょうかい》
① 1907～1917
1912
沖電気(株)《おきでんき》
③ 1912～1949
1917
沖電気工業(株)《おきでんきこうぎょう》
1949～
東洋電機(株)《とうようでんき》
② 1907～1918
東洋電機製造(株)《とうようでんきせいぞう》
④ 1918～
1900
栄一没 1931
1950
2000
① 有限責任社員、監査役
② 発起
③ 発起人
④ 渋沢同族が株主

83 諸製造業［諸商工業］

五代友厚は政府より低利資金を借り入れ、1876年大阪堂島に製藍販売業の朝陽館を創立しました。渋沢栄一はこれに協力しました。この他にも栄一は製油、製氷、鉛管、ゴムなど様々な製造業の設立を支援し、事業の発展に尽力しました。

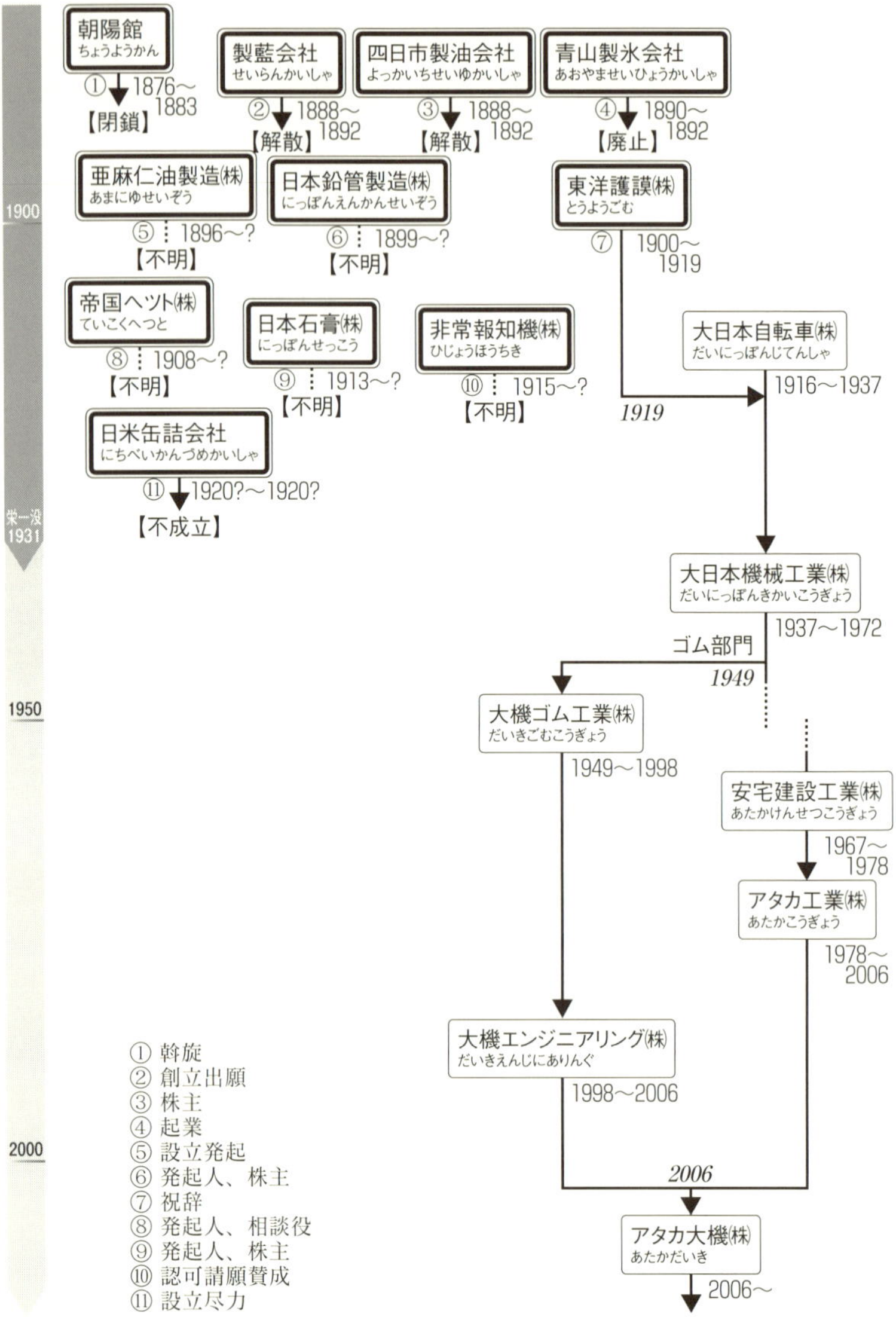
1900
栄一没
1931
1950
2000
朝陽館《ちょうようかん》
① 1876～1883
【閉鎖】
製藍会社《せいらんかいしゃ》
② 1888～1892
【解散】
四日市製油会社《よっかいちせいゆかいしゃ》
③ 1888～1892
【解散】
青山製氷会社《あおやませいひょうかいしゃ》
④ 1890～1892
【廃止】
亜麻仁油製造㈱《あまにゆせいぞう》
⑤ 1896～?
【不明】
日本鉛管製造㈱《にっぽんえんかんせいぞう》
⑥ 1899～?
【不明】
東洋護謨㈱《とうようごむ》
⑦ 1900～1919
帝国ヘツト㈱《ていこくへつと》
⑧ 1908～?
【不明】
日本石膏㈱《にっぽんせっこう》
⑨ 1913～?
【不明】
非常報知機㈱《ひじょうほうちき》
⑩ 1915～?
【不明】
日米缶詰会社《にちべいかんづめかいしゃ》
⑪ 1920?～1920?
【不成立】
大日本自転車㈱《だいにっぽんじてんしゃ》
1916～1937
1919
大日本機械工業㈱《だいにっぽんきかいこうぎょう》
1937～1972
ゴム部門
1949
大機ゴム工業㈱《だいきごむこうぎょう》
1949～1998
安宅建設工業㈱《あたかけんせつこうぎょう》
1967～1978
アタカ工業㈱《あたかこうぎょう》
1978～2006
大機エンジニアリング㈱《だいきえんじにありんぐ》
1998～2006
2006
アタカ大機㈱《あたかだいき》
2006～
① 斡旋
② 創立出願
③ 株主
④ 起業
⑤ 設立発起
⑥ 発起人、株主
⑦ 祝辞
⑧ 発起人、相談役
⑨ 発起人、株主
⑩ 認可請願賛成
⑪ 設立尽力

84 卸小売業 ［諸商工業］

三越呉服店は1914年日本橋に５階建の新館を建てました。その開館式で渋沢栄一は初めて江戸に出て越後屋を見た時を追懐し祝辞を述べました。また王子製紙取引先の紙商・中井商店が合名会社になった際、栄一は顧問に就任しました。

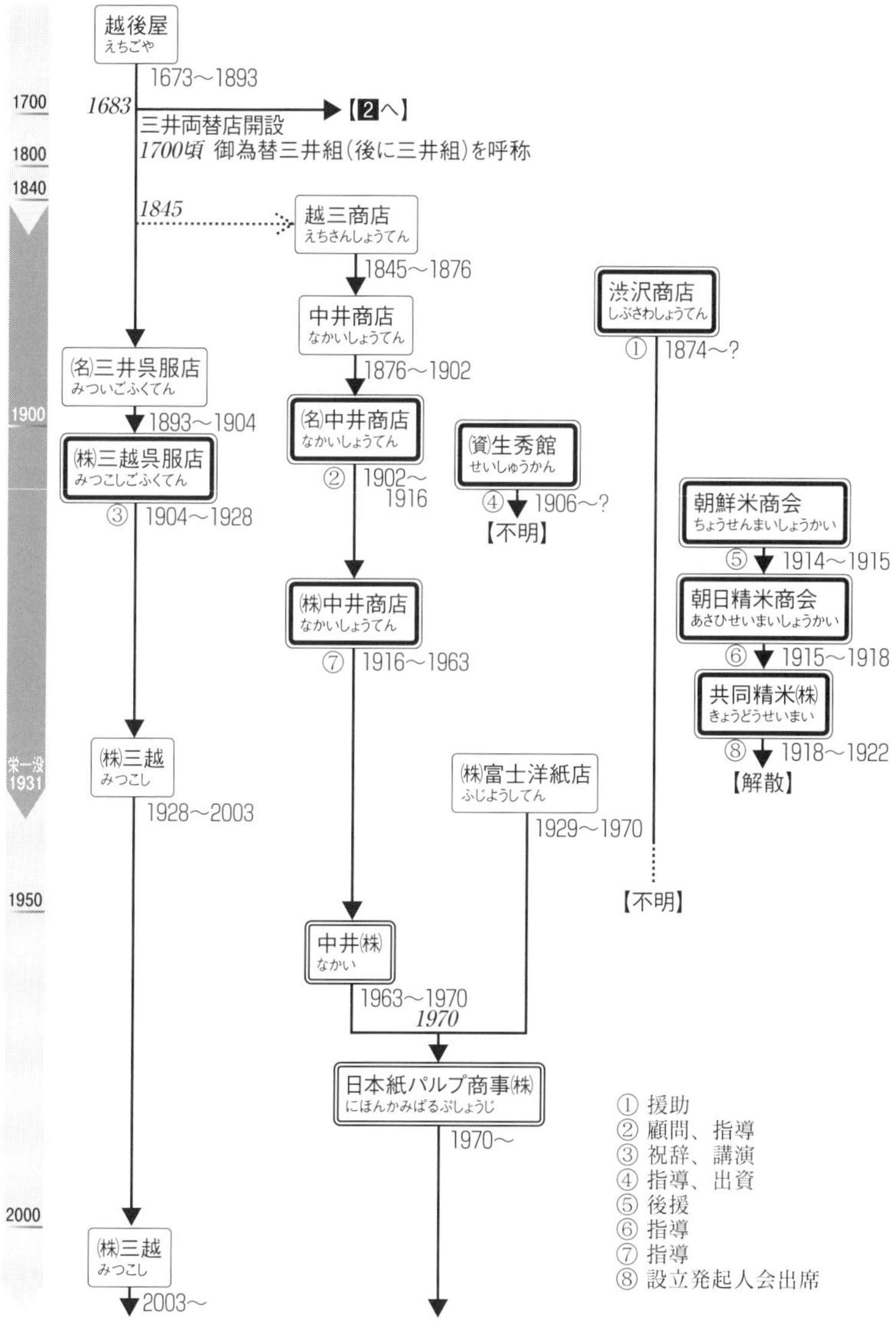
1700
1800
1840
1900
栄一没 1931
1950
2000
越後屋《えちごや》
1673～1893
1683
【2へ】
三井両替店開設
1700頃 御為替三井組(後に三井組)を呼称
1845
越三商店《えちさんしょうてん》
1845～1876
中井商店《なかいしょうてん》
1876～1902
㈴中井商店《なかいしょうてん》
② 1902～1916
㈱中井商店《なかいしょうてん》
⑦ 1916～1963
中井㈱《なかい》
1963～1970
1970
日本紙パルプ商事㈱《にほんかみぱるぷしょうじ》
1970～
㈴三井呉服店《みついごふくてん》
1893～1904
㈱三越呉服店《みつこしごふくてん》
③ 1904～1928
㈱三越《みつこし》
1928～2003
㈱三越《みつこし》
2003～
㈾生秀館《せいしゅうかん》
④ 1906～?
【不明】
㈱富士洋紙店《ふじようしてん》
1929～1970
渋沢商店《しぶさわしょうてん》
① 1874～?
【不明】
朝鮮米商会《ちょうせんまいしょうかい》
⑤ 1914～1915
朝日精米商会《あさひせいまいしょうかい》
⑥ 1915～1918
共同精米㈱《きょうどうせいまい》
⑧ 1918～1922
【解散】
① 援助
② 顧問、指導
③ 祝辞、講演
④ 指導、出資
⑤ 後援
⑥ 指導
⑦ 指導
⑧ 設立発起人会出席

85 サービス業 ［諸商工業］

渋沢栄一は東京市内に建物を建築し貸付・売却する目的で、安田善次郎らと1896年東京建物を設立しました。また実業家達の構想で社交場として東京会館の建物が1922年落成し、栄一は開館式で祝辞を述べました。

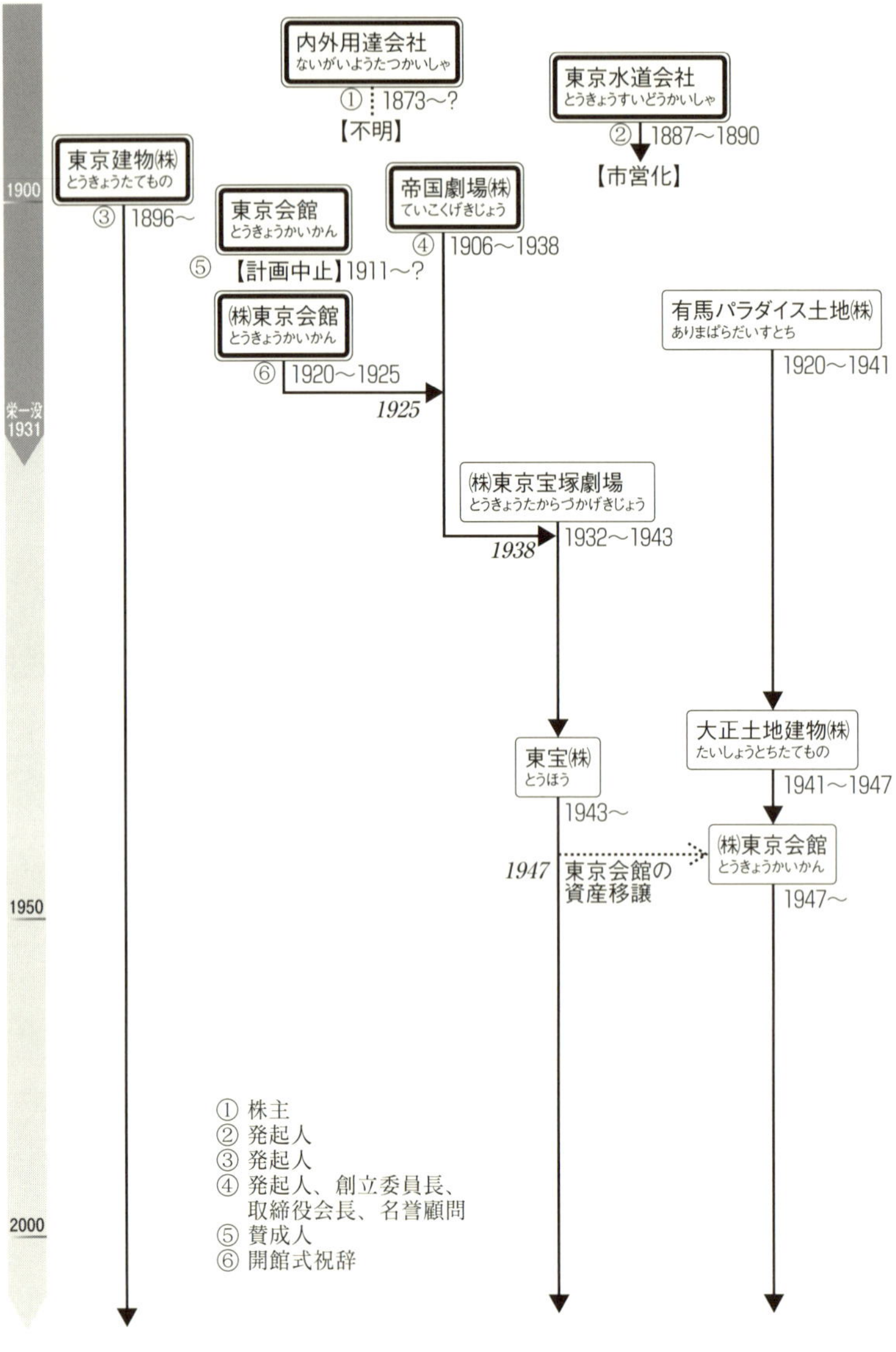
1900
栄一没 1931
1950
2000
内外用達会社《ないがいようたつかいしゃ》
① 1873～?
【不明】
東京水道会社《とうきょうすいどうかいしゃ》
② 1887～1890
【市営化】
東京建物㈱《とうきょうたてもの》
③ 1896～
東京会館《とうきょうかいかん》
⑤ 【計画中止】1911～?
帝国劇場㈱《ていこくげきじょう》
④ 1906～1938
㈱東京会館《とうきょうかいかん》
⑥ 1920～1925
1925
有馬パラダイス土地㈱《ありまぱらだいすとち》
1920～1941
㈱東京宝塚劇場《とうきょうたからづかげきじょう》
1938
1932～1943
東宝㈱《とうほう》
1943～
大正土地建物㈱《たいしょうとちたてもの》
1941～1947
1947
東京会館の資産移譲
㈱東京会館《とうきょうかいかん》
1947～
① 株主
② 発起人
③ 発起人
④ 発起人、創立委員長、取締役会長、名誉顧問
⑤ 賛成人
⑥ 開館式祝辞

86 銅山［鉱業］

小野組の古河市兵衛は1874年小野組破綻後栃木県の足尾銅山開発に邁進しました。渋沢栄一は信用を重んじる古河を評価し、1877年の足尾鉱山組合設立を支援しました。古河は浅野総一郎が放棄した山形県の大鳥鉱山を1895年譲り受けました。

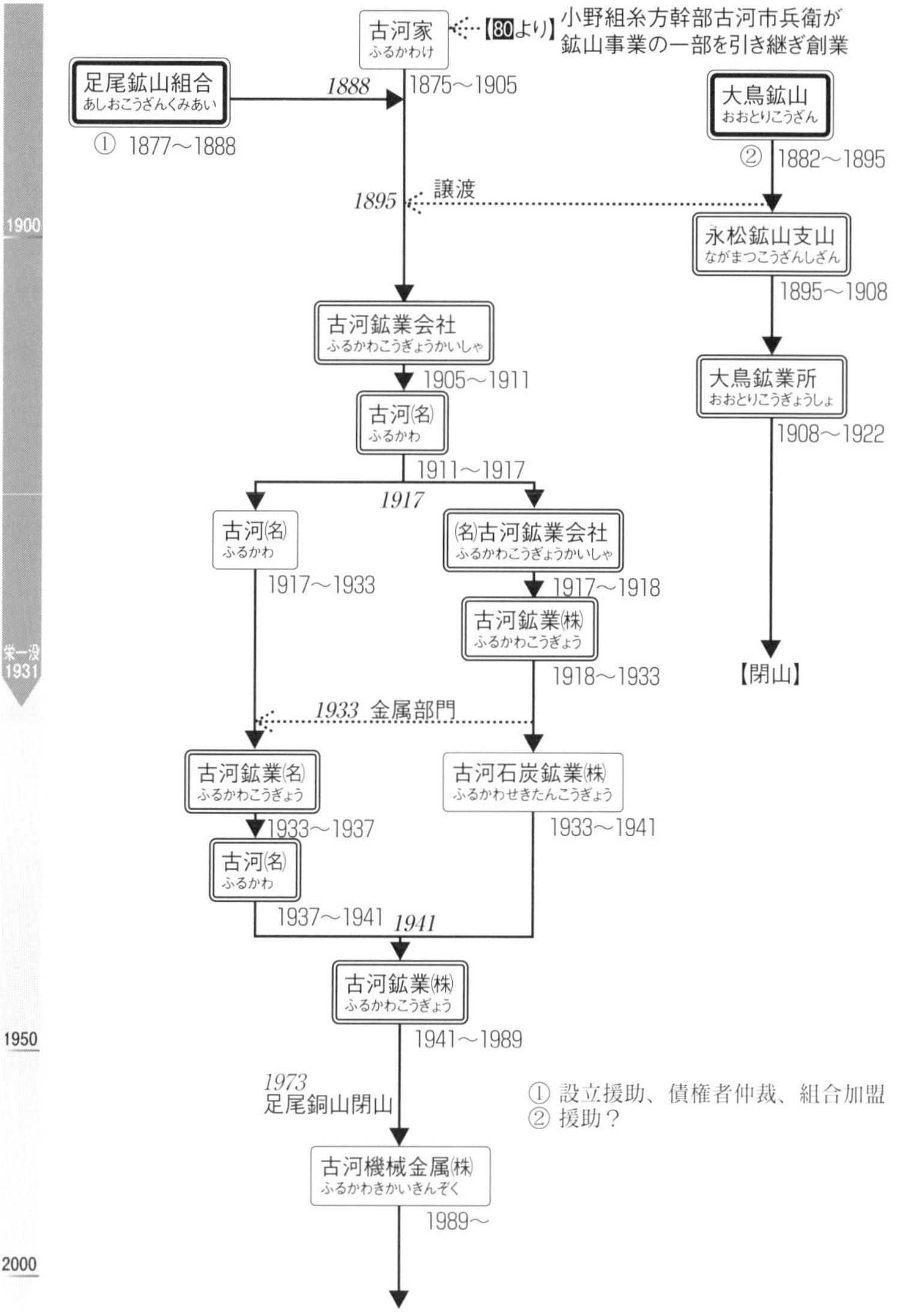
古河家《ふるかわけ》
【80より】
小野組糸方幹部古河市兵衛が鉱山事業の一部を引き継ぎ創業
1875〜1905
足尾鉱山組合《あしおこうざんくみあい》
① 1877〜1888
1888
大鳥鉱山《おおとりこうざん》
② 1882〜1895
1895 譲渡
1900
永松鉱山支山《ながまつこうざんしざん》
1895〜1908
古河鉱業会社《ふるかわこうぎょうかいしゃ》
1905〜1911
大鳥鉱業所《おおとりこうぎょうしょ》
1908〜1922
古河㈴《ふるかわ》
1911〜1917
1917
古河㈴《ふるかわ》
1917〜1933
㈴古河鉱業会社《ふるかわこうぎょうかいしゃ》
1917〜1918
古河鉱業㈱《ふるかわこうぎょう》
1918〜1933
【閉山】
栄一没 1931
1933 金属部門
古河鉱業㈴《ふるかわこうぎょう》
1933〜1937
古河石炭鉱業㈱《ふるかわせきたんこうぎょう》
1933〜1941
古河㈴《ふるかわ》
1937〜1941
1941
古河鉱業㈱《ふるかわこうぎょう》
1941〜1989
1950
1973 足尾銅山閉山
① 設立援助、債権者仲裁、組合加盟
② 援助？
古河機械金属㈱《ふるかわきかいきんぞく》
1989〜
2000

87 石炭［鉱業］

渋沢栄一は石炭の将来性に目をつけた浅野総一郎の提案を受け磐城地方の炭礦経営を計画、1883年磐城炭礦社を起こし会長に就任しました。栄一はこのほか北海道の石狩石炭、山口県の長門無煙炭礦など各地の炭礦経営に関わりました。

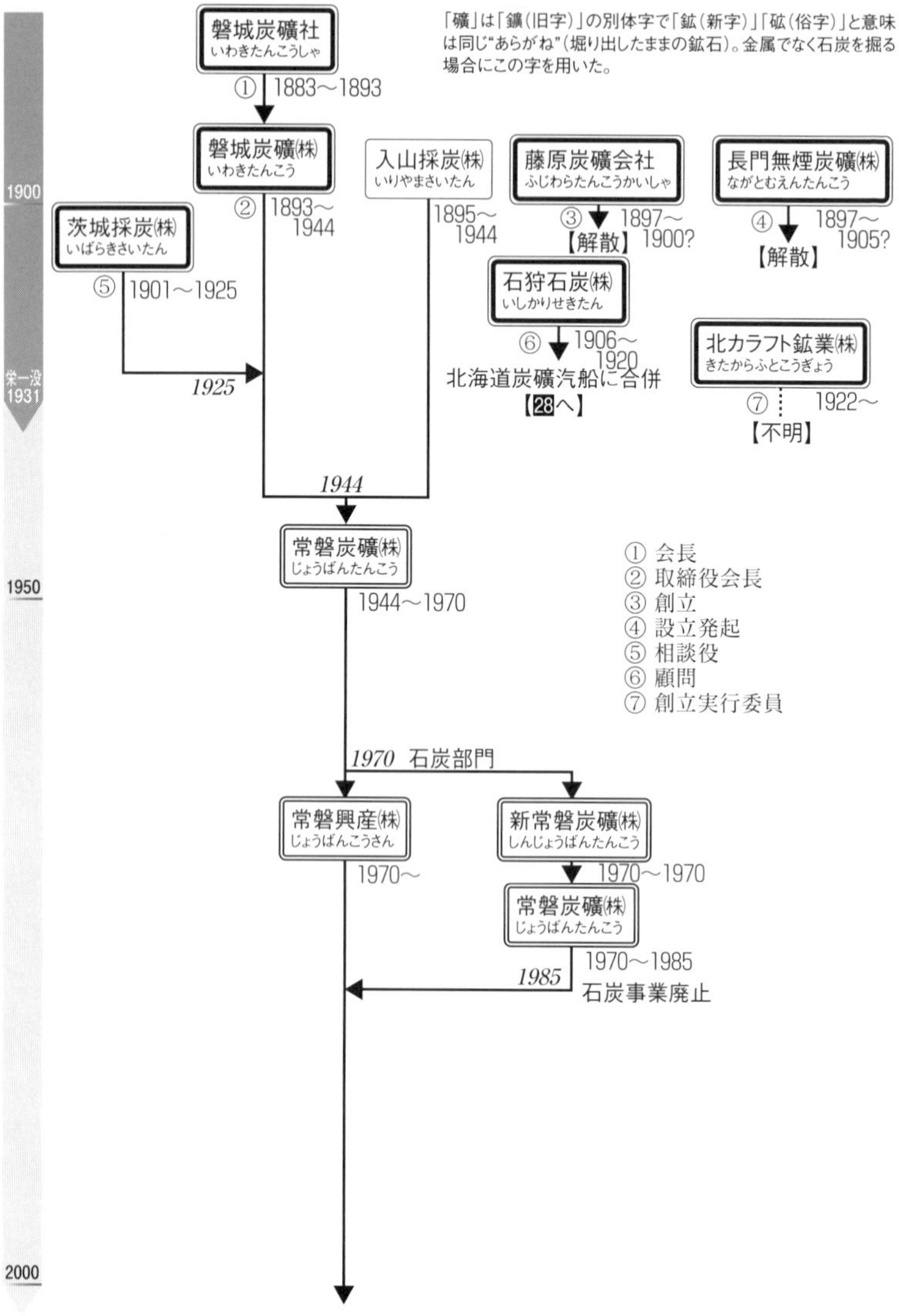
「礦」は「鑛（旧字）」の別体字で「鉱（新字）」「砿（俗字）」と意味は同じ“あらがね”（掘り出したままの鉱石）。金属でなく石炭を掘る場合にこの字を用いた。
1900
栄一没 1931
1950
2000
磐城炭礦社《いわきたんこうしゃ》
① 1883～1893
磐城炭礦㈱《いわきたんこう》
② 1893～1944
入山採炭㈱《いりやまさいたん》
1895～1944
藤原炭礦会社《ふじわらたんこうかいしゃ》
③ 1897～1900?
【解散】
長門無煙炭礦㈱《ながとむえんたんこう》
④ 1897～1905?
【解散】
茨城採炭㈱《いばらきさいたん》
⑤ 1901～1925
1925
石狩石炭㈱《いしかりせきたん》
⑥ 1906～1920
北海道炭礦汽船に合併
【28へ】
北カラフト鉱業㈱《きたからふとこうぎょう》
⑦ 1922～
【不明】
1944
常磐炭礦㈱《じょうばんたんこう》
1944～1970
① 会長
② 取締役会長
③ 創立
④ 設立発起
⑤ 相談役
⑥ 顧問
⑦ 創立実行委員
1970 石炭部門
常磐興産㈱《じょうばんこうさん》
1970～
新常磐炭礦㈱《しんじょうばんたんこう》
1970～1970
常磐炭礦㈱《じょうばんたんこう》
1970～1985
1985
石炭事業廃止

88 石油［鉱業］

梅浦精一らは越後長岡地方の石油汲取販売を目的に1896年北越石油㈱を設立、渋沢栄一は発起人となりました。長岡に分立した多くの石油事業者は、栄一らの勧告で1901年合併しました。

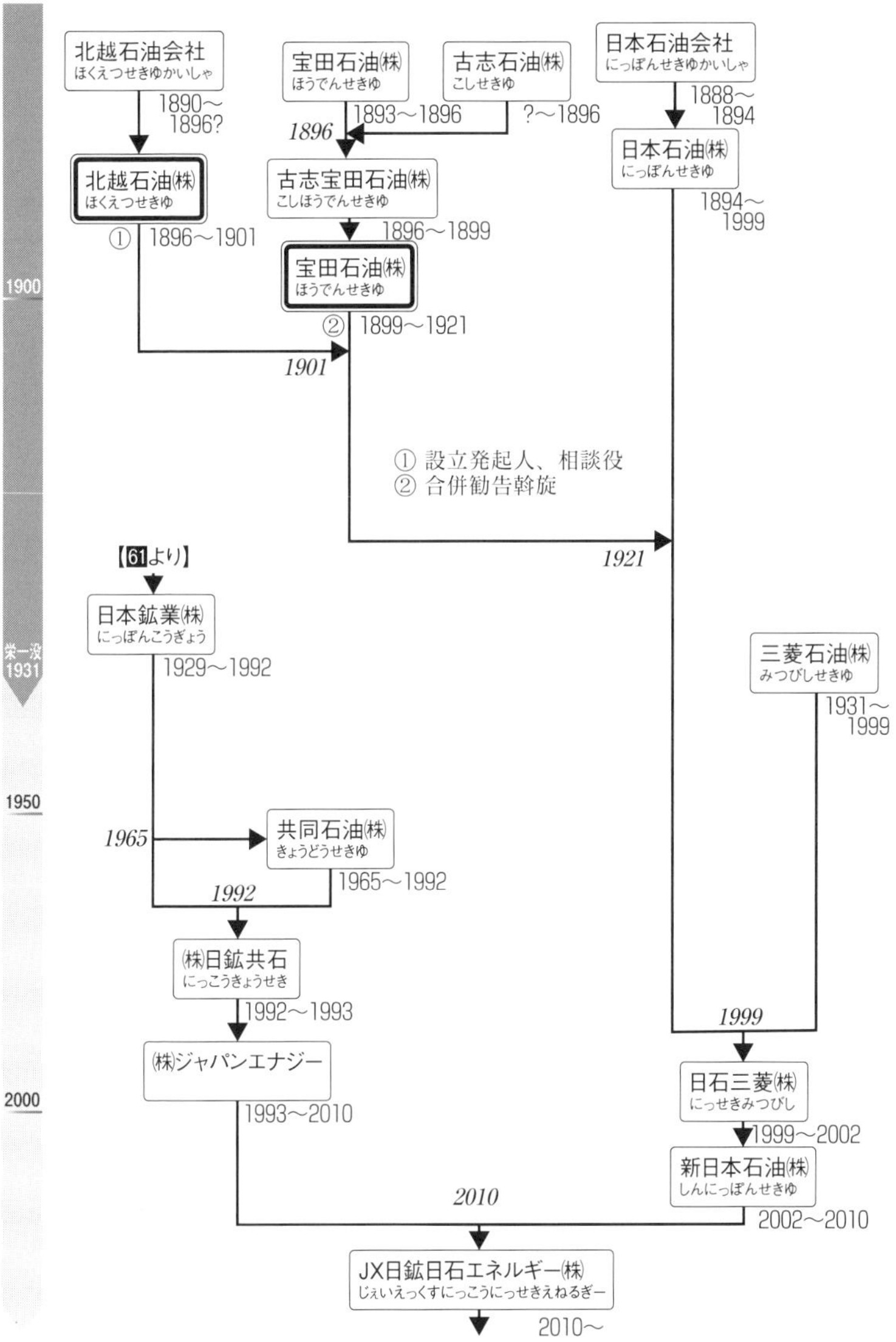
1900
栄一没
1931
1950
2000
北越石油会社《ほくえつせきゆかいしゃ》
1890～1896?
北越石油㈱《ほくえつせきゆ》
① 1896～1901
宝田石油㈱《ほうでんせきゆ》
1893～1896
古志石油㈱《こしせきゆ》
?～1896
1896
古志宝田石油㈱《こしほうでんせきゆ》
1896～1899
宝田石油㈱《ほうでんせきゆ》
② 1899～1921
1901
日本石油会社《にっぽんせきゆかいしゃ》
1888～1894
日本石油㈱《にっぽんせきゆ》
1894～1999
① 設立発起人、相談役
② 合併勧告斡旋
1921
【61より】
日本鉱業㈱《にっぽんこうぎょう》
1929～1992
1965
共同石油㈱《きょうどうせきゆ》
1965～1992
1992
㈱日鉱共石《にっこうきょうせき》
1992～1993
㈱ジャパンエナジー
1993～2010
三菱石油㈱《みつびしせきゆ》
1931～1999
1999
日石三菱㈱《にっせきみつびし》
1999～2002
新日本石油㈱《しんにっぽんせきゆ》
2002～2010
2010
JX日鉱日石エネルギー㈱《じぇいえっくすにっこうにっせきえねるぎー》
2010～

89 農牧林業 A ［農林水産］

渋沢栄一は経営不振に陥っていた青森県の三本木共立開墾会社の株式を1888年に引受け事業再建に尽力、同社から株主に割譲された土地で牧場を経営し三本木渋沢農場としました。また北海道十勝地方開拓のため1897年十勝開墾を設立しました。

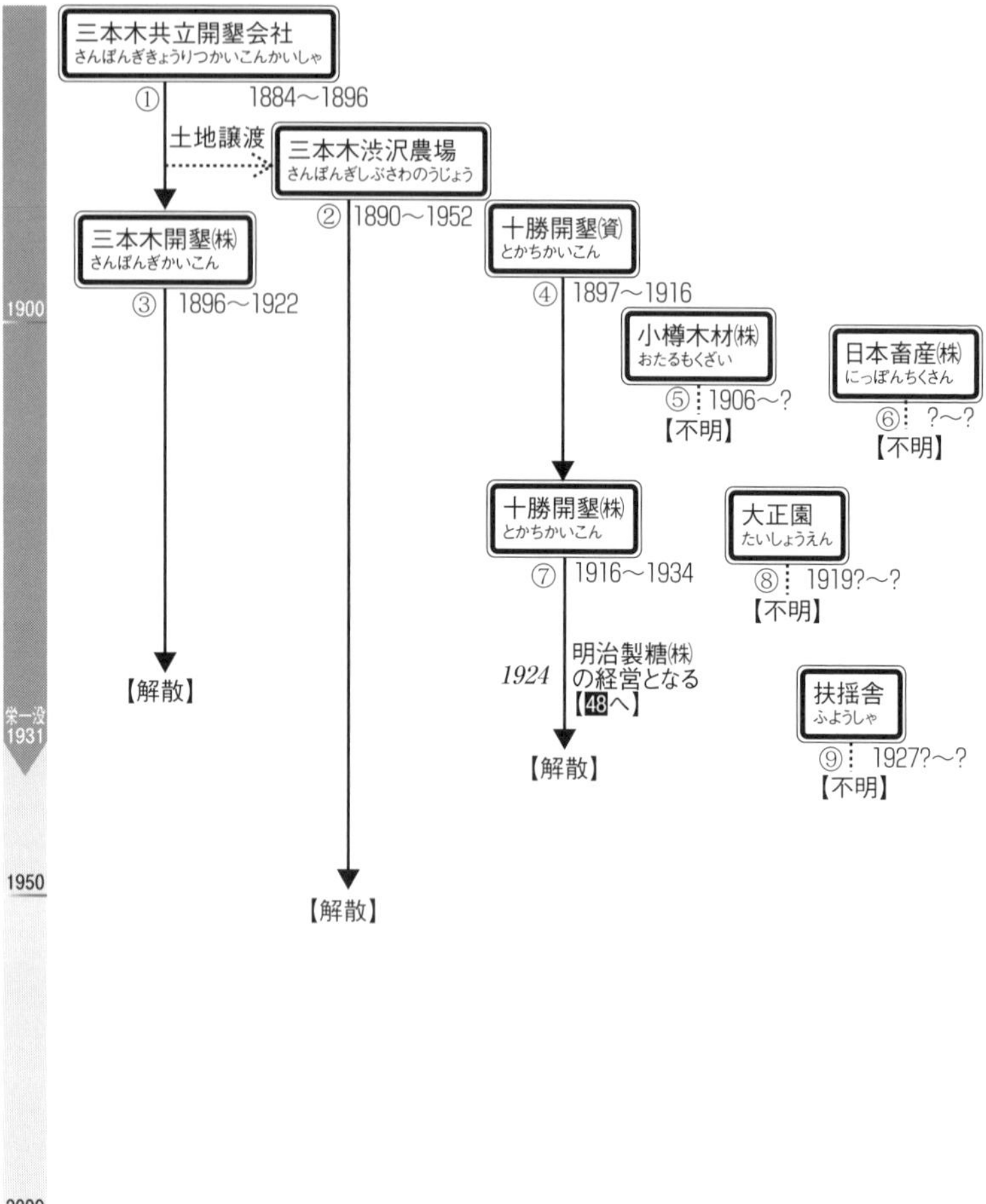
三本木共立開墾会社《さんぼんぎきょうりつかいこんかいしゃ》
① 1884～1896
土地譲渡
三本木渋沢農場《さんぼんぎしぶさわのうじょう》
② 1890～1952
三本木開墾㈱《さんぼんぎかいこん》
③ 1896～1922
十勝開墾㈾《とかちかいこん》
④ 1897～1916
小樽木材㈱《おたるもくざい》
⑤ 1906～?
【不明】
日本畜産㈱《にっぽんちくさん》
⑥ ?～?
【不明】
十勝開墾㈱《とかちかいこん》
⑦ 1916～1934
大正園《たいしょうえん》
⑧ 1919?～?
【不明】
1924
明治製糖㈱の経営となる【48へ】
扶揺舎《ふようしゃ》
⑨ 1927?～?
【不明】
【解散】
【解散】
【解散】
1900
栄一没 1931
1950
2000

① 株主、事業参与
② 経営
③ 株主
④ 業務担当社員、出資、監査役
⑤ 設立発起人会議長、相談役
⑥ 株主会演説
⑦ 渋沢同族が株主
⑧ 援助？
⑨ 寄付

90 農牧林業 B［農林水産］

渋沢栄一は牧羊を目的に益田孝らと共に箱根仙石原に1879年耕牧舎を起こしました。栄一は他にも栃木や埼玉など各地の開墾会社に関わり、1919年には千葉県印旛沼等全国15か所の開発を計画した中央開墾の発起人となりました。

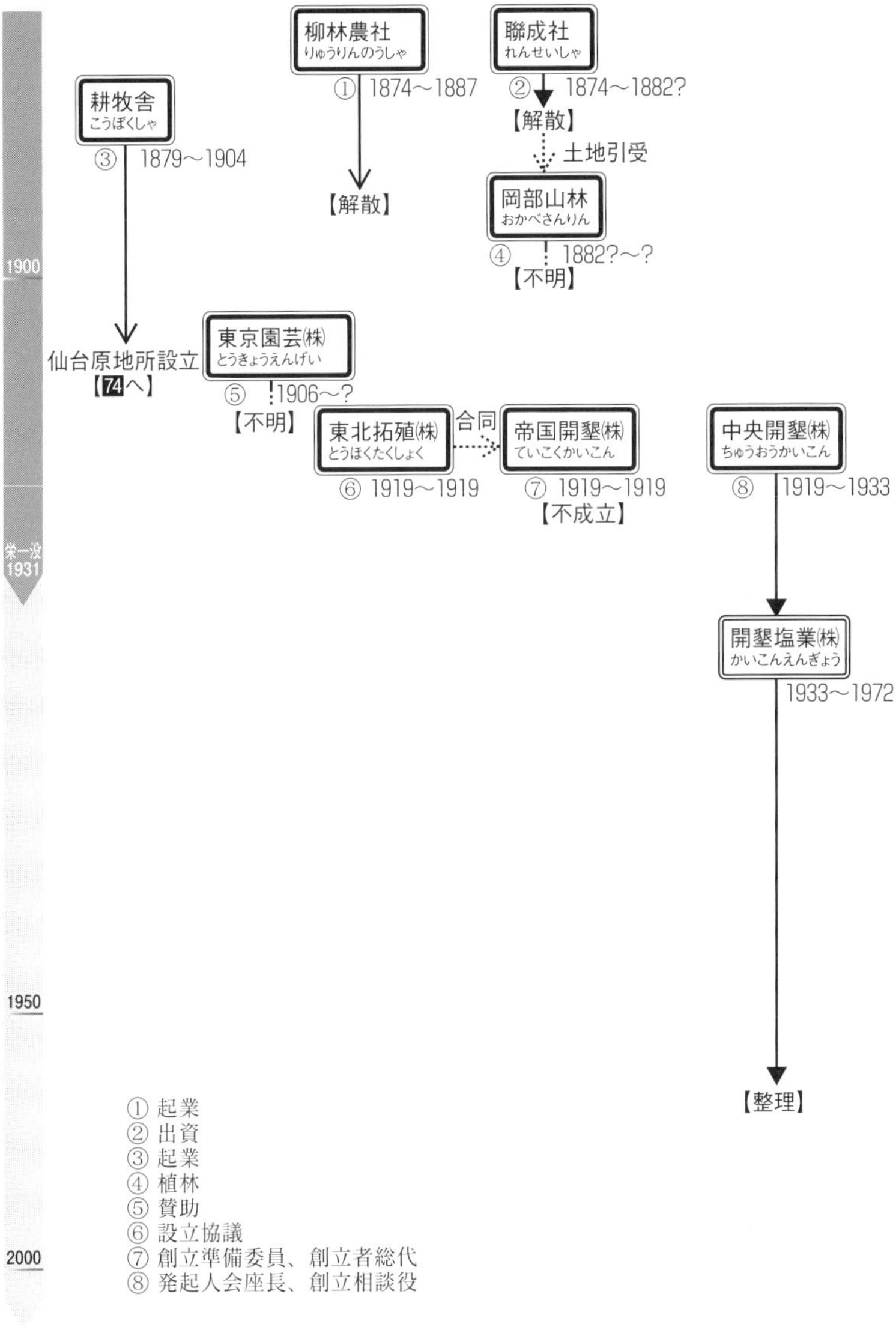
柳林農社《りゅうりんのうしゃ》
① 1874〜1887
【解散】
聯成社《れんせいしゃ》
② 1874〜1882?
【解散】
土地引受
岡部山林《おかべさんりん》
④ 1882?〜?
【不明】
耕牧舎《こうぼくしゃ》
③ 1879〜1904
1900
仙台原地所設立
【74へ】
東京園芸㈱《とうきょうえんげい》
⑤ 1906〜?
【不明】
東北拓殖㈱《とうほくたくしょく》
⑥ 1919〜1919
合同
帝国開墾㈱《ていこくかいこん》
⑦ 1919〜1919
【不成立】
中央開墾㈱《ちゅうおうかいこん》
⑧ 1919〜1933
栄一没
1931
開墾塩業㈱《かいこんえんぎょう》
1933〜1972
1950
【整理】
2000
① 起業
② 出資
③ 起業
④ 植林
⑤ 賛助
⑥ 設立協議
⑦ 創立準備委員、創立者総代
⑧ 発起人会座長、創立相談役

91 水産業 A ［農林水産］

渋沢栄一は日本の領海および周辺海域における水産物の製造、漁労、鰮油漬缶詰製造を目的に1906年大日本水産の創立発起人となりました。このほかにも栄一は北海道のオットセイ猟を目的とした会社などの設立にも関わりました。

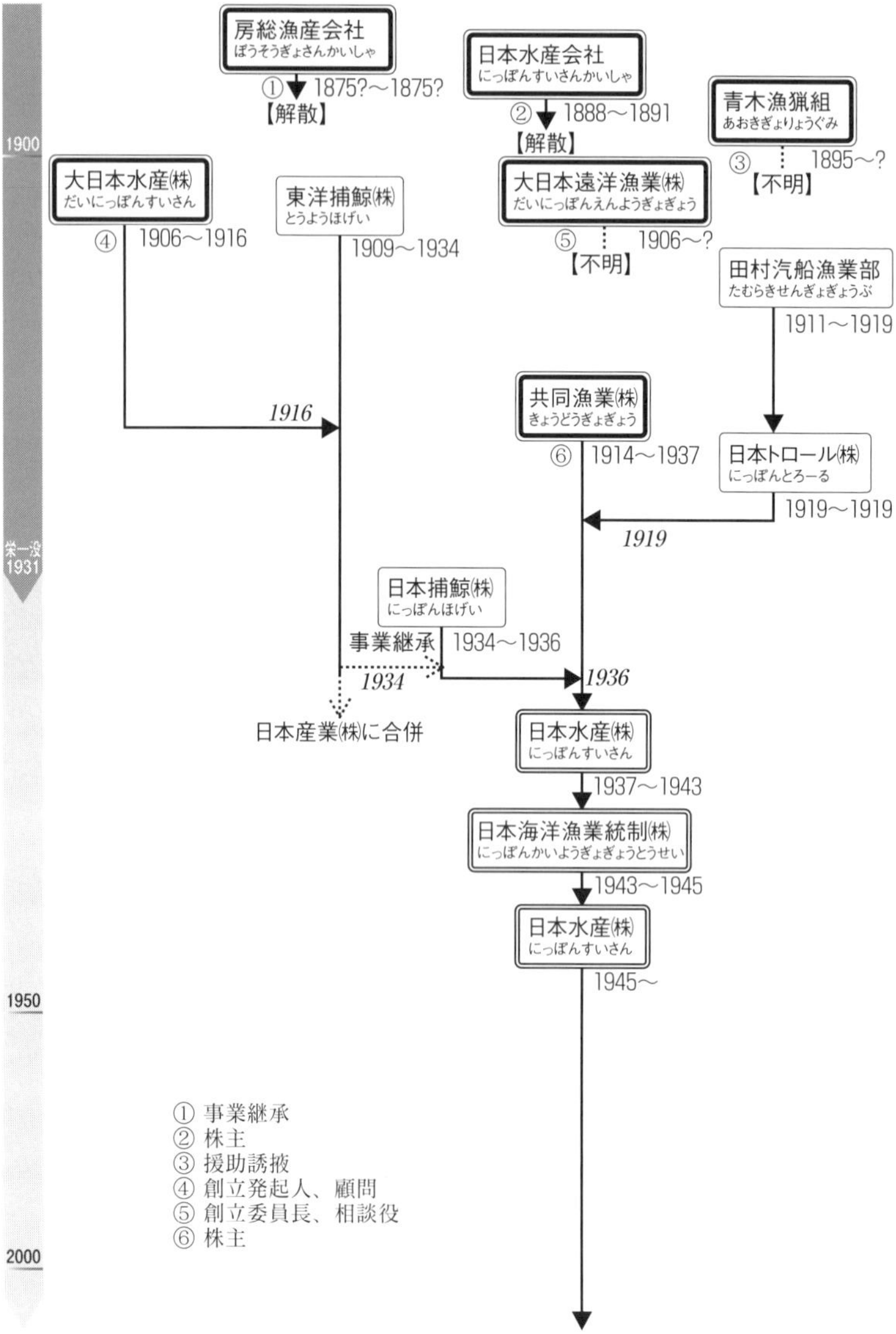
1900
栄一没 1931
1950
2000
房総漁産会社《ぼうそうぎょさんかいしゃ》
① 1875?～1875?
【解散】
日本水産会社《にっぽんすいさんかいしゃ》
② 1888～1891
【解散】
青木漁猟組《あおきぎょりょうぐみ》
③ 1895～?
【不明】
大日本水産㈱《だいにっぽんすいさん》
④ 1906～1916
東洋捕鯨㈱《とうようほげい》
1909～1934
大日本遠洋漁業㈱《だいにっぽんえんようぎょぎょう》
⑤ 1906～?
【不明】
田村汽船漁業部《たむらきせんぎょぎょうぶ》
1911～1919
1916
共同漁業㈱《きょうどうぎょぎょう》
⑥ 1914～1937
日本トロール㈱《にっぽんとろーる》
1919～1919
1919
日本捕鯨㈱《にっぽんほげい》
事業継承
1934～1936
1934
1936
日本産業㈱に合併
日本水産㈱《にっぽんすいさん》
1937～1943
日本海洋漁業統制㈱《にっぽんかいようぎょぎょうとうせい》
1943～1945
日本水産㈱《にっぽんすいさん》
1945～
① 事業継承
② 株主
③ 援助誘掖
④ 創立発起人、顧問
⑤ 創立委員長、相談役
⑥ 株主

92 水産業 B ［農林水産］

深川の洲崎にある養魚場を譲り受けた渋沢栄一はこれを整備し、1890年に規則書を作り関直之に管理させました。またコークス製造の余熱を利用して再製塩製造を行う日本食塩コークスが神戸に設立され、栄一は1907年相談役となりました。

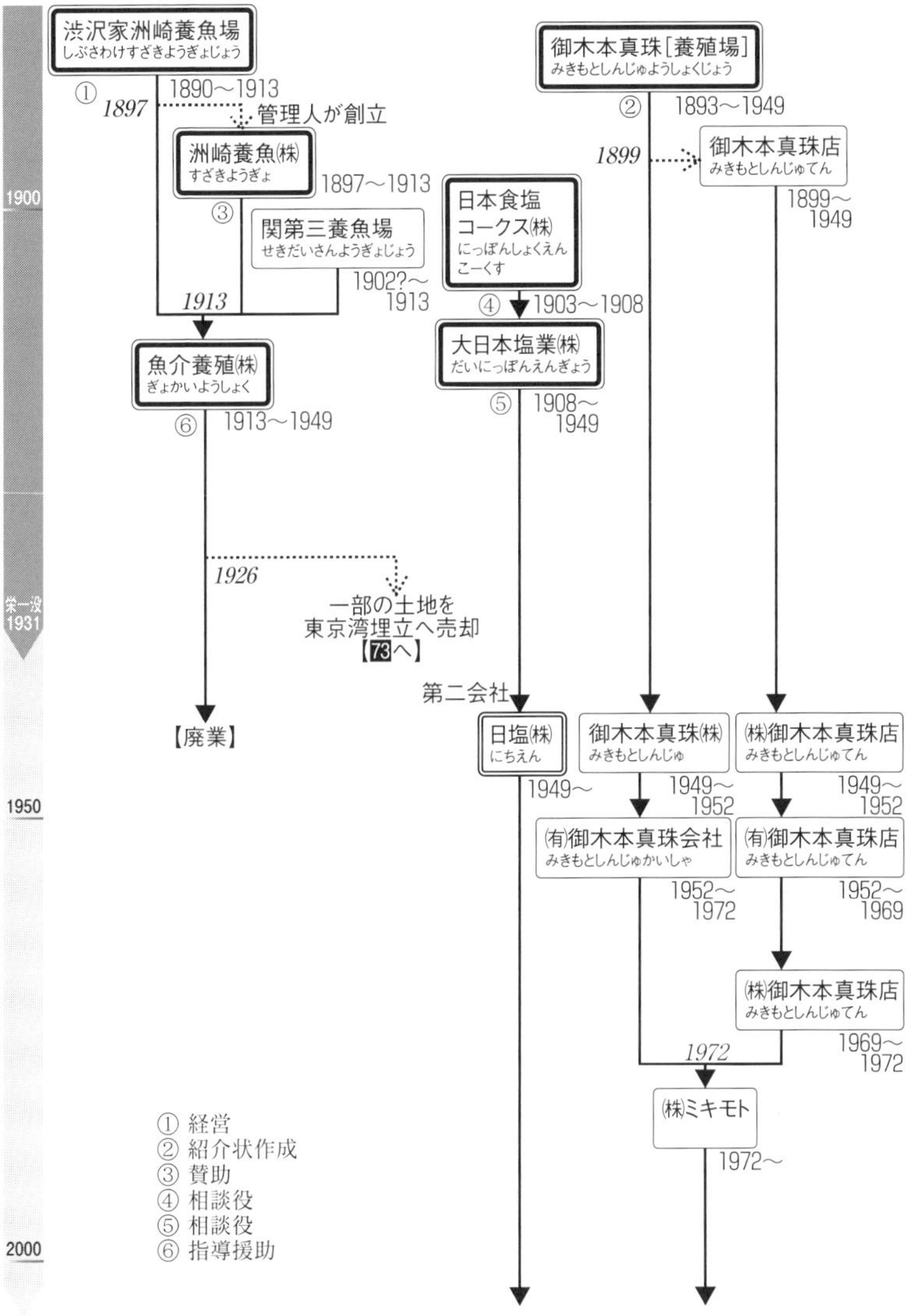
1900
栄一没
1931
1950
2000
渋沢家洲崎養魚場《しぶさわけすざきようぎょじょう》
① 1890～1913
1897
管理人が創立
洲崎養魚㈱《すざきようぎょ》
1897～1913
③
関第三養魚場《せきだいさんようぎょじょう》
1902?～1913
1913
魚介養殖㈱《ぎょかいようしょく》
⑥ 1913～1949
1926
一部の土地を東京湾埋立へ売却
【73へ】
【廃業】
日本食塩コークス㈱《にっぽんしょくえんこーくす》
④ 1903～1908
大日本塩業㈱《だいにっぽんえんぎょう》
⑤ 1908～1949
第二会社
日塩㈱《にちえん》
1949～
御木本真珠［養殖場］《みきもとしんじゅようしょくじょう》
② 1893～1949
1899
御木本真珠店《みきもとしんじゅてん》
1899～1949
御木本真珠㈱《みきもとしんじゅ》
1949～1952
㈱御木本真珠店《みきもとしんじゅてん》
1949～1952
㈲御木本真珠会社《みきもとしんじゅかいしゃ》
1952～1972
㈲御木本真珠店《みきもとしんじゅてん》
1952～1969
㈱御木本真珠店《みきもとしんじゅてん》
1969～1972
1972
㈱ミキモト
1972～
① 経営
② 紹介状作成
③ 賛助
④ 相談役
⑤ 相談役
⑥ 指導援助

93 対外事業：朝鮮半島 A［対外事業］

1873年渋沢栄一が東京に設立した第一国立銀行は、1878年より釜山を始め朝鮮半島内に支店・出張所を多く開設しました。また栄一ら実業家は朝鮮半島の農業改良事業を目的に1904年韓国興業を設立しました。

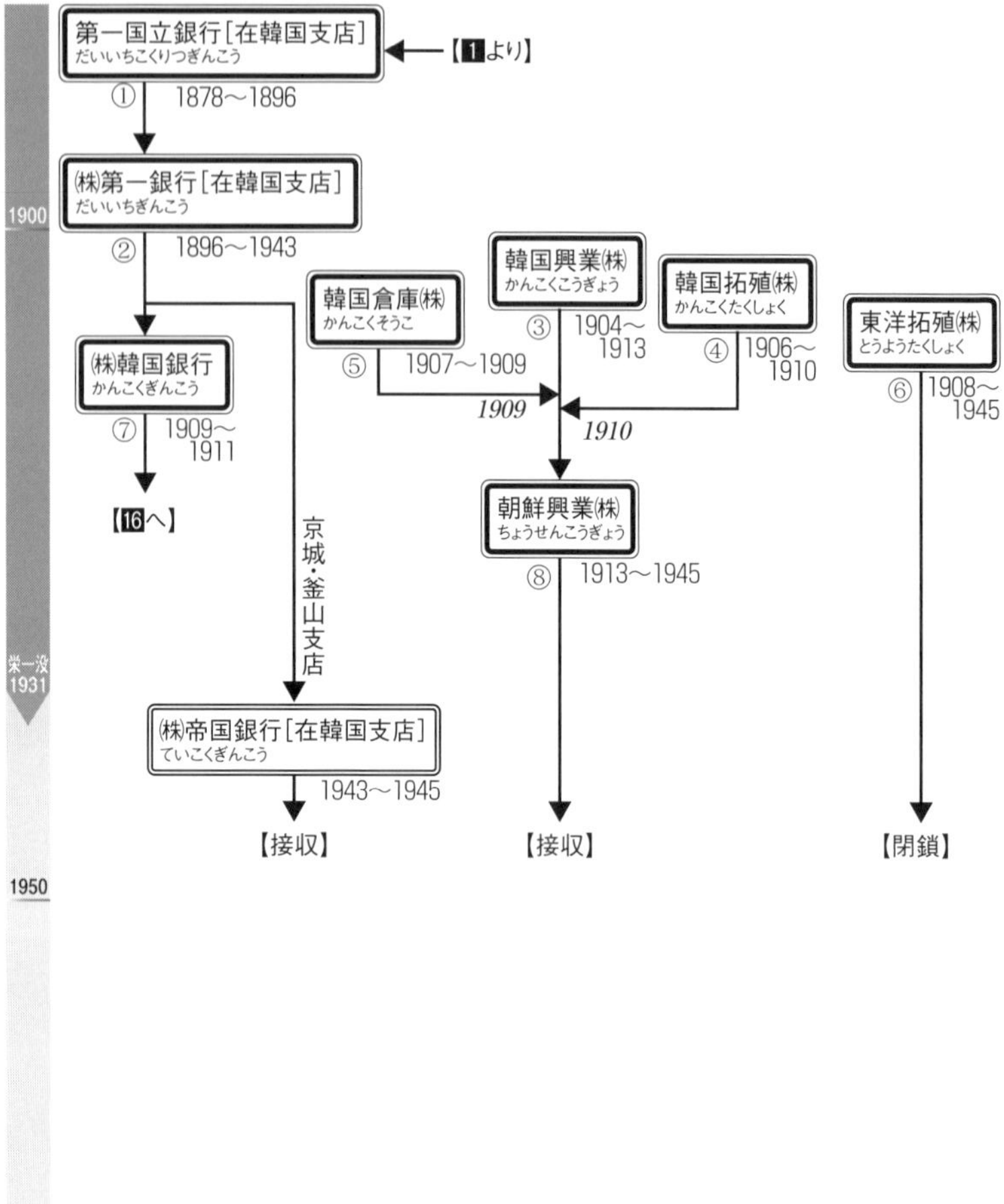
1900
栄一没 1931
1950
2000
第一国立銀行《だいいちこくりつぎんこう》[在韓国支店]
【1より】
① 1878～1896
㈱第一銀行《だいいちぎんこう》[在韓国支店]
② 1896～1943
㈱韓国銀行《かんこくぎんこう》
⑦ 1909～1911
【16へ】
京城・釜山支店
㈱帝国銀行《ていこくぎんこう》[在韓国支店]
1943～1945
【接収】
韓国倉庫《かんこくそうこ》㈱
⑤ 1907～1909
1909
韓国興業《かんこくこうぎょう》㈱
③ 1904～1913
韓国拓殖《かんこくたくしょく》㈱
④ 1906～1910
1910
朝鮮興業《ちょうせんこうぎょう》㈱
⑧ 1913～1945
【接収】
東洋拓殖《とうようたくしょく》㈱
⑥ 1908～1945
【閉鎖】

① 頭取
② 頭取
③ 監督
④ 相談役
⑤ 相談役
⑥ 設立委員、調査委員長、株主代表
⑦ 設立委員
⑧ 功労により屏風受贈

94 対外事業：朝鮮半島 B ［対外事業］

朝鮮半島開発のため1896年鉄道敷設権を獲得した大三輪長兵衛等実業家らは、京城・釜山間の鉄道敷設を目的に京釜鉄道を設立しました。渋沢栄一は発起人の一人として会社設立に尽力し、後に取締役会長を務めました。

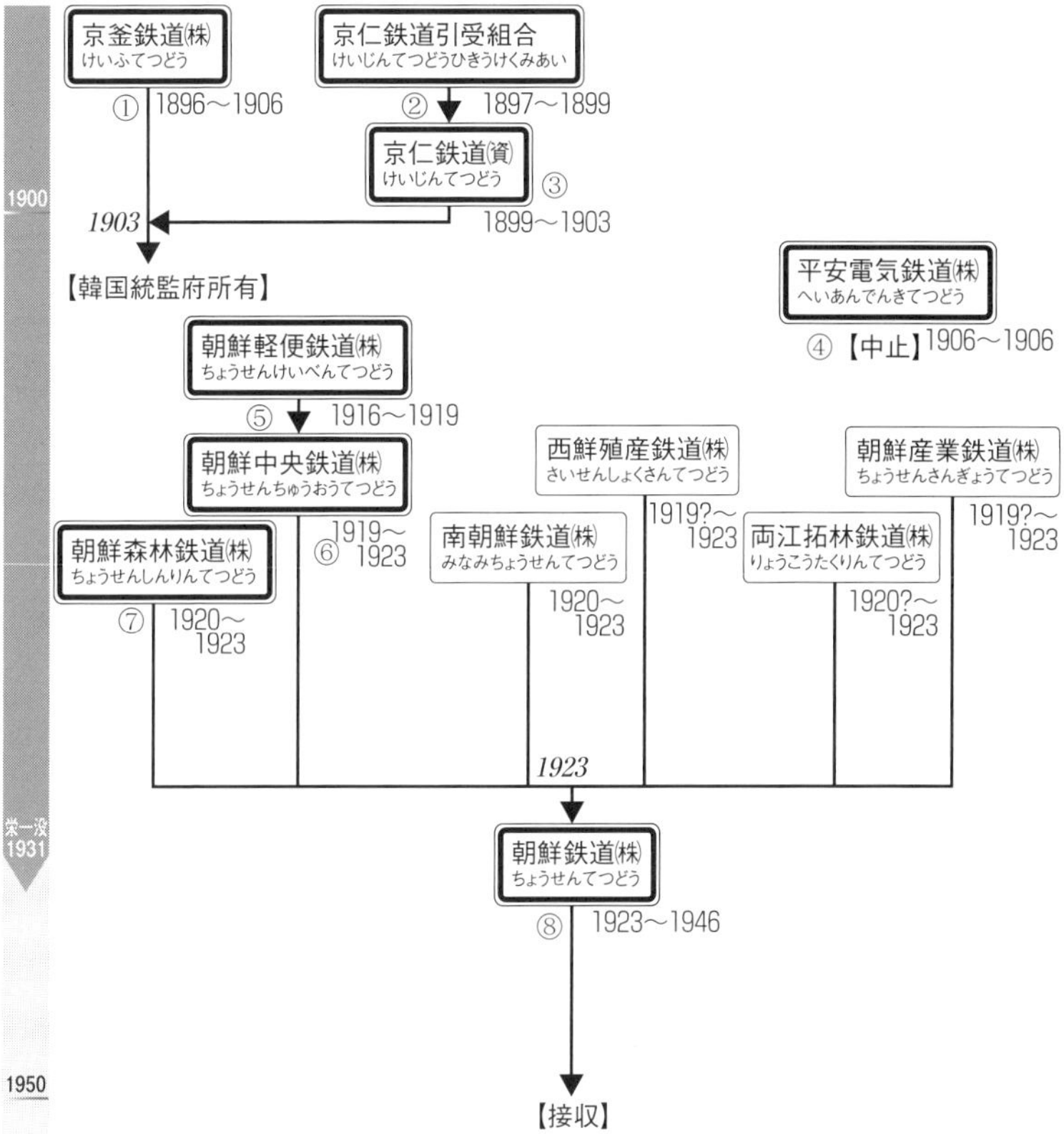
1900
京釜鉄道㈱《けいふてつどう》
① 1896〜1906
京仁鉄道引受組合《けいじんてつどうひきうけくみあい》
② 1897〜1899
京仁鉄道㈾《けいじんてつどう》
③ 1899〜1903
1903
【韓国統監府所有】
平安電気鉄道㈱《へいあんでんきてつどう》
④【中止】1906〜1906
朝鮮軽便鉄道㈱《ちょうせんけいべんてつどう》
⑤ 1916〜1919
朝鮮中央鉄道㈱《ちょうせんちゅうおうてつどう》
⑥ 1919〜1923
西鮮殖産鉄道㈱《さいせんしょくさんてつどう》
1919?〜1923
朝鮮産業鉄道㈱《ちょうせんさんぎょうてつどう》
1919?〜1923
朝鮮森林鉄道㈱《ちょうせんしんりんてつどう》
⑦ 1920〜1923
南朝鮮鉄道㈱《みなみちょうせんてつどう》
1920〜1923
両江拓林鉄道㈱《りょうこうたくりんてつどう》
1920?〜1923
1923
栄一没 1931
朝鮮鉄道㈱《ちょうせんてつどう》
⑧ 1923〜1946
1950
【接収】

① 発起人総会座長、創立委員長、取締役会長、清算人
② 委員
③ 取締役社長
④ 事業計画立案
⑤ 株主
⑥ 株主
⑦ 渋沢同族が株主
⑧ 渋沢同族が株主

2000

95 対外事業：朝鮮半島 C［対外事業］

東京瓦斯社長渋沢栄一は韓国での瓦斯事業に着目した曾弥寛治に賛同し、1907年京城における瓦斯事業の営業認可申請を韓国統監府に提出しました。同年認可を受け翌1908年栄一を取締役会長に日韓瓦斯が設立されました。

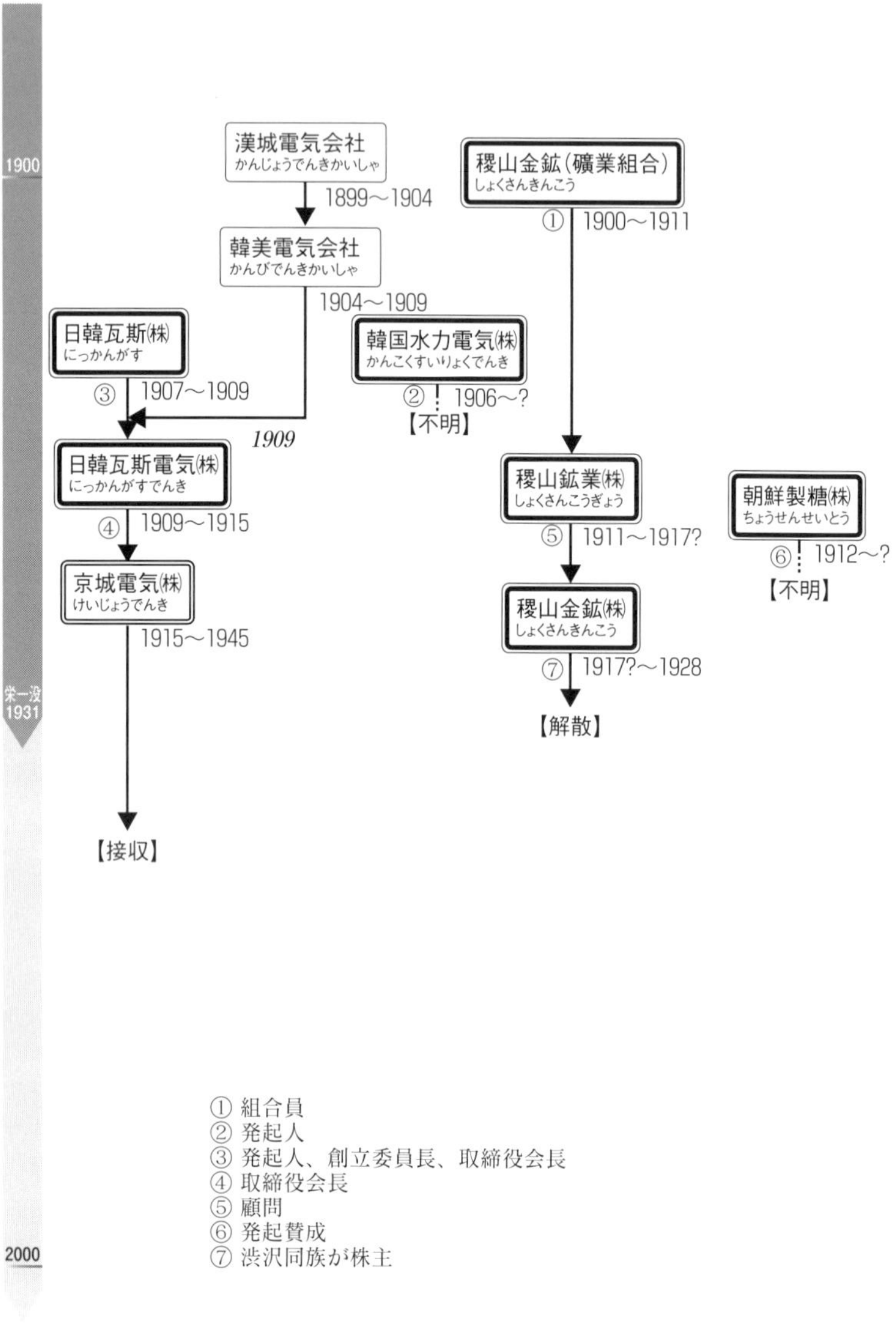
1900
栄一没
1931
2000
漢城電気会社《かんじょうでんきかいしゃ》
1899～1904
韓美電気会社《かんびでんきかいしゃ》
1904～1909
日韓瓦斯㈱《にっかんがす》
③ 1907～1909
1909
日韓瓦斯電気㈱《にっかんがすでんき》
④ 1909～1915
京城電気㈱《けいじょうでんき》
1915～1945
【接収】
韓国水力電気㈱《かんこくすいりょくでんき》
② 1906～?
【不明】
稷山金鉱（礦業組合）《しょくさんきんこう》
① 1900～1911
稷山鉱業㈱《しょくさんこうぎょう》
⑤ 1911～1917?
稷山金鉱㈱《しょくさんきんこう》
⑦ 1917?～1928
【解散】
朝鮮製糖㈱《ちょうせんせいとう》
⑥ 1912～?
【不明】
① 組合員
② 発起人
③ 発起人、創立委員長、取締役会長
④ 取締役会長
⑤ 顧問
⑥ 発起賛成
⑦ 渋沢同族が株主

96 対外事業：旧満州 ［対外事業］

日露戦争後、長春以南の鉄道と炭抗経営権等について清国の承諾を得た日本政府は、1906年南満洲鉄道㈱を設立し翌年営業開始しました。渋沢栄一は設立委員及び定款調査特別委員長を務めました。

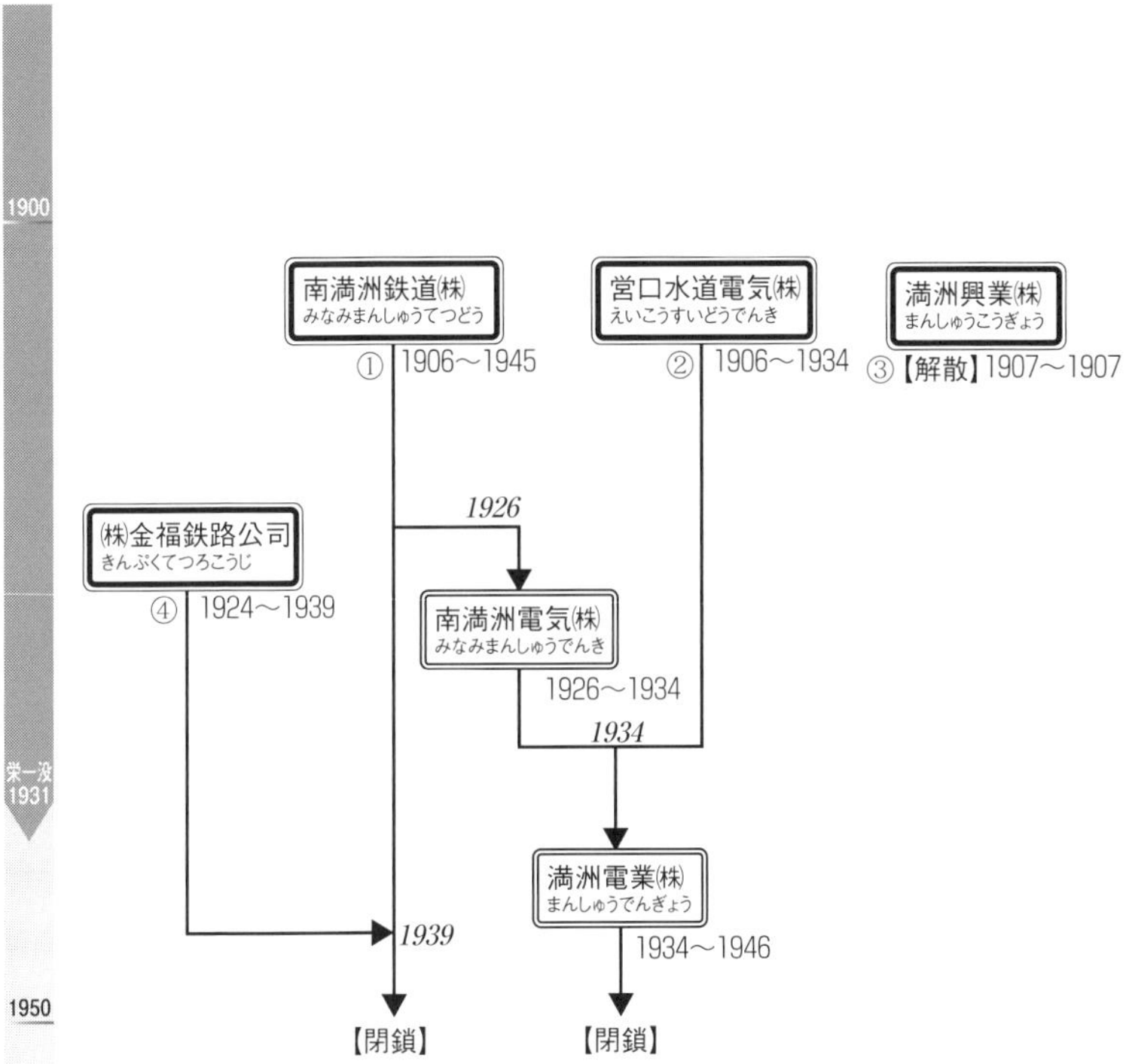
1900
南満洲鉄道《みなみまんしゅうてつどう》㈱
① 1906〜1945
営口水道電気《えいこうすいどうでんき》㈱
② 1906〜1934
満洲興業《まんしゅうこうぎょう》㈱
③【解散】1907〜1907
㈱金福鉄路公司《きんぷくてつろこうじ》
④ 1924〜1939
1926
南満洲電気《みなみまんしゅうでんき》㈱
1926〜1934
1934
栄一没
1931
満洲電業《まんしゅうでんぎょう》㈱
1934〜1946
1939
1950
【閉鎖】
【閉鎖】

2000

① 設立委員、定款調査特別委員長
② 相談役
③ 創立委員長、相談役
④ 発起人会出席

97 対外事業：中国 ［対外事業］

日清戦争後、中国の鉄道・土木・鉱山などの開発機運が高まり、渋沢栄一を発起人に1909年東亜興業が設立されました。また1913年には中国側代表を孫文、日本側代表を渋沢栄一として日中合作の中国興業が設立されました。

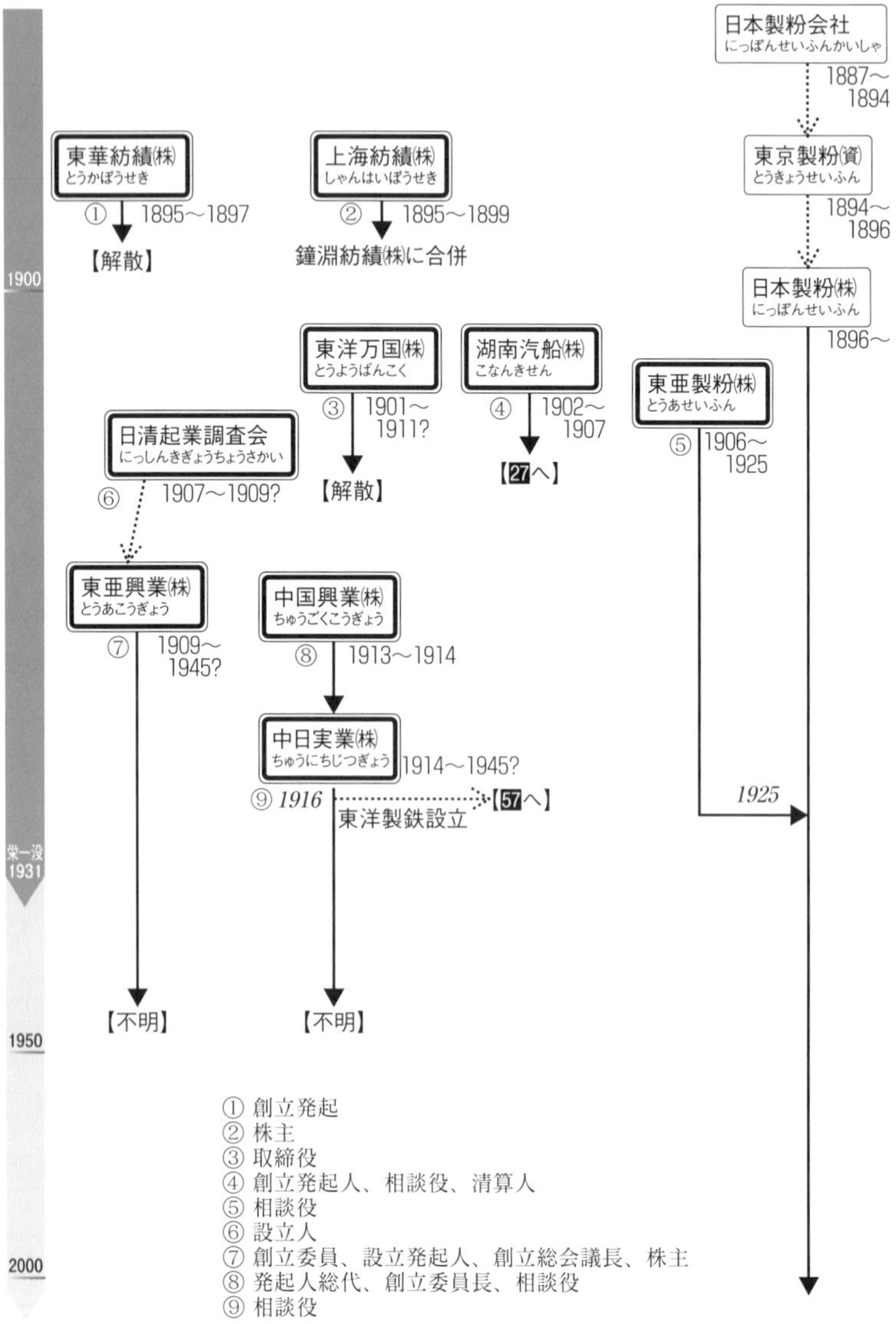
1900
栄一没 1931
1950
2000
日本製粉会社《にっぽんせいふんかいしゃ》
1887～1894
東京製粉㈾《とうきょうせいふん》
1894～1896
日本製粉㈱《にっぽんせいふん》
1896～
東華紡績㈱《とうかぼうせき》
① 1895～1897
【解散】
上海紡績㈱《しゃんはいぼうせき》
② 1895～1899
鐘淵紡績㈱に合併
東洋万国㈱《とうようばんこく》
③ 1901～1911?
【解散】
湖南汽船㈱《こなんきせん》
④ 1902～1907
【27へ】
東亜製粉㈱《とうあせいふん》
⑤ 1906～1925
1925
日清起業調査会《にっしんきぎょうちょうさかい》
⑥ 1907～1909?
東亜興業㈱《とうあこうぎょう》
⑦ 1909～1945?
【不明】
中国興業㈱《ちゅうごくこうぎょう》
⑧ 1913～1914
中日実業㈱《ちゅうにちじつぎょう》
1914～1945?
⑨ 1916
東洋製鉄設立
【57へ】
【不明】
① 創立発起
② 株主
③ 取締役
④ 創立発起人、相談役、清算人
⑤ 相談役
⑥ 設立人
⑦ 創立委員、設立発起人、創立総会議長、株主
⑧ 発起人総代、創立委員長、相談役
⑨ 相談役

98 対外事業：諸国 ［対外事業］

海外移民の制度や機関について心を配っていた渋沢栄一は、ブラジルの入植地を開設した伯剌西爾拓植や南米拓殖の設立に尽力しました。またマレー半島のゴム事業、ハワイの製糖事業等にも関わりました。

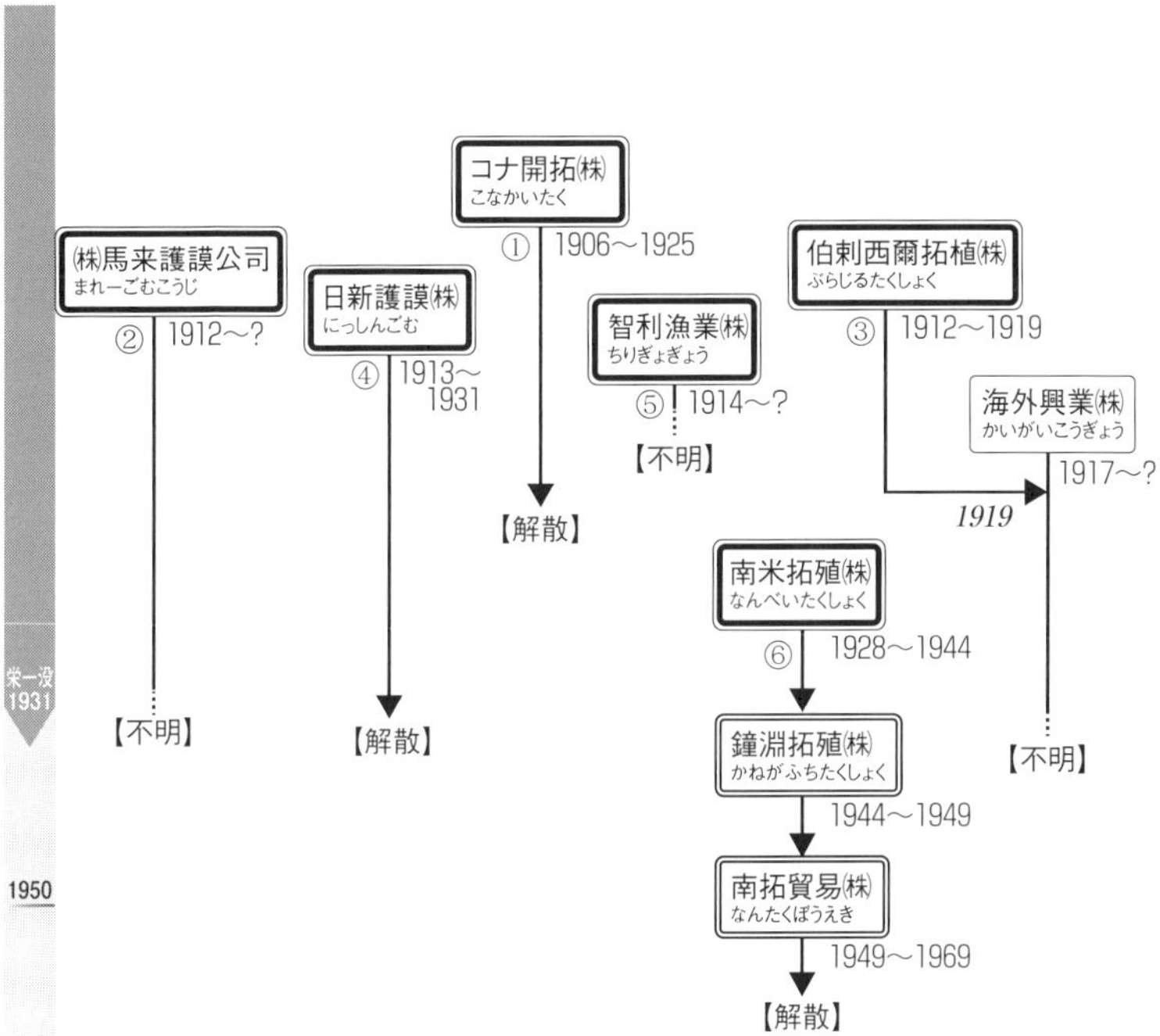
コナ開拓㈱《こなかいたく》
① 1906〜1925
【解散】
㈱馬来護謨公司《まれーごむこうじ》
② 1912〜?
【不明】
日新護謨㈱《にっしんごむ》
④ 1913〜1931
【解散】
智利漁業㈱《ちりぎょぎょう》
⑤ 1914〜?
【不明】
伯剌西爾拓植㈱《ぶらじるたくしょく》
③ 1912〜1919
1919
海外興業㈱《かいがいこうぎょう》
1917〜?
【不明】
南米拓殖㈱《なんべいたくしょく》
⑥ 1928〜1944
鐘淵拓殖㈱《かねがふちたくしょく》
1944〜1949
南拓貿易㈱《なんたくぼうえき》
1949〜1969
【解散】
栄一没 1931
1950

① 事業資金斡旋
② 株主
③ 創立準備委員、創立総会議長、名誉顧問
④ 株主
⑤ 設立発起人
⑥ 設立準備

99 経済団体 A ［経済団体］

渋沢栄一ら実業家は、商工業者が協議し世論を形成する場として1877年東京商法会議所設立を東京府知事に請願、翌年３月に認可を受けました。また栄一は中野武営らと共に国内生産品の使用を奨励するため1914年国産奨励会を設立しました。

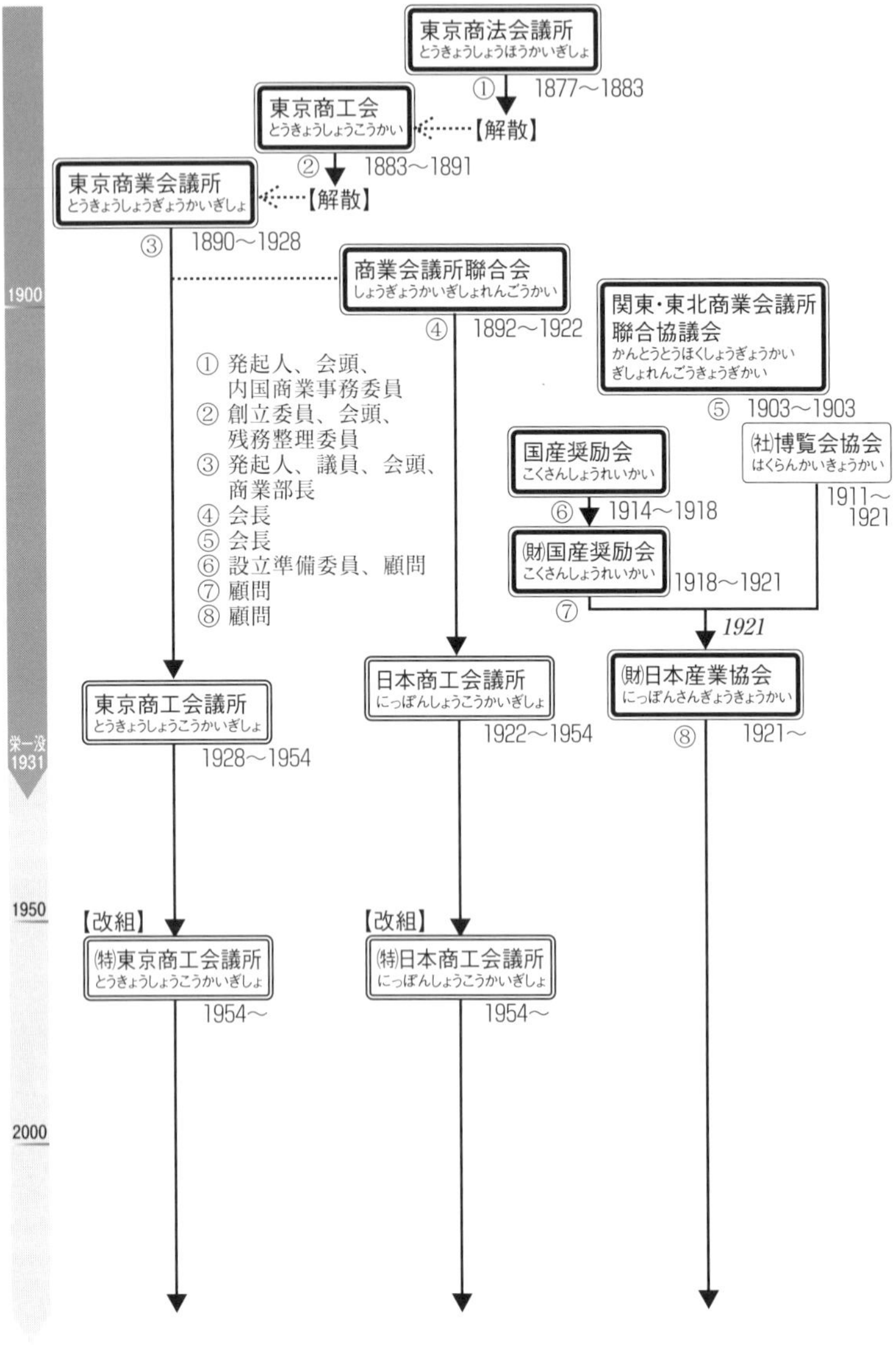
東京商法会議所《とうきょうしょうほうかいぎしょ》
① 1877〜1883
東京商工会《とうきょうしょうこうかい》
【解散】
② 1883〜1891
東京商業会議所《とうきょうしょうぎょうかいぎしょ》
【解散】
③ 1890〜1928
商業会議所聯合会《しょうぎょうかいぎしょれんごうかい》
④ 1892〜1922
関東・東北商業会議所聯合協議会《かんとうとうほくしょうぎょうかいぎしょれんごうきょうぎかい》
⑤ 1903〜1903
① 発起人、会頭、内国商業事務委員
② 創立委員、会頭、残務整理委員
③ 発起人、議員、会頭、商業部長
④ 会長
⑤ 会長
⑥ 設立準備委員、顧問
⑦ 顧問
⑧ 顧問
国産奨励会《こくさんしょうれいかい》
⑥ 1914〜1918
㈶国産奨励会《こくさんしょうれいかい》
⑦ 1918〜1921
㈳博覧会協会《はくらんかいきょうかい》
1911〜1921
1921
東京商工会議所《とうきょうしょうこうかいぎしょ》
1928〜1954
日本商工会議所《にっぽんしょうこうかいぎしょ》
1922〜1954
㈶日本産業協会《にっぽんさんぎょうきょうかい》
⑧ 1921〜
【改組】
㈵東京商工会議所《とうきょうしょうこうかいぎしょ》
1954〜
【改組】
㈵日本商工会議所《にっぽんしょうこうかいぎしょ》
1954〜
1900
栄一没 1931
1950
2000

100 経済団体 B ［経済団体］

和田豊治ら有力な実業家は工業発展のため1917年日本工業倶楽部を創設しました。又欧米を見聞した実業家らは各国実業団体と協調する新たな経済団体創設を図り、1922年日本経済聯盟会が発足しました。渋沢栄一は共に名誉会員となりました。

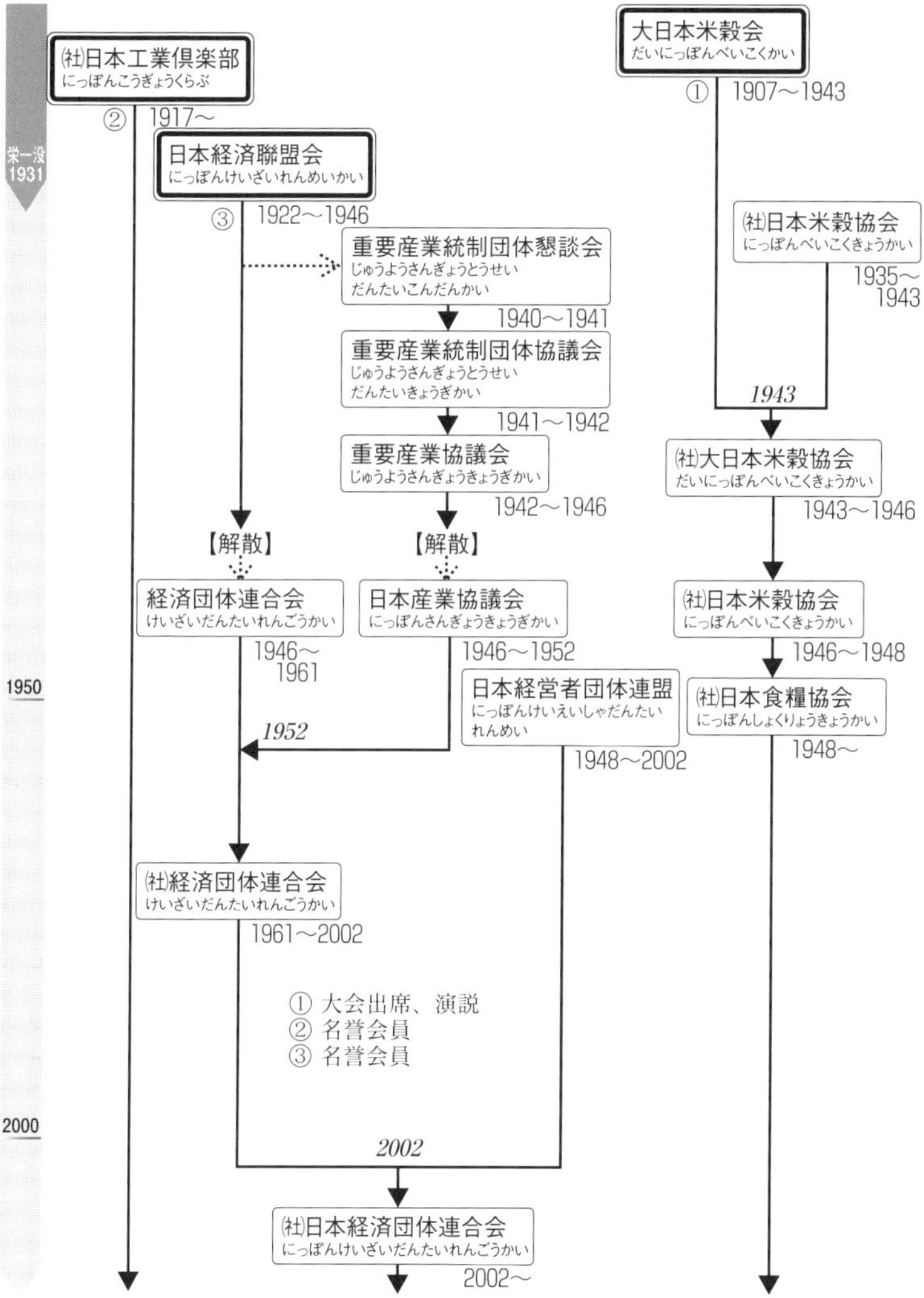
栄一没 1931
1950
2000
㈳日本工業倶楽部《にっぽんこうぎょうくらぶ》
② 1917～
日本経済聯盟会《にっぽんけいざいれんめいかい》
③ 1922～1946
重要産業統制団体懇談会《じゅうようさんぎょうとうせいだんたいこんだんかい》
1940～1941
重要産業統制団体協議会《じゅうようさんぎょうとうせいだんたいきょうぎかい》
1941～1942
重要産業協議会《じゅうようさんぎょうきょうぎかい》
1942～1946
【解散】
【解散】
経済団体連合会《けいざいだんたいれんごうかい》
1946～1961
日本産業協議会《にっぽんさんぎょうきょうぎかい》
1946～1952
1952
日本経営者団体連盟《にっぽんけいえいしゃだんたいれんめい》
1948～2002
㈳経済団体連合会《けいざいだんたいれんごうかい》
1961～2002
2002
㈳日本経済団体連合会《にっぽんけいざいだんたいれんごうかい》
2002～
大日本米穀会《だいにっぽんべいこくかい》
① 1907～1943
㈳日本米穀協会《にっぽんべいこくきょうかい》
1935～1943
1943
㈳大日本米穀協会《だいにっぽんべいこくきょうかい》
1943～1946
㈳日本米穀協会《にっぽんべいこくきょうかい》
1946～1948
㈳日本食糧協会《にっぽんしょくりょうきょうかい》
1948～
① 大会出席、演説
② 名誉会員
③ 名誉会員

渋沢栄一伝記資料総目次

『渋沢栄一伝記資料』（本書181ページ参照）本編57冊は、時代によって以下の３編に分かれている。第１編　在郷及び仕官時代（天保11年〜明治６年）１〜３巻、第２編　実業界指導導並ニ社会公共事業尽力時代（明治６〜42年）４〜29巻、第３編　社会公共事業尽瘁並ニ実業界後援時代（明治42年〜昭和６年）30〜57巻。編の下は栄一が関与した事業や事項によりさらに部（実業・経済、社会公共事業、身辺）・章（主として事業分野）・節（主として業種）・款（主として各事業体）などに分けられ、合計で約1770項目の見出しが作られている。これらの見出し項目は栄一が関与した事業や活動の多様さを、具体的な組織・団体名をもって伝えている。

以下では本編の目次の見出し項目を、第58巻掲載の総目次にしたがって一覧表にした。各見出し項目の右端の数字は本編の掲載巻とページを表す。

第１編　在郷及ビ仕官時代
（天保11年〜明治６年）

第１部　在郷時代

第１章　幼少時代	巻	頁
天保11年〜安政２年 …………	1	1

第２章　青年志士時代		
安政２年〜文久３年 …………	1	181

第２部　亡命及ビ仕官時代

第１章　亡命及ビ一橋家仕官時代		
元治元年〜慶応２年 …………	1	277

第２章　幕府仕官時代		
慶応２年〜明治元年 …………	1	428
明治元年 …………………………	2	3

第３章　静岡藩仕官時代		
明治元年〜同２年 ……………	2	70

第４章　民部大蔵両省仕官時代		
明治２年〜同３年 ……………	2	208
明治４年〜同６年 ……………	3	3

第２編　実業界指導並ニ社会公共事業尽力時代
（明治６年６月〜明治42年６月）

第１部　実業・経済

第１章　金融	巻	頁
第１節　銀行（株式会社ノ表示ヲ略ス）		
第１款　第一国立銀行・第一銀行	4	5
第２款　東京貯蓄銀行 …………	5	5
第３款　特殊銀行		
1　日本銀行 …………………	5	192
2　横浜正金銀行 ……………	5	221
3　日本勧業銀行 ……………	5	222
4　台湾銀行 …………………	5	231
5　北海道拓殖銀行 …………	5	238
6　日本興業銀行 ……………	5	247
第４款　国立銀行及ビ普通銀行		
1　三井銀行 …………………	5	264
2　第二十三国立銀行 ………	5	266
3　第五十九国立銀行 ………	5	269
4　第二十国立銀行 …………	5	284
5　第十九国立銀行 …………	5	285
6　第三十二国立銀行 ………	5	290
7　第七十七国立銀行 ………	5	294
8　第十六国立銀行 …………	5	313
9　第六十九国立銀行 ………	5	317
10　第六十八国立銀行 ………	5	325
11　北陸銀行 …………………	5	326
12　第三十三国立銀行 ………	5	327
13　第八十九国立銀行 ………	5	338
14　熊谷銀行 …………………	5	339

15　高岡共立銀行 …………… 5　353
16　九州商業銀行 …………… 5　360
17　秋田銀行 ………………… 5　361
18　黒須銀行 ………………… 5　362
19　三十九銀行 ……………… 5　365
20　日英銀行 ………………… 5　366
21　宮城屋貯蓄銀行 ………… 5　368
22　帝国商業銀行 …………… 5　390
第５款　関係銀行諸資料
1　東京為替会社 …………… 5　404
2　横浜為替会社及ビ第二国立銀行 ……………………… 5　412
3　第四十三国立銀行 ……… 5　424
4　第二十二国立銀行 ……… 5　425
5　第十八国立銀行 ………… 5　426
6　十五銀行 ………………… 5　427
7　豊国銀行 ………………… 5　428
8　諸銀行関係資料 ………… 5　428
第６款　択善会・東京銀行集会所
明10年～同13年 ……… 5　432
明13年～同39年 ……… 6　5
明40年～同42年 ……… 7　5
第７款　金融関係諸団体
1　大阪銀行集会所 ………… 7　138
2　関東銀行会 ……………… 7　142
3　鰻会関係資料 …………… 7　209
4　水曜会関係資料 ………… 7　225

第２節　手形
第１款　大阪手形交換所 ………… 7　227
第２款　東京手形交換所 ………… 7　231
第３款　全国手形交換所聯合会 … 7　470

第３節　興信所
第１款　東京興信所 ……………… 7　520

第４節　保険
第１款　東京海上保険株式会社 … 7　557
第２款　明治火災保険株式会社 … 7　667
第３款　横浜火災保険株式会社 … 7　684
第４款　日清火災保険株式会社 … 7　694
第５款　日清生命保険株式会社 … 7　699
第６款　万歳生命保険株式会社 … 7　719
第７款　東明火災海上保険株式会社 ……………………………… 7　733
第８款　明教保険株式会社 ……… 7　763

第５節　其他ノ金融機関及ビ金融問題
第１款　信託 …………………… 7　766
第２款　日英金融商会 ………… 7　773
第３款　万国為替問題 ………… 7　775

第２章　交通　　**巻　頁**
第１節　海運
第１款　東京風帆船会社 ………… 8　5
第２款　共同運輸会社 …………… 8　37
第３款　日本郵船株式会社 ……… 8　126
第４款　浅野回漕部・東洋汽船株式会社 ……………………… 8　255
第５款　日清汽船株式会社 ……… 8　286
第６款　日本汽船株式会社 ……… 8　318
第７款　東京湾汽船株式会社 …… 8　346

第２節　鉄道
第１款　東京鉄道組合 …………… 8　357
第２款　日本鉄道株式会社 ……… 8　557
第３款　濃勢鉄道会社 …………… 8　620
第４款　両毛鉄道株式会社 ……… 8　624
第５款　水戸鉄道会社 …………… 8　635
第６款　日光鉄道会社 …………… 8　639
第７款　北海道炭礦鉄道株式会社　8　645
第８款　常磐炭礦鉄道会社 ……… 8　727
第９款　参宮鉄道株式会社 ……… 8　735
第10款　筑豊興業鉄道会社（筑豊鉄道株式会社）……………… 9　5
第11款　北越鉄道株式会社 ……… 9　17
第12款　磐城鉄道株式会社 ……… 9　78
第13款　京北鉄道株式会社 ……… 9　88
第14款　岩越鉄道株式会社 ……… 9　114
第15款　掛川鉄道株式会社 ……… 9　147
第16款　総武鉄道株式会社 ……… 9　152
第17款　函樽鉄道株式会社（北海道鉄道株式会社）…………… 9　158
第18款　西成鉄道株式会社 ……… 9　193
第19款　台湾鉄道株式会社 ……… 9　199
第20款　九州鉄道株式会社 ……… 9　226
第21款　函館馬車鉄道株式会社 … 9　308
第22款　毛武鉄道株式会社 ……… 9　312
第23款　京阪鉄道株式会社 ……… 9　324
第24款　京阪電気鉄道株式会社 … 9　329
第25款　其他ノ鉄道
1　両山鉄道株式会社・大社鉄道株式会社 ………………… 9　350
2　京都鉄道株式会社 ……… 9　353
3　陸羽電気鉄道株式会社 … 9　356
4　南豊鉄道株式会社 ……… 9　357
5　金城鉄道株式会社 ……… 9　359
6　船越鉄道株式会社 ……… 9　360
7　京板鉄道株式会社 ……… 9　364
8　神戸電気鉄道株式会社 … 9　370
9　京越電気鉄道株式会社 … 9　374
10　小倉鉄道株式会社 ……… 9　375
第26款　東京馬車鉄道会社 ……… 9　378

第27款　東京市ノ市街鉄道 ……… 9　397
第28款　東京鉄道株式会社 ……… 9　486
第29款　鉄道国有問題 …………… 9　532
第30款　鉄道民有調査会 ………… 9　680
第31款　鉄道関係諸資料
　1　群馬電気鉄道会社 ……… 9　688
　2　駿甲鉄道会社 …………… 9　688
　3　武上電気鉄道会社 ……… 9　688
　4　鉄道諸問題 ……………… 9　688
　5　其他ノ鉄道会社 ………… 9　694

第3節　電話
第1款　電話会社 ………………… 9　695

第3章　商工業　　巻　頁
第1節　綿業
第1款　大阪紡績株式会社 ……… 10　5
第2款　三重紡績株式会社 ……… 10　121
第3款　鐘淵紡績株式会社 ……… 10　181
第4款　大日本紡績聯合会 ……… 10　207
第5款　三栄綿布組合（韓国輸出綿布同盟） …………………… 10　497
第6款　紡績職工誘拐事件仲裁 … 10　525

第2節　蚕糸絹織業
第1款　京都織物株式会社 ……… 10　542
第2款　郡山絹糸紡績株式会社 … 10　642
第3款　富岡製糸場払下問題 …… 10　648
第4款　関係絹織会社諸資料
　1　安積絹糸紡績会社 ……… 10　668
　2　岩橋リボン製織所 ……… 10　668

第3節　製麻業
第1款　北海道製麻株式会社 …… 10　669
第2款　下野麻紡織会社（下野製麻株式会社） ………………… 10　715
第3款　帝国製麻株式会社 ……… 10　744

第4節　毛織物業
第1款　東京モスリン紡織株式会社 ……………………………… 10　761
第2款　東京毛織物株式会社 …… 10　766
第3款　帝国紡織株式会社 ……… 10　771

第5節　製帽業
第1款　日本製帽会社 …………… 10　773
第2款　東京帽子株式会社 ……… 10　783

第6節　製紙業
第1款　抄紙会社・製紙会社・王子製紙株式会社 …………… 11　5
第2款　四日市製紙株式会社 …… 11　121
第3款　中央製紙株式会社 ……… 11　125
第4款　木曾興業株式会社 ……… 11　133
第5款　製紙所聯合会 …………… 11　136

第7節　製革業
第1款　依田西村組・桜組 ……… 11　147
第2款　日本熟皮会社 …………… 11　165
第3款　熟皮株式会社 …………… 11　172
第4款　日本皮革株式会社 ……… 11　173

第8節　製糖業
第1款　精糖事業調査会・日本精糖株式会社 ………………… 11　178
第2款　八重山糖業株式会社 …… 11　202
第3款　帝国精糖株式会社 ……… 11　244
第4款　台湾製糖株式会社 ……… 11　251
第5款　明治製糖株式会社 ……… 11　267
第6款　大日本製糖株式会社 …… 11　284

第9節　麦酒醸造業
第1款　ジヤパン・ブリュワリー・コンパニー・リミテッド　11　340
第2款　札幌麦酒株式会社 ……… 11　347
第3款　大日本麦酒株式会社 …… 11　392

第10節　陶器製造業
第1款　京都陶器会社 …………… 11　410
第2款　旭焼組合 ………………… 11　417
第3款　友玉園製陶所 …………… 11　431

第11節　硝子製造業
第1款　磐城硝子会社 …………… 11　440
第2款　品川硝子会社 …………… 11　443
第3款　東洋硝子製造株式会社 … 11　460
第4款　関係会社諸資料
　1　田中工場（東洋硝子株式会社） ………………………… 11　467
　2　日本板硝子株式会社 …… 11　479

第12節　煉瓦製造業
第1款　品川白煉瓦株式会社 …… 11　483
第2款　日本煉瓦製造株式会社 … 11　514
第3款　東武煉瓦株式会社 ……… 11　559

第13節　セメント製造業
第1款　浅野セメント株式会社 … 11　560
第2款　門司セメント株式会社 … 11　574
第3款　三河セメント工場 ……… 11　582

第14節　製煉業

第1款　東洋亜鉛煉工所 ………… 11 593
第2款　日本中央製錬株式会社 … 11 594
第3款　製鉄関係資料
　1　農商務省発起製鉄所招待会 …………………………………… 11 596

第15節　造船・船渠業
第1款　株式会社東京石川島造船所 …………………………………… 11 599
第2款　浦賀船渠会社 …………… 12 5
第3款　横浜船渠株式会社 ……… 12 10
第4款　函館船渠株式会社 ……… 12 42
第5款　浦賀船渠株式会社 ……… 12 80

第16節　製綱業
第1款　東京製綱株式会社 ……… 12 103

第17節　汽車・自動車製造業
第1款　平岡工場 ………………… 12 124
第2款　汽車製造合資会社 ……… 12 127
第3款　日本自働車株式会社 ….. 12 147

第18節　人造肥料業
第1款　東京人造肥料株式会社 … 12 150
第2款　日本肥料協会 …………… 12 248
第3款　肥料取締法問題 ………… 12 250

第19節　製薬業
第1款　東京薬品会社 …………… 12 265

第20節　化学工業
第1款　日本舎密製造株式会社 … 12 272
第2款　日本醋酸製造株式会社 … 12 273
第3款　日本化学工業株式会社 … 12 275
第4款　堺セルロイド株式会社 … 12 278

第21節　瓦斯
第1款　東京会議所瓦斯掛 ……… 12 280
第2款　東京府瓦斯局 …………… 12 364
第3款　東京瓦斯株式会社 ……… 12 613
第4款　大阪瓦斯株式会社 ……… 12 717
第5款　名古屋瓦斯株式会社 ….. 12 733
第6款　関係瓦斯会社諸資料
　1　門司瓦斯会社 …………… 12 736
　2　日韓瓦斯株式会社 ……… 12 736
　3　雑 ………………………… 12 738

第22節　電気
第1款　東京電灯株式会社 ……… 13 5
第2款　広島水力電気株式会社 … 13 20
第3款　東京水力電気株式会社 … 13 34
第4款　東京電力株式会社 ……… 13 38
第5款　名古屋電力株式会社 ….. 13 42
第6款　日英水力電気株式会社 … 13 43
第7款　関係水力電気会社諸資料
　1　荒川水力電気 …………… 13 66
　2　常磐水力電気株式会社 … 13 66

第23節　土木・築港
第1款　横浜高島町埋立 ………… 13 67
第2款　野蒜築港会社 …………… 13 70
第3款　日本土木会社 …………… 13 73
第4款　印旛沼開鑿事業 ………… 13 84
第5款　門司築港会社 …………… 13 207
第6款　若松築港株式会社 ……… 13 211
第7款　東洋浚渫株式会社 ……… 13 219
第8款　大船渡築港鉄道株式会社 13 220

第24節　土地会社
第1款　函館土地合資会社 ……… 13 242

第25節　取引所
第1款　東京株式取引所 ………… 13 243
第2款　東京米商会所 …………… 14 5
第3款　横浜洋銀取引所 ………… 14 110
第4款　大阪株式取引所 ………… 14 183
第5款　大阪堂島米商会所 ……… 14 232
第6款　東京商品取引所 ………… 14 237
第7款　東京銀塊取引所 ………… 14 265
第8款　横浜ニ於ケル商品取引所合併問題 ……………………… 14 274

第26節　倉庫業
第1款　倉庫業創設運動 ………… 14 278
第2款　北越商会 ………………… 14 289
第3款　倉庫会社並ニ均融会社 … 14 295
第4款　敦賀・伏見・四日市ニ於ケル倉庫業 ………………… 14 343
第5款　土崎港ニ於ケル倉庫会社 14 346
第6款　渋沢倉庫部 ……………… 14 348
第7款　東海倉庫株式会社 ……… 14 374

第27節　ホテル業
第1款　株式会社帝国ホテル ….. 14 377
第2款　其他ノホテル
　1　日光ホテル会社 ………… 14 408
　2　京都ホテル ……………… 14 412

第28節　貿易
第1款　日本輸出米商社 ………… 14 413
第2款　匿名組合堀越商会 ……… 14 416
第3款　青木商会 ………………… 14 433

第４款　日露貿易株式会社 ……… 14　437
第５款　其他ノ商社
　１　小野組糸方 ……………… 14　447
　２　先収会社 ………………… 14　465
第６款　生糸改会社 …………… 14　472
第７款　蚕種紙買入所 ………… 14　501
第８款　蚕種製造組合条例並ニ蚕種製造組合会議局 ………… 14　546
第９款　蚕卵紙輸出問題 ……… 14　608
第10款　聯合生糸荷預所 ……… 15　5
第11款　蚕業諮問会 …………… 15　129
第12款　日本貿易協会　附　商品陳列館 ……………………… 15　131
第13款　横浜生糸売込問屋組合 … 15　150
第14款　改正条約実施準備会 …… 15　153
第15款　貿易関係資料 ………… 15　154
第16款　関税改正関係資料 …… 15　156

第29節　其他
第１款　内外用達会社 ………… 15　157
第２款　渋沢商店 ……………… 15　179
第３款　秀英舎 ………………… 15　213
第４款　朝陽館 ………………… 15　226
第５款　東京廻米問屋組合 …… 15　237
第６款　東京水道会社 ………… 15　246
第７款　四日市製油会社 ……… 15　307
第８款　製藍会社 ……………… 15　316
第９款　青山製氷会社 ………… 15　324
第10款　東京建物株式会社 …… 15　325
第11款　東京印刷株式会社 …… 15　326
第12款　亜麻仁油製造株式会社 … 15　337
第13款　日本鉛管製造株式会社 … 15　338
第14款　合名会社中井商店 …… 15　347
第15款　合資会社生秀館 ……… 15　350
第16款　東洋電機株式会社 …… 15　352
第17款　全国米業者大会 ……… 15　353
第18款　合資会社沖商会 ……… 15　360
第19款　帝国ヘット株式会社 …… 15　362
第20款　関係資料 ……………… 15　363

第４章　鉱業　　巻　頁
第１節　銅
第１款　足尾鉱山組合 ………… 15　365
第２款　銅山関係諸資料
　１　荒川鉱山 ………………… 15　380
　２　大鳥鉱山 ………………… 15　380

第２節　石炭
第１款　磐城炭礦株式会社 …… 15　384
第２款　田川採炭株式会社 …… 15　404
第３款　長門無煙炭礦株式会社 … 15　409
第４款　藤原炭礦会社 ………… 15　425
第５款　茨城採炭株式会社 …… 15　426
第６款　石狩石炭株式会社 …… 15　431

第３節　石油
第１款　北越石油株式会社 …… 15　441
第２款　宝田石油株式会社 …… 15　462

第４節　其他ノ鉱業
第１款　鉱業関係諸資料
　１　不動嶋鉱山 ……………… 15　468
　２　浅野鉱山部熊沢硫黄山 … 15　468
　３　土佐鉱山 ………………… 15　470

第５章　農・牧・林・水産業　　巻　頁
第１節　農・牧・林業
第１款　柳林農社 ……………… 15　471
第２款　聯成社・岡部山林 …… 15　481
第３款　耕牧舎 ………………… 15　489
第４款　十勝開墾合資会社 …… 15　530
第５款　三本木渋沢農場 ……… 15　609
第６款　小樽木材株式会社 …… 15　654
第７款　其他関係諸資料
　１　力田協会 ………………… 15　659
　２　東京園芸株式会社 ……… 15　659

第２節　水産業
第１款　房総漁産会社 ………… 15　661
第２款　日本水産会社 ………… 15　663
第３款　渋沢家洲崎養漁場 …… 15　664
第４款　大日本水産会 ………… 15　668
第５款　青木漁猟組 …………… 15　671
第６款　洲崎養魚株式会社 …… 15　675
第７款　大日本水産株式会社 …… 15　678
第８款　日本食塩コークス株式会社 ……………………………… 15　681
第９款　大日本遠洋漁業株式会社　15　683

第６章　対外事業　　巻　頁
第１節　韓国
第１款　韓国ニ於ケル第一銀行 … 16　5
第２款　京釜鉄道株式会社 …… 16　355
第３款　京仁鉄道合資会社 …… 16　516
第４款　稷山金鉱（渋沢栄一・浅野総一郎礦業組合）……… 16　577
第５款　韓国興業株式会社 …… 16　589
第６款　韓国水力電気株式会社 … 16　612
第７款　平安電気鉄道株式会社 … 16　616
第８款　韓国倉庫株式会社 …… 16　617
第９款　日韓瓦斯株式会社 …… 16　622
第10款　其他ノ会社

1 韓国拓殖株式会社 …… 16 636
2 韓国鉱業関係諸資料 …… 16 637
第11款 日韓通商保護要請 …… 16 639
第12款 日韓通商協会 …… 16 643
第13款 朝鮮協会 …… 16 653
第14款 棉花栽培協会 …… 16 659

第2節 支那・満洲
第1款 東華紡績株式会社 …… 16 668
第2款 上海紡績株式会社 …… 16 676
第3款 日清銀行設立問題 …… 16 684
第4款 東洋万国株式会社 …… 16 687
第5款 湖南汽船株式会社 …… 16 716
第6款 南満洲鉄道株式会社 …… 16 723
第7款 東亜製粉株式会社 …… 16 737
第8款 営口水道電気株式会社 …… 16 740
第9款 満洲興業株式会社 …… 16 749
第10款 清韓協会 …… 16 752
第11款 其他
清国鉄山 …… 16 754

第7章 経済団体及ビ民間諸会 巻 頁
第1節 商業会議所
第1款 東京商法会議所
明10年～同16年 …… 17 5
第2款 東京商工会
明16年～同20年 …… 18 5
明21年～同25年 …… 19 5
第3款 東京商業会議所
明23年～同24年 …… 19 535
明25年～同28年 …… 20 5
明29年～同38年 …… 21 5
第4款 商業会議所聯合会
明25年～同41年 …… 22 5
第5款 関東東北商業会議所聯合協議会 …… 22 923

第2節 其他ノ経済団体及ビ民間諸会
第1款 経新倶楽部 …… 23 5
第2款 東京実業者相談会 …… 23 22
第3款 日本経済会 …… 23 27
第4款 パリ博覧会出品組合 …… 23 33
第5款 地租増徴期成同盟会 …… 23 38
第6款 横浜経済会 …… 23 62
第7款 有楽会 …… 23 70
第8款 偕楽会 …… 23 92
第9款 商工経済会 …… 23 94

第8章 政府諸会 巻 頁
第1節 諮問会議
第1款 鉄道会議 …… 23 106
第2款 鉱業諮問会 …… 23 151
第3款 法典調査会 …… 23 159
第4款 貨幣制度調査会 …… 23 165
第5款 商業会議所条例改正案諮問会 …… 23 192
第6款 農商工高等会議 …… 23 281

第2節 博覧会
第1款 第三回内国勧業博覧会 …… 23 581
第2款 コロンブス世界博覧会臨時博覧会事務局 …… 23 585
第3款 第四回内国勧業博覧会 …… 23 595
第4款 パリ万国博覧会臨時博覧会事務局 …… 23 599
第5款 第五回内国勧業博覧会 …… 23 616
第6款 東京勧業博覧会 …… 23 623
第7款 日本大博覧会 …… 23 631

第9章 一般財政経済問題 巻 頁
第1節 金本位問題 …… 23 645

第2節 日露戦後経営 …… 23 657

第3節 雑 …… 23 678

第2部 社会公共事業

第1章 社会事業 巻 頁
第1節 養育院其他
第1款 東京市養育院 …… 24 5
第2款 福田会 …… 24 233
第3款 東京盲唖学校 …… 24 257
第4款 岡山孤児院 …… 24 270
第5款 四恩瓜生会 …… 24 289
第6款 東京出獄人保護所 …… 24 302
第7款 横浜監獄小田原分監 …… 24 317
第8款 函館慈恵院 …… 24 319
第9款 中央慈善協会 …… 24 321

第2節 感化事業
第1款 東京感化院慈善会 …… 24 338
第2款 東京市養育院感化部井之頭学校 …… 24 343
第3款 第一回感化救済事業講習会 …… 24 405

第3節 保健団体及ビ医療施設
第1款 東京地方衛生会 …… 24 414
第2款 博愛社（日本赤十字社） 24 423
第3款 社団法人同愛社 …… 24 446
第4款 第一区府県立全生病院 …… 24 463

第5款　熊本回春病院 ……………… 24　516
第6款　社団法人東京慈恵会 …… 24　536

第4節　災害救恤
第1款　火災救恤 ……………………… 24　565
第2款　水害救恤 ……………………… 24　573
第3款　震災救恤 ……………………… 24　603
第4款　凶作救恤 ……………………… 24　605
第5款　防疫救恤 ……………………… 24　611
第6款　遭難救恤 ……………………… 24　618
第7款　貧民救恤 ……………………… 24　637

第2章　国際親善　　巻　頁
第1節　外遊
第1款　清国行 ………………………… 25　5
第2款　韓国行 ………………………… 25　6
第3款　欧米行 ………………………… 25　75

第2節　国際団体及ビ親善事業
第1款　喜賓会 ………………………… 25　454
第2款　日露協会 ……………………… 25　472
第3款　日印協会 ……………………… 25　474
第4款　在米日本人会 ……………… 25　477

第3節　外賓接待
第1款　アメリカ前大統領グラント将軍夫妻歓迎 ……………… 25　479
第2款　ハワイ国皇帝カラカウァ招待 ……………………………… 25　539
第3款　ドイツ皇族ブリィードリッヒ・レオポルド招待 …… 25　547
第4款　ロシア皇太子ニコライ歓迎準備 ………………………… 25　549
第5款　イギリス前海軍大臣伯爵スペンサー歓招会 ………… 25　551
第6款　イギリス聯合商業会議所派遣員チャールス・ベレスフォード歓迎会 ………… 25　554
第7款　アメリカ海軍少将フレデリック・ロッジャース歓迎会 ……………………………… 25　555
第8款　清国皇族貝子載振招待 … 25　559
第9款　アメリカ陸軍大臣ウイリアム・タフト歓迎 ………… 25　560
第10款　イギリス皇族アーサー・オブ・コンノート歓迎 …… 25　585
第11款　カナダ駅逓総監兼労働事務大臣レミュー歓迎 ……… 25　592
第12款　アメリカ大西洋艦隊歓迎　25　608
第13款　アメリカ太平洋沿岸商業会議所代表委員歓迎 ……… 25　615
第14款　其他ノ外国人接待 ……… 25　630

第4節　諸外国災害救助
第1款　清国饑饉救済 ……………… 25　707
第2款　サン・フランシスコ震災義捐金募集 ……………………… 25　737
第3款　南清饑饉救済義捐金募集　25　745
第4款　イタリー震災救助義捐金募集 ……………………………… 25　748

第3章　道徳・宗教　　巻　頁
第1節　儒教
第1款　孔子祭典会 ………………… 26　5
第2款　陽明学会 …………………… 26　23
第3款　孔子教会 …………………… 26　32

第2節　神社
第1款　神苑会 ……………………… 26　34
第2款　諏訪神社 …………………… 26　46
第3款　富岡八幡神社修補会 …… 26　52
第4款　其他
1　明戸村熊野神社 ………… 26　55
2　明戸村諏訪神社 ………… 26　55
3　藤島神社 ………………… 26　55

第3節　寺院及ビ仏教団体
第1款　高野山興隆会 ……………… 26　57
第2款　東叡山寛永寺 ……………… 26　63
第3款　比叡山延暦寺 ……………… 26　65

第4節　キリスト教団体
第1款　万国学生基督教青年会 … 26　66
第2款　救世軍 ……………………… 26　72

第5節　修養団体
第1款　竜門社 ……………………… 26　89
第2款　講道館 ……………………… 26　469
第3款　日本弘道会 ………………… 26　487
第4款　其他
1　興風会 …………………… 26　500
2　実業家道徳会 …………… 26　500

第4章　教育　　巻　頁
第1節　実業教育
第1款　東京商法講習所 ………… 26　501
第2款　東京商業学校 …………… 26　565
第3款　高等商業学校 …………… 26　577
第4款　東京高等商業学校 ……… 26　642
第5款　大倉商業学校 …………… 26　721
第6款　其他
1　東京大学 ………………… 26　758

2 共立統計学校 …… 26 768
3 工手学校 …… 26 775
4 私立東京商業学校 …… 26 782
5 新潟商業学校 …… 26 785
6 岩倉鉄道学校 …… 26 793
7 浅草商業補習学校 …… 26 800
8 京華商業学校 …… 26 804
9 東京高等工業学校 …… 26 804
10 神戸高等商業学校 …… 26 810
11 蚕業講習所 …… 26 817
12 名古屋商業学校 …… 26 818
13 山口高等商業学校 …… 26 819
14 東京市教育会付属実用夜学校 …… 26 820
15 静岡市立静岡商業学校 …… 26 823
第7款 全国地方商業学校長会議 26 829
第8款 全国実業学校長会議 …… 26 847

第2節 女子教育
第1款 東京女学館 …… 26 856
第2款 日本女子大学校 …… 26 874
第3款 其他
1 明治女学校 …… 26 919
2 共立女子職業学校 …… 26 922
3 日本女子商業学校 …… 26 925

第3節 其他ノ教育
第1款 明治小学校並東京府小学教育基金 …… 27 5
第2款 同志社大学 …… 27 8
第3款 深川区学務委員 …… 27 37
第4款 海軍予備黌(私立海城学校) …… 27 39
第5款 埼玉県大里郡八基尋常高等小学校 …… 27 41
第6款 埼玉学友会 …… 27 44
第7款 大日本海外教育会・京城学堂 …… 27 65
第8款 早稲田大学 …… 27 88
第9款 埼玉学生誘掖会 …… 27 108
第10款 深川区教育会 …… 27 146
第11款 財団法人高千穂学校 …… 27 150
第12款 帝国教育会 …… 27 155
第13款 専修学校 …… 27 165
第14款 暁星中学校 …… 27 167
第15款 皇典講究所・国学院大学 27 170
第16款 其他
1 砂村小学校 …… 27 177
2 滝野川村小学校 …… 27 177
3 韓清語学校 …… 27 178
4 慶応義塾 …… 27 178
5 社団法人日本体育会 …… 27 186
6 明治法律学校(明治大学) 27 188
7 六間堀小学校 …… 27 192
8 台湾協会学校(東洋協会専門学校) …… 27 192
9 東京府教育会 …… 27 197
10 京華中学校 …… 27 206
11 東京市教育会 …… 27 210
12 本郷区教育会 …… 27 227
13 韓国各地居留民教育施設 27 227
14 新田郡教育会 …… 27 232
15 青山学院 …… 27 233
16 静岡教育会 …… 27 235
17 法政大学 …… 27 245
18 青南尋常小学校 …… 27 246

第5章 学術及ビ其他ノ文化事業 巻 頁

第1節 学術
第1款 東京地学協会 …… 27 249
第2款 東京経済学協会 …… 27 267
第3款 国家学会 …… 27 326
第4款 専修学校理財学会 …… 27 344
第5款 東京統計協会 …… 27 358
第6款 穂積奨学財団 付 穂積博士就職満二十五年祝賀会 …… 27 363
第7款 社会政策学会 …… 27 369

第2節 演芸及ビ美術
第1款 演劇改良会 …… 27 378
第2款 東京改良演芸会友楽館 …… 27 395
第3款 日本パノラマ会社 …… 27 403
第4款 帝国劇場 …… 27 409
第5款 文芸協会 …… 27 430
第6款 高等演芸場 …… 27 432
第7款 帝国女優養成所 …… 27 436
第8款 日本美術協会 …… 27 440

第3節 編纂事業
第1款 徳川慶喜公伝編纂 …… 27 445
第2款 明治財政史編纂会 …… 27 481
第3款 開国五十年史 …… 27 487
第4款 尾高惇忠伝 …… 27 494

第4節 新聞・雑誌・出版
第1款 中外物価新報・中外商業新報 …… 27 496
第2款 東京経済雑誌 …… 27 504
第3款 東京日日新聞 …… 27 520
第4款 東洋経済新報社 …… 27 534
第5款 博文館二十周年記念会 …… 27 536

第６款　実業之世界 ……………… 27　542

第６章　政治・自治行政　　巻　頁

第１節　政治

第１款　自治制研究会 …………… 27　550
第２款　衆議院議員立候補 ……… 27　559
第３款　貴族院議員 ……………… 27　562
第４款　衆議院議員選挙法改正期成同盟会 ……………………… 27　567
第５款　政友会 …………………… 27　578
第６款　大蔵大臣就任辞退 ……… 27　589

第２節　自治行政

第１款　東京会議所 ……………… 27　596
第２款　東京市区改正及ビ東京湾築港
　1　東京市区取調局 ………… 28　5
　2　東京市区改正審査会 …… 28　18
　3　東京市区改正委員会 …… 28　46
　4　東京湾築港調査 ………… 28　293
第３款　東京府会 ………………… 28　358
第４款　東京市参事会 …………… 28　363
第５款　自治協会 ………………… 28　402
第６款　深川区関係
　1　ポンプ献納 ……………… 28　404
　2　深川区会 ………………… 28　405
　3　深川区役所 ……………… 28　415
　4　深川鷗盟会 ……………… 28　416
第７款　埼玉県大里郡八基村 …… 28　424
第８款　神戸市水道公債問題 …… 28　426
第９款　自治行政関係諸資料 …… 28　434

第７章　軍事関係事業　　巻　頁

第１節　日清戦争

第１款　防海費献納 ……………… 28　435
第２款　報国会 …………………… 28　440
第３款　東京商人有志奉迎会 …… 28　450
第４款　深川区出身日清役戦死者忠魂碑 ……………………… 28　456
第５款　日清戦役関係資料 ……… 28　458

第２節　北清事変

第１款　山口中将以下凱旋将校歓迎会 ………………………… 28　459

第３節　日露戦役

第１款　帝国海事協会 …………… 28　463
第２款　国論強化運動 …………… 28　472
第３款　国民後援会 ……………… 28　477
第４款　銀行関係者戦捷祝賀会 … 28　486
第５款　日本倶楽部海戦祝捷会 … 28　487
第６款　東京凱旋軍歓迎会 ……… 28　488
第７款　埼玉学生誘掖会・埼玉学友会聯合埼玉県人日露役出征軍人歓迎会 ……………… 28　505
第８款　日露戦役関係諸資料 …… 28　508

第４節　其他

第１款　愛国婦人会 ……………… 28　513
第２款　帝国軍人援護会 ………… 28　519
第３款　深川区報公会 …………… 28　523

第８章　其他ノ公共事業　　巻　頁

第１節　記念事業

第１款　伊能忠敬遺功表 ………… 28　524
第２款　戊辰東軍戦死者追悼碑 … 28　529
第３款　有栖川宮熾仁親王銅像 … 28　535
第４款　瓜生岩子銅像 …………… 28　536
第５款　平野富二記念碑 ………… 28　537
第６款　松田源五郎銅像 ………… 28　539
第７款　陸奥宗光銅像 …………… 28　542
第８款　尾高惇忠頌徳碑 ………… 28　543
第９款　記念事業関係諸資料
　1　永田甚七記念碑 ………… 28　549
　2　横山富三郎墓誌 ………… 28　550
　3　山登万和碑篆額 ………… 28　555
　4　須永伝蔵碑 ……………… 28　555

第２節　祝賀会・歓迎会・送別会

第１款　憲法発布祝賀夜会 ……… 28　556
第２款　東京三百年記念祭 ……… 28　625
第３款　平安遷都千百年記念祭
　1　平安遷都紀念祭協賛会 … 28　635
　2　平安遷都千百年記念祭典 28　655
第４款　奠都三十年祝賀会 ……… 28　664
第５款　東宮御慶事奉祝会 ……… 28　692
第６款　実業家日英同盟祝賀会 … 28　733
第７款　伊藤博文欧米漫遊帰朝歓迎会 ………………………… 28　735
第８款　徳川慶喜授爵祝賀会 …… 28　738
第９款　伊藤韓国特派大使帰朝歓迎会 ………………………… 28　742
第10款　阪谷芳郎大蔵大臣陞任祝賀会 ………………………… 28　750
第11款　日仏協約祝賀会 ………… 28　751
第12款　伊藤韓国統監歓迎会 …… 28　774
第13款　日露協約祝賀会 ………… 28　791
第14款　井上駐独大使歓迎会 …… 28　809
第15款　祝賀・歓迎・送別会等諸資料
　1　福島中佐歓迎 …………… 28　811
　2　近衛篤麿欧米漫遊送別会　28　811
　3　松方正義欧米漫遊送別会　28　812
　4　日本橋区民日英同盟祝賀会

…………………………… 28 815
5 松尾臣善還暦祝賀会 …… 28 815
6 添田寿一渡欧送別会 …… 28 816
7 日本銀行主催日仏協約祝賀会 …………………… 28 816
8 万朝報営業満十五年記念園遊会 ……………… 28 818
9 前韓国財政顧問目賀田種太郎慰労会 ……………… 28 820
10 都筑馨六大使歓迎会 …… 28 820
11 大島台湾総督府民政長官招待会 ……………… 28 821
12 本野駐露大使送別会 …… 28 821
13 日本電報通信社記念祝典 28 822
14 井上準之助渡米送別会 … 28 823
15 憲法発布二十年紀念祝賀会 …………………………… 28 823

第3節　関係団体諸資料
第1款　日本倶楽部 ……………… 28 825
第2款　同方会 …………………… 28 831
第3款　其他
1 野州保晃会 ……………… 28 834
2 鴫立庵再建 ……………… 28 834
3 埼玉県人親睦会 ………… 28 835
4 日本橋倶楽部 …………… 28 835

第3部　身辺

第1章　家庭生活　巻　頁
第1節　同族・親族
第1款　同族 …………………… 29 5
第2款　親族 …………………… 29 84

第2節　健康 …………………… 29 104

第3節　家庭教育
第1款　克己学寮 ……………… 29 176

第4節　趣味
第1款　茶事 …………………… 29 182
第2款　和歌 …………………… 29 189
第3款　漢詩 …………………… 29 229
第4款　囲碁・将棋 …………… 29 244
第5款　演劇 …………………… 29 246

第2章　栄誉　巻　頁
第1節　恩賜・褒賞
第1款　恩賜 …………………… 29 251
第2款　褒賞 …………………… 29 253

第2節　叙位・叙勲
第1款　叙位 …………………… 29 259
第2款　叙勲 …………………… 29 260
第3款　外国叙勲 ……………… 29 263

第3節　叙爵 …………………… 29 266

第4節　伺候・参列 …………… 29 282

第3章　賀寿　巻　頁
第1節　還暦 …………………… 29 285

第4章　同族会 ………………… 29 300

第5章　交遊　巻　頁
1 徳川慶喜 ……………… 29 329
2 伊藤博文 ……………… 29 338
3 井上馨 ………………… 29 341
4 大隈重信 ……………… 29 348
5 大倉喜八郎 …………… 29 349
6 古河市兵衛 …………… 29 356
7 三井家 ………………… 29 361
8 三野村利左衛門 ……… 29 374
9 清水家 ………………… 29 375
10 浅野総一郎 …………… 29 383
11 岩崎家 ………………… 29 385
12 西村勝三 ……………… 29 387
13 益田孝 ………………… 29 391
14 皆川四郎 ……………… 29 393
15 梅浦精一 ……………… 29 395
16 佐々木勇之助 ………… 29 396
17 園田孝吉 ……………… 29 397
18 大橋新太郎 …………… 29 399
19 三遊亭円朝 …………… 29 401
20 其他ノ関係諸資料 …… 29 402

第6章　旅行 ………………… 29 435

第7章　実業界引退 ………… 29 593

第8章　住宅 ………………… 29 609

第9章　雑資料　巻　頁
第1節　遭難 …………………… 29 625

第2節　蓄音器吹込 …………… 29 634

第3節　自動車乗用 …………… 29 635

第３編　社会公共事業尽瘁並ニ実業界後援時代
（明治42年６月～昭和６年11月）

第１部　社会公共事業

第１章　社会事業　巻　頁
第１節　東京市養育院其他
第１款　東京市養育院（承前）……　30　5
第２款　岡山孤児院（承前）………　30　366
第３款　東京出獄人保護所　………　30　369
第４款　東京市設職業紹介所　……　30　371
第５款　埼玉育児院　………………　30　376
第６款　四恩瓜生会（承前）………　30　382
第７款　滝乃川学園　………………　30　383
第８款　愛の家　……………………　30　393
第９款　福田会（承前）……………　30　398
第10款　其他
　1　第二無料宿泊所開所式　…　30　402
　2　鉄道保養院　………………　30　405
　3　全国育児事業経営者慰労園遊会　………………………　30　406
　4　上毛孤児院主金子尚雄表彰祝賀会　……………………　30　409
　5　東京児童会館　……………　30　413

第２節　中央社会事業協会其他
第１款　中央慈善協会（承前）……　30　419
第２款　社会事業協会＝財団法人中央社会事業協会　…………　30　541
第３款　財団法人東京府慈善協会＝財団法人東京府社会事業協会　…………………………　30　665
第４款　東京臨時救済会　…………　30　682
第５款　財団法人埼玉共済会　……　30　759
第６款　財団法人労働奨励会　……　30　768
第７款　恩賜財団慶福会　…………　30　771
第８款　財団法人東京市方面事業後援会　……………………　30　779
第９款　中央盲人福祉協会　………　30　782
第10款　財団法人全日本方面事業聯盟　………………………　30　789
第11款　其他ノ関係諸事業
　1　浄土宗労働共済会五銭寄宿舎開所式　…………………　30　796
　2　社団法人東京市特殊小学校後援会玉姫長屋落成式　…　30　796
　3　財団法人東京盲人教育会　30　803
　4　在シンガポール婦人救済　30　804

第３節　感化事業
第１款　全国感化救済事業大会　…　30　809
第２款　東京府立感化院修斉学園　30　817
第３款　東京市養育院感化部井之頭学校（承前）………………　30　819
第４款　関東・東北・北海道感化院長協議会　…………………　30　849

第４節　保健団体及ビ医療施設
第１款　社団法人東京慈恵会（承前）…………………………　31　5
第２款　社団法人同愛社（承前）　31　56
第３款　恩賜財団済生会　…………　31　60
第４款　東京市施療病院　…………　31　93
第５款　救世軍病院　………………　31　96
第６款　財団法人日本結核予防協会　……………………………　31　100
第７款　全生病院（承前）…………　31　109
第８款　救世軍療養所　……………　31　122
第９款　社団法人日本赤十字社（承前）…………………………　31　127
第10款　財団法人泉橋慈善病院　…　31　130
第11款　社団法人実費診療所　……　31　150
第12款　有限責任滝野川共立病院組合　…………………………　31　161
第13款　日本住血吸虫病撲滅費寄付　……………………………　31　174
第14款　浅草寺病院　………………　31　177
第15款　仏眼協会　…………………　31　186
第16款　財団法人熊本回春病院（承前）…………………………　31　192
第17款　財団法人癩予防協会　……　31　195
第18款　其他ノ関係諸事業
　1　社団法人白十字会　………　31　211
　2　在ホノルル日本人慈善会附属日本人病院　……………　31　212
　3　東京府立松沢病院　………　31　212
　4　錦糸病院　…………………　31　213

第５節　災害救恤
第１款　東京水災善後会　…………　31　217
第２款　臨時水害救済会　…………　31　246
第３款　東北九州災害救済会　……　31　266
第４款　東京風水害救済会　………　31　307
第５款　大震災善後会　……………　31　328
第６款　在京罹災埼玉県人救護団　31　398
第７款　深川区内諸救恤　…………　31　408
第８款　災害救恤関係諸資料
　1　大阪市火災　………………　31　412
　2　滋賀県下震災　……………　31　414

3　青森市火災 …… 31　415
4　血洗島水害 …… 31　415
5　浅草区火災 …… 31　417
6　米沢市火災 …… 31　418

第2章　労資協調及ビ融和事業　巻　頁

第1節　労資協調
第1款　友愛会 …… 31　420
第2款　財団法人協調会 …… 31　457
第3款　其他
1　財団法人日本労働慰安会 31　595
2　東京労働聯合会 …… 31　598
3　労働問題懇談会 …… 31　598
4　商工青少年向上助成会 … 31　600
5　商工青年慰安会 …… 31　600
6　労働自治会 …… 31　602
第4款　労働問題ニ対スル栄一ノ意見 …… 31　605

第2節　融和事業
第1款　帝国公道会 …… 31　663
第2款　同愛会 …… 31　678
第3款　財団法人中央社会事業協会地方改善部 …… 31　720
第4款　中央融和事業協会 …… 31　735
第5款　融和事業関係諸資料
1　埼玉県大里郡融和会 …… 31　740
2　雑 …… 31　740

第3節　内鮮融和
第1款　大東同志会 …… 31　745
第2款　財団法人相愛会 …… 31　751
第3款　同民会 …… 31　760
第4款　日鮮懇話会 …… 31　768
第5款　光明会 …… 31　771
第6款　向上会館 …… 31　779
第7款　内鮮融和関係諸資料 …… 31　787

第3章　国際親善　巻　頁

第1節　外遊
第1款　渡米実業団 …… 32　5
第2款　中国行 …… 32　491
第3款　第三回米国行 …… 33　5
第4款　第四回米国行 …… 33　155

第2節　米国加州日本移民排斥問題
第1款　在米日本人会（承前）…… 33　373
第2款　日米同志会 …… 33　417
第3款　日米関係委員会
大5年〜同11年 …… 33　452
大12年〜昭元年 …… 34　5
昭2年〜同6年 …… 35　5
○其他関係諸資料 …… 35　254
第4款　日米関係委員協議会 …… 35　259
第5款　日米有志協議会 …… 35　316
第6款　ニュー・ヨーク日本協会協賛会 …… 35　469
第7款　大日本平和協会 …… 35　492
第8款　日米協会 …… 35　548
第9款　其他関係諸団体
1　ハワイ・ホノルル米日関係委員会 …… 35　614
2　シアトル日本協会 …… 35　617
3　南部カリフォルニア日本協会 …… 35　624
4　サン・フランシスコ米日関係委員会 …… 35　626

第3節　国際団体及ビ親善事業
第1款　喜賓会（承前）…… 36　5
第2款　日露協会（承前）…… 36　11
第3款　日印協会（承前）…… 36　24
第4款　支那留学生同情会 …… 36　88
第5款　財団法人日華学会 …… 36　94
第6款　国際平和義会日本支部 … 36　156
第7款　カーン海外旅行財団 …… 36　160
第8款　聖路加国際病院 …… 36　165
第9款　米友協会 …… 36　256
第10款　在日米人平和協会 …… 36　257
第11款　日仏協会 …… 36　259
第12款　財団法人日仏会館 …… 36　266
第13款　社団法人国際聯盟協会
大9年〜同14年 …… 36　368
大15年〜昭7年 …… 37　5
第14款　婦人平和協会 …… 37　384
第15款　ルーヴェン国際事業委員会 …… 37　386
第16款　汎太平洋倶楽部 …… 37　397
第17款　日波協会 …… 37　405
第18款　PAN-PACIFIC UNION …… 37　412
第19款　汎太平洋協会 …… 37　433
第20款　太平洋問題協議会 …… 37　455
第21款　太平洋問題調査会 …… 37　520
第22款　日本国際児童親善会 …… 38　5
第23款　大阪聖バルナバ病院 …… 38　182
第24款　財団法人日独文化協会 … 38　206
第25款　THE AMERICAN SOCIETY OF MECHANICAL ENGINEERS …… 38　213
第26款　国際教育関係諸団体
1　東亜高等予備学校 …… 38　223

2　海外植民学校 …………… 38　230
3　薩摩会館後援会 ………… 38　254
4　其他
1．日語学校 ……………… 38　258
2．アーウィン学校 ……… 38　263
3．(サン・パウロ) 聖州義塾 ……………………… 38　264
4．日本力行会海外学校 … 38　266
5．マタルナ青年団 ……… 38　267
第27款　東洋関係諸団体
1　財団法人同仁会 ………… 38　269
2　財団法人東亜同文会 …… 38　275
3　社団法人東洋協会 ……… 38　287
4　大亜細亜協会 …………… 38　293
5　大東文化協会 …………… 38　298

第4節　国際記念事業

第1款　エヂソン翁第七十五回誕辰祝賀会 …………………… 38　300
第2款　タウンゼンド・ハリス記念碑建設 …………………… 38　323
第3款　玉泉寺本堂修繕 ………… 38　432
第4款　グラント将軍植樹記念碑建設 ………………………… 38　446
第5款　其他
1　ザベリヨ記念碑建設 …… 38　489
2　ベルナルド・ベテルハイム記念碑建設 ……………… 38　502
3　ストージ博士古稀祝賀会　38　509
4　ERIC KNIGHT JORDAN RESEARCH FELLOW-SHIPS IN GEOLOGY …　38　526
5　ジヤッジ・バーク銅像建設 ……………………………… 38　534
6　アール・ディー・タタ記念教育資金 ………………… 38　543
7　ヴィリヨン神父記念胸像建設会 ……………………… 38　545
8　ベルトロー百年記念会 … 38　554
9　リリアン神父宣教記念館　38　558

第5節　外賓接待

第1款　インド，パロダ国国王マハラジャ・サヒブ・ガイカー招待 ……………………… 38　559
第2款　インド，ムルバンジ国国王バンジ・デオ招待 ……… 38　562
第3款　アメリカ国務卿ノックス招待 ………………………… 38　563
第4款　中華民国国民党党首孫文歓迎 ………………………… 38　571
第5款　メキシコ国答礼大使フランシスコ・レオン・デ・ラ・バラ歓迎 ………………… 38　593
第6款　ロシア皇族ゲオルギー・ミハイロヴイッチ歓迎 …… 38　597
第7款　インド詩人タゴール招待　38　602
第8款　中華民国前総理唐紹儀・殷汝耕歓迎 ………………… 38　627
第9款　イギリス皇族アーサー・オブ・コンノート歓迎 …… 38　631
第10款　フランス元帥ジョッフル歓迎 ……………………… 38　632
第11款　イギリス皇太子エドワード歓迎 …………………… 39　5
第12款　ベルギー王子シャール・テオドール歓迎 ………… 39　20
第13款　アメリカ海軍卿エドウィン・デンビー歓迎 ……… 39　21
第14款　中華民国前革命軍総司令蔣介石招待 ……………… 39　27
第15款　其他ノ外国人接待 ……… 39　40
○其他ノ資料 …………… 39　751

第6節　国際災害援助

第1款　広東地方水害罹災民救恤義捐金募集 ………………… 40　5
第2款　天津水害義助会 ………… 40　11
第3款　北支旱魃飢饉罹災民救済　40　27
付　中国災民児童救済及ビ帰国援助 …………… 40　44
第4款　アルメニア難民救済委員会 ………………………………… 40　47
第5款　ドイツ国難民救助 ……… 40　59
第6款　フロリダ大風災義捐金募集 ………………………………… 40　64
第7款　フランス国西南部水害義捐金募集 ………………… 40　70
第8款　中華民国水災同情会 …… 40　72
第9款　関東大震災ニ対スル外国ノ援助 ……………………… 40　107
第10款　関東大震災在日罹災外人救済 ………………………… 40　304

第7節　其他ノ資料

第1款　日米交換教授 …………… 40　325
第2款　日米関係諸資料 ………… 40　342
第3款　其他外国関係資料 ……… 40　496
○其他ノ関係資料 ……… 40　539
第4款　慶弔 ……………………… 40　544
第5款　外国人トノ往復書翰 …… 40　627

第4章　道徳・宗教　巻　頁

第1節　儒教

第1款　聖堂保存会 …… 41　5
第2款　孔子祭典会（承前）…… 41　6
第3款　財団法人斯文会 …… 41　15
第4款　聖堂復興期成会 …… 41　100
第5款　孔子誕辰会 …… 41　141
第6款　曲阜孔子廟参拝 …… 41　145
第7款　信濃尊孔会 …… 41　164
第8款　陽明学会（承前）…… 41　166
第9款　論語蒐集 …… 41　260
第10款　論語語由ノ複製 …… 41　281
第11款　語由述志ノ複製 …… 41　284
第12款　手写孝経 …… 41　285
第13款　手写論語 …… 41　289
第14款　手写大学 …… 41　292
第15款　宋版論語注疏ノ複製 …… 41　293
第16款　論語年譜ノ編纂 …… 41　306
第17款　国訳論語ノ編訳 …… 41　321
第18款　栄一ノ論語ニ関スル講演談話ヲ編集セルモノ
　1　論語と算盤 …… 41　347
　2　渋沢子爵活論語 …… 41　352
　3　実験論語処世談 …… 41　354
　4　論語講義 …… 41　360
　5　処世の大道 …… 41　370
第19款　栄一ノ論語ニ関スル講話　41　372
第20款　栄一ノ儒教ニ関スル論説講話 …… 41　404
第21款　諸家ノ批評及ビ論説 …… 41　422

第2節　神社

第1款　神苑会（承前）…… 41　456
第2款　諏訪神社（埼玉県）（承前）…… 41　460
第3款　神宮御造営奉賛有志委員会 …… 41　514
第4款　神社奉祀調査会 …… 41　530
第5款　財団法人明治神宮奉賛会　41　543
第6款　明治神宮造営局 …… 41　588
第7款　日光東照宮三百年祭奉斎会 …… 41　591
第8款　南湖神社関係
　1　大礼記念楽翁公奉祀表徳会 …… 41　623
　2　南湖神社 …… 41　631
　3　南湖神社奉賛会 …… 41　643
第9款　其他
　1　厳島神社 …… 41　648
　2　藤樹神社創立協賛会 …… 41　650
　3　官幣大社吉野神宮奉賛会　41　655
　4　天満宮千二十五年祭北野会 …… 41　662
　5　作楽神社保存会 …… 41　669
　6　湊川神社境域改修奉賛会　41　671
　7　雷電神社 …… 41　677
　8　有徳公合祀奉賛会 …… 41　678
　9　大神宮御遷宮奉賛会 …… 41　683

第3節　寺院及ビ仏教団体

第1款　東叡山寛永寺（承前）…… 42　5
第2款　金竜山浅草寺関係
　1　金竜山浅草寺 …… 42　24
　2　浅草寺観音会 …… 42　40
　3　浅草寺臨時営繕局 …… 42　44
　4　財団法人浅草観音大慈会　42　48
第3款　仏教護国団 …… 42　52
第4款　朝鮮仏教大会 …… 42　58
第5款　財団法人朝鮮仏教団 …… 42　80
第6款　其他
　1　覚王山日暹寺 …… 42　94
　2　財団法人善光寺保存会 …… 42　94
　3　増上寺再建後援興勝会 …… 42　95
　4　大覚寺（京都）…… 42　101
　5　其他ノ資料 …… 42　103

第4節　キリスト教団体

第1款　救世軍（承前）…… 42　105
第2款　世界日曜学校大会後援会　42　171
第3款　財団法人日本日曜学校協会 …… 42　252
第4款　東京基督教青年会復興建築資金募集後援会 …… 42　262
第5款　其他
　1　ハワイ基督教青年会 …… 42　292
　2　サン・フランシスコ日本人基督教青年会 …… 42　301
　3　東京基督教女子青年会 …… 42　321
　4　東京三崎会館 …… 42　324
　5　日本基督教聯盟 …… 42　328
　6　万国基督教青年会（承前）42　333

第5節　修養団体

第1款　財団法人竜門社（承前）
　明42～大8年 …… 42　335
　大9～昭12年 …… 43　5
第2款　講道館（承前）
　1　財団法人講道館（承前）　43　334
　2　財団法人講道館後援会 …… 43　365
第3款　社団法人日本弘道会（承前）…… 43　374
第4款　財団法人修養団 …… 43　415

第5款　財団法人修養団後援会 …… 44　5
第6款　財団法人清明会 …… 44　62
第7款　少年団日本聯盟
　1　少年団日本聯盟 …… 44　81
　2　少年団日本聯盟助成会 …… 44　83
第8款　其他
　1　斯道会 …… 44　88
　2　皇道会 …… 44　88
　3　西ケ原青年会 …… 44　101
　4　東京洋傘問屋同業組合青年会 …… 44　107
　5　八基村青年団血洗島支部　44　110
　6　大日本明道会 …… 44　112
　7　大日本青年協会 …… 44　122
　8　大宮町青年団 …… 44　123
　9　財団法人中央教化団体聯合会 …… 44　127
　10　誠道会 …… 44　131
　11　東京府主催精神作興講演会 …… 44　135
　12　雑
　　1．婦人矯風会 …… 44　137
　　2．聖勅明道会 …… 44　138
　　3．日本人道会 …… 44　140

第5章　教育　　巻　頁

第1節　実業教育
第1款　東京高等商業学校（承前）
　付　社団法人如水会 …… 44　141
第2款　東京商科大学付社団法人如水会（承前） …… 44　284
第3款　神戸高等商業学校（承前）44　400
第4款　山口高等商業学校（承前）44　418
第5款　財団法人岩倉鉄道学校（承前） …… 44　419
第6款　京華商業学校（承前） …… 44　426
第7款　大倉高等商業学校（承前）44　433
第8款　工手学校（承前） …… 44　447
第9款　市立名古屋商業学校（承前）付商友会 …… 44　459
第10款　東京高等蚕糸学校（承前）44　477
第11款　東京高等工業学校（承前）
　手島工業教育資金団 …… 44　481
第12款　高千穂高等商業学校 …… 44　498
第13款　財団法人東京育英実業学校 …… 44　502
第14款　東京工業専修学校 …… 44　513
第15款　旅順工科大学 …… 44　526
第16款　其他
　1　横浜商業学校 …… 44　532
　2　慶応義塾商業学校 …… 44　532
　3　大阪高等商業学校 …… 44　533
　4　東京市立商業学校 …… 44　534
　5　仙台商業学校 …… 44　534
　6　中央商業学校 …… 44　535
　7　早稲田工手学校 …… 44　536
　8　早稲田実業学校 …… 44　540
　9　長崎高等商業学校 …… 44　540
　10　下関商業学校 …… 44　543
　11　明治専門学校 …… 44　544
　12　兵庫県立神戸商業学校 …… 44　545
　13　松山商業学校 …… 44　545
　14　三重県立四日市商業学校　44　549
　15　東京高等工芸学校 …… 44　554
　16　埼玉県深谷町立深谷商業学校 …… 44　554
　17　労学院 …… 44　555
第17款　全国商業学校長会議（承前） …… 44　559
第18款　帝国実業講習会 …… 44　568

第2節　女子教育
第1款　日本女子大学校（承前）　44　571
第2款　財団法人東京女学館（承前）
　付　女子教育奨励会 …… 45　5
第3款　跡見高等女学校 …… 45　48
第4款　京華高等女学校 …… 45　50
第5款　女子英学塾（津田英学塾）45　54
第6款　女子美術学校 …… 45　64
第7款　神戸女学院 …… 45　65
第8款　財団法人日本女子高等商業学校 …… 45　69
第9款　普連土女学校 …… 45　74
第10款　第一女子商業学院 …… 45　80
第11款　川村女学院 …… 45　82
第12款　其他
　1　日本女子美術学校 …… 45　87
　2　夕陽丘高等女学校・清水谷高等女学校・梅花高等女学校・梅田高等女学校・山陽高等女学校 …… 45　87
　3　山脇高等女学校 …… 45　89
　4　大日本婦人教育会 …… 45　89
　5　立教高等女学校 …… 45　94
　6　東京女子大学校 …… 45　95
　7　武蔵野女子大学設立計画　45　95
　8　昭和女子大学設立計画（京都） …… 45　98
　9　向山寮 …… 45　104

第3節　其他ノ教育関係
第1款　埼玉学友会（承前） …… 45　107

第２款　財団法人埼玉学生誘掖会（承前）…………………… 45　184
第３款　埼玉学生誘掖会舎友会 … 45　260
第４款　埼玉県大里郡八基村教育会 ……………………………… 45　281
第５款　埼玉県大里郡八基尋常高等小学校 …………………… 45　288
第６款　埼玉県大里郡八基公民学校 ……………………………… 45　292
第７款　明治大学（承前）……… 45　307
第８款　早稲田大学（承前）…… 45　314
　付　早稲田中学校 …… 45　397
第９款　同志社大学（承前）…… 45　407
第10款　皇典講究所・国学院大学（承前）…………………… 45　414
第11款　慶応義塾（承前）……… 45　422
第12款　東京帝国大学関係
　1　ヘボン氏寄付講座 ……… 45　432
　2　新聞研究室 ……………… 45　480
　3　学士会館 ………………… 45　500
第13款　財団法人私立高千穂学校　45　506
第14款　青山学院（承前）……… 45　538
第15款　二松学舎
　1　財団法人二松義会 ……… 45　539
　2　財団法人二松学舎 ……… 45　568
第16款　江原奨学資金 ………… 46　5
第17款　財団法人静岡育英会 … 46　11
第18款　社団法人東北学院 …… 46　22
第19款　亜細亜学生会 ………… 46　38
第20款　財団法人国士館 ……… 46　59
第21款　財団法人興譲館　付　阪門会 ………………………… 46　82
第22款　浦和高等学校 ………… 46　103
第23款　故神田先生記念事業会 … 46　105
第24款　財団法人大川育英会 … 46　108
第25款　財団法人日本国民高等学校協会 ……………………… 46　114
第26款　北豊島郡教育会 ……… 46　131
第27款　財団法人駒込中学校 … 46　139
第28款　財団法人バチェラー学園後援会 ……………………… 46　142
第29款　其他
　1　京華中学校（承前）……… 46　150
　2　東京市教育会（承前）…… 46　150
　3　東京府教育会（承前）…… 46　156
　4　静岡教育会（承前）……… 46　163
　5　帝国教育会（承前）……… 46　179
　6　暁星中学校（承前）……… 46　180
　7　銀行倶楽部主催教育関係者招待会 …………………… 46　182
　8　滝野川村小学校 ………… 46　185
　9　報知新聞社主催帝国教育会全国小学校教員会議議員招待会 ………………………… 46　185
　10　新潟師範学校 …………… 46　188
　11　入間学友会 ……………… 46　188
　12　慈恵会付属医学専門学校　46　193
　13　大里郡教育会 …………… 46　193
　14　財団法人埼玉武曠寮 …… 46　203
　15　岡山中学校 ……………… 46　206
　16　日本橋聯合校友会 ……… 46　207
　17　佐波教育会 ……………… 46　210
　18　麻布教育会 ……………… 46　216
　19　粕壁中学校父兄会 ……… 46　217
　20　実業之日本社主催全国小学校成績品展覧会賞牌授与式 ……………………………… 46　217
　21　学習院輔仁会大会 ……… 46　218
　22　水産講習所 ……………… 46　223
　23　第一高等学校 …………… 46　232
　24　本所教育会 ……………… 46　232
　25　深川尋常小学校 ………… 46　233
　26　商船学校 ………………… 46　234
　27　帝国小学校 ……………… 46　234
　28　渡米小学校長団送別会 ‥ 46　235
　29　立教大学 ………………… 46　238
　30　国民新聞社主催国民教育奨励会第二回宣伝講習会 … 46　239
　31　東京市小学校教員会 …… 46　240
　32　東洋大学 ………………… 46　241
　33　英国皇太子殿下歓迎都下各大学専門学校学生生徒聯合会 ……………………………… 46　242
　34　財団法人択善学舎 ……… 46　242
　35　駿州学友会 ……………… 46　244
　36　成城小学校 ……………… 46　245
　37　武蔵高等学校 …………… 46　247
第30款　教育関係諸資料
　1　小学校 …………………… 46　249
　2　実業学校 ………………… 46　250
　3　女学校及ビ女子教育 …… 46　252
　4　諸学校 …………………… 46　254
　5　教育諸会 ………………… 46　260

第４節　教育行政関係
第１款　教育調査会 …………… 46　263
第２款　文政審議会 …………… 46　308
第３款　国民教化運動 ………… 46　314

第６章　学術及ビ其他ノ文化事業　巻　頁
第１節　学術
第１款　東京経済学協会（承前）　46　318

第２款　国家学会（承前）……… 46 323
第３款　穂積奨学財団（承前）… 46 331
第４款　社団法人癌研究会 ……… 46 334
第５款　社団法人帝国発明協会 … 46 352
第６款　社団法人温故学会 ……… 46 365
第７款　帰一協会 ………………… 46 406
第８款　財団法人理化学研究所 … 47 5
第９款　財団法人東照宮三百年祭記念会 ……………………… 47 237
第10款　大日本文明協会・財団法人文明協会 ………………… 47 254
第11款　日下奨学財団法人 ……… 47 296
第12款　其他
1　三田理財学会 …………… 47 310
2　大日本商業学会 ………… 47 319
3　工業改良協会 …………… 47 324
4　ローマ字ひろめ会 ……… 47 330
5　応用化学万国会議 ……… 47 338
6　財団法人明治聖徳記念学会 ……………………………… 47 339
7　日本会計協会 …………… 47 345
8　全国化学工業家大会 …… 47 345
9　八基村立青淵図書館 …… 47 349
10　三田社会学会 …………… 47 352
11　静岡県立葵文庫 ………… 47 358
12　財団法人真鍋奨学財団 … 47 363
13　国際統計協会会議 ……… 47 366
14　雑 ………………………… 47 369

第２節　演芸
第１款　帝国劇場（承前）……… 47 371
第２款　帝国劇場付属技芸学校 … 47 415
第３款　円朝会 ………………… 47 425
第４款　講談奨励会 …………… 47 430
第５款　坪内博士記念演劇博物館 47 437

第３節　美術
第１款　財団法人大倉集古館 …… 47 447
第２款　財団法人帝室博物館復興翼賛会 ……………………… 47 461
第３款　其他
1　伝教大師絵巻 …………… 47 484
2　国際美術協会 …………… 47 488
3　泰東書道院 ……………… 47 493

第４節　編纂事業
第１款　徳川慶喜公伝編纂（承前）47 497
○当伝記ニ関スル其他ノ資料 ………………………… 47 717
第２款　楽翁公伝編纂 ………… 48 5
付　楽翁公関係資料刊行
1．古々呂双紙複製 ……… 48 15
2．むら千鳥編集 ………… 48 17
3．楽翁公住吉奉納百首和歌書写 …………………… 48 19
4．楽亭壁書解説編纂 …… 48 20
5．楽翁公自教鑑複製 …… 48 23
第３款　合衆国製鋼会社之由来及同社取締役会長ゲーリー氏の略伝 ……………………… 48 25
第４款　ルーズヴェルト氏の日本観 ………………………………… 48 26
第５款　アンドルー・カーネギー自叙伝 ……………………… 48 34
第６款　欧洲の将来 …………… 48 37
第７款　日本に於けるタウンゼンド・ハリス君の事蹟　付　ハリス君記念碑除幕式に於けるマクヴェー大使の式辞 ………………………………… 48 39
第８款　明治商工史 …………… 48 41
第９款　維新史料編纂会　付　彰明会 ………………………… 48 44
第10款　明治憲政経済史論 …… 48 63
第11款　三日の大和路 ………… 48 65
第12款　渋沢栄一滞仏日記 …… 48 67
第13款　鼎軒田口卯吉全集刊行会 48 72
第14款　世外井上公伝 ………… 48 76
第15款　其他
1　日本百科大辞典完成会 … 48 86
2　大僧正天海伝 …………… 48 88
3　公爵桂太郎伝 …………… 48 91
4　小松原英太郎君事略 …… 48 92
5　大隈侯八十五年史編纂会 48 94
6　田尻先生伝記及遺稿編纂会 ………………………………… 48 100
7　故大森男爵事歴編纂会 … 48 104
8　後藤新平伯伝記編纂会 … 48 107
第16款　栄一ノ演説・談話ヲ編集刊行セルモノ
1　渋沢男爵百話 …………… 48 111
2　富源の開拓 ……………… 48 112
3　青淵百話 ………………… 48 113
4　青淵先生世路日記雨夜物語 ………………………………… 48 122
5　渋沢男爵実業講演 ……… 48 123
6　至誠と努力（名家講演集第一編）…………………………… 48 125
7　村荘小言 ………………… 48 126
8　青淵実業講話 …………… 48 129
9　実践商業道徳講話 ……… 48 130
10　青淵回顧録 ……………… 48 132

11　青渊先生訓話集 ………… 48　134
12　渋沢栄一全集 …………… 48　135
13　渋沢翁は語る …………… 48　137
14　青渊論叢 ………………… 48　140
15　渋沢栄一自叙伝 ………… 48　141
16　青渊先生演説撰集 ……… 48　142
第17款　栄一ノ序文・跋文
1　一般図書ノ部 …………… 48　145
2　個人伝記ノ部 …………… 48　165
第18款　栄一ノ題言 …………… 48　179

第5節　新聞・雑誌・通信・放送
第1款　新聞・雑誌
1　実業之世界（承前）……… 48　208
2　東京経済雑誌（承前）…… 48　220
3　中外商業新報（承前）…… 48　220
4　中央新聞二十周年祝賀会　48　224
5　福岡日々新聞三十五周年記念祝賀会 ………………… 48　225
6　新日本 …………………… 48　227
7　博文館二十五周年記念祝賀会 ……………………… 48　228
8　実業報知新聞五周年祝賀会 ……………………………… 48　231
9　国民新聞二十五年記念祝賀会 ……………………… 48　234
10　日本魂社 ………………… 48　236
11　報知婦人講演会 ………… 48　237
12　博報堂二十周年記念祝賀会 ……………………………… 48　238
13　実業公論社 ……………… 48　238
14　埼玉及埼玉人社 ………… 48　239
15　実業之日本 ……………… 48　240
16　読売新聞社屋落成祝賀会　48　242
17　中等教科書出版協会 …… 48　244
18　崇文院 …………………… 48　245
19　報知新聞社社長披露会 … 48　246
20　修養全集 ………………… 48　247
21　婦女新聞後援会 ………… 48　251
22　ヘラルド・オブ・エイシヤ ……………………………… 48　254
23　外国新聞関係 …………… 48　255
24　其他（雑）……………… 48　257
第2款　通信・放送
1　日本電報通信社二十年記念祝賀会 ……………………… 48　260
2　社団法人日本放送協会 … 48　260

第7章　行政　　巻　頁
第1節　自治行政
第1款　自治協会（承前）………… 48　266
第2款　東京市参与 ……………… 48　267
第3款　東京市長銓衡 …………… 48　269
第4款　東京市関係
1　東京市講演会 …………… 48　328
2　東京市公会堂 …………… 48　331
3　東京市長ヨリノ表彰 …… 48　332
4　市役所献灯設計費協賛 … 48　334
第5款　深川区関係
1　深川鷗盟会（承前）……… 48　335
2　浅野セメント深川工場降灰問題 ……………………… 48　336
3　深川消防義会 …………… 48　344
第6款　大阪市公会堂 …………… 48　345
第7款　滝野川町関係 …………… 48　359
第8款　埼玉県関係
1　埼玉県大里郡八基村 …… 48　394
2　埼玉県入間郡豊岡町公会堂 ……………………………… 48　394
3　埼玉会館 ………………… 48　398

第2節　内務行政
第1款　財団法人消防義会 ……… 48　405
第2款　社団法人道路改良会 …… 48　409
第3款　帝都復興審議会 ………… 48　428

第8章　軍事関係諸事業　　巻　頁
第1節　第一次世界大戦関係
第1款　対独開戦 ………………… 48　482
第2款　聯合軍傷病兵救援会 …… 48　498
第3款　凱旋将士歓迎会 ………… 48　501
第4款　聯合国傷病兵罹災者慰問会 ……………………………… 48　519
第5款　聯合国軍隊慰問協賛会 … 48　578
第6款　世界大戦休戦祝賀会 …… 48　585
第7款　講和会議特派実業家送別会 ……………………………… 48　590
第8款　世界大戦講和成立祝賀会
1　東京市主催平和祝賀会 … 48　593
2　原首相主催平和祝賀園遊会 ……………………………… 48　594
3　全権委員西園寺公望歓迎会 ……………………………… 48　595
第9款　西比利亜俘虜救護会 …… 48　603
第10款　ドイツ国難民救助 ……… 48　607

第2節　軍事関係諸団体
第1款　社団法人帝国軍人後援会　48　608
第2款　財団法人帝国在郷軍人会　48　616
第3款　社団法人海軍協会 ……… 48　623
第4款　社団法人大日本国防義会　48　628
第5款　財団法人報効会 ………… 48　642

第3節　軍事関係諸問題
第1款　師団増設問題 …………… 48　677
第2款　青島陥落後ノ対策問題 … 48　684
第3款　対支問題 ………………… 48　686
第4款　シベリア出兵問題 ……… 48　690
第5款　日英同盟更新問題 ……… 48　692
第6款　軍備制限問題 …………… 48　697

第9章　其他ノ公共事業　巻　頁
第1節　記念事業
第1款　財団法人中央乃木会 …… 49　5
第2款　故桂公爵記念事業会 …… 49　19
第3款　聖徳太子一千三百年御忌奉賛会 ……………………… 49　25
第4款　財団法人聖徳太子奉讃会　49　43
第5款　山県有朋公記念会 ……… 49　55
第6款　財団法人東京震災記念事業協会 ……………………… 49　65
第7款　財団法人三笠保存会 …… 49　74
第8款　静寛院宮五十年御法要奉修道場修理後援会 ………… 49　81
第9款　静寛院宮奉賛会 ………… 49　99
第10款　伊藤博文関係
1　春畝会 …………………… 49　108
2　伊藤博文公記念会 ……… 49　109
第11款　醍醐天皇一千年御忌奉賛会 ……………………………… 49　116
第12款　財団法人楽翁公遺徳顕彰会 ……………………………… 49　121
第13款　阪下事件表彰会 ………… 49　143
第14款　其他
1　福地桜痴居士建碑追善演劇会 ………………………… 49　146
2　朱舜水記念会 …………… 49　150
3　故理学博士坪井正五郎君記念資金 …………………… 49　151
4　社団法人神武天皇祭明治天皇祭桜菊会 ……………… 49　152
5　東湖先生記念会 ………… 49　155
6　甲東先生遺墨展覧会 …… 49　168
7　財団法人高松記念資金財団 ……………………………… 49　169
8　楠公会 …………………… 49　174
9　水戸志士遺墨展覧会 …… 49　175
10　松菊先生遺墨展覧会 …… 49　179
11　西山徳川光圀公記念大会　49　181
12　大谷嘉兵衛翁頌徳会 …… 49　183
13　電灯五十年記念会 ……… 49　186
14　山県有朋公遺墨展覧会 … 49　191
15　頼山陽先生遺蹟顕彰会 … 49　194
16　元寇弘安役六百五十年記念会 ………………………… 49　199

第2節　銅像
第1款　井上馨寿像由来碑 ……… 49　202
第2款　井上勝銅像除幕式 ……… 49　204
第3款　大倉喜八郎寿像除幕式 … 49　205
第4款　前島密寿像建設 ………… 49　206
第5款　大隈重信寿像除幕式 …… 49　216
第6款　九代目市川団十郎銅像除幕式 ………………………… 49　217
第7款　大山巌銅像建設 ………… 49　218
第8款　馬越恭平寿像除幕式 …… 49　222
第9款　中野武営銅像除幕式 …… 49　223
第10款　松本重太郎銅像除幕式 … 49　224
第11款　浅野総一郎寿像建設 …… 49　226
第12款　矢野二郎銅像除幕式 …… 49　230
第13款　其他
1　水戸光圀銅像建設 ……… 49　232
2　東郷平八郎銅像建設 …… 49　232
3　東郷元帥・乃木大将銅像建設 ………………………… 49　233

第3節　碑石
第1款　竹内隆卿碑 ……………… 49　235
第2款　田島武平墓碑 …………… 49　236
第3款　望月久知報徳碑 ………… 49　237
第4款　神田家家系碑除幕式 …… 49　238
第5款　東京市養育院安房分院磨崖碑 ………………………… 49　239
第6款　水藩烈士弔魂碑 ………… 49　240
第7款　東久邇宮稔彦王殿下手植松月桂樹記念碑 …………… 49　243
第8款　塩見政次墓碑 …………… 49　245
第9款　西村郡司碑 ……………… 49　247
第10款　金井金鶴寿碑 …………… 49　248
第11款　福地桜痴紀功碑除幕式 … 49　251
第12款　阪谷恭子寿碑 …………… 49　254
第13款　福島都三郎頌徳碑 ……… 49　255
第14款　尾高次郎・八十島親徳墓碑 ……………………………… 49　257
第15款　吉岡幸作寿碑 …………… 49　259
第16款　成瀬仁蔵墓碑 …………… 49　261
第17款　千葉光胤室以禰子墓碑 … 49　262
第18款　藪塚石材碑 ……………… 49　263
第19款　不動岡来遊記念論語碑 … 49　264
第20款　高島秋帆紀功碑建設 …… 49　265
第21款　春山茂義遺徳碑 ………… 49　269
第22款　松方正義徳政化俗碑 …… 49　270
第23款　和田豊治遺徳碑 ………… 49　272
第24款　お鷹の松標石 …………… 49　273
第25款　牛島謹爾碑 ……………… 49　274

第26款　タウンゼンド・ハリス記念碑 …… 49　275
第27款　桃井可堂碑 …… 49　276
第28款　塩原多助碑 …… 49　281
第29款　薫陶園大礼記念碑 …… 49　284
第30款　伊藤伝七墓碑 …… 49　285
第31款　グラント将軍植樹記念碑　49　286
第32款　金井烏洲記念碑 …… 49　287
第33款　須永伝蔵碑 …… 49　293
第34款　其他
1　黄興碑除幕式 …… 49　294
2　角田竹冷句碑 …… 49　294
3　聖徳太子報恩碑 …… 49　296
4　帰去来辞詩句碑 …… 49　296

第4節　史蹟保存
第1款　財団法人星岳保勝会 …… 49　298
第2款　大塚先儒墓所保存会 …… 49　302
第3款　奈良大極殿阯保存会 …… 49　312
第4款　西ケ原一里塚旧蹟二本榎保存碑 …… 49　324
第5款　桜の会 …… 49　331
第6款　小塚原回向院烈士遺蹟保存会 …… 49　335
第7款　玉川史蹟猶興会 …… 49　342
第8款　其他
1　財団法人岩倉公旧蹟保存会 …… 49　359
2　史蹟名勝天然記念物保存協会東京支部 …… 49　361
3　船上山史蹟保存会 …… 49　363

第5節　祝賀会・表彰会
第1款　横浜開港五十年祝賀会 … 49　365
第2款　時事新報社発起義勇表奨会 …… 49　370
第3款　東京毎夕新聞十五周年紀念全国官衙銀行会社十五年勤続者表彰会 …… 49　372
第4款　時事新報社主催郵便集配人慰労会 …… 49　376
第5款　東京駅開業祝賀会 …… 49　379
第6款　日露協約祝賀会 …… 49　380
第7款　前駐支公使林権助慰労会　49　389
第8款　朝日新聞訪欧飛行関係者招待会 …… 49　390
第9款　時事新報社主催灯台守慰問表彰会 …… 49　394
第10款　豊川良平還暦宴 …… 49　397
第11款　江原素六古稀祝賀会 …… 49　399
第12款　高峰譲吉帰国歓迎会 …… 49　401
第13款　伊藤伝七還暦祝賀会 …… 49　402
第14款　佐々木勇之助還暦祝賀会　49　404
第15款　阪谷朗廬贈位祝賀会 …… 49　415
第16款　阿部泰蔵表彰会 …… 49　416
第17款　三上参次在職二十五年紀念祝賀会 …… 49　424
第18款　松方正義米寿祝賀会 …… 49　425
第19款　佐々木勇之助古稀祝賀会　49　430
第20款　平山成信頌功記念品 …… 49　433
第21款　久松信親表彰会 …… 49　435
第22款　市村瓚次郎教職三十五年記念祝賀会 …… 49　436
第23款　清浦奎吾喜寿祝賀会 …… 49　438
第24款　矢作栄蔵還暦祝賀会 …… 49　440

第6節　追悼会
第1款　伊藤博文追悼会 …… 49　443
第2款　ブース大将追悼会 …… 49　451
第3款　阪谷朗廬三十三回忌追悼会 …… 49　452
第4款　下村房次郎追悼会 …… 49　453
第5款　徳川慶喜追悼講演会 …… 49　456
第6款　沼間守一三十七回忌追悼会 …… 49　463
第7款　水野幸吉追悼会 …… 49　465
第8款　市原盛宏追悼会 …… 49　466
第9款　尼港殉難者追悼会 …… 49　471
第10款　高峰譲吉追悼会 …… 49　472
第11款　田尻稲次郎追悼会 …… 49　479
第12款　牛島謹爾追悼会 …… 49　483
第13款　大阪毎日新聞社・東京日日新聞社主催先覚新聞記者追悼会 …… 49　487
第14款　其他
1　戊辰東軍戦死者追悼会 … 49　488
2　黄興追悼会 …… 49　491
3　早川千吉郎追悼会 …… 49　492
4　大木遠吉追悼会 …… 49　492
5　松下軍治追悼会 …… 49　492
6　平山成信追悼会 …… 49　493

第7節　関係団体諸資料
第1款　社団法人日本橋倶楽部（承前） …… 49　494
第2款　社団法人日本倶楽部（承前） …… 49　496
第3款　埼玉県人会 …… 49　511
第4款　財団法人糧食研究会 …… 49　578
第5款　財団法人生活改善同盟会　49　589
第6款　財団法人岡山禁酒会館 … 49　611
第7款　勤倹奨励中央委員会 …… 49　616

第8款　財団法人青山会館 …… 49　624
第9款　大蔵旧交会 …… 49　630
第10款　糧友会 …… 49　632
第11款　婦人奉仕会婦人会館 …… 49　638
第12款　雑
　1　葵会 …… 49　644
　2　豊田旭穣後援会 …… 49　645
　3　京城東亜経済会主催朝鮮事情講演会 …… 49　646
　4　忠愛会 …… 49　647
　5　みつえ会 …… 49　648
　6　統一団 …… 49　653
　7　日本棋院 …… 49　654
　8　日本女子大学校付属児童研究所 …… 49　659
　9　奉仕会 …… 49　661
　10　碧雲堂崔有声書道会 …… 49　663
　11　財団法人大東斯文会 …… 49　664
　12　日東之華社 …… 49　665
　13　貫名海堂東都後援会 …… 49　666
　14　大日本国輝会 …… 49　667

第2部　実業・経済

第1章　金融　巻　頁

第1節　銀行　(株式会社ノ表示ヲ略ス)
第1款　第一銀行（承前） …… 50　5
第2款　東京貯蓄銀行（承前） …… 50　264
第3款　特殊銀行
　1　日本銀行（承前） …… 50　289
　2　日本勧業銀行（承前） …… 50　291
　3　台湾銀行（承前） …… 50　295
　4　日本興業銀行（承前） …… 50　300
　5　韓国銀行 …… 50　302
　6　日仏銀行 …… 50　319
　7　日露銀行 …… 50　357
第4款　普通銀行
　1　二十銀行（承前） …… 50　363
　2　六十九銀行（承前） …… 50　366
　3　帝国商業銀行（承前） …… 50　372
　4　加州銀行 …… 50　374
　5　第十銀行 …… 50　376
　6　八十四銀行 …… 50　378
　7　中井銀行 …… 50　379
　8　其他
　　1．高岡共立銀行（承前）　50　385
　　2．東京栄銀行 …… 50　391
　　3．日米通商銀行 …… 50　392
　　4．神田銀行 …… 50　393
　9　銀行関係雑資料 …… 50　394
第5款　社団法人東京銀行集会所（承前）
　東京銀行倶楽部
　　明42年～大10年 …… 50　404
　　大11年～昭6年 …… 51　5
第6款　金融関係諸会
　1　鰻会（承前） …… 51　105
　2　京都銀行集会所 …… 51　105
　3　名古屋銀行集会所 …… 51　106
　4　鮟鱇会 …… 51　106
　5　関西銀行大会懇親会 …… 51　108
　6　奥羽同盟銀行会 …… 51　112
　7　銀行員同攻会 …… 51　114
　8　大蔵大臣招宴関係 …… 51　126
　9　其他 …… 51　129

第2節　手形
第1款　東京手形交換所（承前）　51　131
第2款　全国手形交換所聯合会（承前） …… 51　177

第3節　興信所
第1款　株式会社東京興信所（承前） …… 51　192

第4節　保険
第1款　東洋生命保険株式会社 … 51　208
第2款　日本傷害保険株式会社 … 51　306
第3款　日本徴兵保険株式会社 … 51　309
第4款　帝国火災保険株式会社 … 51　312
第5款　東邦火災保険株式会社 … 51　314
第6款　扶桑海上保険株式会社 … 51　316
第7款　第一火災海上保険株式会社 …… 51　322
第8款　東京海上火災保険株式会社（承前） …… 51　324
第9款　関東大震災火災保険金支払問題 …… 51　325

第5節　諸金融機関
第1款　復興建築助成株式会社 … 51　354
第2款　其他
　1　大日本勧業会社 …… 51　367
　2　内外信託株式会社 …… 51　368
　3　八基村信用組合 …… 51　368

第2章　交通・通信　巻　頁

第1節　海運
第1款　日本郵船株式会社（承前）51　369
第2款　東洋汽船株式会社（承前）51　438

第2節　陸運
第1款　東京鉄道株式会社（承前）51　504

第2款　函館馬車鉄道株式会社（承前）………………………… 51　509
第3款　神戸電気株式会社（承前）51　511
第4款　上武鉄道株式会社（秩父鉄道株式会社）……………… 51　516
第5款　富士身延鉄道株式会社 … 51　523
第6款　東京地下鉄道株式会社 … 51　535
第7款　鉄道関係諸資料
　1　越後鉄道株式会社 ……… 51　543
　2　筑波鉄道株式会社 ……… 51　543
　3　目黒蒲田電気鉄道株式会社 ……………………………… 51　544
　4　帝国鉄道協会 …………… 51　545
　5　鉄道建設ニ関スル栄一ノ意見 ………………………… 51　546
第8款　大日本運送株式会社 …… 51　553

第3節　航空
第1款　財団法人帝国飛行協会 … 51　564
第2款　日本航空輸送株式会社 … 51　592

第4節　通信
第1款　日本無線電信株式会社 … 52　5
第2款　日米間電信料低減問題 … 52　110

第3章　商工業　巻　頁

第1節　綿業
第1款　三重紡績株式会社（承前）52　130
第2款　日出紡織株式会社 ……… 52　134
第3款　東洋紡績株式会社 ……… 52　152
第4款　インド国綿糸布輸入関税引上問題 …………………… 52　172
第5款　綿業関係諸資料
　1　暹羅国棉花栽培調査会 … 52　286
　2　台湾棉花栽培組合 ……… 52　289
　3　中国南通地方ニ於ケル棉花栽培 ……………………… 52　300
　4　満洲棉花株式会社 ……… 52　306

第2節　蚕糸・絹織業
第1款　社団法人大日本蚕糸会 … 52　311
第2款　帝国蚕糸株式会社（大正四年設立）………………… 52　361
第3款　帝国蚕糸株式会社（大正九年設立）………………… 52　386
第4款　関東大震災焼失生糸問題　52　398
第5款　其他
　1　京都織物株式会社（承前）52　459
　2　両毛織物鑑賞会 ………… 52　460
　3　横浜蚕糸貿易商同業組合　52　461
　4　雑 ………………………… 52　462

第3節　毛織物業・製帽業
第1款　千住製絨所払下問題 …… 52　464
第2款　東京帽子株式会社（承前）52　467

第4節　製紙業
第1款　王子製紙株式会社（承前）52　474
第2款　中央製紙株式会社（承前）52　487
第3款　木曾興業株式会社（承前）52　490
第4款　樺太工業株式会社 ……… 52　491
第5款　製紙所聯合会（日本製紙聯合会）（承前）…………… 52　496

第5節　製糖業
第1款　大日本製糖株式会社（承前）………………………… 52　499
第2款　南日本製糖株式会社 …… 52　526

第6節　窯業
第1款　品川白煉瓦株式会社（承前）………………………… 52　532
第2款　日本煉瓦製造株式会社（承前）………………………… 52　533
第3款　浅野セメント株式会社（承前）………………………… 52　534
第4款　秩父セメント株式会社 … 52　540
第5款　浅野超高級セメント株式会社 ……………………… 52　549
第6款　日本陶料株式会社 ……… 52　557

第7節　造船・船渠業
第1款　株式会社東京石川島造船所（承前）…………………… 52　565
　付　株式会社石川島飛行機製作所 ……………… 52　580
第2款　浦賀船渠株式会社（承前）52　583
第3款　株式会社浅野造船所 …… 52　589
第4款　船鉄交換問題 …………… 52　591

第8節　鉄鋼
第1款　日本鋼管株式会社 ……… 53　5
第2款　東洋製鉄株式会社 ……… 53　22
第3款　九州製鋼株式会社 ……… 53　39
第4款　株式会社大島製鋼所 …… 53　52
第5款　富士製鋼株式会社 ……… 53　58
第6款　株式会社浅野小倉製鋼所対東京製綱株式会社紛議仲裁 ……………………………… 53　63
第7款　日本鋼管株式会社対株式会社浅野製鉄所紛議裁定 … 53　93

第9節　汽車製造

第１款　汽車製造合資会社（汽車製造株式会社）（承前）……　53　101
第２款　其他
　１　山本工場 …………………　53　129

第10節　化学工業
第１款　大日本人造肥料株式会社　53　131
第２款　三共株式会社 ……………　53　159
第３款　電気化学工業株式会社 …　53　164
第４款　日本染料製造株式会社 …　53　168
第５款　匿名組合志賀工業所 ……　53　175
第６款　理化学興業株式会社 ……　53　179
第７款　其他
　１　全国化学工業大会 ………　53　199
　２　東洋薬品株式会社 ………　53　200
　３　雑 …………………………　53　201

第11節　瓦斯
第１款　東京瓦斯株式会社（承前）53　203
第２款　北海道瓦斯株式会社 ……　53　273
第３款　帝国瓦斯協会 ……………　53　286
第４款　東洋瓦斯試験所 …………　53　288

第12節　電気
第１款　広島水力電気株式会社（承前）…………………………　53　300
第２款　猪苗代水力電気株式会社　53　305
第３款　東京市ニ於ケル電灯電力統一問題 …………………　53　316
第４款　其他
　１　武蔵水電株式会社 ………　53　343
　２　東京電力株式会社 ………　53　343

第13節　土木・築港・土地会社
第１款　関門架橋株式会社 ………　53　344
第２款　鶴見埋築株式会社 ………　53　346
第３款　田園都市株式会社 ………　53　352
第４款　東京運河土地株式会社 …　53　400
第５款　東京湾埋立株式会社 ……　53　418
第６款　仙石原地所株式会社・箱根温泉供給株式会社 ………　53　421

第14節　取引所
第１款　東京株式取引所（承前）　53　444
第２款　大阪株式取引所（承前）　53　461
第３款　東京米穀商品取引所 ……　53　466
第４款　株式取引所限月短縮問題　53　468

第15節　倉庫
第１款　渋沢倉庫株式会社（承前）53　493
第２款　其他
　１　王子倉庫株式会社 ………　53　529
　２　雑 …………………………　53　529

第16節　ホテル
第１款　株式会社帝国ホテル（承前）…………………………　53　532
第２款　日本ホテル協会 …………　53　552

第17節　貿易
第１款　社団法人日本貿易協会（承前）…………………………　54　5
第２款　渋沢貿易合名会社 ………　54　8
第３款　仏国通商株式会社 ………　54　12
第４款　貿易関係諸資料
　１　日英貿易 …………………　54　22
　２　日羅通商 …………………　54　28
　３　雑 …………………………　54　29
第５款　栄一ノ貿易ニ対スル意見　54　30

第18節　其他ノ商工業
第１款　合名会社中井商店（株式会社中井商店）（承前）……　54　44
第２款　合資会社沖商会（沖電気株式会社）（承前）…………　54　49
第３款　東洋電機株式会社（東洋電機製造株式会社）（承前）　54　51
第４款　東京会館 …………………　54　56
第５款　日本石膏株式会社 ………　54　58
第６款　共同精米株式会社 ………　54　64
第７款　株式会社三越呉服店 ……　54　68
第８款　非常報知機株式会社 ……　54　79
第９款　日米罐詰会社 ……………　54　84
第10款　株式会社東京会館 ………　54　88

第４章　鉱業　巻　頁
第１節　石炭
第１款　磐城炭礦株式会社（承前）54　93
第２款　北カラフト鉱業株式会社　54　99

第５章　農・牧・林・水産業　巻　頁
第１節　農・牧・林業
第１款　三本木渋沢農場（承前）　54　100
第２款　十勝開墾合資会社（十勝開墾株式会社）（承前）……　54　121
第３款　耕牧舎（承前）…………　54　187
第４款　東北拓殖株式会社 ………　54　203
第５款　帝国開墾株式会社 ………　54　206
第６款　大正園 ……………………　54　209
第７款　中央開墾株式会社 ………　54　219
第８款　其他
　１　日本畜産株式会社 ………　54　270

2 扶揺舎 …… 54 270
第9款 農・牧・林業関係諸資料
1 ジェームズ・ヒルノ演説筆記「国富ト農業」ノ翻訳刊行 …… 54 271
2 社団法人中央畜産会 …… 54 277
3 財団法人帝国森林会 …… 54 279
4 埼玉県大里郡八基村農政談話会 …… 54 283
5 食糧問題ニ関スル栄一ノ意見 …… 54 295
6 農村振興ニ関スル栄一ノ意見 …… 54 296
7 其他 …… 54 306

第2節 水産業
第1款 洲崎養魚株式会社（魚介養殖株式会社）（承前） …… 54 310
第2款 其他
1 御木本真珠 …… 54 317
2 雑 …… 54 319

第6章 対外事業 巻 頁

第1節 朝鮮
第1款 日韓瓦斯株式会社（日韓瓦斯電気株式会社）（承前） 54 321
第2款 稷山金鉱（稷山金鉱株式会社）（承前） …… 54 338
第3款 韓国興業株式会社（朝鮮興業株式会社）（承前） …… 54 380
第4款 朝鮮製糖株式会社 …… 54 384
第5款 朝鮮軽便鉄道株式会社（朝鮮中央鉄道株式会社） …… 54 386
第6款 東洋拓殖株式会社 …… 54 404
第7款 朝鮮森林鉄道株式会社 …… 54 409
第8款 朝鮮鉄道株式会社 …… 54 417
第9款 中央朝鮮協会 …… 54 436
第10款 朝鮮鉄道促進期成会 …… 54 440
第11款 朝鮮関係雑資料 …… 54 480

第2節 支那・満洲
第1款 南満洲鉄道株式会社（承前） …… 54 482
第2款 日清起業調査会 …… 54 483
第3款 東亜興業株式会社 …… 54 485
第4款 中国興業株式会社 …… 54 515
第5款 中日実業株式会社 …… 55 5
第6款 日華実業協会 …… 55 108
第7款 支那銀行設立問題 …… 55 539
第8款 雑
1 株式会社金福鉄路公司 …… 55 548
2 竜口銀行 …… 55 549

第3節 其他ノ外国
第1款 株式会社馬来護謨公司 …… 55 550
第2款 伯剌西爾拓植株式会社 …… 55 563
第3款 日新護謨株式会社 …… 55 584
第4款 智利漁業株式会社 …… 55 602
第5款 メキシコ共和国コロラド河流域開拓事業 …… 55 604
第6款 コナ開拓株式会社 …… 55 630
第7款 南米拓植株式会社 …… 55 641
第8款 日本移民協会 …… 55 653
第9款 南洋協会 …… 55 664
第10款 海外移住組合聯合会 …… 55 668
第11款 其他
1 移民ニ関スル栄一ノ談話・講演 …… 55 670
2 雑 …… 55 682

第7章 経済団体及ビ民間諸会 巻 頁

第1節 商業会議所
第1款 東京商業会議所（承前） 56 5

第2節 其他ノ経済団体及ビ民間諸会
第1款 財界振興会 …… 56 171
第2款 東京商工懇話会 …… 56 179
第3款 東北振興会 …… 56 187
第4款 日本実業協会 …… 56 268
第5款 財団法人国産奨励会 …… 56 280
第6款 社団法人日本工業倶楽部 56 301
第7款 東京商工奨励館設立期成会 …… 56 318
第8款 大日本米穀会 …… 56 327
第9款 万国工業会議 …… 56 337
第10款 日本経済聯盟会 …… 56 344
第11款 博覧会
1 平和記念東京博覧会協賛会 …… 56 347
2 中外商業新報社創立五十周年紀念産業文化博覧会 …… 56 356
3 大礼記念国産振興東京博覧会協賛会 …… 56 360
4 東北産業博覧会 …… 56 363
5 其他ノ博覧会関係資料 …… 56 365
第12款 雑
1 報知新聞主催実業懇話会 56 367
2 東京商工業者大会 …… 56 368

第8章 政府諸会 巻 頁

第1節 諮問会議
第1款 生産調査会 …… 56 369

第2款　パナマ太平洋万国博覧会臨時博覧会事務局 ………… 56　526
第3款　米価調節調査会 ………… 56　537
第4款　経済調査会 ……………… 56　577
第5款　臨時国民経済調査会 …… 56　588
第6款　臨時財政経済調査会 …… 56　599
第7款　製鉄鋼調査会 …………… 56　609

第9章　財政経済問題　　巻　頁

第1節　財政整理意見書提出 …… 56　631
補遺・追補
補遺
1　東洋護謨株式会社 ……… 56　647
2　社団法人静岡県出獄人保護会社 ……………………… 56　649
3　善那氏種痘発明百年紀念会 ……………………………… 56　651
4　ウィリアム・アダムズ記念碑 ………………………… 56　652
5　豊国会 …………………… 56　653
6　財団法人朝鮮扶植農園 … 56　656
7　国際通信株式会社 ……… 56　658
8　大倉鉱業・大倉商事両会社対川崎造船所紛議仲裁 … 56　681
追補
1　日本銀行〔第五巻所収〕 ……………………………… 56　688
2　株式会社六十九銀行〔第五巻・第五十巻所収〕……… 56　689
3　東洋拓殖株式会社〔第五十四巻所収〕………………… 56　695
4　海外植民学校〔第三十八巻所収〕……………………… 56　700
5　関東大震災ニ対スル外国ノ援助〔第四十巻所収〕…… 56　707

第3部　身辺

第1章　家庭生活　　巻　頁

第1節　同族・親族
第1款　同族 ……………………… 57　5
第2款　親族 ……………………… 57　59

第2節　健康 ……………………… 57　120

第3節　家庭教育
第1款　克己学寮（承前）………… 57　159
第2款　聖書講読会・基督教講演会 …………………………… 57　162
第3款　論語会・孟子会　付　曙町学寮 ……………………… 57　166

第4節　趣味
第1款　和歌 ……………………… 57　172
第2款　漢詩 ……………………… 57　183

第2章　栄誉　　巻　頁

第1節　恩賜・褒賞
第1款　恩賜 ……………………… 57　193
第2款　褒賞 ……………………… 57　199

第2節　叙位・叙勲・記念章
第1款　叙位 ……………………… 57　206
第2款　叙勲 ……………………… 57　207
第3款　外国叙勲 ………………… 57　210
第4款　記念章 …………………… 57　217

第3節　陞爵 ……………………… 57　219

第4節　参内・伺候 ……………… 57　238

第3章　賀寿　　巻　頁

第1節　七十寿 …………………… 57　269

第2節　喜寿 ……………………… 57　292

第3節　八十寿 …………………… 57　303

第4節　米寿 ……………………… 57　305

第5節　九十寿 …………………… 57　364

第4章　同族会・同族会社　　巻　頁

第1節　同族会 …………………… 57　365

第2節　渋沢同族株式会社 ……… 57　385

第5章　交遊　　巻　頁

1　徳川慶喜 …………………… 57　394
2　伊藤博文 …………………… 57　417
3　井上馨 ……………………… 57　423
4　大隈重信 …………………… 57　438
5　大倉喜八郎 ………………… 57　440
6　古河家 ……………………… 57　450
7　三井家 ……………………… 57　451
8　清水家 ……………………… 57　453
9　浅野総一郎 ………………… 57　456
10　岩崎家 …………………… 57　462
11　益田孝 …………………… 57　463
12　皆川四郎 ………………… 57　463
13　梅浦精一 ………………… 57　464
14　佐々木勇之助 …………… 57　465
15　三島毅 …………………… 57　468

16　水野幸吉 …………………… 57　480
17　徳川昭武 …………………… 57　487
18　牛島謹爾 …………………… 57　487
19　中野武営 …………………… 57　510
20　和田豊治 …………………… 57　514
21　其他ノ交遊関係
1．相楽総三関係 ………… 57　519
2．其他ノ諸資料 ………… 57　525

第6章　旅行　巻　頁
第1節　国内旅行 …………………… 57　545

第2節　外国旅行 …………………… 57　681

第3節　避暑・避寒・保養旅行 … 57　682

第7章　実業界引退 ………… 57　703

第8章　雨夜譚会 …………… 57　708

第9章　終焉 ………………… 57　716

第10章　葬儀・法要　巻　頁
第1節　葬儀 ……………………… 57　739

第2節　法要 ……………………… 57　757

第11章　遺言 ……………………… 57　767

第12章　相続 ……………………… 57　770

第13章　追悼会　巻　頁
1　社団法人国際聯盟協会追悼行事 ……………………… 57　772
2　東京市養育院追悼会 ….. 57　772
3　帰一協会追憶談話会 ….. 57　772
4　財団法人二松学舎追悼式　57　773
5　静寛院宮奉賛会・国士館・増上寺再建後援興勝会追悼会 ……………………… 57　773
6　基督教関係団体追悼記念会 ……………………… 57　773
7　社団法人如水会追悼会 … 57　779
8　実業団体追悼会 ………… 57　780
9　社会事業団体追悼会 ….. 57　792
10　財団法人竜門社追悼会 … 57　819
11　陽明学会追悼会 ………… 57　819
12　日本女子大学校追悼会 … 57　819
13　八基村追悼会 …………… 57　820
14　埼玉学友会追悼会 ……… 57　820
15　財団法人修養団追悼会 … 57　820
16　実業之世界社主催渋沢栄一翁七年祭記念時局人講演会 ……………………… 57　820

第14章　記念事業　巻　頁
1　財団法人渋沢青淵翁記念会ノ事業 …………………… 57　825
2　渋沢青淵先生頌徳碑 ….. 57　855
3　青淵由来之跡碑 ………… 57　863
4　青淵翁誕生之地標石 ….. 57　865
5　内山峡詩碑 ……………… 57　866

第15章　雑資料　巻　頁
1　自動車事故ニヨル負傷 … 57　869
2　肖像画 …………………… 57　871
3　渋沢事務所ノ移転 ……… 57　873
4　本籍地ノ町名地番変更 … 57　875
5　国定教科書ニ掲載セラレタル栄一ノ小伝 ………… 57　876
6　其他ノ雑資料 …………… 57　878
後記　土屋喬雄 ……………………… 57　881
刊行事歴 ……………………………… 57　886

【執筆者一覧】

●監修・執筆

井上　潤（いのうえ じゅん）

渋沢栄一記念財団業務執行理事、事業部長、渋沢史料館館長。明治大学文学部史学地理学科日本史学専攻卒業。著書に『村落生活の史的研究』（共著、八木書店、1994）、『渋沢栄一―近代日本社会の創造者（日本史リブレット人085）』（山川出版社、2012）、『記憶と記録のなかの渋沢栄一』（共著、法政大学出版局、2014）、『渋沢栄一に学ぶ「論語と算盤」の経営』（共著、同友館、2016）など。

木村昌人（きむら まさと）

関西大学客員教授、元渋沢栄一記念財団主幹（研究）。1989年慶應義塾大学大学院法学研究科（政治学専攻）博士課程修了、法学博士。2019年関西大学大学院東アジア文化研究科 論文博士（文化交渉学）。著書に『日米民間経済外交1905～1911』（慶應通信、1989）、『財界ネットワークと日米外交』（山川出版社、1997）、『グローバル資本主義の中の渋沢栄一―合本キャピタリズムとモラル』（共著、東洋経済新報社、2014）など。

小出いずみ（こいで いずみ）

元渋沢栄一記念財団主幹（情報資源）。東京大学大学院人文社会系研究 科博士課程（文化資源学専攻）単位取得満期退学。著書に『アーカイブへのアクセス―日本の経験、アメリカの経験』（共編著、日外アソシエーツ、2008）、『現代日本の図書館構想―戦後改革とその展開』（共著、勉誠出版、2013）、『〈記憶〉と〈記録〉のなかの渋沢栄一』（共著、法政大学出版局、2014）など。

●執筆

石坂正男（いしざか まさお）元流通大学図書館

門倉百合子（かどくら ゆりこ）元渋沢栄一記念財団情報資源センター専門司書

川上恵（かわかみ めぐみ）渋沢栄一記念財団渋沢史料館学芸員

桑原功一（くわばら こういち）渋沢栄一記念財団渋沢史料館副館長

茂原暢（しげはら とおる）渋沢栄一記念財団情報資源センター長

関根仁（せきね ひとし）渋沢栄一記念財団渋沢史料館学芸員

永井美穂（ながい みほ）渋沢栄一記念財団渋沢史料館学芸員

山下大輔（やました だいすけ）元渋沢栄一記念財団渋沢史料館非常勤職員

山田仁美（やまだ ひとみ）元渋沢栄一記念財団情報資源センター専門司書

渋沢栄一を知る事典

2012年10月30日　初版発行
2021年 4 月20日　4 版発行

編　者　　公益財団法人　渋沢栄一記念財団
発行者　　大橋 信夫
発行所　　株式会社 東京堂出版
〒101-0051 東京都千代田区神田神保町1-17
電話　03-3233-3741
http://www.tokyodoshuppan.com/

印刷・製本　　亜細亜印刷株式会社

ISBN978-4-490-10824-8 C1523